海国图志

大理大学法学院战争法研究中心主办

麦考莱与英印帝国

Thomas B. Macaulay
and the British Empire in India

［英］托马斯·麦考莱 著　　郑凡　林国荣 编译
（Thomas Babington Macaulay）

上海三联书店

目 录

代序:麦考莱的"帝国论章"

林国荣

一

19 世纪的英国历史学家们是乐观、自信而又天真的,他们行走于伊甸园之中,没有哲学这块布来遮身,赤裸且大方地站在克里奥面前。对于 19 世纪的英国史家而言,历史的意义是含蓄、不言自明的,他们完全不用像德意志人那样去过度地攫取历史的意义,直到历史因为不堪重负而脆裂成碎片。19 世纪英国史家对罪恶和堕落不乏体味,而且体味至深,但他们否认罪恶和堕落的自主性质和自发性质,在繁荣和进步的英格兰,他们总能够将罪恶和堕落解释成为可以改进甚至可以消除的非常规事物,就如同福尔摩斯侦探系列对于罪恶和堕落所作的刻画那样。社会事实和历史事实中也许会包含冰冷、黑暗、暴力和冲突的元素,但事实与事实之间作为整体而言,总归不会那么坚硬,总归是要通过历史学家的解释,如同经受着阳光的冬日冰雪那样,消融到整体性的繁荣和进步的秩序当中。霍布斯鲍姆对于 19 世纪美好时光中的这种天真和乐观情绪的评论是切中要害的:"对于 20 世纪大灾难年代发生的种种变故,最令 19 世纪的前朝遗老们震撼的也许就是价值观的坍塌与自由文明制度的崩溃。生于

19世纪的人,至少是生于19世纪'先进'或'进步'地区的人们,将自由文明的进步视为理所当然。自由文明的价值观不信任独裁与专政,致力于通过自由选举选出政府和议会,实施宪政,主张一套公认的公民权与自由原则,包括言论自由、出版自由和结社自由。在这样的价值观指导下,国家与社会应深知理性、公开辩论、教育、科学的价值及人类境况的可改良性,虽然不一定是可完善性。"①

麦考莱则将他的《英格兰史》在本质上呈现为一部类似修昔底德《伯罗奔尼撒战争史》那样的修辞学作品。正如汤普森所说:"《英格兰史》是一幅重新绘制的旧日图景,一张花团锦簇、鲜艳夺目的文学壁毯。……他把生活看成很简单的事情,没有冥思苦想的哲学家那种吓人的疑惧,这样很有好处。……他在自己那个时代,在千千万万人群的眼睛里就是传播预言的人,少有的有见识的典范,为那些自己搞不出个看法的人们提供了明确的意见,使他们对自己这一代感到自豪。……大陆上的人也阅读他的著作,因为他把英国的自由和立宪政府的幸福刻画出来,而这正是1848年欧洲人民一直所渴望享有的。……他一向是一位彻头彻尾的辉格党的史家。他在过去的尘土中寻找可以为辉格党的原则辩护的东西。在艾利逊试图起来为托利党辩护以前,他就已经无情地对他们严厉斥责了。奥兰治的威廉是他的英雄主人公,而詹姆斯二世则成为反派主角。""他是伟大的文艺家,而文艺家又是天才的宠儿。希腊只出了一个修昔底德,罗马只出了一个塔西佗,而英国也只出了一个麦考莱。"②

---

① 艾瑞克·霍布斯鲍姆:《极端的年代》,马凡等译,江苏人民出版社,2011年,第102页。

② J.W.汤普森:《历史著作史》,下卷,第三分册,孙秉莹、谢德风译,商务印书馆,1996年,第405—407、410页。

然而,我们不能像汤普森那样,仅仅因为麦考莱在《英格兰史》中所持的表面上的进步观念而将其视为"18世纪的人"。① 麦考莱的"世界史"眼光是表面的和肤浅的,他在这个问题上实际上步了伏尔泰的后尘,只是简单地将中世纪视为"黑暗的",而将1688年之后的英格兰视为"光明的"。也许他对1688年之后的英格兰了如指掌,但对于中世纪在其中生存下来的那个世界以及中世纪如何得以生存下去的基础事实,却称得上一无所知,至少可以肯定地点说,麦考莱并未表现出对相关事实的兴趣;在麦考莱的历史著作中,所谓的"黑暗世纪"只是作为一块本身没有认知价值、但又不可或缺的舞台幕布呈现在麦考莱的"世界史"舞台之上,实际上这一信念贯穿在麦考莱几乎所有的应时性作品中,乃至一些更为具体的社会设计措施中,比如印度的文化和教育问题。"世界史"因此便展现为一个纯粹基于目的论的进程,1688年发生的宫廷政变以及此一变化所产生的社会-经济结果便是目的本身所在。在麦考来看来,1688年革命的成果并非"生命、自由和财产"本身,而是"生命、自由和财产"成为人不可剥夺的权利,"世界史"或者"普遍史"便是在这个意义上达到了目的和终点,尽管这些权利的具体呈现形态内部及其与社会事实之间并非完全的合拍,而且这些方面依然存在并不在小的断裂和差异空间,而且此类断裂和差异正在日益扩大;但原则与历史在此类历史叙事中却是在1688年取得了合一;此后的工作便是布莱克斯通这样的法学家,或者像坎宁这样的法官的工作,抑或是19世纪中后期边沁派的社会改革者的工作,这都不重要,都只是"世界史"故事的"余论",而此前的历史则只是作为达到此一目的和终点所必经的暗影和铺垫阶段。在

---

① 参见J. W. 汤普森:《历史著作史》,下卷,第三分册,第409页。

麦考莱看来,将"生命、自由和财产"视为人不可剥夺的权利,这本身构成了对真理的确认和执行;而真理在麦考莱看来既无关于公民,也无关于具体的国家和历史经验,真理的惟一相关者是人之为人;和洛克以来的英格兰传统一样,所谓人之为人关键在于久已有之的风俗惯例、教育、偏见、当然也包括财富和社会-政治权利的古老分配原则,这恰恰体现出维多利亚时代英格兰绅士阶层和工商业阶层的普遍心声;麦考莱当然不会不意识到所谓人之为人在世间实在的现实中是会成为具体存在物的,因此真理才不得不以"世界史"作为介质,真理也因此势必呈现为一种"历史精神";历史也便由此获得了其目的性和规律性;显然,麦考莱的《英格兰史》在 19 世纪的英格兰所扮演的角色正对应于黑格尔的《历史哲学》在 19 世纪的普鲁士所扮演的角色;尽管思维模式和办法不同——黑格尔通过理论沉思和逻辑建构、麦考莱则借助政治经验和现实事件的进程,但两者都殊途同归地以各自的方式在逻辑上摆脱了康德所谓的历史的"可悲的偶然性"或者歌德所谓的历史的"暴力与无意义的混杂"。①

托克维尔在《论美国的民主》中,集中呈现了发生在 19 中后期的这段历史纷争的要义,他首先发问:"必然性的学说……为何对于那些在民主时代的历史学家如此具有吸引力?"他相信其中原因在于民主社会的匿名性质,也就是说,在这样的社会里,"个人行动在国家中就如同羚羊挂角,无迹可寻",以至于"人们相信……某种高高在上的力量统治着他们"。② 麦考莱则以一种乐观主义的方式呈现了同样的

---

① Cf. T. B. Macaulay, The History of England from the Accession of James II, Vol. II, in *The Complete Works of Lord Macaulay*, Whitehall ed., Vol. VII, G. P. Putnam's Sons, 1898.

② 参见托克维尔:《论美国的民主》,下卷,第二十章,"论民主时代历史学家的某些特有倾向"。

19世纪欧洲意识,他在其弥尔顿述评中就以一种狡猾政客的眼光指出:"人们知道得越多,变得越文明,就越少看重个人,越发看重群体。"①

正是在这段"群体意识"获得极大增长的战后时期,大不列颠的帝国文化氛围铸造出将笼罩整个十九世纪实用主义和乐观主义精神,两者的结合适足以成为一个莫可名状的有机体,其厚重致使萧伯纳、劳伦斯、凯恩斯这样的智慧敏锐之士大有无所措其手足之感;命运的种种推动力量汇集成为莎士比亚所谓的"海潮",无从阻挡,只能跟进,进步信念支配了十九世纪的不列颠文化氛围。对这样的一个时代,罗素提供了最真实的回忆:"我是在维多利亚时代那种乐观主义得到最充分展现的气氛中长大的,因此在我身上保留一些那时人们常有的希望精神。"②在十九世纪的不列颠,在结束与法国的战争之后,事实开始符合人们的要求,处处散发着自信与乐观,令人轻松自在。正如约翰·穆勒在《论自由》中透露的那样,在这一时代,对事实提出疑难问题、并解答疑难问题的倾向非常薄弱;人们相信只要管理好事实,神圣天意就会自己管理好事实的意义。社会氛围同样是保守的,但并不存在那种"不会有人向我们传授永恒智慧的意图"的布克哈特式犬儒主义的忧虑。巴特菲尔德在1931年回顾这个时代时仍然评论说:"历史学家很少反思事物的本质,甚至很少反思自身研究主题的本质。"满意之情溢于言表。乃至丘吉尔的《世界危机》一书也在普遍危机的主题之中采用了乐观主义的处理方式,正如罗斯评论的那样,它缺乏"历史哲学"。英国思想家和政治家不倾向于总结

---

① T. B. Macaulay, Milton, in *Critical and Historical Essays*, Vol. I, at http://www.gutenberg.org/files/2332/2332-h/2332-h.htm.

② 转引自 E. H. 卡尔:《历史是什么?》,陈恒译,商务印书馆,2007年,第215页。

或者思考意义,不是因为他们不相信事实中蕴藏意义,或者事实的解释方式变化多端,而是因为他们相信事实中的意义是含蓄的和不言自明的。发生在世纪末的布尔战争确实在那一代英国精英阶层中激发了"文化"和"道德"危机,但很快就如水中波纹一般悄悄消失了;战败的荷兰人提出了日耳曼人种优越论这样的带有本质性的、染有"历史哲学"味道的问题,被英国人很快地轻斥为无意义的空谈。这就是19世纪大不列颠的文化观念,一种建立在强烈而清醒的自我优势基础之上的文化观念;这同时也是自由主义和功利主义的文化观念,与自由竞争和自由贸易的经济政策实为密切一体,与德国的新世界观念相比,这是一种更沉着、更自信、更具效能的世界观的产物。每人恪守其职,那只看不见的神秘之手就会管理这全部世界的和谐;对事实本身的管理也就同时意味着仁慈地朝向更高境界永无止境的进步。帝国的实力建筑在每个帝国臣民的卓越才智和不息奋斗之上;事实本身已经足够优裕从容,实在用不着"哲学"这块遮羞布。

历史学家们普遍觉察到从拿破仑战争到维多利亚时代早期,英格兰社会发生的转折性变迁。拿破仑战争激发起土地利益和"货币利益"之间的冲突,这种冲突惨烈且深重,主宰并引导了这一时期英格兰议会政治和政党政治的运动。哈维在评述拿破仑战争结束之初的英格兰法律状况时,对其中的危机与暗流有着明确意识,他写道:"司法已经演化为一种阶级斗争模式。本来习惯于自己在法庭上争夺伤残补贴的劳工现在失去了传统权利,他们的独立行动受到了制约。有产阶级惊慌失措,致使本来一直疲软的处罚条例变得强硬而有约束力。'英国工人阶级的形成'至少在一定程度上是对战争、工业化和压迫之合力所作出的反应,意味着他们对不公正法律的反抗。威廉·科贝特对于'那玩意儿'——富人们结成秘而不宣的同盟,对穷人进行敲骨吸髓般的压榨——不存在什么敬意;罗伯特·欧文视若无睹、置若罔闻。甚至边沁派的人也认为司法部门是'巨大的邪恶利益集团'。虽然最终只有爱尔兰人真正挺身而出进行斗争,然而法治的胜利就像滑铁卢,只是'千钧一发的惨胜而已'。其成功可能只是因为公众对之期盼已久,竟至等到了另一波改革浪潮的兴起。"①到了 19 世纪的中叶,宪章运动在坚定且团结的统治阶层所采取的分化和去政治化策略之后,经济领域的部分成功使之趋于销声匿迹,哈维对于此种情形给出了有代表性的评论:"'事实'是维多利亚中期的武器库中最强有力的武器,对此,狄更斯笔下那个兰开夏郡制造业主葛雷更十分赞同。"②

　　在这个社会中,统治阶级在一个秩序井然、动静益彰的图景中能够理性地追求权力、地位;政治和文化还没有受到盲目崇拜各种理想这一欧洲大陆潮流的影响;没有理想、没有革命,这是这一时期的辉煌盛象;声势浩大的宪章运动最终不但没有演化成为革命行动,反而成为政治平民的习艺所,让平民懂得止步于财产权,这是 1688 年以来"光荣"传统。发生于 1830 到 1848 年间的革命挫败了欧洲大陆对自由主义不断增长的希望,这些失败的革命生动地说明了种种理想在面对武装力量时的空泛,也生动说明了民主主义者在面对军人时的柔弱。对隔岸观火的英国人来说,理想侵入政治这一严肃的事业是无益的、危险的。纳米尔集中阐述了这一时期的大不列颠文化意识:"一些政治哲学家抱怨'令人厌倦的寂静',抱怨目前国内缺乏对一般政治问题的争论;人们在寻求寻求解决实际问题的切实可行的

---

① C. 哈维和 H. 马修:《19 世纪英国:危机与变革》,韩敏中译,外语教学与研究出版社,2007 年,第 204 页。

② C. 哈维和 H. 马修:《19 世纪英国:危机与变革》,第 248 页。

办法,两党人士则把纲领和理想置之九霄云外。但对我来说,这种态度似乎预示着更伟大的民族成熟性,而我则仅仅希望这种情形可以长久持续下去而不受政治哲学作用的干扰。"①

然而,和亚当·斯密、格罗特、穆勒、特里威廉一样,纳米尔也是那种为英国所特有的单一社会模式和政治模式铸造出来的人物,他们的观点不会在早期和晚期之间发生变化。这对生活于乱世或者激烈变化时代的知识分子来说,可谓极大的奢侈品。很显然,大不列颠的文化意识自有其现实的权力政治基础,那就是专属于它的自由贸易帝国。这一帝国及其文化理念依托于亚当·斯密的理论和皮特的财政操作,在拿破仑战争中经过铁一般的锤炼,爆发出惊世骇俗的强大威力,并历经北美殖民战争、历次国内外的革命、叛乱和社会运动以及作为重大考验的两次世界大战,迟至1939年仍然屹立不倒,追究其原因,在乎两点,其一,帝国臣民的信心和才干,其二,自由主义还没有耗尽作为社会变化动力的能量。然而,在1914之后,在战壕中得到锤炼的新一代英国领导人已经明白,在随后的时代,自由主义不管在哪里都只能成为阻碍社会变革的保守因素;从这一代人开始,人们开始越来越少地遭受骄傲的自信与乐观主义的损害,开始充分认识到大不列颠文化优势所依赖的那个结构在本质上是不稳定的。正如考特所说:"战争的胜利不仅是大不列颠军队的胜利,也是自由市场经济的胜利,亚当·斯密和其他十八世纪思想家对在他们身边发生日益发展的自由市场经济曾作过分析研究。在滑铁卢战役以后的一个世纪里,自由经济为不列颠国力提供了物质基础。如果战争的结局不是这样,那么谁也不知道经济和政治朝着什么方向去发展。

---

① 转引 E. H. 卡尔:《历史是什么》,陈恒译,商务印书馆,2007年,第127页。

它们根本不可能处于后来的那种状况;防御比富裕重要,这是亚当·斯密说过的话,如果法国在特拉法加战役和滑铁卢战役中取得胜利,这句话听起来就会产生别样的感觉。正如当时发生的情况那样,1805年后不列颠取得了海上霸权的地位,于是在确保安全的情况下,在整个世纪内私人和国家的投资和商业政策能不断地贯彻下去,不列颠的海上霸权地位在1898年德意志海军力量崛起之前,始终没有遭受严重威胁。"①

　　阿克顿勋爵在评述这段历史时期时,对整个欧洲的思想氛围转变给予了精确的描述,作为这一转变的轴心,有关历史连续性和进步性的法则和信念取代了文艺复兴和君主专制时代史学家们历史著述中常常表现出的对"偶然"、"突变"和"事件"的核心关注,一种模糊、莫可名状但强有力的恒常历史力量甚至同德意志唯心论传统取得了和解和汇流。阿克顿写道:

　　　　政治史学家的理论显然不同于派系作家的抗辩行为。历史学家展现主宰人类生活的种种法则:历史学家的职责并不是去阐释私人观点,也不是像那位聪明的西班牙人那样,解释一下如果时间能够获得更好的建议,就能发明出更好的宇宙。历史学家关注的是航船的路线,而非乘客的想法。有待关注的力量是那些长远来看终将胜出的力量。历史学家仅仅为那些经由经验的判断而成为公正之物的东西提供证明。人们会说,所谓史学就是选择一个在我们看来不错的立场,同时弃绝指定的路线和

―――――――――

① W. H. B. 考特:《简明英国经济史》,方廷钰等译,商务印书馆,1992年,第173页。

法则的主宰,由此将民族生活降解为种种偶然的和无关联因由的无序状态,这完全是胡说八道。在指导世界的各种力量当中存在恒定性,而这恰恰就是全部德意志思想的至高收获。不是出于派系偏见,恰恰相反,而是出于对派系情感和个人偏好的拒斥,历史学家们才坚持认为,这个世界运行良好,认为那些长久活在文明的光辉和挣扎中的事物才是活得正当的,认为无论什么事物的灭亡,实际上正是各得其所。威克利夫在复活一个非常古老的说法时,这样写道:*Ponat talis fidelis spem et causam suam in adiutorio altissimi,et non est compossibile quod vel persona vel causa pereat*。爱默生的哲学不正是大声宣布"那样一种技艺,随着历史进展,所有伟大人物不过是凭借这种技艺在从事清场工作,不留下垃圾,连烟雾也予以清除",一位活着的古典学者不是也写道"永恒的智慧终究是要主宰时日的"吗?

历史是人类的良知,这一点是无可逃避的,除非有人拒绝将未来和过去联结在一起的集体生长原则,并像阿基米德那样采取一种高高在上的立场。过去三代人的思想承续实际上构成了一把长矛,闪亮的矛头则是由启蒙和胜利之德意志的这批柏林阐释者们打造而出的。这批人构成了一个正统王朝,其统治既正当又有力,他们实际上是从伯克开始一直延伸到最近阶段的选择——进化论这一脉络的继承人,他们针对时断时续的神意、激情的戏剧以及人类的盲目意志,确立起了永不磨灭的道德力量的统治。他们的理论既出自科学,也出自国家的政治经验,并且在这两方面都同样地合乎逻辑。甚至那些并非完全信奉将历史局限于政治的魔力圈的人,也持有上述观点,蒙森在斥责将罗马之征服归功于罗马人之背信弃义的看法时,坚持的就是这样的观点;魏茨说过,那些责难宗教改革的人没有权利自绝于民族,他实际上也是在坚持同样的观点;库尔茨则确立起偏向教会的观念来反对教派,这是因为教派已经走向了难以言说的悲苦之境,同时他也支持宗教改革,反对罗马,这是因为改革者们获得了成功,库尔茨的做法反映了同样的观念。

没有党派也就意味着不需要原则,正如一位英格兰政治家所说的那样,一个否认党派的人乃是属于一个他为之感到羞耻的党派。无偏见实际上意味着去追随一种非常宽泛的引导,认可君主制的显见宿命,如果有必要的话,内心就已经准备好了去追随"民主制的隆隆脚步"。①

二

这一切都深深影响了麦考莱对"自由"的重新阐释,尽管他刻意强调这一解释是辉格党式的,但是在谷物法问题所造成的托利党大分裂之后,迅疾发展的英格兰社会已经走向了自由主义这一共识,也许对其具体的和实在性的内容的见解存在差异,但"自由"已经融构成为一幅共通的英格兰文化图景,而无需再像以往尤其是 17、18 世纪那样,依据党派原则运行并对议会政治表现出卑躬屈膝的诉求。阿诺德精神在"为人生作好准备"的旗帜下,在中产阶级上层迎来了古典教育的复兴浪潮,意图从希腊语和拉丁语的教化中塑造并推进"职业等级"令人肃然起敬的品性,即便这样一个等级的塑造以牺牲

---

① Lord Acton, The German School of History, *The English Historical Review*, Vol. 1, No. 1, 1886, pp. 35 - 36.

国家工业化的需求为代价,但却满足了普遍化了的帝国官僚制度对人员的需求。在此,麦考莱重申了沃尔斯利大总督在印度大征服时期的类似见解:

> 或许我也会认为在古代语与抽象科学上耗费了太多时间。但是那又怎样呢?无论任何时代任何国家时兴教授的是什么语言、什么科学,能精通这些语言与科学的人一般而言将成为年轻人中的精英,成为可敬的佼佼者中最敏锐、最勤奋、最具上进心的人。就算在剑桥教授的是托勒密体系(Ptolemaic system)而非牛顿体系,考试中的成绩优秀者仍然一般而言比最后一名更为优秀。就算我们不学习希腊语,转而学习切罗基语(Cherokee),最能理解切罗基语的人,能写出最正确而悦耳的切罗基语诗句的人,最能确切领会切罗基语虚词作用的人,一般而言将比那些毫无这些成绩的人更优秀。就算我们的学校教授占星术,最会编排天宫图的年轻人一般而言将成为更优秀的人。就算教授的是炼金术,表现得最为积极追求贤者之石的年轻人,一般而言会成为更优秀的人。
>
> 关于这个问题,我只再补充评论一句。尽管我倾向于认为英国年轻绅士的教育花费了过多精力在死语言上,但是我确信,当通晓外语是你要挑选人手补充的岗位首要且最不可或缺的条件时,要检验人选是否胜任,很难找到比考察他们的古典语知识更好的办法了。①

---

① 麦考莱:"印度的治理",见本书。

　　显然,这一见解的显著特征便是其中实用主义的缺乏,沃尔斯利认为过度的实用主义教育诉求将无助于培育一个人员广泛又能融合英格兰绅士教育元素的帝国官僚体系。① 显然,沃尔斯利的帝国教育规划乃是应时而生,其目的是要稳固拿破仑战争期间遭遇严重挑战的英格兰东方霸权,麦考莱则是在一种完全不同的氛围和背景中重申这一教育规划,传统的绅士教育将在这一教育规划中同普遍的帝国尊严感取得融合以及相互支撑;沃尔斯利将他的规划理解为一项纯粹的立法事务,麦考莱则将之视为文化帝国的前哨堡垒,并暗合了他那个时代英格兰保守主义社会氛围的崛起,正如哈维评论的那样:"自由主义提倡个人做出成就,这个阶级响应了它的号召。它看重功绩、竞争、体面、效率和目标感。它尊重成果、金钱和成功。它对自己在社会秩序中的地位没有把握,便听从那些自信有发号施令权的人;它尊重等级制度。在这点上,它和19世纪前期的自由主义者有很大不同:支撑了老自由主义者不屈的个人主义的,是那种'昔日的光荣事业'中的前工业时代精神和17世纪的战斗口号。而这个新阶级因为想在社会等级中找到安全的位置而成为保守党的工具,保守党因之变成在城市中有拥趸的党。"②实际上,麦考莱时代英格兰保守主义社会氛围的崛起已经发展成为英格兰社会的共通事件和公共意识,而不再局限于传统的政党原则或者托利党起源,罗伯特・皮尔在"谷物法"大论辩时期已经解除了英格兰社会意识同政党之间的纽带,在托利党解体前夜,他对本党后座议员恶语相加,在一封私信里写道:

----

　　① Cf. J. Bowen, The East Company's Education of Its Own Servants, *Journal of the Royal Society of Great Britain and Ireland*, Vol. 87, No. 3/4,1955, pp. 106 - 107.

　　② C. 哈维和 H. 马修:《19世纪英国:危机与变革》,第277页。

"那帮醉心打猎、射击和豪饮的人，怎么可能了解我辈的动机呢？我辈身负公众安全之责，对事态有最充分的了解，一心只为防范危险并问计于各阶层的普遍福祉。"①皮尔正是依托辉格党反对派的支持，才最终赢得了撤销"谷物法"的胜利，同时也对最为激进的少数派土地贵族利益集团实施了政治放逐。这意味着从皮尔的反谷物法联盟时期到格莱斯顿领导自由党的时期，英格兰的社会心理和文化氛围已经可以脱离具体的利益性和政治性派系分割，可以进行整体性的保守主义社会心理建构了。

麦考莱是这一保守主义社会心理建构的显著铺路人，也是这一建构工作的标志性人物。他展示了英国历史的无缝之网——永久存在着的一种制度的连续性。无论他的注意力投向哪个时代，他都把那个时代与若干政治原则联系在一起，而且看到了那些政治原则经由政治制度和传统被传递，在麦考莱那里，过去的连续性之所以是理所当然的，是因为他发现了英国历史中政治实质的连续性。他的《英格兰史》讲述了大不列颠联合王国的缔造，体现在"光荣革命"中，以詹姆斯二世的放逐与威廉的入主英国为标志，一直到威廉的去世，那时，苏格兰、爱尔兰在他的叙述中，成为英格兰的一部分。他讲述了一个国家、一个民族的塑造，提供了一个关于血统、门第、世系的大师级别的叙述。② "光荣革命"是麦考莱的《英国史》撰述的原点，这是看待英格兰的新的视野，由此出发，英国呈现出新的面貌，英国换上了新装。此时此刻，一种新的生活方式（regime）被确定：有限的王权、

---

① Quoted in E. Evans, *Political Parties in Britain: 1783–1867*, Routledge, 2003, p. 40.

② Catherine Hall, Macaulay's Nation, *Victorian Studies*, Vol. 51, No. 3, 2009, p. 506.

确定的财产制度、有限度的宗教宽容、常备的陆军及海军、英格兰银行以及国债。这是一个新的秩序,一种新的平衡,其标志是温和。① 对于"光荣革命"的历史态度,在十八世纪的英格兰首先表现为政治问题,幸运的是,辉格党在这个世纪中能够持续地经营辉格理念,在麦考莱之前,著名的历史学家哈兰已经把辉格的理念编织在英国的历史中,但是在哈兰那里,有一点还是模糊的,即布拉斯所谓的"终极性",这是辉格历史写作的一个基础性的假设。② 作为一个政治家,麦考莱一开始就支持 1832 年的《改革法案》具有"终极性",在这部法案通过之前,他就承认,作为一项历史原则,议会即使在我们子孙辈的时代也需要改革。在麦考莱的《英格兰史》中,光荣革命与1832 年的《改革法案》是支撑英国历史的龙骨,这百余年间的历史连续性固化成为英格兰的平衡宪法,这是辉格史学最重要的主题。

　　伯克的自由观念源自并依赖于世系(descent)这一观念,唯有通过世系方法取得的自由才是真实的、可靠的、有价值的:"自由的后裔这一观念,就以一种习惯性的、天然的尊严鼓舞了我们,它防止了那些最先获得任何名气的人们几乎是不可避免地会带有的那种使人丢脸的暴发户式的倨傲。就靠了这种办法,我们的自由就成为了一种高贵的自由。它带有一种堂皇动人的面貌。它有一部家谱和显赫的祖先们。"③麦考莱似乎接过了伯克的火炬:"如同我们的革命是一次对古代权利的辩白,它也被严密关注着引入古代的新式。在几乎每一个词语和行动上,都可辨识出一种对过去的深深的尊崇。这个

---

　　① T. B. Macaulay, The History of England from the Accession of James II, Vol. II.

　　② Peter Blass, *Continuity and Anachronism*, Martinus Nijhoff, 1978, pp. 3 - 34.

　　③ 伯克:《法国革命论》,何兆武译,商务印书馆,1999年,第 45 页。

王国的不同阶层在古老的大厅中深思精研，并且根据古老的规则……英国的两党一致赞同以庄重的敬意对待这个国家的古代宪法传统。"①伯克和麦考莱在奠基英国人对待过去的智识与方法基础方面扮演了极其重要的角色。②

在19世纪前半叶，英格兰的自由派往往将其理论建基于功利主义之上，而法国自由派则建基于现实的宪政实践和议会的日常运行和立法操作之上。但在19世纪的中晚期，英格兰自由理想的最集中阐释者阿克顿则迅即将政治生活同宗教生活联系在一起，这种自由观念同功利主义的社会改革和理性立法不但是相互脱离的，而且也是背道而驰的。阿克顿本能的倾向是将自由同个体的良知、尊严这样的基督教观念直接联系在一起，但完全免除了清教徒自由观念中有关纪律和预定论的成分；他在耶稣关于"把凯撒的还给凯撒"的语句中，看到了个体良知在面对政治权威时的最庄严确认和无限价值；他严厉攻击黑格尔辩证法中的历史诉求和进步诉求，这是因为在阿克顿看来，黑格尔主义乃是马基雅维利主义的神学版本和历史哲学版本，而阿克顿自己则将善认为是绝对的，确切地说，善就是自由，自由就是善，因此历史必须以外在于历史的某个标准来获得衡量和评判，他不能容忍黑格尔在恶当中看到推进历史进步的力量。进言之，阿克顿在主要方面追随托克维尔，对政治当中的理性主义，尤其是霍布斯式的或者启蒙运动式的理性主义持对抗态度，表面的原因在于此种理性主义态度很可能意味着中央集权，更深层的原因则在于此

① 转引自格特鲁德希·梅尔法布，《新旧历史学》，余伟译，新星出版社，2007年，第185—186页。

② *Writing National Histories：Western Europe Since 1800*，edited by Stefan Berger et al. ，Routledge，1999，p. 30.

种理性主义从根源上威胁到自由的宗教根基,而这种根基在阿克顿看来,总是要保持在宗教式的神秘当中才能获得生命力,人类知识的光线一旦照亮,这一根基也就枯干了。简言之,人与历史是脱离的。

在法国,集中阐释自由观念的任务无疑落到了基佐的身上,他的《法国文明史》则具体地担当了此任。在这部法国自由观念的集大成之作中,基佐用阶级斗争的观念取代了传统法国史学当中一度盛行的罗马—法兰克的种族斗争观念;在基佐看来,法国自由的塑造力量并非罗马和法兰克两个种族和两种政治要素之间的斗争,而是阶级之间的斗争。在这场斗争中,自由观念的确立全然有赖于中产阶级的贡献,否则法国在 1789 年之前很久的时代就将丧失自由;而在 1789 年之后的时代,法国之所以能够在历经动荡和战争之后依然保有自由,就是因为法国中产阶级为法国历史奠定了进步的要素并提供了进步的力量,正是凭借这种充满了耐心、韧劲的力量,法国的自由才得以最终战胜了来自保皇派、旧贵族以及圣西门主义者和各个社会主义派别的挑战。严格来说,这部作品甚至不能列入标准的历史作品之列,毋宁说,它是一曲法国中产阶级的颂歌。就基佐在历史分析中透露出来的认识论和确切的历史观念而言,乃是基于一种纯粹的二元论,一方是权威,另一方是自由,基佐将二者置于摩尼教或者诺斯替主义的神秘宗教格局当中,并认为二者的斗争并不在于正题和反题之分,斗争结果的达成是通过二者之间明智、温和而有益的妥协,而不是历史力量的辩证运动。显然,在基佐看来,这一妥协的结果对于人类的历史命运来说,是决定性的和终极性的。就现实的法国政治而言,他主政之下的七月王朝恰恰就是此一妥协结果的实际表达。在 1855 年版的《法国文明史》的前言中,基佐给出了一段总括性的文字,这段文字因为典型地体现出这个时代本身的精神气质,尤其是欧洲统治阶层和社会上层的精神气质而得到难以尽数的赞许："权威和自由这两大力量和两大权利在所有的人类社会的心脏共存和斗争。……我和许多人一样，在从书斋转到一个更为骚动不安的舞台上时，一直在政治秩序中寻求权威和自由之间的一种积极的和谐，在它们的公开、公众、以合法的方式包容和调节的斗争中寻求和谐。难道这仅仅是梦想吗？"显然，若以资产阶级的抽象法权和财产权观念来加以评判，这部历史作品当然是成功的。但是，此种外在于历史的评判无疑也终止了人类为自身命运而继续斗争的可能性，也否决了人类通过历史当中的行动而获得知识的可能性。七月王朝崩解之后法国社会的发展是对基佐自由观念所作的最佳嘲讽，因为随后的法国社会实际上是在不断设立集体目标并在不断的突破性的斗争中前行的，毫无疑问，七月王朝之前的法国社会亦是如此。和前两者不一样，此一时期欧洲另一位自由和个体性观念的集中阐释者布克哈特，将自由观念寄托于"文化价值"之上，在布克哈特看来，传统自由观念在19世纪的最大威胁来自大众及其民主诉求。由此，布克哈特对自由的理解充满了旧制度时期的那种贵族意识，他认为只有在人可以发展自己的创造性个性的地方，才可能谈论自由。显然，在布克哈特看来，自由应当脱离"单调而无名"的大众领域，而与特定的文化价值结盟。他在古希腊和文艺复兴时代的城市共和国中找到了这种文化价值的完美体现。

在英格兰，这一切观念都拥有相当广泛且深厚的历史资源和观念资源可供诉求。在伊丽莎白时代和斯图亚特王朝时期，得到大幅度扩展的人身权利、财产权利与君主的传统特权发生了冲突。"特权"代表上级对下级的一种关系，这正是费尔默所采纳的自由观念；"自由"则从习惯法的意义上代表着同一阶级各成员之间的一种平等关系,这是洛克所采纳的自由观念。正是关于自由的这种矛盾的双重含义构成了十七世纪英格兰漫长而剧烈斗争的核心。实际上,柯克在解释垄断权违反大宪章的精神时,无疑是坚持了一种错误的观点,并无视伊丽莎白时代英格兰依据垄断原则在多民族竞争的欧洲权力政治格局中所取得的成就这一基本事实。不过,这一错误起到了巨大作用,克里斯托弗・希尔精确地指出:柯克的法律解释实际上是给这个世界创造了一个"具有历史意义的神话,就如同福克斯创造了英国宗教的神话那样"。柯克对《大宪章》的解释实际上是"一套资产阶级纲领";为了创造这套完全不同于斯图亚特王朝时期和宪章运动时期的"大宪章"神话,柯克所运用方法的本质就如同他自己所告诫的那样:"在行业内交换意见前,先不要管这个国家的法律实情。"①在洛克时代,传统意义上的大宪章的自由已经发展到与习惯法的自由针锋相对的地步。在此一时代的英格兰社会,由士绅、自耕农、工匠、商人以及小工厂主所组成的"人民"阶层开始借助革命的渠道而在政治上崛起,这一阶层从亨利八世起就开始在规模上迅速扩大,并得到了伊丽莎白王朝的悉心培育,可以说,到了洛克时代,这一阶层已经从经济上为英格兰的国家财富贡献出居于支配地位的财富和消费需求和战争中的人力资源。英国没有自封的资产阶级,大资本在随后到来的工业革命中,只是到了很晚的时候才起到了一些很有限的作用。工业革命在英国主要是依靠这个"人民"阶层自身的资金、勤劳和创造力而施行于世,这不像众多后来的国家那样依靠大量的原始资本。对于从封建主义向资本主义转折的这一英格兰进程,

---

① Cf. Christopher Hill, *Intellectual Origins of the English Revolution-Revisited*, Clarendon Press, 1997, pp. 201 - 228.

"辉格党的历史解释"将之视为民权和宪政的成就相互影响、逐渐固定并扩散开来,进而发展到一个更为扩散的民权和宪政阶段;"托利党的历史解释"则反对此一过于简单和天真的看法,认为土地贵族和旧制度仍然在18、19世纪的大部分时间内控制着意识形态和政府,并在整个19世纪仍然能够做到迫使人们服从;它最终的失败并非某种外部的、基于社会发展的力量,而是出于自身的失误和分裂。两种对立的观点无疑各自道出了部分的历史实情,一副忠实的综合性图景则很难画出。

洛克力图对人类心灵的基本力量作出单一、和谐的解释,这种解释充满了纯粹的乐观精神,正如同他对自然所作的解释那样,1680年代英格兰人的那种本能的安全感、优雅感和常识感使得洛克没有能力深入到冲突当中去。他的那种冷淡的自然神论和"健全的"经验主义诉求,只是在表面上构成了对莎士比亚超越英格兰常识感诉求的批判和拒斥,事情的根本则在于:17世纪末期的英格兰已经大幅度淡化了这个世纪中期强烈的精神革命的意志和能力。1640年代的英格兰内战使得洛克的解释很难符合生活的实情。克伦威尔的严酷骇人听闻,但另一方面此人又极其无私,从同一个如此野心勃勃的根源,竟然产生出如此众多和极端的善和同样众多和极端的恶。洛克的文化景观无法透入到个体灵魂背后的善和恶之间的内在的、充满创造性的联系,对此,洛克只能耸耸肩,躲避到1680年代的道德主义面纱当中,认定文明的标准只能是在关于人类幸福的机械主义的和感觉论的价值标准中才能达到顶峰;他以已经安然就位的资产阶级标准来愉快地审视精致的社会生活、艺术标准以及宗教和教育体系,他可以说是第一个以非理论化的方式泰然接纳了这一切,并借助感觉论和经验主义的心理学方式严密地自我封闭于对已知世界的享受中去。

不幸的是,这种享受的前提是不可知论的,诉求一种无法得到合理论证和证实的神秘且和谐的宇宙观念,这种观念以牺牲人自身的意志能力、选择能力和自主能力为代价,力图将人类自身的命运推入到一种消极而神秘的无所作为的世界秩序当中;正如拉斯莱特评论的那样:"当人们思考如何彼此组织成一个整体时,他们必须记住自己是谁。他们不是自己创造了自己,他们不拥有自我,他们不能处置自己,他们是上帝的作品。他们是上帝的奴仆,被送到这个世界上为上帝操劳,他们甚至是上帝的财产。在洛克看来,这是一个常识性的前提,是一部始终诉诸常识的著作的起点。这是一个存在主义的起点,直到当前为止,人们认为对它提出严肃的质疑是没有价值的。与其说它依靠已经得到证实的上帝的存在,还不如说它依靠接受一种观点的可能性,可以把这种观点称为得自天外的世界观,或更通俗地说,这是用上帝之眼观察人间的观点。如果你承认有可能从高处俯瞰人类,则可以说你已经同意了洛克的这个起点。"①

正如休谟所指出的,在 1640 年代之前,有关英格兰议会权力或者主权的连续性和内在稳定性的种种传说无疑是荒诞的,不管这种传说是来自大宪章时期,还是其都铎王朝或者斯图亚特王朝的版本,都不具备历史理解方面的价值;仅仅是在 1640—1642 这两年期间,完全是凭借皮姆的宗教狂热和意志上的激情,才使得英格兰议会展示出主权前景;假如在那个时期由英格兰精英阶层的常识感占据政治主导地位,确切地说,由同为议会反对派领袖人物的汉普顿来引导

① 彼得·拉斯莱特:《洛克〈政府论〉导论》,冯克利译,生活·读书·新知三联书店,2007 年,第 119 页。

事件进程,那么可以肯定的是,英格兰将不会发生后来的 1688 年的事件。尽管休谟不可能赞同宗教狂热和人类幸福之间一般意义上的内在关联,但他也较之任何人都更为审慎地意识到人类罪恶和人类幸福之间在关键时刻的这种必然性的转乘关系。洛克将议会主权解释为一种普遍而内在的进步发展过程,休谟则更为清醒地理解了英格兰历史中的困顿和跳跃式的过程,而这个过程本身是由断裂和血泪加以主宰的。因此,休谟依据《人性论》中严格的经验主义见解,无情地否决了古典教养当中的所有理智主义成分,其中最为根本的就是否决了古典教养所倡导的那种错误的和无根据的信念:人类美德是可教的。休谟也借此瓦解了任何形而上学实体或者理性—精神实体在历史领域一直以来所占据的不合时宜的位置,从而在古代和现代之间划下了一条真正富有标志性的界线。现代性的其他原则和精神正是以此为根基而发展起来。① 对于历史深渊的这种清醒意识诞生并崛起于 1640 年代,休谟以普遍史的方式将这种意识从宗教和哲学的领域扩展到世界历史的领域,从此,这种意识作为现代性的本质性要素和根基也已经成为 1640 年代之后人类生活的组成部分融入现实当中,并成为现实的一部分。作为这一切的基础的就是休谟对作为秩序实体的"自然"概念的瓦解,在此之前,也就是在历史发展概念深受"自然"观念支配的时期,历史著述无法在个体性的历史事件中寻找到连续性的观念,正如沃格林在《政治观念史》中所呈现的那样,在此种境况之下,历史叙述往往表现出平静和理智时期同非理性的混乱时期之间此消彼长的纯粹机械式的混合。因此,休谟对"自

---

① Cf. David Hume, *History of England*, Vol. VI, Liberty Fund Inc., 1985, pp. 128 ff.

然"的瓦解对于历史阐释本身可谓意义重大,因为这实际上是松动了"自然"加之于"历史"之上的秩序要求,由此才能释放出历史发展中人类自身以及各个具体民族的"个体性"的力量,并使得世俗历史在这种力量的基础上获得连续性和生命力的统一。正如考特所言,两百多年来,英国一直令世人瞠目地既能承担得起作为"福利国家",也能承担得起作为"制造战争的国家"所带来双方面的结果。但是实际上在布尔战争结束之后,英格兰的帝国心灵向自身提出了疑问:这个帝国是否还能同时拥有两种力量,是否还能在同时拥有这两种力量的同时,保持两种力量之间的道德隔离和传统上的平衡,不致使帝国力量对英格兰本土议会政治和宪政德性造成太大的冲击。越来越多的人相信,英国只有在摆脱它的殖民地和军事装备小型化之后,才能在和平的世界秩序中发挥其建设性作用。随着帝国这一权力事实的解体,以及一种新型的经济发展形式和一个更强大的民族取而代之,那种传统的辉格党-托利党式的政治解释已经丧失了世界范围内的文化领导权(如果这个世界必然需要领导的话),取而代之的是一种去政治化的文化解释模式,这一模式要求人们从理智的保守主义观点来思考"文化"。麦考莱正是这一"时代精神"的造物,同时也是这种保守主义帝国文化模式的创造者。

三

《克莱武勋爵》实际上是对 18 世纪老皮特—罗金汉姆时期帝国模式的一篇强有力檄文。在 18 世纪,帝国展现为典型且集中的政治模式,印度问题同议会政治有着直接且牢固的关联,那个时期不存在一个以公司文职体系和帝国官僚阶层为隔离物的中间体系,在此背景之下，帝国政治实际上就是英格兰政治，正如独立战争和东印度危机时期所揭示的那样；麦考莱回顾道：

> 英格兰的公众那时候对印度问题的兴趣比现在大得多，原因显而易见。时下，一个文书很早就入职；他慢慢地往上爬；如果他幸运的话，在四十五岁的时候，他能够返回祖国，每年有一千磅的年金，再有三万磅的积蓄。英国的公职人员在印度挣得相当的财富；但是，没有任何一个公职人员获取巨额财富，而且，他的所得是靠缓慢地、辛苦地、诚实地挣来的。只有四到五个政治性职位是预留给来自英格兰的政治人物。驻员、秘书、财政委员会以及苏达法院（Sudder courts）中的席位都由曾经将生命中最好的年月奉献给公司的人士充任；任何人不以正规门路入职、不按固定级别晋升，不管有多耀眼的才干或者有多强大的关系都不能得到这些肥缺。七十年前，从东方带回来的钱财比我们时代要少。但是，它由少得多的人瓜分，并且经常在几个月之内就能够聚敛巨额财富。任何英国人，不管他年纪多大，或许都希望成为这些幸运移民中的一员。如果他在利德贺街（Leadenhall Street）发表了精彩的演讲，或者出版了精巧的小册子为董事长辩护，他就有可能被派去为公司服务，并且有可能在三四年之后回来时如皮戈特（Pigot）或者克莱武一样富有。因此，印度署就是一个摇奖所，欢迎任何人试试手气，为极少数幸运儿开出公爵级别的财富作为奖品。一旦人们知道，世界上有这么个角落，在那里一个陆军中校曾在某个早上收到的礼物是和巴斯伯爵（Earl of Bath）或者罗金汉姆侯爵（Marquess of Rockingham）一样大的地产，在那里好像一两万磅这种小数目，任何不列颠的职

员一开口就能得到,社会开始呈现出南海泡沫年月中的所有征
兆,像热病一样的亢奋,对财富的渴望一发不可收拾,鄙视以缓
慢、可靠和稳健的方式赚钱。①

很显然,在麦考莱看来,这些东方财富的拥有者因此冒险式的巨
大财产挑战了以封建地产为基础的英格兰人的自由概念而遭受了社
会性的谴责,并获得了"纳瓦卜"的命名,这一名称在政治上是不祥
的,也是不利的,这意味着他们很少能够得到英格兰统治阶层在政治
和心理上的接纳;有趣的是,麦考莱将东印度公司体系中的财富热情
同南海公司的投机狂热进行类比,而两者在性质上是截然相反的事
物,前者是一个殖民地特权公司及其裙带体系中必然会进行表达的
财富情感,后者恰恰是英格兰土地阶层过于激进的土地银行计划所
催生的怪物。麦考莱借那个时代的戏剧之口对来自东方的财富阶层
进行了申斥:

　　很快,纳瓦卜成了最不受欢迎的阶层。他们中有些人曾在
东方展现过杰出的才能,为国家做出过伟大的贡献;但是,在祖
国他们的才能看起来并不是优点,他们的贡献也鲜为人知。他
们从籍籍无名中崛起,他们获取了巨额财富,他们傲慢地炫耀,
他们大肆挥霍,他们抬高了邻近地区所有东西的价格,从新鲜鸡
蛋到腐败选区,他们仆人的制服比公爵仆人的更为华丽,他们的
马车比市长阁下的还要精美,他们庞大且管理混乱的家务成了
榜样,败坏了举国上下一半的仆人,他们中有些人,尽管衣着华

---

① 麦考莱:"克莱武勋爵",见本书。

丽,却无法学会上层社会的腔调,尽管珠光宝气、仆人成群,尽管
有金银器皿和德累斯顿瓷器,尽管有鹿肉和勃艮第葡萄酒,却依
然是下等人;所有这些事情既在他们所出身的阶层,也在他们试
图进入的那个阶层中都激起了强烈的反感,交织着嫉妒与轻蔑。
但是,当也有谣传说,这些在跑马场上令郡治安长官黯然失色的
财富,或者使得一个郡起而反抗一个与《土地调查清册》
(Domesday Book)一样古老的家族之领袖的财富,是靠违背公共
信仰、靠罢黜合法王公、靠令整个省区陷入赤贫聚敛而来,这时,
人性中所有高尚和优秀的品质,以及所有低劣和邪恶的部分,都
起而反对这些恶人,他们靠罪行和不义攫取财富,现在又傲慢而
粗俗地挥霍这些财富。不幸的纳瓦卜们看上去满身都是的缺
点,在喜剧里遭到最无情的嘲弄;满身都是的罪行,给悲剧罩上
了最阴暗的色彩;他们活脱就是杜卡莱(Turcaret)和尼禄,就是
茹尔丹先生(Monsieur Jourdain)和理查三世。咒骂和嘲笑的暴
风雨,唯有比之于王政复辟(Restoration)时期所爆发的针对清
教徒的公众情绪,现在向公司职员们袭来。仁慈之人震惊于他
们敛财的方式,节俭之人震惊于他们花钱的方式。艺术爱好者
嘲笑他们缺乏品位。纨绔子弟排斥这些粗俗之辈。观点和风格
最不相同的作家、卫理公会派教徒和怀疑论者、哲学家和小丑,
头一次站在了一条战线上。几乎不夸张地说,在大约三十年里,
整个英格兰的通俗文学都带有我们上面所描述的这些情绪。富
特(Foote)给舞台带来了一位盎格鲁—印度长官,放荡、吝啬、僭
主做派,对他年少时那些卑微的朋友感到羞耻,憎恨贵族,却又
幼稚地急于加入后者的行列,把财富挥霍在牵线人(pandarus)
和谄媚者身上,用最昂贵的温室花朵打扮他的轿夫,用关于卢

比、拉卡(lacs)、庄园(jaghires)的土语吓唬无知者。麦肯齐(Mackenzie)以更为细致的诙谐笔调描写了一个普通的乡村家族,因为一位家族成员在印度的收获而暴富,在笨拙地模仿大人物的行为方式时招致嘲笑。古柏(Cowper)的高尚劝诫闪耀着希伯来诗篇中的那种精神,他把对印度的压迫列在了民族罪行之首,正因为这些罪行上帝以灾难性的战祸连年、在自己海域中的大败,以及失去大西洋彼岸的帝国来惩罚英格兰。如果我们的读者不辞劳苦在流动图书馆的某个落满尘灰的隔层上找到一本六十年前出版的小说,很可能故事中的反派或者二号反派就是一个野蛮的老纳瓦卜,有着巨额的财富、黄褐色的肤色、肝病,以及一颗更糟糕的内心。①

麦考莱的自由概念,就其严格意义而言,乃是那种伴随封建秩序中的土地所有权延伸而来的所有权益的综合体,在这方面,他同样严格遵循了伯克的著名格言:所谓"人之权利",恰当地说应该称之为"英格兰人的权利"。然而,令人感到奇特的是,19世纪的麦考莱并没有像18世纪的伯克那样,将英格兰人自由概念的特权原理进行带有普遍性的扩展,使之适用于所有英格兰人,进而演化为整个英格兰民族中的"贵族原则"。相反,麦考莱只是突出了伯克自由概念中"传承"的要素,也就是那种"合法的世系"要素。这一点并不难理解。在麦考莱时代,无论是保守党党团,还是辉格-自由党党团,都依据议会改革而开始了从地方绅士政党向国家性党团转化的进程,然而,英格兰民族心理中的贵族化倾向迫使他们并不自封为一种明确政治纲领

---

① 麦考莱:"克莱武勋爵",见本书。

的担当者和阐释者,像美国更为成熟的大众政党制度所表现的那样;相反,他们都依据博林布鲁克—小皮特的传统托利党原则,力图自我解释为"超越派系之上的政党",与此同时,议会党争也从18世纪最为典型的后座议员之争转变为作为19世纪政党政治核心特征的前座议员之争,由此进一步导致了议会中反对派和独立派力量的急剧消解,最终"内阁反对议会"而非"议会反对宫廷"成为19世纪英格兰政党政治的区分性特征;两大政党都宣称为民族和国家整体利益说话。而在界定整体利益之时,帝国发挥着决定性的作用,若没有帝国,则英格兰就无法在性质和利益范围上进行自我界定。正是帝国的普遍性存在,决定了英格兰之特殊性和优越性的存在。帝国由此转变为呼唤"民族一致性"的最重要推动力量。由此便不难理解英印帝国的普遍性文职体系为何能够在19世纪获得如此巨大的发展,因为正是这样一个文职体系巧妙地既将帝国和民族主义加以结合,又能恰如其分地将二者分隔开来,个中因由在于,这样一个帝国管理阶层正如约翰·穆勒—麦考莱政策路线所期望的那样,不论阶级,也无关乎内阁变迁,有其自身的甄选体制和职业尊严,这种尊严既表现为只为国家服务的精神,也体现出英格兰在帝国中根深蒂固的恒久优越性。麦考莱将这一庄严的19世纪帝国场景同混乱不堪的18世纪帝国场景进行对比,并通过克莱武起伏不定的国内政治生涯进行了充分的呈现和嘲讽:

> 他【克莱武】现在开始着力于培植在国会的利益。他所购买的地产看起来在很大程度上是为了这个目的而实施的手笔。在1761年的大选之后,他得以忝列下院之中,成为一群追随者的领袖,这个团体的支持必然对任何内阁都是重要的。然而,在英

国政治中,他并没有占据一个显赫的位置。如我们所提到过的,他首先依附于福克斯先生;后来的一段时期,他被皮特先生的天才和成功所吸引;但最终他和乔治·格伦威尔保持着最紧密的联系。1764 年议会召开之初,当对一无是处的煽动者维尔克斯(Wilkes)的不合法且不明智的迫害正强烈地刺激着公众的精神时,我们在贺拉斯·沃波尔(Horace Walpole)未出版的回忆录中看到过的一则轶事,成了城里的笑谈。老理查德·克莱武先生,由于他儿子的飞黄腾达,被介绍进了一个他先前的习惯使他没能很好适应的社交圈子。他出现在王宫午后接见会上。国王问他克莱武勋爵在哪里。"他很快会出现在城中,"这位老绅士说,声音洪亮到整个人群都可以听到,"到那时,陛下将会得到另外一票。"

　　不过,事实上,克莱武的所有观点都指向那个他作为士兵和政治家而声名鹊起的国度;他在英格兰作为一个政治人物的行为受与印度相关的考虑左右。公司的权力在我们这个时代是反常的,尽管如此,我们有理由同意,那是一个有益的反常现象。在克莱武的时代,它不仅仅是反常,还是个令人厌恶的东西。那时没有督察委员会(Board of Control)。绝大部分董事们都只是商人,不了解一般的政治,不了解那个以奇怪方式从属于他们的帝国的特性。不论股东大会(Court of Proprietors)想要干涉什么,它都能够如愿以偿。大会比现在人数更多,也更强大;在那时,每五百英镑份额就拥有一票。会议规模很大,激烈甚至混乱,辩论不堪入耳。威斯敏斯特选举中的所有混乱,格兰庞德(Grampound)选举中的所有诡计和腐败,较之这一集会在最严肃的重要问题上的表现都相形见绌。投票舞弊大规模产生。克莱武自己花了十万磅购买了股票，然后分给那些他可以信赖的名义上的所有人，并且在每一次讨论和每一次表决中都把他们领至他的队列当中。其他人也这么干，虽然规模不会如此之大。①

显然，在麦考莱看来，帝国文职体系使得帝国精英管理阶层完全避免了 18 世纪特有的那种社会和国家体制的分裂，并且也远离了政治上的派系之争，帝国统治在根本上将这个阶层塑造成为国服务的屠龙英雄，并由于屠龙事业中所体现的英格兰"一致性"和"统一"原则，而成为英格兰民族荣耀的担当者。这种观念实际上弥漫在麦考莱时期殖民地官员的东方论章当中，比如安吉利诺在其全景式的《殖民政策》一书中谈到殖民地文职体系时评论说："最崇高的工作、前所未有的工作，正等待着东印度公司的职员……加入这个行列乃是最高的荣耀。"②正是在 18 和 19 世纪帝国场景的这种对照当中，麦考莱给予了克莱武相当怜悯和同情的评论："对于如此之多的成功和荣耀的这一可怕结局，庸人们只看到对他们所有偏见的佐证；而一些的真正虔敬、有天资之人，甚至忘记了宗教与哲学的箴言，确信无疑地把这令人悲哀的事件归结为上帝公正的报复，归结为一颗坏良心的恐惧。怀着完全不同的情绪，这样的一幕令我们沉思：富足中的无所事事、荣誉受损之痛、致命的疾病以及更加致命的疗治方式摧毁了一个伟大的心灵。"③有趣的是，伯克并没有对克莱武表现出针对黑斯廷斯

---

① 麦考莱："克莱武勋爵"，见本书。
② A. D. A. de Kat Angelino, *Colonial Policy*, Vol. II, Martinus Nijhoff, 1931, p. 129.
③ 麦考莱："克莱武勋爵"，见本书。

时的那种近乎偏执的攻击狂热和仇恨,相反,他和麦考莱一样,不但
为克莱武进行了辩护,也寄予了同情。但是两人类似的情感和评价
只是在表面上类同,伯克没有攻击克莱武是因为他深知东印度危机
的关键并不在于公司人员的腐败和贪污,而在于军事征服所引发的
资金短缺,正是这种短缺引发了公司红利危机,并通过这种危机引发
了英格兰民情的整体危机;此外,伯克的态度也取决于他对英格兰政
坛党争实情以及印度社会实情的深刻了解,他很清楚对克莱武的攻
击很可能会成为宫廷派和内阁影响力借以扩张的口实,为此,伯克将
这一时期的真正危机追根溯源于英格兰人对印度的冷漠和不了解,
那种狂热的反公司舆情正是这种陌生和冷漠的产物,这样的舆情实
际上很可能成为英格兰政治保守派的趁手猎物。麦考莱所寄予的同
情在《克莱武勋爵》中有着较之伯克更为深重的展现,然而,这种同情
实际上是对 18 世纪以法律-事实为基础的英格兰帝国政治的谴责,
克莱武之死所引发的"复仇者的快感"或者"上帝公正的复仇"感实质
上都只能解释为一个"伟大的心灵"在政治分裂和派系倾轧中所遭受
的不公正待遇以及"荣誉的剧痛",以法律-事实为诉求的 18 世纪英
格兰帝国政治必然会导致国内体制的分裂,这样的分裂置克莱武于
无根的漂泊和放逐状态。而这一切,恰恰是 19 世纪帝国所要避免
的,这一点麦考莱在《印度的治理》的著名论章中所要伸张和论证的。
他写道:

> 　　在我们这个国家中,在任一邻国中,很容易筑起反抗压迫的
> 保障。在欧洲,善治的材料触手可及。各地的民众都完全有能
> 力分享一些政治权力,尽管各个国家程度不同。如果问题是:在
> 欧洲确保善治的最佳方式是什么?那么,对政治事务最一知半

解的人都会回答:代议制。你无法在印度建立代议制。在无数
为印度政治出谋划策的思考者当中,就我所知,不论他的观点有
多民主,也没有一个人坚持现在就赋予印度这种制度的可能性。
有一位绅士,他极为熟悉我们东方帝国的种种事务,是公司最有
价值的职员之一,是一部印度史的作者,当然这部著作难免有纰
漏,但就总体而言,我认为它是自吉本以降最伟大的英语史撰,
我指的是穆勒先生(Mr. Mill),他曾就这种观点接受问询。众
所周知,这位绅士是一位十分勇敢而不妥协的政客。他的著作
强烈拥护直接民主制,我想是过于强烈了。他甚至坚信一个民
族没有由投票普选产生的代议制立法机关,便不可能享有对抗
压迫的保障。然而,委员会(Committee)去年当面问他代议制政
府在印度是否可行时,他的回答是:"绝无可能。"这便是我们所
面对的状况。我们必须为一个国家构建一个良好的政府,然而
众所周知,我们无法将我们的所有习惯、欧洲哲学家的所有论
证、我们这部分世界的全部历史令我们认为是善治之重要保障
的制度,引入那个国家。我们不得不将那些本是自由之自然果
实的福祉嫁接到专制之上。先生,在这样的环境中,我们必须小
心谨慎,甚至得有点畏手畏脚。政治科学与历史的光芒已暗淡,
我们是在黑暗中前行:我们看不清自己在向何处前行。在这样
的境况中,一个人要靠他的智慧来感觉道路,在确认前方地面坚
实之前不要落脚。①

在此,麦考莱将他毕生论敌詹姆斯·穆勒的《英印史略》宣称为

---

① 麦考莱:"印度的治理",见本书。

仅次于爱德华·吉本《罗马帝国衰亡史》的最伟大英语史撰,这并不让人感到吃惊,麦考莱此举是为了否决印度的代议制地位而不得不赋予重要论敌一个特殊地位,并借助这种特殊地位。毫无疑问,麦考莱在否决印度的代议制地位乃至自治地位的同时,也否决了印度在詹姆斯·穆勒"文明阶梯表"上所享有的地位和进步可能性。同时,他也和伯克走在了相反的方向上。伯克攻击黑斯廷斯却为克莱武辩护,解释这种矛盾的原因就在于伯克针对英格兰保守主义社会氛围的决绝反对。为此,伯克要求英格兰舆情了解并尊重印度社会的事实,并尽可能地将印度危机视为立法事件而非"民族事件"。麦考莱则是为了顺应并进一步塑造他那个时代的保守主义甚至种族主义帝国舆情,托利党的 19 世纪观念将英格兰社会的基础观念溯源于不平等,并将此视为英格兰的"民族特性",就像迪斯累利在著名的"水晶宫演讲"中所暗示的,在英格兰,"英格兰人的权利"始终要胜过"人的权利"一筹。麦考莱正是将这一托利党观念运用于帝国政治当中,正如他评论的那样,"政治科学与历史的光芒已暗淡,我们是在黑暗中前行:我们看不到自己在向何处前行。在这样的境况中,一个人要靠他的智慧来感觉道路,并在确认前面的地面坚实之前不要落脚。"毫无疑问,法国启蒙者们在 18 世纪的致命缺陷就是认为"自由、平等、博爱"放之四海而皆准,正是这一点使得法国启蒙军团在寻求突破"自然疆界"时,造成了自身的认同危机;因此,既然 18 世纪的"政治科学与历史的光芒已黯淡",19 世纪英格兰帝国政治的首要宗旨便是反法国人之道而行,通过"个人的智慧来感觉道路",在寻找到"坚实的地面"之前,"不要落脚",通过将帝国呈现为一种文化图景而非政治图景,通过在这一图景中塑造等级和差异而维持英格兰自身的认同。正如阿伦特剖析这一时期的帝国政治与英格兰保守主义舆情时评论的那样："反对帝国主义的势力竟然那么微弱；尊奉自由的政治家,有许多是言行不一且没有履行承诺的,这种情况时常被归诸投机主义以及受贿赂,然而,还有更深刻的原因。譬如,格莱斯顿领导自由党时,曾经许下一个诺言：一旦当选,便自埃及撤军；但是他食言了；此种行为不能归罪于投机主义。这些政治家半是自觉地与民众共享一项信念,那即是：国家体制中有许多分裂的阶级,同时,阶级斗争是现代政治生活的一个显著特征,因此,国家之统一往往濒临险境。在此情况下,帝国一旦能替整个国家提供一个共同的利益,就是一种救国之策。基于这个原因,帝国遂被允许为一种'依赖爱国热忱的寄生虫'。"①

在1830年代的东印度公司章程大论辩中,麦考莱坚决为东印度公司的治理权以及裙带和职员体系权力进行辩护,他评论道：

> 我们想要的是一个独立于政府的机构,并且只是独立；而不是财政部的工具,或反对党的工具。我听到过的新方案都无法提供一个这样的机构。然而公司就是这样的机构,不论它的组织形式有多奇怪。作为一个法人,它既不是辉格党也不是托利党,既不是高教会派也不是低教会派。它不可能被指控支持或反对《天主教法案》(Catholic Bill),支持或反对《改革法案》(Reform Bill)。一直以来它不是从英国政治的角度行事,而是从印度政治的角度。我们曾看到这个国家因党争而陷入瘫痪。我们曾看到大臣们被下院赶下台,国会在愤怒中解散,空前混乱的选举,空前引人瞩目的争论。我们曾看到立法机构的两个部分彼此针锋相对。我们曾看到君主的谋士今天被解雇,而明天

---

① 汉娜·阿伦特:《帝国主义》,联经出版集团有限公司,1982年,第43页。

又站在民众的肩膀上复职。在所有这些动荡的事件中,公司一直保持严格而不受怀疑的中立。我认为这是一个不可估量的优势,并且,如果我们同意采纳我曾听议院另一侧提出的某个方案,我们势必会放弃这个优势。

我看到一个庞大的民事与军事公务员团体,它与七十年前来到这里的冒险家们除能力与英勇外再无相似之处。那些冒险家满载着财富和恶名,在我们的父辈面前招摇从孟加拉与坦焦尔掠夺来的珍宝。我骄傲地认为,我们能够以埃尔芬斯通(Elphinstone)与芒罗(Munro)的无瑕光辉,对照围绕着对黑斯廷斯与克莱武之记忆的可疑光晕。我心怀敬意与欣喜地认为,这可敬的清贫是在百方诱惑面前持守正直的证据。我高兴地看到,我的同胞在统治数百万臣民之后,在指挥无往不胜的军队之后,在敌人城门下缔结和平条款之后,在管理广袤省区的税收之后,在审判富裕的柴明达尔的案件之后,在属国王宫中居住过之后,仅带着合乎身份的财产回到祖国。

我看到一个热切致力于公共利益的政府。甚至在它的错误之中,我也看出它对治下的伟大民族怀着父亲般的感情。我看到它严格地保持着【宗教】宽容,我还看到血腥而堕落的迷信逐渐失去力量。我看到欧洲的道德、哲学与品位开始对我们臣民的心灵与理解力带去有益的影响。我看到印度的公共精神(public mind)自身有了发展,形成了关于政府之目的以及人之社会责任的公正而高贵的观点,我们知道此前印度的公共精神受到最糟糕的政治与宗教僭政的作践与压制。①

---

① 麦考莱:"印度的治理",见本书。

这些评论无不让人联想起罗金汉姆—伯克内阁为东印度公司辩护时所呈现的同样的雄辩和力量,然而,罗金汉姆—伯克内阁诉求的是开放式的 18 世纪商业合作精神以及对宫廷派保守主义的刻骨敌视;麦考莱诉求的则是"伟大民族"及其"父亲般的感情",一种超越党派之上的"民族情感",毫无疑问,这是一种吉卜林式的基于"国家传奇"的保守主义文化情感。在这种文化情感之下,已经经历了半个世纪改造的东印度公司文职体系所造就的帝国精英阶层得以充分施展其"公共精神",也正是这一体制及其"公共精神"将英格兰利益同土著利益进行了截然的、隔绝式的划分,正如阿伦特评论的那样:在这一体制之下,"'冷漠无情'变成所有英国殖民地官员的崭新态度,比起暴虐的独裁,比起专制政体,它是一种更为危险的政府形式。其原因在于:它甚至无法忍受维系暴君及其子民之间的最后一条线索,这条线索是由贿赂与馈赠编织而成的。不列颠殖民行政官员那廉正的性格,使得其专制政府更不近人情,比起亚洲土著的统治者与残酷的征服者,它更难以被其统治的人民接近。清廉冷漠象征着与'利益'绝对划分清楚;如此划分可使清廉冷漠与利益根本没有抵触的机会,相形之下,剥削、压迫或腐败似乎更可以捍卫人的尊严,因为剥削者与被剥削者、压迫者与被压迫者、腐化者与被腐化者生活在同一个世界,分享相同的目标,为拥有相同的事物而奋斗,但是,在冷漠无情的政府形式中,上述第三种比较都被摧毁无遗;更糟糕的是,冷漠无情的行政官员们甚难理解他们已经创造出一种崭新的政府形式,却坚信他们的态度是因为'与落后地区人民接触所迫'而滋生的。"①

---

① 阿伦特:《帝国主义》,第 131 页。

正是这种隔离和等级式的帝国精神，推动着麦考莱对印度实施法律隔离，此即印度法律的"法典化"，将印度转化为一个帝国精英阶层普遍治理之下的、被去除了政治意志的法典社会，和 18 世纪欧洲启蒙光谱中的法典诉求所表达的智识诉求和民主诉求不一样，法典化的印度社会是麦考莱文化帝国的重大要素之一，其基本诉求乃是一个"家长式"的政府：

即便在像我们这样的国家里，我们也一直对法官造法怨声载道：这个国家中道德水准要高于世界上其他绝大多数地方；这个国家中，许多代人以来，我们法律传统的看护者不曾有一位招致个人腐败的怀疑；这个国家中有诸多平民机构；这个国家中每项判决都被聪慧而博学的旁听观众看在眼里；这个国家中有着智慧而敏锐的公众；这个国家中每个重大案件都被上百家报纸全面报道；简而言之，这个国家中有能弥补该制度之弊端的一切。然而，在一个有着绝对政府并且道德涣散的地方，一个没有律师与公众的地方，法官造法是无法容忍的祸害与丑闻。是时候让地方行政官了解他将要施行的法律，让臣民们了解他将生活在怎样的法律之下。我们的意思不是指印度的全体人民应生活在相同的法律之下，远非如此。在本议案中没有一个字，在我那位可敬的朋友的演说中也没有一个字存在做这种解释的可能。我们知道这个目标多么令人向往，不过我们也知道那是水中捞月。我们知道必须尊重源自不同宗教、不同民族、不同种姓的种种感情。我相信，在不伤害这些感情的情况下，可以作许多事使这些不同的法律体系趋于一致。不过，无论我们是否要同化这些体系，让我们将它们变得明确，让我们对它们进行整理。

我们不建议草率的革新,我们希望不给我们任何一部分臣民的偏见造成冲击。我们的原则不过是:在可能的地方追求一致性,在必须的地方保持差异性,然而在所有地方都要保证确定性。

如我所相信的,印度比世界上其他国家更需要一部法典,我同样相信没有其他国家能更容易地获得这一益处。专制政府比民治政府更适合赋予一个民族一部法典,这几乎是专制政府的唯一幸事,或许就是唯一的幸事。整理一个浩繁且造作的不成文法体系远非一件易事,并且,由少数人来做要比由许多人来做强得多,由拿破仑来做要强过众议院(Chamber of Deputies)以及参议院(Chamber of Peers),由一个像普鲁士或丹麦那样的政府来做要强过像英格兰这样的政府。对于这一目标,两三位经验老到的法学家安静地坐在一起是个更优越得多的办法,一个大型的民众集会则会分立为不同派别,这种集会几乎总是这样。因此在我看来,现在正是我们能够最容易地将一部完整的成文法典这一益处赋予印度的时机。这项工作在野蛮的时代无法很好地进行,在自由时代则难免伴有巨大的困难。这项工作尤其适于一个像印度这样的政府,一个开明的、家长式的专制政府。①

麦考莱的印度论章以英格兰自由传统为基础,意图确立起英格兰之于印度的优越性,和约翰·穆勒的理智诉求不同的是,麦考莱将这种优越性建基于欧洲之于东方的文化上的特权地位,而非认知上的特权地位;假如说,约翰·穆勒会将现代殖民地民族主义的狂热表达视为非理性的激情,一种反启蒙的政治意志在情感上的表达,那么

---

① 麦考莱:"印度的治理",见本书。

麦考莱则会将之理解为对欧洲文化霸权的奴隶造反冲动。对约翰·穆勒来说,非理性的激情可以通过认知能力的逐渐提高而得到遏制和改造,认知必定独立于文化;但对麦考莱来说,文化上的霸权和优越性之所以得到确立,恰恰是因为低等文化的存在,后者乃是前者存在的必要前提,设若麦考莱基于文化统绪而非人类认知能力的文化霸权真的在帝国政治当中获得普遍实施,成为普遍现实,那么麦考莱全部印度论章所设定的那种英格兰的优越性也将走向自我毁灭,因此,麦考莱在确立英格兰之优越性时,从未将认知视为独立要素,而是相反地将认知置于文化—权力所构造的绵延网络当中,并消融于其中;正如登恩作为民族主义的敌对者但仍然一针见血地评论的那样:"民族主义是二十世纪最大的政治耻辱。……正如今天的情况所示,理性的狡黠最终在民族主义中遇到了自己的对手。"①深谙启蒙理想与"理性之狡黠"之间微妙合体关系的麦考莱,同样深刻意识到他以 1688 年为起始点,以 1832 年为终极点的有关英格兰之优越性的历史哲学叙事,必须以反辉格党要素的存在为前提,否则便无法自我确证;印度问题为他提供给了反辉格党要素存在的最佳例证,他也因此选择了帝国政治这个舞台,对他的辉格党历史哲学进行了雄辩的阐述。也正是出于这种意识,麦考莱在有关印度命运的总结陈词中,走向一种悠闲的历史不可知论,而且我们不难理解,这种不可知论并未给麦考莱带来危机感,相反,正是"理性之狡黠"使得麦考莱能够安枕在英格兰之优越性和文化霸权之上,因为在他的历史哲学中,1832年英格兰的文化图景正是历史的"终极性"所在。为此,他写道:

---

① J. Dunn, *Western Political Theory in the Face of the Future*, Cambridge University Press, 1979, p. 55.

我们印度帝国的命运远未明朗。对于这样一个与历史中其他国家毫无相似之处，并自成一类政治现象的国家，我们难以揣度留给它的命运。我们尚不知晓决定其兴衰的法则。或许印度的公共精神会在我们的体制下壮大，直至该体制再也容不下它；或许通过善政，我们能将我们的臣民教育得有能力享有更好的治理；或许由于接受了欧洲知识的教导，他们会在未来的某个时代渴望欧洲的制度。我不知道这一天会不会到来。但是我绝对不会试图规避或阻碍它的到来。无论何时到来，它都将是英国历史上最值得骄傲的一天。发现一个伟大的民族深陷奴役与迷信的深渊，统治他们从而使他们渴望并有能力享有公民的一切特权，这确实将是属于我们大家的殊荣。权杖或许会离我们而去。不可预见的事件或许会打乱我们最意义深远的政策计划。胜利或许会在我们军队的面前变化无常。但有一些胜利，它们不会被逆转。但有一个帝国，它杜绝了所有导致衰落的自然原因。那些胜利是在和平中理性对野蛮的胜利；那个帝国是我们的技艺与道德、我们的文学与法律的不朽帝国。①

麦考莱将英格兰的优越性建立在英格兰自由传统及其技艺、道德、文学和法律的恒常性、稳定性之上，这样的优越性在很大程度上并不依赖具体的社会—经济或者政治—军事内容，毫无疑问，"权杖或许会离我们而去"，但是英格兰的总体上的文化优越性仍然行之有效，不仅在帝国行之有效，而且针对整个欧洲亦是如此，在其《马基雅维利》论章中有如下评论：

---

① 麦考莱："印度的治理"，见本书。

　　他【孟德斯鸠】吸引了法兰西民族的注意。法兰西经历了长期的政治和宗教偏执,此刻如梦方醒;他因此大受欢迎。那时的英国人认为:法国人谈论宪法审查和基本法,实属奇迹;罕见惊人的程度不下于博学的猪和婴儿音乐家。这位精力充沛的法院院长外表华丽、内在肤浅;追求效果、漠视真理;亟欲建立体系、疏于收集材料,体系只有建立在坚实的材料上才能合理而长久。他建构理论就像用纸牌搭房子,既迅速又轻易,刚设计就完成,刚完成就抛弃,刚抛弃就忘记。马基雅维利的错误仅仅因为:他的经验来自非常特殊的社会状态。他并不是总能依靠自己熟悉的宪制运行经验,推断不同宪制的效果。孟德斯鸠的错误在于:他有好的内容要说,决心说出来。如果他面对的情景不符合他的目的;就不惜搜遍全部历史,寻找他需要的证据。如果搜不到、削不出符合他预定假说的可靠证据,就拿关于暹罗、万丹、日本的奇谭充数。跟这些材料的作者相比,琉善和格列佛堪称诚实;这些作者在双重意义上是骗子,作为旅行家,以及作为耶稣会士。思想得体、措辞得体,通常不可分离。晦涩和做作是最严重的风格缺陷。表达的晦涩通常源于观念的混乱。文风矫揉造作源于语不惊人死不休的同样愿望,很容易将诡辩引入推理。马基雅维利的思想明智而坦诚,体现于清晰、雄健、精练的语言。在另一方面,孟德斯鸠的语言处处生动、独到;但缺乏健全的思想。一切表达技巧,从神谕所预言的简练莫测到巴黎纨绔子弟的犀利尖刻;都在某些地方掩饰荒谬,在另一些地方掩饰陈腐。谬论迭饰增华,一变为格言警句。自明之理东遮西掩,一变成了未解之谜。最强健的眼睛都难以在某些地方承受耀眼的光芒,在另一些地方穿透掩饰的阴影。①

　　毫无疑问,在麦考莱看来,马基雅维利及其作品的命运正是意大利政治和文化命运的真实写照,其显著特征就是:马基雅维利为世人谴责之处,恰恰是其最强有力之处;相形之下,孟德斯鸠则只想并且只能以虚幻和孱弱无力的方式说好的东西。这无疑构成了鲜明的反差,然而,两者都是各自民族独特情势的产物,而且这种情势所造就的民族性格是无法控制的,这种独特情势就是政治和文化生活的断裂、冲突、解体和丧失连续性。欧洲大陆国家所缺乏的有关历史连续性的一切要素都在麦考莱的《英格兰史》中得到了集中且充分的展现和阐释。毫无疑问,那样的阐释实际上已经非常切近于19世纪中后期史学思想中关于"无意识"原则或者"集体意识"原则的关注了。不妨以托尔斯泰为例。托尔斯泰在1867年已经可以清晰地总结在就《战争与和平》所要表达的总体看法,以此作为对人类历史上这场最宏大的运动之一的最终呈现,托尔斯泰在一封通信中这样写道:"郡县议会、法庭、战争或者和平,全都是社会组织的表现形式——那种群体的组织(就像蜜蜂一样):任何人都能够表现它,事实上,最好的表现形式是那些并不知道自己在做什么,并不知道为什么要做的人——他们共同劳动的结果总是一种统一的活动,这种情况最符合于动物规律。士兵的、皇帝的、出身名门的元帅或农夫的动物性生活是这类活动中的最基础形式,在这种活动中——唯物主义者是正确

---

① T. B. Macaulay, Machiavelli, in Critical, Historical, and Miscellaneous Essays, Vol. 1, Sheldon and Company, 1860, pp. 314 - 315.

的——没有独断专行。"①

四

　　约翰·穆勒—麦考莱的帝国教育政策或者帝国"阐释者"政策,就其社会构成的现实而论,实际上是一项为了迎合 19 世纪中期崛起的英格兰保守主义社会氛围而施展的文化策略,在印度社会当中,这一策略所展示的图景和架构当中,人造的要素远远高出自然的元素,而且占据支配性的地位。正如麦考莱在解释这一政策的目标时所说的那样:"有一个帝国,它杜绝了所有导致凋敝的自然原因。"②正是因此,这项政策作为单纯的帝国教育政策,一种狭隘的文化图景,无法在印度社会当中获得一个基础性阶级的接纳和支持,这样一个阶级必须能够作为帝国"阐释者"而进行切实的社会-经济斗争,这在印度是不可能的,帝国教育计划无法达成无法获得经济阶层支持的任何目标,这是很显然的,正如查吉特所说:"新的知识分子被西方的种种思想所鼓动,包括自由思想、理性的人道主义和科学进步。但是,中产阶级的这些渴望都无法实现,因为在社会生产过程中其作用受到阻碍;前者提出的目标必然会被后者所排除。因此,现代性基本无法成为社会发展的客观力量……由于中产阶级在社会生产中不能发挥作用,因而洛克、边沁和穆勒的理论,更多的是使人不能认清殖民统治下国家和社会的特质……中产阶级既没有力量也没有立场,在国家组织和社会生产之间做有效的沟通。只留下对舶来的个人权利和

---

　　① *Tolstoy's Letters*,edited by R. F. Christian,Athlone Press,1978,Vol. I,p. 211.
　　② 麦考莱:"印度的治理",见本书。

理性概念的拙劣模仿。"①因此,印度自治和独立运动的领导者们都明确意识到"分离"政策的基本重要性,印度若要获得自治,就必须从约翰·穆勒—麦考莱的帝国教育和治理规划中获得整体性的脱离。

作为脱离运动的基础,甘地一开始就反驳了英格兰19世纪非正式帝国论者引以为傲的一项论断,认为英国是在"无意间"获取了印度。甘地在《印度自治》中评论道:"不是英国人占领了印度,而是我们把印度拱手相让。他们留在印度不是由于力量强大,而是我们留下了他们。现在让我们看看这些观点是否站得住脚。当初他们来到我们的国家是为了做生意。回忆一下伯哈德公司。是谁造就了伯哈德?那时英国人丝毫没有建立一个王国的打算。是谁帮助了该公司的职员?是谁被他们的银器的光芒所诱惑?是谁买了他们的商品?历史证明是我们做了这一切。"②甘地进而将这种"脱离"意识伸展并扎根到经济领域,同时也坦率且深刻地剖析了自东印度公司1813年章程所实施的贸易自由化法案之后,以东印度公司极速扩张的商业网络所构成的强有力英印帝国经济控制体制:"占据印度根本不需要剑,仅仅是由于我们留住了他们。据说拿破仑把英国人描述为小店主民族。这种说法恰如其分。他们占据任何领地都是为了他们的商业。他们的陆军和海军是用来保护商业。当德兰士瓦不具备这种吸引力时,已故的格莱斯顿先生发现英国人占据此地不对。当它一旦有利可图,抵抗就引发了战争。张伯伦先生很快发现英格兰对德兰士瓦拥有宗主权。据说有人问已故的克鲁格总统(President

---

① 转引自 P. 查吉特:《民族主义思想与殖民地世界》,范慕尤、杨曦译,译林出版社,2007年,第37页。

② M. K. Gandhi, *Indian Home Rule*, p. 36, at http://www.gutenberg.org/files/40461/40461-h/40461-h.htm.

Kruger),月亮上是否有黄金。他说不太可能,因为要是有的话,英国人已经兼并它了。只要记住金钱是他们的上帝,许多问题就能迎刃而解。那么结论便是,我们把英国人留在印度是出于我们卑劣的私利。我们喜欢他们的商业,他们用狡猾的方法使我们高兴,然后从我们手上拿走他们需要的东西。就此指责他们只会巩固他们的权力。我们之间的争端只会进一步强化他们的统治。"①在论析掌控并操纵这一帝国经济体制的背后力量时,甘地以明确的民族主义总体性原则驳斥了英印帝国的二元主权体制以及以议会政治为基础的复杂且人为的立法运作机制,在甘地看来,这样的机制不但方便了统治阶层远离他们应当代表的人民,更方便了道德责任的瓦解。戴雪在19世纪中期之后英格兰议会的运作中已经清晰洞察到这方面的统治危机,不过戴雪相信,通过扩张选举权,这样的缺陷及其造成的危机是可以得到克服的,就政治的实际运作状况而论,应该说戴雪道出了基础性的事实;但是甘地是从总体性原则角度,或者说是从伦理角度看待问题,这理所当然地导致了他对议会政治和代议制的根本性谴责:"事实上众所周知,议员们虚伪又自私。每个人只考虑自己的蝇头小利。恐惧成了他们的主导动机。今天做的事明天也许就不做了。我们绝对找不出一个例子,能够预言议会工作的最终结果。在辩论最重大的问题时,人们看到议员们伸懒腰、打瞌睡。有时候议员们谈个没完没了,直到听众极其厌烦。卡莱尔称之为'世界清谈馆'。议员们不假思索地投自己党派的票。所谓的纪律使他们如此。如果出现例外,某个议员投了独立的一票,他就被当作叛徒。如果把议会浪费的金钱和时间委托给少数几位出色的人物,那么今日英吉利民族会

---

① M. K. Gandhi, *Indian Home Rule*, p. 38.

占据高得多的地位。议会只是这个民族昂贵的玩具。"①这样的论述揭示出甘地对 1860 年代格雷斯顿实施政党组织变革之后,英格兰政党政治所发生"民主转向"和"国家政治转向"的陌生和冷漠,毫无疑问,这样的陌生和冷漠源自甘地在道德和伦理上对议会政治的无所住心。这一点很容易让人将《印度自治》中的甘地同 19 世纪英国的标志性的保守派人物等同起来,比如卡莱尔、拉斯金。然而,这样的类同仅仅体现在表面的语词之上,实际上,维多利亚时代的社会批评者们往往都是文化和文学批判者,就如同卡莱尔绝少站在经济学的立场上批判经济学一样,他们自我担负的使命就是揭示并刻画理智和文化之间那种令人痛苦的不一致和冲撞,正如科林伍德在谈到拉斯金时所说:他们从未设想过"'良知'或'信仰'能在'理智'失效之时引导人类"。② 与之相反,甘地在《印度自治》中所运用的语言范畴充分展示出作为他基本诉求的"脱离"意识,甘地内在而天然地没有受制于西方思想传统的所有两元范畴,而这些范畴在约翰·穆勒—麦考莱的帝国教育政策中都是作为核心要素出现的,比如理智与文化、进步与倒退、信仰与理性、必然性与意志等等,确切地说,甘地并非在后文艺复兴或者后启蒙的欧洲思想框架中思考问题。简言之,他的思考框架并非出自精神上的备受压抑,也非出自对世界的建构意向,无论这种意向是唯美的原始主义,还是冷却了的理性主义。甘地眼光注视之处并非已经建成或者有待建设的现代市民社会,而是一个依据总体性的伦理原则而值得期待的社会,这样一个社会可以展现出未来的无限多样性。正是因此,当国大党试图依据议会政治模式

---

① M. K. Gandhi, *Indian Home Rule*, p. 27.

② R. Collingwood, *Ruskin's Philosophy*, Quentin Nelson, 1971, p. 28.

重建印度自治之后的政治生活,并在民族主义轨道上予以疏导之时,势必发现甘地是一个无法应对的难题,无论泰戈尔还是尼赫鲁都不得不将甘地简单地理解为前资本主义农民社会的代言人,一个顽固痴迷的"小农知识分子"。

　　然而,正如查吉特揭示的那样,问题的关键在于甘地同印度民族主义的关系问题,在议会政治道路上昂首前行的现代印度民族精英,自然都倾向于否认甘地对于印度民族主义的推进作用,并相反地视之为印度民族主义现代化和政治化的阻碍,查吉特则尝试打开一副更为宽广的视野:"甘地主义如同俄国民粹主义一样,并不是农民意识形态的直接表述。作为一种意识形态,它被理解成一种对当权精英-民族主义话语的干涉,并为一种特定的民族运动塑造成型。只有在那个历史语境中来观察它,才可能理解甘地主义的独特成就:它为完成一项事业开辟了可能性,这项事业对印度这样的国家而言,可能是最重要的历史任务,那就是为一个志在在新的民族国家里取得政权的资产阶级,在政治上借用所有的从属阶级。在印度这个个案里,人口最多的是农民,而正是甘地的意识形态,为将这个阶级借用进入发展汇总的印度国家政治结构,找到了历史可能性。"[①]托尔斯泰在俄国民粹主义的核心文本《天国在你心中》里面揭示出民粹主义的关键信条,人类生活的改变并不像笛福在《鲁滨逊漂流记》中刻画的那样,是凭借一个人孤独的自律实现的,也不像雨果在《悲惨世界》中呈现的那样,大众的世界仿佛是一股兀自前行的自发暗流,为启蒙之光无法穿透和照亮。相反,人类生活的改变是可能的,但不是通过人们渐进地或者一个一个地理解并接纳新观念所致,而是在精神领袖的垂

---

① P. 查吉特:《民族主义思想与殖民地世界》,第 136 页。

范之下,形成新的意识潮流,并以集合的和突进的方式"跨越"到另一种生活安排当中。[①] 同样,甘地在论及"政府权力和人民权力"时也指出:"从这里我们发现,人民需要用以保证自己自由的,既不是物质上也不是智力上的力量:他们所需要的一切,就是道德上的勇气,而这种勇气是依赖于信仰的。在这种情况下,他们需要信仰自己的头领,而这种信仰不是人力能够创造的。他们在头领身上找到了一种值得如此信仰的对象,而他又如磁铁一般,将人民的心吸引到自己这儿来。"[②]

甘地对国大党民族-精英的民族主义政治路线一贯提出严厉批评,申斥其为道德涣散的集团,但是,甘地主义的致命缺陷也正在于不能提出一条可行的政治-经济实践纲领。尼赫鲁在 1930 年代批评了当时已经沦为地方政治派系的教族主义政治人物,指出这些人意欲达成的宗教目标实际上在经济上是遭到否定的,"世人皆知,政治时代已经过去,我们生活在经济主导民族与国际事务的年代。……印度和世界都受各种经济问题所迫,它们是无法逃避的。"[③]尽管如此,国大党的民族主义—精英路线在实施以中产阶级为核心诉求的精英主义发现策略之时,仍然不得不面对利益分化和政治责任感瓦解所造成的危机。尼赫鲁认真剖析了危机的根源:"印度教和伊斯兰教中的资产阶级,利用宗教的神圣名义,在某种程度上取得了群众对他们纲领和要求的同情和支持,而他们的这种纲领和要求不仅跟群众绝对不相干,甚至跟中产阶级的下层分子也不相干。……这些偏

[①] 参见列夫·托尔斯泰,《天国在你心中》,张春晓译,吉林人民出版社,2004 年,第 210 页往后。

[②] 转引自 P. 查吉特:《民族主义思想与殖民地世界》,第 178 页。

[③] 尼赫鲁:《尼赫鲁自传》,张宝芳译,世界知识出版社,1956 年,第 622 页。

狭的政治要求至多只是对中产阶级的少数上层分子有利,却常常妨碍了全国的团结和进步。但是一些教派领袖人物巧妙地使这些偏狭的政治要求看起来似乎是那个教派的群众的要求,使这些要求带有宗教情感,借此掩盖这些要求内容的贫乏。政治上的反动派就是这样以教派领袖的面目出现,重新回到政治舞台的,他们采取各种步骤的理由与其说是由于他们的教派偏见,不如说是由于他们要阻碍政治进步。"①因此,正如尼赫鲁本人深切认识到的那样,要塑造团结性的国家政治,问题的关键不在于作为既成事实的教族政治,而在于对"印度母亲"的"重新发现",这一发现的要旨就在于意识到大众信念同既存的经济利益之间是有差异的,而且这种差异很难得到协调。大众信念通常处于自发性和非理性的领域,地方性的教派政治往往能够成功地借用这种大众激情为自身的利益服务,因此,"印度之发现"一方面必须尊重大众信念,甘地的工作对于"印度之发现"是必不可少的基础性工作;另一方面,则要防范教派政治对甘地主义在相反方向上的滥用,唯此,甘地主义才能得到引导,进入民族主义政治的轨道。

　　阿克顿在"两种民族主义"之间作出的那种黑白分野十分明确的19世纪区分,因应了那一时代欧洲尤其英格兰崛起的文化保守主义潮流,其正确性置于那样的背景中是不难辨识和理解的,然而,二十世纪,尤其是在殖民地世界的民族主义的爆发及其政治化,却不能以约翰·穆勒—麦考莱式的帝国文化图式作为参照坐标,被单纯地理解为"罪恶的激情"或者"理智的遮蔽",正如登恩评论的那样:"民族主义作为一种政治力量,在现代世界中有点反动和非理性的感觉,即

---

① 尼赫鲁:《尼赫鲁自传》,第 155—156 页。

便如此,它对共同体成员坚持提出道德要求,并强调文明秩序以及和平并非强力所致,而是人人必须通过自身的斗争方能取得的成就,这在很大程度上较之当今多数资本主义民主国家中纯粹的直觉政治,更少迷信色彩。……世界上主导性国家的经济民族主义来得很轻松,是世界经济动力的自然产物,却对人类的未来构成了真正的威胁;为了民族解放而实施的强力政治,说起来不怎么惹人爱听,但其基础却是异常深刻的、有关人类政治境遇的真相,忽视这些真相将是极端的鲁莽。"①以尼赫鲁为标志的印度民族主义精英为了"重新发现"印度,而不得不梳理甘地主义同民族主义之间的关系问题,并在这一梳理过程中赋予印度民族主义以社会-经济内容。在脱离期之后的这段艰难的建设时期,甘地并不介意人们有关甘地主义不具备可操作性的指责,并尽可能地揭示自身的重大缺陷,而尼赫鲁也致力于认真理解印度的过去,在《印度的发现》中,尼赫鲁以同迪斯累利相反的方式再现了"两个英国",一个是以米尔顿为代表的高尚而自由的英国,另一个则是以保守、封建和反动为诉求的英国。当这样的英国来到印度时,"两个英国"是合为一体的,"很难将两者分开"。在此,尼赫鲁重拾了19世纪而非18世纪埃德蒙·伯克的英印帝国记忆,并宣称,19世纪的英印帝国实际上是那个"不好的英国"主宰着每一次的重大帝国行为。这样的论断是合理的而且是很容易理解的。② 无论麦考莱为辉格党说了多少好话,当英印帝国从18世纪和19世纪早期的一个政治—法律世界转变为麦考莱式的文化特权世界时,也就意味着英印帝国自身对自身进行重大变革能力之信心的

① J. Dunn, *Western Political Theory in the Face of the Future*, p.71.
② 参见尼赫鲁:《印度的发现》,齐文译,世界知识出版社,1956年,第372页往后。

丧失。1858 实施的帝国改组，只不过是由托利党负责执行的麦考莱式的基于文化和传统的表面重组，对于印度社会的实际结构未有丝毫触动；如果说有什么改变的话，那就是迪斯累利在麦考莱的文化图式之下，悄然安插了那一时代已经在欧洲悄然崛起的种族意识，并在印度女皇的加冕仪式上进行了种种霍布斯鲍姆所谓的"传统的发明"，借此来巩固印度社会的封建现状，使得印度农村社会的土地问题若不脱离英印帝国框架便无法获得大规模解决；实际上，迪斯累利对印度作了奥古斯都对罗马所做过的一切事情，有过之而无不及。

译者序

郑　凡

托马斯·麦考莱(Thomas Babington Macaulay)作为史家的形象已渐为国人所熟悉,而其作为辉格党政治家、帝国官员亦在英印帝国的历史上留下了篇章。本书编汇了麦考莱关于印度的演说、备忘录、史论及书信,包括《印度的治理》《教育备忘录》《克莱武勋爵》《沃伦·黑斯廷斯》等名篇,旨在透过麦考莱的视角展现19世纪上半叶英印帝国定型的关键时期。为此,下文将简要回顾下麦考莱所处时代英帝国已经历的变化,以及麦考莱为英印帝国带来的变化。

一、 第一帝国到第二帝国

如约翰·西利在《英格兰的扩张》中指出的,17和18世纪"西欧的五个国家都不完全是欧洲国家而是世界国家(world-states),它们之间一直争执着一个重大的问题,即……对新世界的占有"。[①] 18世纪中叶英法的三次大战(奥地利王位继承战,七年战争,美洲战争)在

---

① J. R. Seeley，*The Expansion of England*，London，Macmillan and Co.，Limited，1914，p. 90.

这场世界争夺中是决定性的,每一次战争后世界地图都被重划。七年战争后版图的变化是,英国稳固了前哨据点,开始向大陆的内地扩张。①

在 1763 年与法国缔结"巴黎和约"之时,对于是占有热带岛屿还是占领加拿大,英国国内有一场激烈的争论。支持占领瓜德罗普岛之人除指出热带岛屿在贸易上更有利之外,还争论说,一旦占领加拿大消除了法国的威胁,美洲殖民地将不会长期忠于英国。② 美国独立战争似乎很快证实了这种观点。但事实并非如此简单,美洲殖民地"无代表不纳税"的抗议声,撤销"印花税法案"时通过的旨在强调英国议会的全面主权的"权利申明法案",③都表明北美殖民地与母国之间有一场深入英国政制,深入帝国体制与原则的争执。

在英国人看来,七年战争在很大程度上是为了保护殖民地的利益,殖民者是英国胜利的最大受益者。战争使英国的国债翻了一番,并且国内的税收仍保持在战时的高水平,殖民者的税收负担却很轻,对帝国国库没有什么直接的贡献。④ 向美洲殖民地直接课税的政策,

---

① "英国根据 1763 年的《巴黎和约》收获很大。她在美洲得到加拿大、新斯科舍、布雷顿角及其附近的岛屿,还得到在密西西比河上航行的权利,这个权利对于同印第安人发展贸易十分重要。她在西印度群岛得到了格林纳达岛、圣文森特岛、多米尼加岛和多巴哥岛。她从西班牙得到佛罗里达,在非洲保留了塞内加尔。在印度,东印度公司保留了它征服的辽阔土地,虽然有些贸易站归还了法国,但法国人在次大陆的政治野心终被彻底挫败。在欧洲本土,米诺卡岛归还英国,敦刻尔克的工事也终于拆毁。"丘吉尔:《英语民族史》,薛力敏等译,海口,南方出版社,2007 年,第 716 页。

② 诺尔斯:《英国海外帝国经济史》,袁绩藩译,上海,上海人民出版社,1966 年,第 10,89 页。

③ 该法案宣称议会有权"制定有足够约束力和确实有效的法律及法规,以约束在任何情况下都臣属于大不列颠国王的各殖民地及人民"。见古德温编:《新编剑桥世界近代史》第八卷,中国社会科学院世界历史研究所组译,北京,中国社会科学出版社,1999 年,第 587 页。

④ 古德温编:《新编剑桥世界近代史》第八卷,第 617 页。

其背后是这样一个问题:殖民地能带来什么益处? 如西利的洞见,这个问题暗示着殖民地的地位——殖民地不是国家的一部分,而是属于国家的财产。随之而来的问题便是,帝国各部分之间的纽带是什么?①

麦考莱曾称柏克是那个时代最伟大之人,在关于帝国政策的讨论中,柏克均以批评者的姿态出现,他的博学、明鉴以及想象力经受住了历史的检验。在1774年的《论课税于美洲的演讲》中,柏克向下院指出了向殖民地课税的新政策引发不满与骚乱的原因所在:

> 阁下,请允许我把您的目光,引回到较远的时代——引回到《航海条例》、即我国之殖民方针的基石上。从一开始,阁下,这方针,既纯粹是商业性的;这一商业体制,又完全是限制性的。它是一套垄断的体制。……贸易垄断的原则,从1660年到不幸的1764年,至少贯穿于29项议会的法案。②

在柏克看来,帝国的基石是商业性的"航海条例"。③ 换言之,在七年战争之前,英帝国完全是商业性的,以垄断贸易与关税为目的,而不以领地岁入即土地税等直接税为目的。在这样的体制下,"美洲尚在襁褓时,《航海条例》即看护着它,并随着美洲的成长而生长,随

---

① J. R. Seeley, *The Expansion of England*, p. 74.
② 爱德蒙·柏克:《美洲三书》,缪哲选译,北京,商务印书馆,2005年,第24页。
③ 1660—1672年间的一系列《贸易和航海条例》包含三个原则:1、英国同它的殖民地之间的一切贸易都必须由英国或英属殖民地制造的船只承办,船主和船员都必须是英国臣民。2、凡输入殖民地的一切欧洲商品,除易腐烂的外,都必须在英国集散。3、法令中列举的殖民地产品只允许销往英国。见塞缪尔·埃利奥特·莫里森等著:《美利坚合众国的成长》,南开大学历史系美国史研究室译,天津,天津人民出版社,1975年,第136页。

美洲的强壮而加强"。①"不列颠的权力机构,直接伸手来美洲筹集岁入,这样的政策,在美洲人的眼里,的确是很大的创新",因而会"在美洲的大多数地区,引发大的恐慌,遭遇大的抵抗"。②

不过在亚当·斯密看来,课税的措施与申明全面主权都算不上"创新",毋宁说是转向了旧体制中更糟糕的一种。在 1776 年,即美洲战争打响一年后出版的《国民财富的性质和原因的研究》中,斯密指出,欧洲国家当中只有西班牙及葡萄牙政权在一定程度上依靠从殖民地课取的税收,同时,这两国的专制统治也在各自的殖民地上建立起来:"此种政治,大都以独断权授予一切下级官吏,由于相隔遥远,此等独断权的执行,自比平常还要强暴。"③与柏克一样,斯密指出英国的殖民政策在于以航海条例的方式垄断贸易,同时,"除了对外贸易,英属殖民地人民,就其他各方面说,都有完全的自由,按他们自己的方式,来处理他们自己的事务。在一切方面,他们的自由,都和他们国内同胞的自由相等,而且同样有个人民代表会议来保证这自由,人民代表议会,独享有权力课税以维持殖民地政府"。④ 这种政策虽然比较而言更为优越,"不像任何其他国家那么偏狭、那么令人难受",较有利于殖民地的"进步",但仍属于"受着重商主义精神支配"的旧政策。⑤ 在这种政策下,"英国移民,对母国的国防和行政费用,从来没有什么贡献。反之,迄今护卫他们所需的费用,几乎全部由母

---

① 爱德蒙·柏克:《美洲三书》,第 26 页。
② 同上,第 26 页。
③ 亚当·斯密:《国民财富的性质和原因的研究》,下卷,郭大力、王亚南译,北京,商务印书馆,1974 年,第 157 页。
④ 同上,第 156 页。
⑤ 同上,第 156—157 页。

国支付"。① 母国从殖民地获得的唯一利益是垄断贸易,但这种贸易实质上阻碍了殖民地的进步,阻碍了世界贸易的发展,受益的只是商人阶层,"独占给唯一阶级带来的唯一利益,在许多不同方面妨害国家的一般利益"。② 在这样的体制下,"英国从统治殖民地,毫无所得,只有损失"。③

一般而言,人们倾向于认为斯密主张放弃殖民地,不过斯密清楚,建议放弃对殖民地的统治权,是"一个从来不曾为世界上任何国家采纳亦永远不会为世界上任何国家采纳的议案"。④ 独占殖民地贸易"必然有害",但是殖民地贸易"必然有利"。自由贸易的新政策随后在拿破仑战争后逐渐主导了第二帝国,催生了"自治领",贸易与金融及其背后的海权实质上成为了帝国的纽带。

柏克虽然也呼吁与美洲和解,在 1775 年《论与美洲和解的演讲》中也强调了贸易的纽带,⑤但在字里行间之中,柏克对帝国有着更高的热情与期许:

> 只要您尚有智慧,能把本国的至高权威,一直持作自由权的庇护,持作供奉我们共同信仰的圣殿,则英国之自由宗教所拣选的种族,所特选的子民,不论身处于何方,都把他们的脸转向您。⑥

---

① 同上,第 145 页。
② 同上,第 184 页。
③ 同上,第 186 页。
④ 同上,第 186 页。
⑤ 爱德蒙·柏克:《美洲三书》,第 73、79—81 页。
⑥ 同上,第 151 页。

这段文字中所体现出的"选民"的帝国精神,堪比美国19世纪在"昭彰天命"口号下的扩张精神。并且,柏克希望"自由政体"与"自由精神"成为帝国的纽带,自由"才是真正的《航海条例》,它将殖民地的商业捆附在你身上,并通过它们,带给你全世界的财富。拒绝他们分享自由,您就是割断了惟一的纽带,当初带来帝国之统一的,是这纽带,日后必保持帝国之统一的,也是这纽带"。① 这种纽带的运转机制则是某种联邦制:

> 阁下,我的帝国概念也许有误解;但以我之见,帝国也者,是有别于单个的邦国、或国王的;一个帝国,是众多的邦国在一共同首脑下的集合体,不论这首脑是一位君主,还是居首席地位的共和国。在这样的政体中,次一级的政区,有大量的地方特权与豁免权(只有奴役状态之死气沉沉的整齐划一,才能避免这一点)。在地方特权与共同的最高权威之间,界线当极端微妙。争端甚至激烈的争端和严重的敌意,往往无可避免。但是,每一项特权,固然都使它(在这一特权适用的范围里)免受最高权威之运行的约束,但这绝对不是对最高权威的否定……②

当北美殖民地提出"无代表不纳税"的抗议口号时,如何将殖民地的议会制度与英国国会的主权结合起来,在大洋两岸都激发了许多思考。一种意见是一体化,即殖民地选举议员进入国会,另一种则是联邦化。③

---

① 同上,第151页。
② 同上,第106—107页。
③ 参见古德温编:《新编剑桥世界近代史》第八卷,第591—594页。

斯密以一种自嘲的语气支持一体化,称自己关于税收一体化的
论述,"这样的空论,说得最坏,也只不过是一种新乌托邦,虽没有莫
尔的旧乌托邦那么有趣,但总不致更为无用、更近于妄想吧"。① 同时
也指出了一体化路线无法克服的巨大困难:"设若对要脱离联盟的各
殖民地,英国都许按其所纳国税的比例,选举代表,而且由于纳税,允
其自由贸易,使与他们本国同胞相等—— 其代表人数,随其纳税的增
加而比例增加——那末各殖民地领导人物,就有了一种夺取重要地
位的新方法,一个新的更迷人的野心对象了。"②在斯密将英格兰与罗
马的对比中,我们仿佛嗅到了塔西佗笔下的"帝国秘密":"帝国的秘
密现在已被揭露出来:在外地可以同在罗马一样地拥立皇帝。"③联邦
化则一直萦绕在关心不列颠帝国的人士脑海之中,以张伯伦为代表
的努力似乎只证明了约翰·密尔在《代议制政府》中的那句话,各殖
民地"同大不列颠的结合是最松散的一种联邦"。④

七年战争后,不列颠帝国从商业性质向领地性质的转变不仅仅
表现在向北美十三个殖民地课税的问题上。英国获得了大片法国殖
民地后,还产生了如何治理八万法属加拿大人的问题,如何处理殖民
者向西部扩张的倾向的问题。如何治理领地的问题也不局限于北
美,1765 年,即七年战争结束两年后,莫卧儿皇帝委任东印度公司管
理孟加拉、巴哈尔以及奥里萨的税收。这标志着东印度公司从垄断

---

① 亚当·斯密:《国民财富的性质和原因的研究》,下卷,第 498 页。

② 同上,第 192 页。约翰·密尔在《代议制政府》中称,一体化的建议与"合理的
政治原则如此不相符合","任何一个英国人可以试问自己是否愿意让他的命运由这样
一个议会来决定:其中三分之一是英属美洲人,另外三分之一是南非人和澳大利亚
人"。J. S. 密尔:《代议制政府》,汪瑄译,北京,商务印书馆,1982 年,第 245 页。

③ 塔西佗:《塔西佗历史》,王以铸、崔妙因译,北京,商务印书馆,2002 年,第 4 页。

④ J. S. 密尔:《代议制政府》,第 244 页。

性的商业公司成为了领主、统治者。

印度的问题在于两个方面,首先是商业性质的垄断公司能否统治一个帝国,其次是如何统治这样一块特殊的领地:这块广袤领地人口众多、税收庞大,并且如麦考莱所言,"这块领地上的居民与我们在种族、肤色、语言、习惯、道德、宗教上均不相同"。[①] 印度事务对英国而言是一个陌生的问题。

斯密似乎没有特别关注东印度的特殊性,他只是一般地批评"专营的商业公司的统治,无论在什么地方,都是最坏的统治",[②]因为作为统治者的利益与作为商人的利益是相冲突的,"这真是个奇怪的政府,其人员都想尽可能快地离开这国家,并尽可能快地和这政府脱离关系。在他们离去而财产亦全部搬出之后,虽有地震把那个国家毁掉,也与他们的利益无关"。[③] 在克莱武建立的"双重政府"下,斯密的批评确实贴切孟加拉的情况。1769 年,东印度公司的一位职员在致董事会的信中写道:"有理由认为,自从公司接受迪万尼以来,这个国家人民的境况比以前更坏了,我怕这个事实是无可置疑的。这对一个英国人说来,诚堪痛心。……这个美好的国家,在最暴虐和专横的政府下,尚欣欣向荣,现在却濒于破产了。"[④]

印度因作为被征服的领地,也因其独特性而在大英帝国的体系中自成一类,不同于后来成为自治领的那些殖民地,也不同于其他"为保护航道"或由战后条约而获得的殖民地、保护国、势力范围和托

---

① T. B. 麦考莱:"印度的治理",译文见本书。
② 亚当·斯密:《国民财富的性质和原因的研究》,下卷,第 141 页。
③ 同上,第 209 页。
④ 转引自 R. C. 马宗达等:《高级印度史》,下册,张澍霖等译,北京,商务印书馆,1986 年,第 728 页。

管地等。① 西利在 1883 年仍说道:"殖民地和印度简直就是两个极端。任何最适用于其中一个的政治公理,都最不适用于另一个。在殖民地,一切都是全新的。你会在那里看到最进取的民族置身于最利于进步的环境中。那里没有历史只有无尽的未来。政府与制度都极为英国式。……印度充斥着过去……那里到处都是最古老的宗教,最古老的习俗,几近僵化。这里从来都不可能有任何一种形式的平民政府。"②

与斯密不同,柏克在下院的辩论中,在上院的法庭中的为批评东印度公司,为建立治理印度的体制,为树立起统治的原则耗费了大量的精力,麦考莱评价道,伯克配得上这样的赞扬:"他耗费数年的紧张工作来帮助一个在血脉或语言、宗教或习惯上与他均无共同之处的民族,并且不期望从他们那里得到报答、感谢、掌声"。③

二、 柏克对东印度公司的批评

东印度公司于 1600 年依据伊丽莎白女王的特许状成立,目的在于同葡萄牙与荷兰争夺印尼群岛的香料贸易。经若干次盈亏以及对印贸易几乎中断之后,1657 年,东印度公司从克伦威尔手中获得了新的特许状,成为一家"具有延续性的股份公司"。由于在印尼群岛的竞争中不敌荷兰——这是一场流血的竞争,其中经历了"安汶岛大屠杀"——英国人撤离了这一地区,东印度公司不得已将贸易中心转向印度。印度的香料很少,东印度公司一度主要的进口商品为棉布,

---

① 参见诺尔斯:《英国海外帝国经济史》,第 35 页。
② J. R. Seeley, *The Expansion of England*, p. 204.
③ T. B. 麦考莱:"沃伦·黑斯廷斯",译文见本书。

这与国内的纺织业形成竞争,再加上在贸易中需输出白银,东印度公司在国内激起了不满。① 查尔斯·达维南特在1696年为东印度公司辩护时,也不能否认贵金属的流失,他辩护的理由主要基于两点,一是转口贸易的有利可图,另外则是这时的竞争背景:"放弃东印度贸易,而听任其他什么国家进行这种贸易,对于英格兰绝非得策"。② 如熊彼得对这一时期贸易政策的评论:"那个时代是海盗式帝国主义时代,贸易与开拓殖民地相联系,与毫无节制地剥削殖民地相联系,与非公开的战争相联系(各国政府尤其是英国政府,往往拒绝为此承担责任),与长期濒于战争边缘的状况相联系。这一切的典型例子是东印度。"③凭借克莱武的天才,经七年战争期间的普拉西战役,英国东印度公司在印度击败了法国东印度公司,随后成为了孟加拉的领主。

至18世纪下半叶东印度公司成为了英格兰银行之后伦敦城中的第二大机构,它是大银行,发放贷款,吸收存款。当东印度公司因在印度的管理不当或战争开销而不能赢利时,整个伦敦的金融市场都受到震动。④ 1772年东印度公司产生财政危机,被迫向政府求助,政府在借给东印度公司140万英镑使之渡过难关的同时,1773年诺斯政府出台了"管理法案"。该法案是国会控制东印度公司事务的第一步,它规定董事会必须将涉及税收问题的从印度发来的信件递交财政部,将有关民政或军政的一切呈报一位国务大臣。至于印度政

---

① 东印度公司早期的简史可参见王熙:《约翰公司:英国东印度公司》,上海,上海人民出版社,2007,第三章,"由王室的恩赐到议会的核准",第69—82页;布赖恩·拉平:《帝国斜阳》,钱乘旦等译,上海,上海人民出版社,1996年,第20—28页。

② 查尔斯·达维南特:《论英国的公共收入与贸易》,朱泱、胡企林译,北京,商务印书馆,1995年,第294—295页。

③ 约瑟夫·熊彼特:《经济分析史》,第一卷,朱泱等译,北京,商务印书馆,2010年,第519页。

④ 布赖恩·拉平:《帝国斜阳》,第28页。

府,法案将孟加拉的行政管理授予一位印度总督和一个四人参事会,东印度公司享有任命权。孟加拉政府还在对外事务上可支配孟买和马德拉斯辖区。同时,法案设立了只有权审讯英国人的最高法院。"管理法案"有效期从 1773 年至 1784 年,几乎包含了黑斯廷斯的整个总督任期。

　　英政府对东印度公司的援助还包括 1773 年的"茶叶税法",允许东印度公司向美洲殖民地直接出售茶叶。该法案在北美殖民地看来是说明英国议会总是将殖民地政策从属于国内强大东印度公司的利益。斯密也指出:"在制定关于殖民地贸易的大部分条例时,都以经营殖民地贸易的商人为主要顾问,那是必须知道的。所以,此等条例,在更大程度上注意这种商人的利益,在较小程度上注意殖民地或母国的利益,那是一点也不足怪的。"①实际上也确实如此,东印度公司作为英格兰王室和议会的主要财源之一,这意味着东印度公司的影响力实际上超越了任何法律所能明确赋予东印度公司的职权。

　　美洲战争中,不列颠虽然在北美失去了一个帝国,②但在黑斯廷斯的领导下,东印度公司的印度政府与军队粉碎了法国卷土重来的希望,扩展了印度帝国的领土。虽然已取消"双重政府"的行政体制,但印度政府在治理领地上,在处理与土著邦国的关系上仍存在许多问题。美洲战争行将结束时,英国国会十分关注印度事务,印度已逐渐成为帝国的第二个重心。从 1781 至 1783 年柏克领导了下院设立的两个孟加拉事务委员会中的一个。此前柏克曾反对改革东印度公司,但自此之后,柏克的态度发生了转变。在委员会的报告中,柏克

---

① 亚当・斯密:《国民财富的性质和原因的研究》,下卷,第 155 页。
② 通常以 1783 年失去北美十三个殖民地作为第一与第二帝国的分界线,第二帝国时期结束的时间定为 19 世纪末列强瓜分非洲之前。

对东印度公司的政策和黑斯廷斯的行为作了尖刻的批评。下院随后依据两个委员会的报告对黑斯廷斯作出了谴责。1783 年,下院福克斯—诺斯联盟提出了"东印度法案",柏克是该法案的主要起草者,主张建立一个七人委员会来控制东印度公司的事务,使之向国会负责。该法案虽在下院获得通过,但在国王的影响下被上院否决,福克斯—诺斯联盟也随之被解散,小皮特受命组阁。

在为"东印度法案"辩护时,柏克在下院发表了《关于福克斯先生的东印度法案的演说》,在演说中,柏克像斯密那样谴责了东印度公司统治的不负责任,谴责了东印度公司赤裸的掠夺行径。在柏克看来,之前东印度公司对待印度的方式连征服也算不上,征服者会安居下来,承担起主权者对臣民的义务,但东印度公司的统治则如同野兽在捕食。[①] 柏克同时也谴责了东印度公司在对外关系上,借土著邦国局势不稳之时以派军援助的方式侵占邻邦的领土与税收。[②]

更重要的是,柏克在演说中矛头直指东印度公司的任命权,直指由东印度公司的裙带关系形成的影响力:

> 先生们,有一种影响力比官职的任命权要大多……对于那种影响力,这个法案要连根除掉。我指的是庇护的影响(influence of protection)。我会解释清楚我的意思。给一位去印度的年轻人提供的职位本身并不重要。但是他去印度的时候是个不起眼的小人物,几年后回来时却成了一名富豪(Nabob)。……给他在印度提供某个职位,为他的罪行提供庇护

---

① 伯克:《埃德蒙·伯克读本》,陈志瑞、石斌编,北京,中央编译出版社,2006 年,第 126 页。

② 同上,第 128 页。

或对此作出妥协,而且由于权力能够给每一个这种处境的人带来希望和恐惧,因此又可以支配这些财富,通过这些途径会获得怎样的影响力呢?这个人的全部财富——大概有 50 万——成了施加影响的工具……而且需要获得这种保护的财富还会源源不断地流入。这些财富有两方面的作用,既可以支配违法者,又可以腐蚀大臣。大家可以比较一下通过任命官职——例如任命一位总督——所获得的影响力以及向他提供庇护所获得的影响力,对此我不想多说了,但我希望先生们自己动脑子想想这个问题。①

柏克率先认识要解决印度的问题需从伦敦入手,要从威斯敏斯特与林登哈尔街之间的关系入手。他说:"任何能够有效地使印度免受压迫的手段都能有助于防止不列颠的宪政遭到最严重的败坏"。②

东印度公司的利益集团摧毁了柏克的议案也摧毁了诺斯—福克斯联盟,小皮特也是靠东印度公司利益集团的支持才在议院中获得多数,皮特从东印度公司方面对福克斯议案的反对认识到,"无论如何都不能染指公司的裙带体系"。③ 1784 年皮特提出的"印度法案"虽然继承了福克斯法案的部分精神,建立了以印度署约束东印度公司的双重管理体制:法案设立了督察委员会,对东印度公司董事会进行监督,该委员会由国务大臣、财政大臣及四名枢密院成员构成,有权接触公司的一切公文,送往印度的信件除了纯属商业性质的以外,

---

① 伯克:《埃德蒙·伯克读本》,陈志瑞、石斌编,北京,中央编译出版社,2006 年,第 132 页。

② 同上,第 121 页。

③ C. H. Philip, *The East India Company：1784 -1834*, London and New York, Routledge，1998，p. 25.

未经其核准不得发出。该法案还削弱了股东大会在决策上的权利，但没有触及董事会任命公司职员的权利。①

1785 年黑斯廷斯卸任返回英格兰，从国王对他的垂青，从他在东印度公司利益集团中的影响力来看，他在英国政坛似乎前途似锦。不过柏克随即开始率领反对党对他发起指控，如麦考莱为柏克所作的辩护，柏克在此事上的热情绝非出自个人敌意或党派精神。只需翻开柏克的《弹劾案开篇演说》，我们就会看到他希望通过对黑斯廷斯的弹劾树立起统治印度的原则。②

这篇演讲用了四天之久，旨在笼统地介绍所有的指控。"其激昂的思绪与丰富的辞藻绰绰有余地满足了听众们吊足了的胃口，他刻画了印度土著的性格与制度，描述了不列颠亚洲帝国创生时的环境，阐明了公司的章程与英国辖地的体制"。③

在第一天演说的开篇，柏克向上院说道：

> 你们不仅是在判决这个案件，你们还是在确立规则。……
> 根据你们对过往印度事务的宣判，以及涉及到的那些原则，将最终决定未来印度政府的整个规则、任期以及性质。……尊敬的阁下，这不仅关系到一个伟大帝国的利益，它现在是不列颠帝国

---

① R. C. 马宗达等：《高级印度史》，下册，第 849 页。

② 至于小皮特突然转向支持对黑斯廷斯发起弹劾这一谜案，麦考莱在"沃伦·黑斯廷斯"一文中，以皮特的发言进行推理得不出合理的解释，同时暗示了若黑斯廷斯"在上院获得一席之地，进入督察委员会"将把"整个东方事务的管理掌握在自己的手中"，将"成为内阁中可畏的对手"。菲利普则证明，皮特与邓达斯确实怀有这种担心，同时，印度利益集团傲慢的对抗态度也使得他们倾向反对黑斯廷斯，他们"感到自身在议会的地位已足够稳固，可以冒一冒险疏远印度利益集团"。C. H. Philip, *The East India Company*: *1784 - 1834*, p. 52.

③ T. B. 麦考莱："沃伦·黑斯廷斯"，译文见本书。

最重要的部分；而且，尊敬的阁下，该判决将决定不列颠民族的信誉与荣誉。①

接着，柏克为了证明东印度公司的统治既应当向英国当局负责，也应当对印度民众负责，他追溯了东印度公司性质的转变，"公司的章程始于商业，终于帝国"。② 尤为独特的是，柏克淡化了同法国东印度公司的竞争以及对土著的征服。他说："东印度公司依两种权力行事，这两种权力来自两个源头。其权力的第一个源头是议会法案授权君主授予的一份许可证。另一个则来自莫卧儿皇帝的一些授予与许可"。③ 由于第一种权力，他们要向"这个王国的崇高正义负责"；由于第二种权力，"他们有义务遵守土著的法律、权利、习惯与风俗，并在所有事务中为他们谋利，这是他们获得的职务的本质、惯例与目的"。④

在柏克对东印度公司的掠夺行为的批评中，我们看到柏克希望公司对印度的统治转变为英国对印度的统治，转变为英格兰民族对印度各民族的统治。由于印度不同于英国人建立的殖民地，它古老而独特，依据何种原则统治非欧洲、非基督教的民族，这便是一个重要的问题，一个崭新的问题，这个问题在十九世纪里日益重要。

身为一名爱尔兰人，柏克对新教的英格兰对天主教的爱尔兰人表现出的狭隘精神一定有更深切的认识。⑤ 在这篇演说中，柏克首先

---

① David P. Fidler, Jennifer M. Welsh ed., *Empire and Community: Edmund Burke's Writings and Speeches on International Relations*, Boulder, Westview Press, 1999, p. 204.

② 同上，第 211 页。

③ 同上，第 209 页。

④ 同上，第 209 页。

⑤ 关于柏克对爱尔兰政策的批评，参见珍妮弗·皮茨：《转向帝国》，金毅、许鸿雁译，南京，江苏人民出版社，2012 年，第 125—142 页。

否定了以狭隘的态度来评判印度：

> 如果我们不得不统治这样一个国度,必须以他们自己的原则与准则而非我们的进行统治,那么我们决不能将这些原则与准则强塞入我们狭隘的观念,而是要扩展我们自己的观念以理解他们的;因为要说那个民族会改变他们的准则、生活以及观念,那是绝无可能的。①

　　在第二天的演说中,柏克激烈地反对了另外一种倾向,即所谓的"东方化"。在克莱武的时代,"公司职员的工作只是尽快从土著那里榨取十万或二十万磅,从而能在身体因炎热蒙受损害之前回家,娶一位贵族的女儿,购得康沃尔郡腐朽城市【的议员名额】,在圣詹姆斯广场办舞会。"②而从黑斯廷斯时代开始,身处东方的英国人虽然仍不愿在印度终老,但已开始所谓的"东方化"。1836 年 12 月,麦考莱在"致查尔斯·麦考莱的书信"中指出,许多英国人学习了东方的语言,养成了东方的生活习惯,"在印度的一些最聪慧之人以及绝大部分公务员从十六岁到五十岁都不再见过英格兰。不论他们有着怎样的优点,他们身上总是有那么一种狭隘和东方特征(Orientalism)"。③ 由

---

① David P. Fidler, Jennifer M. Welsh ed., *Empire and Community*, p. 213.
② T. B. 麦考莱:"沃伦·黑斯廷斯"。
③ 麦考莱在这封书信中将自己与"东方化"的同僚区分开来,表达了强烈的思乡之情:"再有一年我的流放就要结束,明年这会儿我就在为航程打包行李了。我已经开始感受到从放逐中返乡的喜悦。……我相信极少有人有我这么强烈的感情。实际上,这里公共机构中的绝大多数成员看上去完全愿意在印度度过此生;那些回家的人谈到他们的前景时也郁郁寡欢。……他曾经显赫一时。他曾经舒适安逸。【回到英格兰】现在他完全微不足道,还不得不放弃侍从和奢侈,而习惯又使这些成为必需。我的情况大不相同。我还没有甘愿把英国的习惯变为印度的习惯。我还不能容忍自己养成同胞们那种不能独立生活的毛病。对于穿衣或其他千百种每个人都应当习　（转下页）

于处于一个气候条件与社会状况截然不同的国度,私人生活上的"东方化"似乎在所难免,荷兰东印度公司在巴达维亚的职员也同样如此。① 但是,以黑斯廷斯为代表,英国征服者在统治印度的方式上也出现了某种"东方化"。黑斯廷斯在 1772 年向董事会报告说,他们的目标应该是"根据民众的风俗、意识形态以及国家的优先利益来调整法律,尽可能贴近他们自古以来的生活和制度"。② 这看起来和伯克的观点很像,但由于黑斯廷斯同时将东方的制度视为专制而大不相同。

在柏克领导的谴责与弹劾面前,黑斯廷斯以他行使专制权力是因为专制是亚洲政府的统治原则为自己辩护,他称"亚洲的整个历史全是证明行使专制权力势不可免的先例"。③ 柏克一方面为亚洲辩护,否认亚洲的政府是专制,另一方面将黑斯廷斯的这种态度称为一套地理道德(Geographical morality)计划:

> 按照这种计划,人们在公共职务与私人职务中的责任,将不再受他们伟大的宇宙主宰之间的关系支配,也不受与他人的关系支配,而取决于气候、经度与纬度,不与生者对应,而与不同的

(接上页)惯于自己来的琐事,我从未纵容让人帮忙。我的所学所识使我更适应于欧洲,而非亚洲。" T. B. Macaulay, To Charles Macaulay, 5 December 1836, in Thomas Pinney eds. , *The Letters of Thomas Babington Macaulay*, Vol. III, Cambridge University Press,1976, pp. 203-205. 另参见【英】尼尔·弗格森:《帝国》,雨珂译,北京,中信出版社,2012 年,第 115—116 页。

① 参见费莫·西蒙·伽士特拉:《荷兰东印度公司》,倪文君译,上海,东方出版社,2011 年,第 123 页。

② 转引自芭芭拉·麦卡夫、汤马斯·麦卡夫:《蒙兀儿之后》,陈琦郁译,新北,左岸文化事业有限公司,2011 年,第 117 页。

③ David P. Fidler, Jennifer M. Welsh ed. , *Empire and Community*, p. 223.

纬度对应。仿佛你一越过赤道,所有的德行便消逝,就像他们说某些动物越过那道线就会死去,仿佛那里有某种洗礼,就像水手们举行的那种,他们以此洗去所有在欧洲的所学,开启一套事物的新秩序与新体制。①

卡尔·施密特指出,在西方的殖民扩张历史中确实曾有这样的"全球线(Global Lines)":"欧洲以这条'线'结束,'新世界'以这条'线'开始。无论如何,欧洲法即'欧洲国际公法'在这里结束。……在这条线之外是一片'海外'地带,在这里由于对战争没有限制,只适用强者的法律。……'在这条线之外'发生的一切都在线这一侧所公认的法律价值、道德价值与政治价值之外。"②

柏克显然希望在不列颠的"全球帝国"已冉冉升起之时抹去这条线。对黑斯廷斯的弹劾中,柏克追求的是一种适合于帝国的、更"普世"的正义观念:"我们至今为止一直在国内法(municipal justice)的范围内活动。我为此感到担心。若我们将该案件的性质强塞入这个范围,而不是努力将正义的范围扩大到我们已获得的帝国所需的范围,那会是颇成问题的"。③ 柏克否认一位英国总督在统治不列颠帝国中如此重要的一分部时,可以不顾及英国的政治与道德原则。他说道:"尊敬的阁下,我们主张,黑斯廷斯先生作为一位不列颠总督,应当依不列颠的原则统治,不过不按不列颠的形式。"④

在柏克关于北美殖民地的论述中,我们清楚地看到柏克对英国

① David P. Fidler, Jennifer M. Welsh ed. , *Empire and Community*, p. 221.

② Carl Suchmitt, *The Nomos of the Earth*, trans. by G. L. Ulmen, New York, Telos Press, 2003 年,pp. 93 - 94.

③ David P. Fidler, Jennifer M. Welsh ed. , *Empire and Community*, p. 208.

④ Ibid. ,p. 211.

"自由精神"与"自由政体"充满信心,他希望不列颠帝国是以自由为纽带的"和平圣殿"。但这种期望似乎更符合"殖民地"的情况,在印度几乎不存在驱逐或灭绝当地人而将之殖民化的可能。柏克提出的统治异族的原则更为审慎,他呼吁尊重对方的习俗、政制与宗教,不轻率地以自由与专制或进步与落后的二分评断,反对极端地输出英格兰的制度,也反对以符合"东方方式"为借口抛弃英格兰的原则与精神,与此同时,他呼吁一种普遍主义,一种适于"日不落帝国"的统治原则。

三、 麦考莱与印度的治理

1813 年的"特许状法案"废除了东印度公司对印度贸易的垄断,仅保留茶叶贸易垄断以及对华贸易的垄断,同时宣告了英王对印度领地的"主权",进一步明确了将东印度公司的行政与军政权力转交给政府的趋势。在关于特许状的辩论中,一股新的力量加入进来:福音派要求取消对向印度派遣传教士的限制。麦考莱的父亲,废奴主义者扎卡里·麦考莱付出了较之任何人都更多的努力①,他精力充沛地组织了一场运动,召集不列颠的各个宗教组织向议会递交请愿书,这种异乎寻常的努力立刻对内阁产生了影响。内阁表示愿意在印度建立一种教区体制,同时授权印度署批准传教使团前往印度的事务。② 这些请

---

① T. B. 麦考莱的父亲扎卡里·麦考莱(Zachary Macaulay, 1768 - 1838)曾在牙买加做过一段时间的甘蔗种植园管理者,他无法使对奴隶的虐待与自己的基督教信仰相妥协。返回英格兰后,他效力于塞拉利昂公司(Sierra Leone Company),这家小型的私营殖民公司主要目的就是遣返在生活伦敦的美洲获释奴隶,1794—1799 年任塞拉利昂总督。之后一直是废奴运动的重要成员。

② C. H. Philip, *The East India Company: 1784 -1834*, pp. 188 - 189.

愿书都以差不多的导言开头："印度人口稠密地区的居民是大英帝国的重要组成部分,但是,他们却陷入了道德的最悲惨境地,受着最令人厌恶和让人堕落的迷信的影响,显然,他们最需要英国的基督教徒给予他们最深刻的同情和最仁慈的帮助。"①废奴运动的发展与胜利为大英帝国大大提升了道德自信,在"进步"观念的影响下,维多利亚时代的英国人"不仅梦想着统治世界,还要救赎这个世界"。②

　　1830年麦考莱这颗辉格党新星进入下院。经过议会改革运动的历练,他于1832年进入督察委员会,在拟定1833年的"特许状法案"中起到了领导性的作用。在下院关于法案的辩论中,麦考莱发表了演说《印度的治理》。麦考莱曾说:"大家普遍同意,我自己也认为,这篇演说是我一生中最佳的一篇。"③

　　麦考莱花费了一半以上的篇幅为保留东印度公司作为管理印度的行政机构辩护。对于皮特法案建立起的双重管理体制,麦考莱称,鉴于印度不具备建立代议制的条件,"我们已给予印度其所能胜任的最佳政制"。理由主要有两点,一是印度署与东印度公司之间能够形成制约,二是议会不具备直接处理印度事务的精力与知识。这两点与二十年后约翰·密尔为保留东印度公司作为管理印度的行政机构辩护时的证词如出一辙。④ 1858年的法令结束了双重体制,将印度政府的最高权力交予内阁中的印度事务大臣。三年之后,密尔在《代

---

　　① 尼尔·弗格森:《帝国》,第118页。

　　② 同上,第99页。

　　③ Robert E. Sullivan: *Macaulay*, *The Tragedy of Power*, Cambridge, The Belknap Press of Harvard University Press, 2009, p. 107.

　　④ 在老密尔的帮助下,1823年小密尔十七岁时便进入了东印度公司的稽查部,为公司服务了三十余年。密尔的证词见,罗梅什·杜特:《英属印度经济史》,下册,陈洪进译,北京,生活·读书·新知三联书店,1965年,第152页。

议制政府》中仍在为旧体制、为东印度公司辩护,不过他此时的辩护比麦考莱流露出更明显的文明与野蛮、进步与落后的二分,认为原有的体制更有利于印度"向更高阶段过渡"。①

对于那个让柏克的法案受挫,令皮特的法案不敢触及的棘手问题,即东印度公司董事会的任命权问题,麦考莱也作了折中的处理,在保持董事会的提名优势的同时,引进了竞争原则。由董事会提出四倍于空缺数量的名额,再通过文职考试进行选拔。法案虽然通过了,但由于印度署在董事会的压力面前搁置了实施,董事会的裙带关系维持到了 1853 年。②

另外,取消垄断后,也就"取消了欧洲人进入印度的限制",麦考莱担心这些欧洲人会成为"将整个土著人口视作贱民的新婆罗门",因而"我们必须将欧洲人也置于为印度人立法的权力之下"。方案是"赋予最高政府为欧洲人与印度人立法的权力"。1773 年生效的诺思"管理法案"在印度设立了最高法院。但由于权限不明,最高法院与最高政府之间不断发生摩擦。麦考莱斥责了这种体系:"在印度有两个最高权威。除了一万五千英里外的立法机关之外,便再无仲裁者。这样的体制显然在政治上是荒谬的。……在两个平等的权力背道而驰时,整架国家机器只会原地不动。欧洲人将不受约束。土著将不受保护。"

再者,"在赋予政府最高立法权之后,我们下一个提议是在一段时期里令一个委员会协助它,其目的是整理并改革印度的法律,尽快使这些法律形成一部法典"。进入十九世纪,边沁的功利主义以及呼

---

① J. S. 密尔:《代议制政府》,第 249—262 页。
② C. H. Philip, *The East India Company：1784－1834*, pp. 296－297.

吁改革的思想影响越来越大,法典化是其中重要的一个方面。据说边沁本人就希望成为印度的立法者。[①] 在这一思潮涌动之时,麦考莱也认为,"从没有哪个国家像印度那样亟需一部法典"。"我们的东方帝国现在有着印度法、伊斯兰法、波斯法、英国法,他们不断彼此融合、彼此妨碍,依个人、依地域而有所不同。"这样的杂乱无章的状况,"后果是在实践中法庭作出的裁判完全是专断的"。麦考莱还认为,不曾在哪个国家实现法典化"如此容易"。因为,"专制政府比民治政府更适合赋予一个民族一部法典"。印度政府正是"一个开明的、家长式的专制政府"。

最终 1833 年法案中实现的妥协是,取消了东印度公司保留的贸易垄断,进而禁止东印度公司的贸易活动,公司股东享受 10.5% 的固定股息,由印度税收中支付,东印度公司的债务由印度税收偿还。此后东印度公司仅作为行政机构。[②]

1833 年法案通过之后,麦考莱被委任为第一任总督参事会的法律专员。1834 年他前往印度,主持法典编纂工作,并在 1838 年离任前完成了刑法典的编纂。在麦考莱致他父亲的信函中,我们看到,麦考莱在制定刑法时秉持的原则是"除叛国和故意杀人案件外,我们废除了死刑。我还将间接地在印度废除一切可以严格地称为奴隶制的东西"。但在他离任后立法委员会鲜有成绩,终被撤销。1853 年的《特许状法案》重新指派了一个新的法治委员会,继续麦考莱离任后遗留下来的工作。大起义加快了立法工作,麦考莱的刑法典于 1860年经修订后成为法律,民事诉讼法与刑事诉讼法分别于 1859 年与

① 见珍妮弗・皮茨:《转向帝国》,第 171—180 页。需要指出的是,通过密尔父子以及为培训公司职员设立的黑利伯瑞学院,功利主义对英国的印度政策影响巨大。

② 林承节:《殖民统治时期的印度史》,北京,北京大学出版社,2004 年,第 53 页。

1861 年颁布。① 后世的印度学者即便在论述英国的统治时往往带有民族感情，但对于麦考莱在立法上的功绩，却不吝惜赞美之词："他是印度的新摩奴，是近代法律精神的化身。……保障四亿人民生活的巍峨而十分宏伟的印度法律制度，实在是麦考莱的天才的适当纪念物。"②

麦考莱在印度期间还在确立英语教育政策上发挥了关键作用。1813 年的《特许状法案》已有规定：从公司领地的盈余赋税中，每年至少应拨出 10 万卢比，"为了复兴并促进文学，鼓励博学的印度土著，同时也为了在英国领地上的居民当中引入并促进科学知识"。由此产生了一场争论，一派提倡复兴印度的传统学术，教授梵语与阿拉伯语，即"东学派"；另一派主张以英语教授西方式的自由教育，即"英语派"。1834 年麦考莱被任命为公共教育委员会主席，决定了英语派的胜利。③ 1835 年的《教育备忘录》为这一政策的优势与目的作了阐释。

麦考莱首先提出的问题是，为了提高这个国家民众的智识，"最有效的方法是什么"。鉴于西方语言是通向"所有科学的首要钥匙"，鉴于"英语是统治阶层的语言"，鉴于英语将成为东方的"贸易语言"，鉴于要加强印度与南非、澳大利亚的联系，"英语将对于我们的土著臣民最为有用"。只就这一点来看，似乎和他的"老对手"詹姆斯·密

---

　　① R. C. 马宗达等：《高级印度史》，下册，第 867 页。

　　② 潘尼迦，《印度简史》，吴之椿、欧阳采薇译，生活·读书·新知三联书店，1956 年，第 251 页。其中麦考莱旧译"马可梨"，引用时作了修改。

　　③ R. C. 马宗达等：《高级印度史》，第 880—881 页。

尔 1824 年从功利主义出发的观点别无二致。①

　　不过,麦考莱还提出了另外两条从帝国统治出发的理由。首先是宗教问题。福音派与传教士热衷于印度的教育事业,因为他们认为,传播西方知识会削弱对印度教的信仰,也就为传播基督教和进一步的社会改革铺平了道路。虽然麦考莱在致他父亲的私人信函中也表达了类似的乐观态度,他说:"我们的英语学校正在令人惊讶地兴旺发展。我们感到难以——在一些地方实则不可能——向全部有需求的人提供教育。在胡格利河畔单单一个城镇中,就有一千四百个男孩子在学习英语。这种教育对印度教徒影响巨大。没有哪位接受了英语教育的印度人还继续真诚地眷恋他的宗教⋯⋯我深信,如果我们的教育计划进行下去,三十年之后孟加拉可敬的阶层中将不再会有一个偶像崇拜者。"②不过,对于传教本身麦考莱并不抱有好感。并且,在政治上,他的出发点更接近柏克而不是激进的福音派,他指出对宗教问题保持中立是一条帝国的原则。梵语与阿拉伯语是印度教与伊斯兰教宗教圣书的语言,鼓励这两种语言中的一种,就是鼓励这两种宗教中的一种,"在印度的英国政府对于所有宗教问题不仅应当保持宽容,还应当保持中立"。在 1843 年的演讲《索姆那特之门》中,麦考莱重申了这一原则,"我们作为统治者的职责是对各种仅仅

---

　　① 詹姆斯·密尔因《英属印度史》的成功,于 1819 年进入东印度公司稽查部。1829 年,麦考莱在《爱丁堡评论》上发表了《密尔论政府》一文,批评詹姆斯·密尔的《论政府》(Essay on Government)一文,随即引发一场引人注目的论战。关于在教育上的功利主义观点,见克劳利编:《新编剑桥世界近代史》,第九卷,中国社会科学院世界历史研究所组译,北京,中国社会科学出版社,1999 年,第 755 页。

　　② T. B. Macaulay, To Zachary Macaulay, 30 November 1836, in Thomas Pinney eds., *The Letters of Thomas Babington Macaulay*, Vol. III, Cambridge University Press, 1976, pp. 198 - 199.

关乎宗教的问题保持严格中立","有义务不卷入东方的宗教争执","有义务不偏向某种宗教,也不冒犯另一种宗教"。在这篇演讲中,麦考莱回顾了韦洛尔兵变与班加罗尔兵变的起因在于冒犯了土著的宗教,这不禁让人联想到1857年的大起义。其次,麦考莱第二个论点造就了"麦考莱之子"这个典故:"当前,我们必须尽力塑造一个阶层,他们能作为我们与我们统治下的数百万民众间的翻译;这个阶层中的人们在血统与肤色上是印度人,然而在品位、在观念、在道德,以及在智力上是英国人。"实际上,这样一个阶层已开始在孟加拉富有阶层中形成,并在后世国大党的发展中变成一股政治力量。

西利在《英格兰的扩展》论及英国在印度统治的基石是军队时说道:"读读麦考莱论克莱武的文章吧。处处可见'帝国民族'、'强健的大海之子'、'无人可敌克莱武和他的英国士兵'。但是,一旦承认印度士兵的数目总是多于英国士兵,而且前者像后者一样富有成效,那么,将我们的成功归因于英国人在英勇方面不可度量自然优越性的全部理论便随即破产。"[1]不过,麦考莱并非不清楚武力的基石作用,在《沃伦·黑斯廷斯》中,麦考莱论述黑斯廷斯时代印度的局势时说道:"当两个政府之间产生一个模棱两可的问题,如果它们不能达成一致,那么除武力外再无可诉诸的裁断,并且,强者的观点必然获胜。在印度几乎每个问题都模棱两可。英国政府在印度最为强大。"

麦考莱关于这个亲英阶层的理想与政策,实质是为了构建新的基石。并且,这个教育政策,这个亲英的阶层与麦考莱1833年那篇演说《印度的治理》的结尾息息相关。在那里麦考莱预见到了"麦考莱之子"这个从属于印度行政机构的阶层成为英国统治体系所依赖

---

① J. R. Seeley: *The Expansion of England*, p. 232.

的中坚阶层,印度土著必然希望在政府中获得职位。在那篇演说的结尾处,麦考莱为那一"贤明、有益、高贵的条款"辩护,它"规定我们印度帝国中的所有土著都不得因其肤色、其血统、或其宗教而无法担任公职"。然而,在寇松爵士的时代,这个英国化了的阶层仍被排除在印度政府的高级职位之外,因此,他们所率先掀起的印度民族主义浪潮也可以视作一个帝国体制问题。

尽管如此,麦考莱在《印度的治理》结尾处描绘的前景仍格外引人注目:

> 对许多政府而言,帝国已成为负担;对一些政府而言,帝国已成为致命的问题。……对于我们这个伟大的商业民族而言,对于这我们个伟大的制造业民族而言,人类的任何一部分在知识上、在对生活中便利用具的喜好上,在生产那些便利用具的财富上取得的进步,都不是无关紧要的事。对于在东方的庞大人口中传播欧洲文明,我们能从中得到的益处几乎数不胜数。依最自私的观点看来,印度人民得到良好的治理并独立于我们,比起被病态地治理并臣服于我们要好得多;他们由自己的国王们统治,却穿着我们的呢绒,在工作中使用我们的刀具,要优于他们向英国收税官、英国行政官行叩拜之礼,却对英国产品的价值过于无知或太贫穷而无力购买。与文明之人做买卖要比统治野蛮人无限地更有利可图。实际上,这是种昏聩的智慧:只图使印度继续作为从属国,会使之成为一个一无是处、代价高昂的从属国;只图使他们继续作我们的奴隶,会妨碍一亿人成为我们的消费者。……如果我们不愿赋予人类种族的任何部分同等的自由与文明,我们的自由、我们的文明就没什么意义了。

　　我们印度帝国的命运远未明朗。对于这样一个与历史中其他国家毫无相似之处，并自成一类政治现象的国家，我们难以揣度留给它的命运。我们尚不知晓决定其兴衰的法则。或许印度的公共精神会在我们的体制下壮大，直至该体制再也容不下它；或许通过善政，我们能将我们的臣民教育得有能力享有更好的治理；或许由于接受了欧洲知识的教导，他们会在未来的某个时代渴望欧洲的制度。我不知道这一天会不会到来。但是我绝对不会试图规避或阻碍它的到来。无论何时到来，它都将是英国历史上最值得骄傲的一天。发现一个伟大的民族深陷奴役与迷信的深渊，统治他们从而使他们渴望并有能力享有公民的一切特权，这确实将是属于我们大家的殊荣。权杖或许会离我们而去。不可预见的事件或许会打乱我们最意义深远的政策计划。胜利或许会在我们军队的面前变化无常。但有一些胜利，它们不会被逆转。但有一个帝国，它杜绝了所有导致衰落的自然原因。那些胜利是在和平中理性对野蛮的胜利；那个帝国是我们的技艺与道德、我们的文学与法律的不朽帝国。

　　从前文中我们已经看到，麦考莱作为一名政治家或者说帝国官员，他在1833年的"特许状法案"等统治印度的政策上往往持一种折中态度。在这幅图景中我们也能看到一种统治原则的折中：我们能看到密斯的自由贸易政策、柏克对"英国原则"的厚望，也能看到福音派对"传播文明"的激情、约翰·密尔对"进步"的确信。此外，我们还能看到一个帝国观念的形成：英印帝国及其统治的"正当性"建立在英国对东方印度的文化优势之上。

印度的治理[①]

1833 年 7 月 10 日在下议院发表的演说

1833 年 7 月 10 日星期三，督察委员会（Board of Control）主席查尔斯·格兰特先生（Mr. Charles Grant）动议二读那份为了与印度公司达成协议，也为了更好地管理陛下之印度领地的议案。动议未经分组表决便获得通过，但是经历了漫长的辩论。在辩论中，麦考莱发表了这篇演说。

承蒙我这位可敬的朋友，督察委员会主席，在筹备这项议案之时予以我的诚挚信任。我完全赞同他之前深入浅出、富有说服力地阐述过的那些观点。他的忧虑我感同身受，我觉得也在一定程度上担有他所肩负的责任。因此，我自然期望在试着为拟议协议中的各项原则辩护时能吸引住各位议员的注意力。我也希望自己能够承诺发言会非常简短，但这个主题如此宽泛，我只能保证会尽量长话短说。

先生，鉴于已进行的几番辩论，我很庆幸无需再为我们计划中关

① T. B. Macaulay, *Speeches of the Right Honorable T. B. Macaulay*, *M. P.*, Vol. I, Leipzig: Bernhard Tauchnitz, 1853, pp. 148 – 195.

于开放对华贸易①这部分多作辩护。在这一问题上,我相信这里不曾有支持垄断的呼声。在这一问题上,所有党派的所有政要看起来均意见一致。大臣们提出的方案在两院获得了一致赞成,在王国上下受到赞许。因此,先生,我将不再为这个没有哪位绅士曾敢于批评的问题辩白,以免耽搁时间。不过,我希望请你们注意这一贸易大变革必然会对印度政府与财政体制造成的影响。

我们将开放对华贸易。这是事理所趋,民意所向。威灵顿公爵(Duke of Wellington)政府与格雷勋爵(Lord Grey)政府感受到的迫切性一样强烈。我们不会发现有哪位大臣会提议延续垄断,无论他是辉格党还是托利党。也没有哪个国会会听取这样的提议,无论是改革过的,还是未经改革的。尽管开放贸易是个公众早已下定决心的问题,但在我看来即便时至今日,人们对必然随之而来的政治后果仍鲜有理解。在几乎所有谈论这个问题的圈子中,我听到的说法都是:"取消垄断,把对印度的治理留给公司(the Company)②。"对于立法机关在任何时候都不得不思量再三的复杂问题,这倒是个简便的解决方法。尊敬的谢菲尔德议员(Member for Sheffield)③虽然并不倾向于保留公司作为治理机构,但他反复援用的说法表明他也持有这种普遍的错误观念。事实上,取消垄断使得绝对有必要对那个大法人(Corporation)的章程作出根本改变。

公司兼具双重人格,贸易商人格与君主(sovereign)人格。在贸易商与君主之间,有着一本长长的、复杂的账目,几乎每一项都会引

---

① 指取消东印度公司对华贸易的垄断权,1813 年《特许状法案》已取消了公司对印贸易的垄断权。——译注

② 即东印度公司,下同。——译注

③ 即白金汉先生(Mr. Buckingham)。

发一场诉讼。实际上，正是由于保持垄断，这些诉讼才得以避免。垄断的效果是满足了贸易与领地双方的诉求，但以第三方即英国民众为代价：以对这个国家消费的茶叶课以重税为手段，同时保障了股票持有者的红利所需的资金，以及治理印度帝国所需的资金。然而，当第三方不堪忍受这一重负时，所有搁置中的重大财政问题——这些问题以第三方为代价——都将即刻浮出水面。公司贸易职能与该公司政治职能之间的关联被切断了。即便像人们建议的那样，允许公司在与中国进行贸易的同时继续统治印度，但对华贸易的利润将不再用以垫付它维系印度政府的开销。正是考虑到排他特权，公司才迄今一直被要求垫付；公司过去之所以能够垫付正是靠着排他特权。一旦特权被取消，立法机关再强加给它这项义务就是不合理的，公司也无力履行。贸易借款给领地，领地再偿还给贸易，这整套体制必然终止。双方都必须全靠自己的资产。因此绝对有必要弄清楚各方掌握什么资产，结算它们之间长长的、错综复杂的账目，公平地划分双方的资产与债务。那里有大笔的财产。其中多少可用于国家的目的？多少可用于分红？那里有数以百万计的债务。其中哪些属于在加尔各答进行统治的政府？哪些又属于在坎顿(Canton)购置茶叶的大商行？债权人要指望印度的土地税收还他们的钱？还是他们将有权处理毕晓普盖特街(Bishopsgate Street)背后的仓库？

　　解决这些问题有两条途径——司法裁判或折中妥协。裁判有很大难度，并且我认为这些困难无法克服。靠敏锐与勤勉能做的，都已经做了。有一个人，论才能与勤奋尤其适合这样的调查，想到他时我总是感到惋惜，那便是海德·维利尔斯爵士(Sir Hyde Villiers)，他热情而坚毅地投身于这项调查工作，我相信这份工作缩短了他那对他的国家、他的朋友们至为可贵的生命。还请来了一些最为熟练的会计人员进行协助。然而无论多么熟练的会计也无法理清这些难题。这些难题不是算术上的,而是政治上的。它们产生自公司的章程,产生自商业人格与帝王人格在一个主体身上长期紧密结合。假设一位慈善团体的财务总管,他将慈善团体账上收到的款项与他私人的地产收益及红利混在一起,统统存到他在银行的私人账户上。又在他需要个人花销时,以及为了公益信托的目的时,以格式完全相同的支票提款。假设他继续这样做,直至他也不清楚自己是有盈余还是负债。假设在他去世多年以后一个问题被提出来:是他的地产欠慈善团体的债,还是慈善团体欠他的地产的债。这便是我们面前的问题,但有着重要的不同。个人账户不会陷入这种状况,除非他是故意诈骗,或者有重大过失,这不比诈骗强多少;而公司的账目陷入这种状况,是非常特殊的环境造成的,是世界历史上绝无仅有的环境造成的。

认为公司直到上世纪中叶仍不过是个商业组织,这是错误的认识。商业是它的首要目标;但为了确保实现这个目标,它像曾经的竞争对手其他公司——如荷兰印度公司(Dutch India Company)、法国印度公司(French India Company)——一样,很早便被赋予了政治职能。在一百二十多年以前,公司和它现在一模一样,只是规模较小。它被委以了至高的君权(prerogatives of sovereignty)。它有自己的城堡,有自己的白皮肤指挥官与黑皮肤印度兵;它有自己的民事与刑事裁判所;它有权颁布军事法律;它向土著政府派遣使节,并与之缔结条约;它是若干地区的柴明达尔(Zemindar)①,并且,它像其他第一等

---

① 印度古有的税制,柴明达尔为各地的田赋征收人,后在辖区内获得了行政、司法、军事权力。——译注

级的柴明达尔一样,在这些地区里行使君主的各项权力,甚至能对辖区内的印度人(Hindoos)处以极刑。因此,认为公司起先仅仅是贸易商,尔后才成为君主,这是不正确的。它起初就是个大商人、小王公。它的政治职能起初毫不起眼,因为只是附属于商业职能。然而,政治职能渐渐变得越来越重要。柴明达尔变成了大纳瓦卜(nabob),成了全印度的君主;两百印度兵变成了二十万。这一变化是逐步形成的,人们没有立刻认识到。自然,当公司的政治职能只不过是附属于商业时,政治的账目本就该与商业的账目混在一起。同样自然的是,这种记账的方式一旦确立就应当保持不变;由于公司状况的变化尽管剧烈但并非一蹴而就,这就更加自然了。无法指出哪天或哪年是公司成为大君王的日子。的确,通常将 1765 年定为这个非凡的组织成为君主的确切日期,是年莫卧儿人(Mogul)作出一项委任,授权公司管理孟加拉(Bengal)、巴哈尔(Bahar)以及奥里萨(Orissa)的税收。我完全不理解为何要选择这个时间点。早在 1765 年以前公司就已拥有实际的政治权力。早在那年以前他们就曾拥立一位阿尔果德纳瓦卜(Nabob of Arcot);他们曾拥立并废黜孟加拉纳瓦卜(Nabobs of Bengal);他们曾使奥德维齐(Vizier of Oude)屈服;他们敢于冒犯印度斯坦皇帝(Emperor of Hindostan)本人;孟加拉一半以上的税收由他们以种种理由管理。并且在这一授权之后,公司在形式与称谓上也不是一支独立的势力。它不过是德里宫廷(Court of Delhi)的一个大臣。它发行的硬币上有阿拉姆沙(Shah Alam)的名字。直到黑斯廷斯侯爵(Marquess of Hastings)①时代,印度总督(Governor-

---

① 即莫伊拉伯爵(Earls of Moira),弗朗西斯·罗顿—黑斯廷斯(Francis Rawdon-Hastings,1754—1826),1813—1823 年任印度总督。——译注

General)印章上的铭文仍称这位重要的官员是莫卧儿人的奴仆。即便时至今日,我们也没有正式罢黜德里的皇帝。公司满足于充当宫相(Mayor of the Palace),而容许懒王(*Roi Fainéant*)假扮君主。事实上,克莱武勋爵(Lord Clive)与沃伦·黑斯廷斯(Warren Hastings)均把听任公司的角色不明不确作为一种策略,英国人从而能够将那些他们假其名义进行统治的王公或视作实际掌权者或视作无足轻重之辈,全看怎样最省事。

可见,公司的蜕变是逐步在伪装之下实现的:从一个贸易团体,为贸易目的具有些许君权,变为一个主权体,贸易附属于君权。因此,这个大法人的商业事务与政治事务竟陷入这般理不清的复杂局面,就不奇怪了。商业投资从帝国的税收中获得回报。战事与政府的开销从贸易的利润中支出。贸易与领地为同一块土地的改良、同一座建筑的修缮出钱。为国家目的的借款与为贸易目的的借款,均以相同的格式发行债券。很容易,确实——我认为这一情况误导了许多绅士——很容易看出公司的哪部分财产表现为商业类型,哪部分表现为政治类型或者说领地类型。但这不是问题所在。商业类型的财产在财产权方面或许是领地类型的;领地类型的财产在财产权方面或许是商业类型的。一箱茶叶不一定就是商业财产,它可能是以领地税收购得。一座堡垒不一定就是领地财产,它的所在地可能实际上由公司在一百年前以商业收益购置。若裁判是指依据特定已知的法律规则作出判断,那么裁判是绝对行不通的。将这样的问题交由我们民法学的普通原理判决,将荒谬且不公至极。比如,我们都认为公司在国内产生的债券债务部分是为了政治目的,部分是为了商业目的。但没有证据能使我们划分出各部分的恰当份额。所有的债券均为相同的格式,法院当然就会将全部的债务要么划归公司股东,要么划归领地。我们的一些法律观念,非常可敬的法律观念,将产生效力:严格依据法律来说,领地是不承担责任的,商业财产要为治理、保卫印度而产生的债务的每个铜子儿负责。尽管这可能就是法律,我也相信确实是,但我能肯定这既不合理也不正义。另一方面,公司的拥护者会主张,一部分有价值的领地是该组织商业职能方面的财产,比如,加尔各答是公司的私有地产;公司以自由农役制(free and common socage)保有孟买岛以及东格林威治庄园(Manor of East Greenwich)。关于这些观点,我不会发表任何意见。我对之的思考足以认识到,就算以王国中所有法律家的聪明才智,如要花费二十年才能解决其中的难题。但事实上,先生,国内法不是为这类争端而制定的。如此庞大的法人、这样一头有双重性质的政治巨兽——一半是臣民,一半是主权者——之前各个时代的立法者与法官从未想过会存在这样的组织。如果依威斯敏斯特会堂(Westminster Hall)的法规来处理这些权利与债务,如果将财产转让的原理适用于掌管繁荣城市与省区所依凭的权利,或者将商法的原理适用于这些本票——即为消灭平达里人(Pindarrees)①、打击缅甸人而募集的巨大国债的债券——那么,结果只会是造成怪诞的谬误以及骇人听闻的不公。

　　如我已说过的,绝无可能对贸易与领地之间的问题作出令人满意的裁判。我还必须补充说,即便我提到的这些困难能够被克服,即便有理由期望能得到令人满意的裁判,我仍然希望避免这一方案。我认为公司继续参与对印度的治理是可取的;然而,在商业与领地间

---

　　① 通常拼作 Pindaris,一个盘踞在印度中部的以劫掠为生的部落,也时常充当雇佣军,1817 年底至 1818 年初,黑斯廷斯侯爵对其发动围剿。——译注

的诉讼进行期间,必然不可能留给公司任何政治权力。负责管理印度之人在这场重要诉讼的整个过程中显然有义务充任印度的保护人,有义务最为严格地核查每一项可能对印度税收提出的诉讼请求,并积极而坚毅地反对其中的每一项,除非请求的正当性显而易见。倘若公司卷入了一场以印度领地为相对方涉及数百万镑财产的诉讼,一场或许会持续多年的诉讼,那么我们还能够委托公司治理那片领地吗?我们能使原告成为被告的诉讼代理人(*prochain ami*)吗?我们能够委任其利益以最直接的方式与被管理者的利益相对立的人作管理者吗?他们的股份将因每个增加臣民负担的判决而升值,因每个减轻臣民负担的判决而贬值。期望他们能反对自己提出的诉讼请求,为我们的印度帝国辩护,这种想法是荒谬的。把印度帝国的政府交给那些我们不相信他会保护印度利益的人,这同样荒谬。

鉴于在贸易与领地之间采取裁判的方案就算不是完全不可能,也极为困难;鉴于必须对资源进行清算的话,必然将彻底变革印度的整套体制;政府提出了一项妥协案。妥协案连同一些修正已被接受。这些修正不损及原则,哪怕在最轻微的程度上。它们在令公司感到满意的同时,最终也不会给领地增加负担。就像所有其他妥协案一样,它遭到双方极端支持者的猛烈批评。一些人将之描绘得过于偏向公司,另一些人则将之描绘得对公司极为不公。先生,我承认我们无法证明这些指责当中哪一方是无理取闹。正是由于案件的本质,我们无法证明我们为贸易或领地作出了恰如其分的划分。我们建议妥协和解的首要原因是,我们坚信完全不可能确切查明什么得自贸易,什么又得自领地。不奇怪有些人会指责我们抢劫了公司,而另一些人指责我们以印度为代价施惠于公司:我们之所以提出一条中间路线,正是因为有可能产生比我们的协议远远更有利于公司的结果,同理也有可能产生远不这么有利于公司的结果。若按公司的热切支持者预计的那样判决公司与印度之间的悬案,若我的计算正确,印度将比现在多支付一千一百万镑。若按公司的强烈反对者预计的那样判决,这个庞大的组织将彻底破产。妥协的意义就在于各方均放弃完胜的机会,从而避免一败涂地的可能。乐观之人总是高估有利于自己的可能性,所以每个公平的妥协必定会遭到两方的猛烈抨击。我认为对于一个如此晦明又复杂的问题,只要不能证明我们所推荐的妥协案是不公正的,那么它就已得到了充分的辩护。我们没必要证明它是公正的。因为,倘若我们有证据能确凿地宣判什么主张公正,什么主张不公正的话,我们就根本无须采用妥协的方案。在我看来,我们已恰当地顾及了双方。我们分给股东的红利与他们四十年来收到的并希望持续稳定收取的完全相同。他们股票的当前价格与其他股票之比与四五年前——近来这场谈判自然会引发的焦虑与刺激开始产生影响之前——相同。另一方面,对于领地而言,无疑,一旦现在属于商业类型的财产不能提供足以偿付公司债务与红利的资金,领地就必须要承担损失、支付差额。作为承担这一风险的回报,领地从此不再受数百万镑的索款主张困扰。我当然不相信所有这些主张都有根有据,但我知道那些非常有才干的人士不这么想。并且,即便只是索要总额的四分之一判给了公司,以我之见,印度的损失也将多于依本协议它可能损失的最大总额。

因此,我认为该方案对领地的影响,我们可以从金钱的角度辩护。然而对于领地而言,金钱问题只是次要问题。如果我们为印度谋得的是一笔在金钱上有利却在政治上糟糕的交易,如果在为那个国度的财政节省了三四百万镑的同时却赋予它糟糕的制度,那我们的所作所为就是最为有害的吝啬。另一方面,对于一个岁入两千万镑的帝国,如果我们在它的岁出上增加了五万或十万镑,但与此同时在我们所揽持的范围内确保这个帝国享有善治所带来的幸福,我们就没有理由为这笔挥霍感到羞愧。我希望并相信印度实际无须付出什么代价。即便作最坏的打算,她将支付给公司的还不及她现在每年给一场公共庆典的,给例如有名无实的孟加拉纳瓦卜的,或者给徒有其名的德里国王(King of Delhi)的。这些名义上的王公过去为非作歹,现在则无所事事。给这些人的东西,她会十分乐意地交给她真正的统治者,只要她能得到有效的保护与良好的立法作为回报。

接下来,我们要面对的是一个重要的问题。公司继续充当治理印度的机构是否可取? 我认为可取。我承认这个问题被重重难题包裹着。我们面对着政治事务中最棘手的问题之一。我们正试图无草做砖,试图使洁净之物出于污秽之中,①试图赋予一个我们无法赋予其自由政府的民族一个良好的政府。在我们这个国家中,在任一邻国中,很容易筑起反抗压迫的保障。在欧洲,善治的材料触手可及。各地的民众都完全有能力分享一些政治权力,尽管各个国家程度不同。如果问题是:在欧洲确保善治的最佳方式是什么? 那么,对政治事务最一知半解的人都会回答:代议制。你无法在印度建立代议制。在无数为印度政治出谋划策的思考者当中,就我所知,不论他的观点有多民主,也没有一个人坚持现在就赋予印度这种制度的可能性。有一位绅士,他极为熟悉我们东方帝国的种种事务,是公司最有价值的职员之一,是一部印度史的作者,当然这部著作难免有纰漏,但就总体而言,我认为它是自吉本以降最伟大的英语史撰,我指的是穆勒

---

① 这两个比喻均出自《圣经》,分别为《出埃及记》5、《约伯记》14:6。——译注

先生(Mr. Mill)①,他曾就这种观点接受问询。众所周知,这位绅士是一位十分勇敢而不妥协的政客。他的著作强烈拥护直接民主制,我想是过于强烈了。他甚至坚信一个民族没有由投票普选产生的代议制立法机关,便不可能享有对抗压迫的保障。然而,委员会(Committee)去年当面问他代议制政府在印度是否可行时,他的回答是:"绝无可能。"这便是我们所面对的状况。我们必须为一个国家构建一个良好的政府,然而众所周知,我们无法将我们的所有习惯、欧洲哲学家的所有论证、我们这部分世界的全部历史令我们认为是善治之重要保障的制度,引入那个国家。我们不得不将那些本是自由之自然果实的福祉嫁接到专制之上。先生,在这样的环境中,我们必须小心谨慎,甚至得有点畏手畏脚。政治科学与历史的光芒已暗淡,我们是在黑暗中前行:我们看不清自己在向何处前行。在这样的境况中,一个人要靠他的智慧来感觉道路,在确认前方地面坚实之前不要落脚。

　　然而在这晦暗当中,我能清楚地看到一些东西。比如,我看到把在本土对印度政府行使的权力分给两个机构是可取的,分给由君主任命的一位大臣或一个委员会,以及某个独立于君主的机构。如果印度将成为英格兰的附属国,将与我们的敌人作战,与我们的盟友保持和平,将由英国海军防卫海上侵犯,将有一部分英国陆军与它的印度兵混编,那么,显然国王应当参与对印度政府的领导,宪法将对外事务交由他领导,将陆军与海军交他指挥。不过,另一方面,我相信没有哪位大臣会冒昧地建议将每年两千万镑的税收、一支二十万

---

① 詹姆斯·穆勒(James Mill, 1773—1836),这部著作为《英属印度史》(*The History of British India*)。——译注

人的陆军、一个许多职位有利可图的行政部门,不加制约地任由君主处置。事实上,本院便是宪法为防范滥用王室特权而设置的制约。然而,对于在印度发生的滥用权力,我完全否认本院是,或者说有可能始终是有效的制约。我相信大家都觉得我们的事务已经够多了。如果我们要承担起研究印度事务的任务,就像对不列颠事务一样,如果我们要审议印度专项款和印度预算,如果我们介入印度货币问题以及印度银行许可证,如果在我们为比利时与荷兰、为堂·彼得罗(Don Pedro)与堂·米吉尔(Don Miguel)而争论之余,再为吉科瓦尔(Guicowar)之债务与迈索尔(Mysore)之乱局、为阿富汗前国王与摩诃罗阁·鲁杰特·辛格(Maharajah Runjeet Sing)争论;如果我们要在贝拿勒斯(Benares)造币厂的贪污案上花费一个晚上,在加尔各答金融市场恐慌问题上花费另一个晚上;如果要像我们讨论教会改革、估定税额那样长时间地讨论如下问题:允许寡妇殉葬(Suttee)还是禁止,征收香客税(Pilgrim tax)还是不征收,采用莱特瓦尔赋额制(Ryotwary)①还是柴明达尔制(Zemindary)②,半额津贴(Batta)还是全额;那么,一天二十四小时、一年三百六十五天也不足以完成我们的职责。显然,议会没有处理这些事务所必需的时间,没有必需的知识,也没有获取这些知识的动力。我相信,议会组织方式上的新近变革使之成为了英国民众更尽职的代理人。然而它从来也不是印度人民的代理人。"阴冷之地"(Cold Bath Fields)狱中的一具尸首在我们中间引起的轰动要大于印度的三场败仗。几个星期之前,我们不得

---

　　① 这种税制的要点是,授予小农租地,他们享有土地的一切权利,只需缴纳定额的赋税,由政府直接征收,期限一般为三十年,在此期间不得将农民赶走或向他们征收额外捐税。——译注

　　② 1790年,康沃利斯将估定赋额固定,使得柴明达尔成为永久的土地所有者,向政府缴纳每年定额的田赋。——译注

不裁判一桩由个人向印度税收提出的索款。如果这是个英国的问题,房间的四壁会几乎容不下分为两派的议员们。但这是个印度的问题,我们靠恳求才勉强使出席议员达到法定人数。甚至当我这位可敬的朋友,督察委员会主席,在富有才华且引人入胜地阐释这项旨在为治理两亿人出谋划策的计划时,听众却不及我们时常在一项公路法案或铁路法案上看到的人多。

我以这些情况证明,君主必须对印度拥有一定权力并且君主的权力必须配上有效的制约,然而下院无法成为这一有效制约。我们必须寻得另一个机构来行使这一重要职能。我们有一个这样的机构,那就是公司。我们要抛弃它么?

诚然,公司的权力在政治事务中是反常的。将比联合王国政府行政机构(Executive Government of the United Kingdom)直接管理下更多人口的主权、更多净税收的处置权、更大陆军的指挥权委托给一个合资贸易社团,一个股份每天易手的社团,一个构成部分不断变换的社团,一个单从章程来判断不得不说它与麦钱特泰勒斯公司(Merchant Tailors' Company)① 或 新 河 公 司 (New River Company)②一样几乎不适合帝国职能的社团,这是件怪事,非常奇怪。但我们给予我们的印度帝国什么样的政制能不奇怪、不反常的呢?那个帝国本身就是所有政治反常情况中最奇怪的一个。一小撮来自大西洋上一个岛国的冒险家征服了一个离家乡有半个地球远的广袤国度。对于欧洲各民族而言这个国度在不久之前还是传说的主

---

① 现通常拼写为 Merchant Taylors' Company,起初(14 世纪初)为裁缝的行会组织,至 15 世纪末控制了成衣贸易,至 17 世纪成为了慈善和社会组织,至今仍致力于教育与慈善事业。——译注
② 17 世纪初为建设引水至伦敦城的人工河,即新河(New River),而组建的公司。——译注

题；这个国度此前从未被鼎鼎大名的西方征服者攻破；这个国度图拉真（Trajan）不曾踏入；这个国度比亚历山大的步兵方阵不愿继续行军之处更远。我们要统治一块离我们一万英里远的领地，这块领地上的人口多于法兰西、西班牙、意大利以及德意志的总和，这块领地当前的净税收超过除法国外世界上的所有国家；这块领地上的居民与我们在种族、肤色、语言、习惯、道德、宗教上均不相同；那里还有着举世无双的奇观。在如此情况面前，理性束手无策。请教过往亦是枉然。在整个是个特殊例外的地方，普遍原则毫无帮助。公司是个反常现象，但它是这个其中所有事物都反常的体系的一部分。它在所有政府中最是奇怪，但它是为最奇怪的帝国而设计。

如果我们放弃了公司，我们必须寻得一个替代者；并且，无论我们能找到什么样的替代者，我们会发现自己没什么理由相信取代了公司的机构能够比公司更尽责。由国王按自己喜好委命的专员不会成为君主的制约；由国王或国会委任的终身制专员总是由掌权的政党指定，而一旦政府发生变动，新政府就会遇到最令人苦恼的反对者。那位可敬的绅士，蒙哥马利郡议员（Member for Montgomeryshire）①的提案是我听过最糟糕的。他提议设置四年一任的董事（Directors），由君主任命。显而易见，这些董事不总是将从时任内阁的支持者当中选任吗？他们的处境不就取决于内阁的长久吗？那么他们的一切权力与特权不将用来维护内阁，用来防止变动，阻挠那些可能接手权力之人吗？他们的朋友在位时，他们会唯唯诺诺，而一旦他们的朋友离任，他们不就会是好党争的吗？如果全体董事由威灵顿公爵于 1830 年委任，那么格雷勋爵的内阁会是何等处境。我的

---

① 即查尔斯·温先生（Mr. Charles Wynn）。

意思不是要非议威灵顿公爵。如果现任内阁要委任任期四年的董事，我毫不怀疑他们要委任那些会给威灵顿公爵带来不小麻烦的人，倘若他再度任职的话。我们想要的是一个独立于政府的机构，并且只是独立；而不是财政部的工具，或反对党的工具。我听到过的新方案都无法提供一个这样的机构。然而公司就是这样的机构，不论它的组织形式有多奇怪。作为一个法人，它既不是辉格党也不是托利党，既不是高教会派也不是低教会派。它不可能被指控支持或反对《天主教法案》(Catholic Bill)，支持或反对《改革法案》(Reform Bill)。一直以来它不是从英国政治的角度行事，而是从印度政治的角度。我们曾看到这个国家因党争而陷入瘫痪。我们曾看到大臣们被下院赶下台，国会在愤怒中解散，空前混乱的选举，空前引人瞩目的争论。我们曾看到立法机构的两个部分彼此针锋相对。我们曾看到君主的谋士今天被解雇，而明天又站在民众的肩膀上复职。在所有这些动荡的事件中，公司一直保持严格而不受怀疑的中立。我认为这是一个不可估量的优势，并且，如果我们同意采纳我曾听议院另一侧提出的某个方案，我们势必会放弃这个优势。

我们必须像评判所有其他政府那样，以实际成效来评判印度政府。可敬的谢菲尔德议员认为，对印度的治理是病态的，全部恶果均由公司造成。针对董事们，他提出了数不胜数的控诉，或大或小。批评他们喜好战争，喜好统治，税收过于繁重，法律不成体系，道路崎岖不平，邮政全靠徒步，公司要为这一切负责。从废黜莫卧儿王公到查尔斯·梅特卡夫爵士①的信使遭遇不幸，六十年间东方发生的每一场

---

① 查尔斯·梅特卡夫(Charles Metcalfe, 1st Baron Metcalfe，1785—1846)，1835至1836年任印度总督，之后曾任牙买加总督与加拿大省总督。——译注

灾难都成为对公司的指控。由此得出的结论是应当剥夺他们手中的全部权力,即刻移交君主。

　　先生,在我看来,对于那位可敬的绅士动情描述下的所有恶果,内阁大臣们应受到的谴责不亚于公司,甚至更多:因为督察委员会不经董事同意就能够纠正这些恶果;而董事不经督察委员会的同意必定无法纠正。为什么这么说? 就以邮件迟缓这令人十分不满的情况为例,看起来它给这位可敬的绅士留下了最深刻的印象。先生,如果我这位可敬的朋友,我们委员会的主席认为合适,他会指示我向董事会致信,要求他们就这一问题起草一份公文快信。如果董事会不服从,他或许会亲自起草一份公文,要求威廉·本廷克勋爵①为孟加拉所有的驿站备置马匹。如果董事会拒绝发布这一公文,委员会能够向王座法院(King's Bench)申请一份执行令。另一方面,如果董事们想要加快信件的行程,而委员会反对这一计划,那么他们就什么也做不了。对于国内政策的所有措施,国王的侍从们(servants of the King)②至少与公司负有同样大的责任。对于对外政策的所有措施,国王的侍从们要独自负责。听到这位可敬的绅士批评董事们有着永不满足的野心与贪婪,这令人惊讶。因为他必然知道没有委员会的批准,公司不可能向任何土著国家发起进攻,并且,实际上委员会屡次批准公司极力反对的好战措施。尤其是,他必然知道在韦尔兹利侯爵(Marquess of Wellesley)③精力充沛且成绩斐然的任期内,公司

---

　　① 威廉·本廷克勋爵(Lord William Bentinck,1774—1839),1833 至 1835 年任印度总督。——译注

　　② 即内阁——译注。

　　③ 理查德·韦尔兹利,韦尔兹利侯爵一世(Richard Wellesley,1st Marquess Wellesley,1760—1842),1798—1805 年任印度总督,之后先后任外交大臣、爱尔兰总督(Lord Lieutenant)。——译注

力主和平，而委员会致力于征服。如果这位可敬的绅士认为不正当的一系列行为是在遵照内阁大臣的指示同时无视董事们的抗议的情况下作出的，那么，以此主张废除董事并将全部权力不加制约地交给君主，便是个奇怪的理由。

这位可敬的议员告诉我们，印度在当前的体制下不如两百年前富饶兴盛。先生，我实在怀疑我们是否拥有充足的论据作此论断。不过没关系。我们不应当将我们治下的印度与阿克巴（Acbar）①及其直系继承人治下的印度相比较，而是应当与我们发现它时的那个印度相比较。在莫卧儿人权力倾覆与英国人建立起优势地位之间，这个国家所经历的灾难足以使民众【的生活】倒退几个世纪。因为阿尔弗雷德（Alfred）治下的不列颠不如罗马时代富饶、文明，就说他是个庸君，这无疑并不公平。

我们发现印度时，它是怎般境地呢？我们为印度做了什么？我们发现那个广袤国度的整个社会处于一种在历史上几乎无可类比的状况。最近似的可能是欧洲在五世纪时的状况。莫卧儿帝国在奥朗责布（Aurungzebe）②继承者们的时代，就像罗马帝国在提奥多西乌斯（Theodosius）继承者的时代一样，因糟糕的内部管理与野蛮入侵者的袭击而衰落。在德里，就像在拉文纳（Ravenna）一样，一位徒有其表的君主被软禁在豪华的国家监狱中。他沉溺于各种荒淫之乐。他受到奴性的跪拜。他又被授予最高贵的称号。但事实上，他不过是野心勃勃的臣子手中的傀儡。当东方的霍诺留（Honorii）与奥古斯图卢

---

① 阿克巴大帝（Akbar the Great，1542—1605），莫卧儿帝国皇帝，1556—1605 年在位，在位期间扩展了版图，进行了一系列改革。——译注

② 奥朗责布（Aurangzeb，1618—1707 年），莫卧儿帝国皇帝，1658－1707 年在位，虔敬的伊斯兰逊尼派教徒，迫害印度教，引发起义，虽一度征服整个印度次大陆，但在他死后帝国渐趋衰落。——译注

斯(Augustuli)们在宦官的簇拥下狂欢酣睡而对宫廷花园墙外之事不闻不问之时,行省已不再尊敬一个既不能惩罚也不能保护它们的政府。社会乱作一团。其中不断运动、不断转变的元素在每一场运动中形成一个新的联合体,下一场运动又将之解体。在单单一代人的时间里有上百个王朝产生、兴旺、衰颓、被毁灭、被遗忘。每个能召集一队骑兵的冒险者都渴望王位。各个宫廷之中每年都上演阴谋、背叛、政变、弑亲。与此同时,接踵而至的阿拉里克(Alarics)与阿提拉们(Attilas)穿越了毫不设防的帝国。一位波斯入侵者直捣德里,在凯旋中几乎带走了帖木儿家族(House of Tamerlane)的所有珍宝。阿富汗人沿同一条路线紧随其后,搜刮走了波斯人没带走的东西。贾特人(Jauts)盘踞亚穆纳河畔(Jumna)。赛克人(Seiks)摧毁了拉哈尔(Lahore)。马拉塔人(Mahrattas)从坦焦尔(Tanjore)至喜马拉雅山脉在印度全境横征暴敛。民众被外来的与国内的压迫者碾成粉末,遭纳瓦卜无力防卫的强盗洗劫,而纳瓦卜还夺走强盗没掠走的所有东西。专制的所有罪恶,无政府状态的所有罪恶同时落在这个不幸的种族身上。他们对政府一无所知,只知道政府的勒索。帝国的城市中一片荒凉,宽阔而泛滥的河流沿岸尽是饥民。看起来只消再有几年就足以抹去之前时代富饶与文明的痕迹。

公司开始参与那些短命君王之间的纷争时,印度的状况就是这样。自我们以援军(auxiliaries)身份出现在两个敌对家族对印度半岛一角的主权争夺以来,已过了约八十年。那个时刻开启了一个伟大而令人惊叹的进程:重建一个已腐朽的社会。两代人已逝,这个进程也已完成。奥朗责布四分五裂的帝国已结成一个比奥朗责布治下更强大、组织更紧密的帝国。新君王们的权力比之莫卧儿王朝那些最高傲的王公,更全面地渗透至全境并得到更绝对的服从。

诚然,这场伟大变革的早期历史中交织着罪与耻。诚然,我们印度帝国的建立者们过于频繁地滥用源自优越活力与优越知识的力量。诚然,在他们因种族出身而获得的那些最优秀的品质之上,他们结合了一些他们统治下的种族最恶劣的缺点。不然又能怎样呢? 他们原本出身贫寒,习惯于在卑贱的工作中赚得一笔微薄的收入度日,却发现自己在几个月里就从伏案辛劳的职员或行军中的军团指挥官一跃成为政治家与将军,统帅着自己的军队,控制着几个王国的税收,有权任意废立君主。他们挥霍而贪婪、专横而腐败,人要是如此快速地爬上如此让人忘乎所以的卓越地位,自然会如此。

诚然,那些讽刺作家与戏剧作家的刻画有太多依据,他们使"英国纳瓦卜"(English Nabob)的特征成为上一代人嘲笑与厌恶的对象。诚然,一些可耻的阴谋、非正义的残酷战争、丑恶的背叛与贪婪,玷污了我们东方帝国的编年史。诚然,治理与立法的职责要么长期被完全忽视,要么履行马虎。诚然,当征服者终于开始认真履行重要职责时,他们犯下了对臣民的语言与习惯一知半解的统治者自然会犯下的错误。诚然,一些发自最纯洁与最善意感情的计划,并未如期取得成功。诚然,印度迟至今日仍苦于繁重的税赋以及有缺陷的法律体系。诚然,恐怕在那些以附庸同盟形式与我们联系起来的国家中,所有东方专制的罪恶仍旧频频以最令人憎恶、最具破坏性的形式表现出来。

所有这些都千真万确。但是,在我们印度帝国的历史与当前状况中,我看到有充分理由感到欣喜并寄予希望。

我看到,我们已在混乱不堪的地方建立起了秩序。我看到,那些从伟大的伊斯兰帝国(Mahometan Empire)腐坏过程中滋生出的,在一个世纪以前使整个印度陷入持续动荡的小王朝,已被一股所向披靡的力量铲除。我看到，那些掠夺成性的部落曾在上个世纪中叶年年以飓风般的迅猛卷走印度的收成，而如今在一个更勇敢、更坚韧的种族的英勇面前胆寒，他们被击溃、被驱散、被赶回巢穴，要么被英国人的利剑消灭，要么被迫放弃劫掠投身劳作。

　　将目光投向多年之前，我几乎没有看到有一丝罪恶的踪迹玷污了第一批孟加拉征服者的盛名。我看到他们小心地维持和平。我看到他们不可亵渎地恪守向那些屡弱属国许下的诺言。我看到那些狐疑的邻邦逐渐对我们产生了信任。我看到欧洲人的骑士风度与基督徒精神减轻了战争的血腥。我看到节制与仁慈的榜样，这在其他大获全胜并占统治地位的民族的编年史中怕是找不到的。我看到被擒的僭主，虽然他们的背叛与残暴本难逃严酷的惩罚，却在他们竭力想要摧毁的那个政府的保护下安全、舒适、有尊严地活着。

　　我看到一个庞大的民事与军事公务员团体，它与七十年前来到这里的冒险家们除能力与英勇外再无相似之处。那些冒险家满载着财富和恶名，在我们的父辈面前招摇从孟加拉与坦焦尔掠夺来的珍宝。我骄傲地认为，我们能够以埃尔芬斯通（Elphinstone）①与芒罗（Munro）②的无瑕光辉，对照围绕着对黑斯廷斯与克莱武之记忆的可疑光晕。我心怀敬意与欣喜地认为，这可敬的清贫是在百方诱惑面前持守正直的证据。我高兴地看到，我的同胞在统治数百万臣民之后，在指挥无往不胜的军队之后，在敌人城门下缔结和平条款之后，

---

　　① 芒斯图尔特·埃尔芬斯通（Mountstuart Elphinstone，1779—1859），苏格兰人，曾任孟买总督，在孟买创办了向土著开放的教育机构，此外他还是位史家，撰写了关于印度与阿富汗的著作。——译注

　　② 约翰·芒罗上校（Colonel John Munro，1778—1858），苏格兰人，在印度军队中获得成功，后任特拉凡科（Travancore）总督，他精通土著语言，受当地民众爱戴，引入了基督徒与婆罗门共同审理案件的司法制度。——译注

在管理广袤省区的税收之后，在审判富裕的柴明达尔的案件之后，在属国王宫中居住过之后，仅带着合乎身份的财产回到祖国。

我看到一个热切致力于公共利益的政府。甚至在它的错误之中，我也看出它对治下的伟大民族怀着父亲般的感情。我看到它严格地保持着【宗教】宽容，我还看到血腥而堕落的迷信逐渐失去力量。我看到欧洲的道德、哲学与品位开始对我们臣民的心灵与理解力带去有益的影响。我看到印度的公共精神（public mind）自身有了发展，形成了关于政府之目的以及人之社会责任的公正而高贵的观点，我们知道此前印度的公共精神受到最糟糕的政治与宗教僭政的作践与压制。

我看到一些弊端，但我也看到政府积极地致力于弥补这些弊端。赋税很重，但政府正在厉行削减开支。虽然附属同盟体制带来了严重的危害，但印度的统治者充分认识到了这些危害，并努力进行防范。现在他们任何以支持土著政府为目的的干涉活动，同时也以改革土著政府为目的。

既然看到了这些事物，那么我还打算抛弃作为治理机构的公司吗？我不会。当我看到有理由相信革新将带来改进时，我肯定不会对它退避三舍。提交给议院的这份议案充分表明，本届政府没有回避它认为会带来改进的革新。不过举证责任在革新者们一边。在他们要求我们着手处理印度政府的根基之前，他们必须说明这样做就能有所收获。我没有盲目地推崇董事会或股东大会。若能找到更好的委员会，若能找到更好的代表机构（constituent body），我乐于看到变革。然而，迄今为止人们建议的公司替代者，均未被证明优于公司；而且我认为，我能轻易地证明其中绝大多数实际更为糟糕。形势或许会迫使我们冒险作出改变。倘若公司提出除非我们同意我认为过分的经济条款，或者除非我们放弃议案中允许欧洲人拥有地产、土著获得公职的条款，否则公司将拒绝接受【印度】政府，那么我会听从革新者们的话。但是，我不会仅仅因为渴望尝试新事物就抛弃公司。

我会称印度政府是一个完美的政府吗？远非如此。任何民族在有能力自我管理之前都无法得到完美的善治。我将印度政府与其他处于相同等级的政府比较，与专制、与军事专制、与他国军事专制相比较，我发现它们均不及印度政府优越。我将印度政府与罗马行省、与西班牙殖民地政府相比较，我为我的祖国与我的时代感到骄傲。这里有一亿人生活在少数外来者的绝对统治下，这些外来者在生理上不同，在伦理上不同，是些十足的马穆鲁克（Mamelukes）①，并非出生在他们所统治的国度，也不打算在这里终老。如果你要求我将这个政府建设得如英格兰、法兰西或美利坚合众国一样好，我会坦率地承认我办不到。只作推理的话，我可能会得出结论：印度政府必定是恐怖的僭政。然而它实际上如我所见的那样好，这一直令我感到惊奇。因此，我不会在既没有原则也没有先例能指导我的情况下，基于它在理论上的缺陷就推翻整个现存的体制。因为我知道任何我能用来取代它的体制都将同样受到理论的责难，同时还得不到经验的支持。

正如我已阐明的，由于开放对华贸易，不可避免要对公司的章程作出修改；而且政府有责任谨防这一修改给印度造成损害。有许多方法在商业与领地间实现妥协。我们可以接手资产，立即支付一个总金额，任由公司以这笔钱在他们选择的项目上投资。我们可以提

---

①　本是效力于阿拉伯哈里发的奴隶士兵，后成为一个特殊的阶层，在埃及、黎凡特地区、伊拉克、印度掌有政治、军事权力，并在埃及建立起马穆鲁克苏丹国（Mamluk Sultanate，1250—1517）。麦考莱在这里是在作比喻。——译注

供较低利率的英国债券。我们可以采取前任大臣们计划采取的措施。他们计划让公司拥有在与私营商人的竞争中维持贸易的手段。我坚信,如果采取了这一措施,公司必定在几年内放弃贸易,否则贸易会毁掉公司。然而,在这个问题上,政府不唯独也不主要是考虑公司的利益或英国商人的总体利益。在我们看来最有可能促进我们的东方帝国利益的措施是,使印度股票的持有者成为印度领地的债权人。这样一来,他们的利益将在很大程度上与他们所统治的民众的利益相一致。他们的收益将取决于他们帝国的税收。他们帝国的税收将取决于管理该帝国事务的方式。我们使他们有了最强烈的动机来关心农民与商贾,维护和平,大力削减开支,清查并惩罚巧取豪夺。尽管他们生活在远离印度的地方,尽管他们当中只有很少人曾见到或能见到他们所统治的民众,然而臣民的福祉与他们休戚相关。若他们管理不当造成财政混乱,他们将在自己的日常花销中感受到混乱的后果。我相信这种政制仅次于代议制,是善治的最佳保障。印度目前无法拥有代议制。因此,我认为我们已给予印度她所能胜任的最佳政制。

还需要对关于任命权的新安排说上几句。它的意图是在分配文职时引入竞争原则。对于这一变化,我不禁要期待最令人高兴的结果。公司的民事雇员无疑是个十分可敬的团体,就像每个庞大团体一样,其中一些人才能出众。看到这一点尤其令我由衷感到欣喜。我欣喜地看到英格兰的道德水准是如此之高,智识在英格兰传播得如此广泛,以致依恩惠而非依才能从社会大众中提擢的年轻人——因此仅代表一般大众——在十分重要的场合中也极少表现欠佳。但是,印度实际上有资格让英格兰能够匀出的最有才能之士为之效力。智识与德行在这个国家中的平均水平非常高,这确实是值得欢欣鼓舞之事。但没理由在能招募更优秀者之时,还去雇佣泛泛之辈。先生,再请考虑到印度的公共精神进步得有多么快,土著中的上层阶层已经么么关注那些在教养上的智识追求,欧洲种族对其余人类享有优势的首要原因便在于此。无疑,在这种情况下,就算不是出于更高尚的动机,只是出于利己策略的动机,我们东方帝国的地方行政官也应由那些能为国争光、能代表英格兰民族最优秀部分的人担任。先生,这便是我们的目标;并且我们相信通过当前提出的这个计划,能够实现这目标。这个计划建议,对于每个民事部门的空缺都应提名四人,并以考试方式选出最佳人选。我们坚信,在这一体制下,派遣出的会是优秀的年轻人,在才能或勤奋上优于大众。我知道,有人说在拉丁语、希腊语、数学方面的考试不能测试出人们在生活中会有怎样的表现。我完全意识到了这些不是绝对可靠的测验,但这些是我深信要坚持下去的测验。仔细观察各行各业、本院、上院、律师席、法官席、教堂,看看那些在这世上出人头地之人是否一般而言均是学业上的佼佼者。实际上,先生,这种反对意见即便对于它的提出者而言也太过头了。到头来证明的是教育全无用处。为什么我们要纠正孩子们的习惯?为什么我们要强迫一个更愿意去放风筝或滚铁环的小男孩去学拉丁语语法?为什么我们要在一个小伙子更愿意去射击的时候,让他埋头于修昔底德或拉普拉斯(Laplace)?倘若在二十二三岁时,一个忽视了学习的人与一个曾认真学习的人完全彼此相当,也完全能够胜任政治生活中的所有岗位,并成就自己、造福社会,那么教育便是无益的折磨。当前的问题不是英国教育体系是好是坏。或许我也会认为在古代语与抽象科学上耗费了太多时间。但是那又怎样呢?无论任何时代任何国家时兴教授的是什么语言、什么科学,能精通这些语言与科学的人一般而言将成为年轻人中的精英,成为可敬的佼佼者中最敏锐、最勤奋、最具上进心的人。就算在剑桥教授的是托勒密体系（Ptolemaic system）而非牛顿体系，考试中的成绩优秀者仍然一般而言比最后一名更为优秀。就算我们不学习希腊语，转而学习切罗基语（Cherokee），最能理解切罗基语的人，能写出最正确而悦耳的切罗基语诗句的人，最能确切领会切罗基语虚词作用的人，一般而言将比那些毫无这些成绩的人更优秀。就算我们的学校教授占星术，最会编排天宫图的年轻人一般而言将成为更优秀的人。就算教授的是炼金术，表现得最为积极追求贤者之石的年轻人，一般而言会成为更优秀的人。

关于这个问题，我只再补充评论一句。尽管我倾向于认为英国年轻绅士的教育花费了过多精力在死语言上，但是我确信，当通晓外语是你要挑选人手补充的岗位首要且最不可或缺的条件时，要检验人选是否胜任，很难找到比考察他们的古典语知识更好的办法了。

有些人对举行公平考试的可能性表示怀疑。我十分确信任何曾在剑桥或牛津上过学的人士都不会有这样的怀疑。事实上，我甚至觉得应当为提及如此轻浮的反对意见而抱歉。

先生，在开放对华贸易之后，英国民众最急切希望的变化是，应当取消欧洲人进入印度的限制。这一变化无疑会带来许多重要的益处。我认为首要的益处是，我们的土著臣民通过与一个在智识教养上远比他们先进的民族自由交流，有望在智识上获得提升。然而，我不能否认这些益处伴随着一些危险。

危险在于，这些新来者属于统治民族，与那些执掌军事与政治权力的人在肤色、语言、习惯上相仿，而不同于人口中的绝大多数；因此他们或许会自认为属于较高的阶层，进而或许会蔑视土著种族。至今为止，对于欧洲人定居印度仍有严格的限制。许可证不易获得。

为公司服务的定居者们显然有规范自己行为的理由。如果他们招来政府的不满，便无望获得晋升。即便那些没有公职的人也畏惧政府的可怕权力，政府能随意驱逐他们。

对于希望定居在有殖民者居住的印度省区的人们，政府的许可证将不再必不可少。驱逐出境的专断权力已被收回。除非我们打算任由土著去面对每个去东方游历的放荡探险者的僭政与傲慢，否则我们必须将欧洲人也置于为印度人立法的权力之下。没人比我更热爱政治自由。然而，极少数人在不享有同等权利的庞大人口当中享有的特权，不应当被称为自由。那是僭政。我丝毫不怀疑，由于西印度群岛存在陪审团审判与立法会议，奴隶们的境况变得比没有这些更糟。或者以印度自身为例，尽管我完全相信一部温和的刑法典要优于严酷的刑法典，但是，说婆罗门生自造物主的头就施以温和的法典，而说首陀罗生自造物主的脚便施以严酷的法典，这无疑是所有刑法体系中最糟糕的。对于种姓区分以及造成这一区分的根深蒂固的偏见，印度已遭受得够多了。上帝禁止我们强加给她一个新的种姓，禁止我们给她带来一种有权将整个土著人口视作贱民的新婆罗门！

为了防范这种弊端，我们提议赋予【印度】最高政府（Supreme Government）为欧洲人与印度人立法的权力。我们提议政府的规章应当对国王法庭（King's Court）有约束力，就像它对其他所有法庭有约束力一样；并且，这些规章应当不再必须经国王法庭的法官们备案才在加尔各答、马德拉斯（Madras）以及孟买的城镇生效。

先生，在我听到我们计划的这一部分在另一个场合受到谴责时，我几乎不能相信我的耳朵。我本以为会尤其受到欢迎的地方却遭到了最严厉的谴责。当前的实际情况是怎样的呢？如果【印度】最高法院（Supreme Court）与政府在一个司法管辖权问题上意见相左，或者

在政府所在城镇内的一个立法问题上意见相左,则除帝国议会
(Imperial Parliament)外再无仲裁者。将一头野生大象置于两头驯
养大象之间是个巧妙的办法,然而它不可能总是有效。假设一头驯
养大象处于两头野生大象中间,或者假设整个象群全都失控。这样
的事不是没有先例。一方面印度总督的命令应当具有法律强制力,
而另一方面它不经最高法院法官备案就没有效力,难道这还不是最
不公正、最荒谬的情况吗? 如果备案程序是优良立法的保障,我们理
应将这一保障赋予我们臣民中的各个阶层。如果备案程序不是优良
立法的保障,那么为何要将之赋予我们臣民中的某一部分? 这一体
制优良么? 优良则应扩展。这一体制糟糕么? 糟糕则应摒弃。但以
常识的名义,我们不应任由它就这样下去。它和我们古老的避难所
法律一样荒谬。准许因债务而处以监禁的法律可能是好的,也可能
是坏的。但没有人凭着良知会赞同那套古老的制度:一个会被拘禁
在佛里特街(Fleet Street)的负债者一旦逃入白衣修士区
(Whitefriars)便安全了。同理,人们对允许四五个人为印度立法这一
便捷的办法感到怀疑是正常的,然而允许他们为马拉他城壕
(Mahratta ditch)①以外的全印度立法但加尔各答除外,则荒谬透顶。

　　因此,我说要么必须扩大最高法院的权力,赋予其对法律的一般
否决权;要么必须扩大政府的权力,令它的规章对所有法院无区别地
具有约束力。前一方案没人敢冒昧提议。对于后一方案已有反对意
见;但恕我直言,这些反对在我看来全是一派胡言。

　　过去几年中最高法院与政府间的关系已造成许多麻烦,这是公
认的。但有人说建立法院原本就是为了在欧洲人面前保护土著,因

---

　　① 指加尔各答护城河,本为防范马拉他人的劫掠而修筑。——译注

此贤明之举应当是恢复其原初的角色。

先生，事实上最高法院在行使权力的头十年里最是胆大妄为，反而近来尤为可敬。任何对它的早期历史有所了解的人都知道，在相当长一段时间里，它是孟加拉的恐怖，是土著的灾难，是欧洲违法者的包庇者，是政府实现各种罪恶目的的便利工具，是政府在谋求公共利益时难以克服的障碍；由它受理的诉讼尽是繁文缛节、虐待以及腐败；它与政府间的争执曾经到了破坏整个社会组织的地步；全靠沃伦·黑斯廷斯的巧妙策略才避免了一场灾难，他最终以每年八千镑收买了对立的首席法官（Chief Justice）。令其臭名昭著的是，虽然最高法院反对黑斯廷斯的每项绝佳措施，却在后者最糟糕的行为中是彻头彻尾的共犯；它参与了那场最为可耻诉讼，五十年前那场诉讼激起了国会与整个国家的义愤；它协助了对奥德公主们的劫掠；它判决南达·库马尔（Nuncomar）死刑。这就是我们所谓要从当前之堕落恢复到原初之纯洁的那个法院。这就是我们所谓要给予土著用以抗衡欧洲人的保护。先生，说最高法院的品格已堕落，或者说较之印度的其他机构它或许最有改善，这些都与事实相去甚远。该机构的弊端深深地扎根于其性质。我们时代的法官们配得上最高的敬意。他们的判断力与正直对于减轻该体制的弊端功莫大焉。能对他们提出的最严厉的指控是面对错误固执己见、漠不关心、冥顽不化。真正的弊端在于法律的状况。在印度有两个最高权威。除了一万五千英里外的立法机关之外，便再无仲裁者。这样的体制显然在政治上是荒谬的。让我感到诧异的并不是该体制曾多次差点就给印度的和平与财力造成致命后果——我想这些应是沃伦·黑斯廷斯描述他的政府与法官间的争执所产生的影响时所说的话——而是实际上竟然没有造成这样的后果。印度政府中最杰出的成员们，最高法院中最杰出的法官们呼吁你们改革这一体制。查尔斯·梅特卡夫爵士与查尔斯·格雷爵士同样急切地提出了解决办法——只保留一个具有立法权的最高机构。允许欧洲人进入印度使得我们绝对有必要不再拖延作出决定。允许欧洲人进入印度将会带来上百个问题,在参事会与法院之间造成上百场争执。政府会在正需要全力以赴时陷入瘫痪。当两个平等的权力背道而驰时,整架国家机器只会原地不动。欧洲人将不受约束。土著将不受保护。我不会假装能预见到后果有多严重。更远处的一切均昏暗而混乱。

在赋予印度政府最高立法权之后,我们下一个提议是在一段时期里委任一个委员会协助它,目的是整理并改革印度的法律,尽快使这些法律形成一部法典。一位我在提及他时要致以最高敬意的绅士曾质疑,当前的印度是否处于一个合适状态,能够接受我们这个自由而高度文明的国家尚且未享有的益处。先生,除了持该论点之人所具有的个人权威外,我认为它几乎没有分量。因为,首先,尽管这一改进必然总是可取的,但比之我们的印度臣民,我们的自由与我们的高度文明使得它对我们而言不那么必要;其次,较之将这一益处赠与我们的印度臣民,我担心我们的自由与文明使得我们要获得它反倒更为困难。

我相信,从没有哪个国家像印度这样亟需一部法典;我也相信不曾在哪个国家要满足这需求如此容易。我说过,这个国家在莫卧儿帝国衰亡之后的状态与欧洲在罗马帝国衰亡后的状态有许多类似之处。在一个方面上的类似非常显著。那时的欧洲与现在的印度都有着许多截然不同却彼此共存、地位相当的法律体系。土著人口有着自己的法律。一连串征服者又带来了自己独特的法学:穆斯林有《古兰经》以及数不胜数的古兰经评注;英国人有《法规汇编》(Statute

Book)以及《开庭期案件录》(Term Reports)。犹如那时意大利一度同时存在着罗马法、伦巴第法(Lombard law)、里普利安法(Ripuarian law)、巴伐利亚法(Bavarian law)以及萨利克法(Salic law),我们的东方帝国现在有着印度法(Hindoo law)、伊斯兰法(Mahometan law)、波斯法(Parsee law)、英国法(English law),它们不断地彼此融合又彼此妨碍,因人因地又有所不同。在同一起诉讼中,程序与诉状采取的是一个民族的形式,审判又是依据的另一个民族的法律。一件依威斯敏斯特法规引发的诉讼,却依贝拿勒斯(Benares)的法规裁判。穆斯林书籍中唯一具有法典性质的是《古兰经》;印度书籍中唯一具有法典性质的是《法经》(Institutes)。每个了解这些书籍的人都知道它们只适用于很少一部分在任何共同体中都必然会产生的诉讼。除此之外便是评注与传统。我们在民事问题上的法规不界定权利,而只确立救济手段。若涉及印度法的一个要点,法官便向梵学家(Pundit)寻求意见。若涉及伊斯兰法的一个要点,法官便请教考齐(Cauzee)。威廉·琼斯爵士(Sir William Jones)①是这些公务员中正直的典范。这位杰出的人士称,即便有印度解经者的保证,他也无法凭良知判断任何法律要点。托马斯·斯特兰奇爵士(Sir Thomas Strange)证实了这一证言。即便法律的阐释者没有腐败的嫌疑,然而他们所精通的这门科学是如此令人困惑,以致无从信赖他们的解答。弗朗西斯·麦克诺滕爵士(Sir Francis Macnaghten)告诉我们:幻想印度民众生活在人所共知且确定无疑的法律之下,那是种谬见;经典文本能用在任何问题的任何方面;在权威上旗鼓相当的阐释者不断

---

① 威廉·琼斯爵士(Sir William Jones,1746—1794),自 1783 年任印度最高法院法官,杰出的古印度学者,孟加拉亚洲学会(Asiatic Society of Bengal)的创建者,以发现欧洲语言与梵语间的亲缘关系而知名。——译注

彼此龃龉；已废止的法律不断与实际有效力的法律相冲突；对于一位执行印度法的公务员而言，第一个教训就是想从法学家的书籍中得出确定的东西纯属徒劳。这一切的后果是在实践中法庭作出的裁判完全是专断的。执行的不是法律，而是一种粗糙而反复无常的公正。我曾问一位有能力的杰出法官，他不久前才从印度回来：我们的地方法院(Zillah Courts)如何裁判一些极为重要的法律问题，这些问题不用涉及宗教与种姓，仅仅是商法上的问题。他告诉我，完全是靠撞运气。他知道得靠自己裁判这些问题。除此之外便一无所知。我曾就本议案中关于奴隶制问题的条款询问一位最杰出的公司民事职员：在当前，若一位舞女从主人那里逃跑，法官是否会迫使她回到主人那里。他说："有些法官会送她回去。有些则会将她释放。这完全是一个机遇问题。一切都取决于法官个人的脾性。"

即便在像我们这样的国家里，我们也一直对法官造法怨声载道：这个国家中道德水准要高于世界上其他绝大多数地方；这个国家中，许多代人以来，我们法律传统的看护者不曾有一位招致个人腐败的怀疑；这个国家中有诸多平民机构；这个国家中每项判决都被聪慧而博学的旁听观众看在眼里；这个国家中有着智慧而敏锐的公众；这个国家中每个重大案件都被上百家报纸全面报道；简而言之，这个国家中有能弥补该制度之弊端的一切。然而，在一个有着绝对政府并且道德涣散的地方，一个没有律师与公众的地方，法官造法是无法容忍的祸害与丑闻。是时候让地方行政官了解他将要施行的法律，让臣民们了解他将生活在怎样的法律之下。我们的意思不是指印度的全体人民应生活在相同的法律之下，远非如此。在本议案中没有一个字，在我那位可敬的朋友的演说中也没有一个字存在做这种解释的可能。我们知道这个目标多么令人向往，不过我们也知道那是水中捉月。我们知道必须尊重源自不同宗教、不同民族、不同种姓的种种感情。我相信，在不伤害这些感情的情况下，可以作许多事使这些不同的法律体系趋于一致。不过，无论我们是否要同化这些体系，让我们将它们变得明确，让我们对它们进行整理。我们不建议草率的革新，我们希望不给我们任何一部分臣民的偏见造成冲击。我们的原则不过是：在可能的地方追求一致性，在必需的地方保持差异性，然而在所有地方都要保证确定性。

如我所相信的，印度比世界上其他国家更需要一部法典，我同样相信没有其他国家能更容易地获得这一益处。专制政府比民治政府更适合赋予一个民族一部法典，这几乎是专制政府的唯一幸事，或许就是唯一的幸事。整理一个浩繁且造作的不成文法体系远非一件易事，并且，由少数人来做要比由许多人来做强得多，由拿破仑来做要强过众议院（Chamber of Deputies）以及参议院（Chamber of Peers），由一个像普鲁士或丹麦那样的政府来做要强过像英格兰这样的政府。对于这一目标，两三位经验老到的法学家安静地坐在一起是个更优越得多的办法，一个大型的民众集会则会分立为不同派别，这种集会几乎总是这样。因此在我看来，现在正是我们能够最容易地将一部完整的成文法典这一益处赋予印度的时机。这项工作在野蛮的时代无法很好地进行，在自由时代则难免伴有巨大的困难。这项工作尤其适于一个像印度这样的政府，一个开明的、家长式的专制政府。

先生，鉴于我已耽搁议院这么长时间，对于这项措施其他我不得不谈的部分，虽然它们也很重要，但不及我刚谈到的这些重要，我将把它们留到我们在委员会上时再谈。不过本议案中有一个部分，在别处发生的一些事之后，我感到自己迫切地想说上几句。我指的是那一贤明、有益、高贵的条款,其中规定我们印度帝国中的所有土著不得因肤色、血统或宗教而无法担任公职。即便有可能被冠以自私狭隘之人认为是最具侮辱性的绰号,即便冒着被唤作哲学家的风险,我也必须要说,直至我生命结束那天,我都会为曾帮助制订含有这一条款的议案而骄傲。有人告诉我们,印度土著能获得高级民事与军事公职的那一天永远不会到来。有人告诉我们,这是我们掌控权力的先决条件。有人告诉我们,我们理当为我们的臣民送去所有益处,这是指我们的臣民有能力享用的益处么?不是。是指我们有权授予的益处么?不是。而是指能够永远不会危及我们统治权的益处。我严正反对这一观点,因为它与合理的政治与合理的道德不相符。

我很不希望,非常不希望在这个最为微妙的问题上操之过急。本着为印度着想,我感到允许土著担任高级公职必须慢慢地实现。但是当时机成熟,当印度的利益要求这一变革,却仍旧认为我们应当拒绝实现变革以防危及我们的权力,我无法在想到这种理论时不义愤填膺。政府和人一样,或许会为生存付出太高的代价。"为了生活而失去生活的根基(*Proter vitam vivendi perdere causas*)",对于个人与国家都是可悲的策略。对于当前的问题,这种策略不仅可悲,而且荒谬。光是使帝国存续下去不见得就是好事。对许多政府而言,帝国已成为负担;对一些政府而言,帝国已成为致命的问题。我们时代的政治家都会赞同,一个共同体的昌盛取决于共同体组成者的兴旺,垂涎无助于人们舒适与安全的领土是最幼稚的野心。对于我们这个伟大的商业民族而言,对于这我们个伟大的制造业民族而言,人类的任何一部分在知识上、在对生活中便利用具的喜好上,在生产那些便利用具的财富上取得的进步,都不是无关紧要的事。对于在东方的庞大人口中传播欧洲文明,我们能从中得到的益处几乎数不胜数。

依最自私的观点看来，印度人民得到良好的治理并独立于我们，比起被病态地治理并臣服于我们要好得多；他们由自己的国王们统治，却穿着我们的呢绒，在工作中使用我们的刀具，要优于他们向英国收税官、英国行政官行叩拜之礼(salams)，却对英国产品的价值过于无知或太贫穷而无力购买。与文明之人做买卖要比统治野蛮人无限地更有利可图。实际上，这是种昏聩的智慧：只图使印度继续作为从属国，会使之成为一个一无是处、代价高昂的从属国；只图使他们继续作我们的奴隶，会妨碍一亿人成为我们的消费者。

贝尔尼埃(Bernier)①告诉我们，他在印度看到可悲的僭主们这样做，当他们惧怕某位杰出臣民的才能与精神，却又不能冒险杀害他，便赐给他每日剂量的鸦片(pousta)，一种大麻制剂，只消几个月便能毁掉这个不幸成瘾者的身体与精神力量，将他变成一个无可救药的呆子。这种比暗杀更为可怕的卑鄙诡计，倒与实施者相般配。在英格兰民族中没有这样的事例。我们绝不会允许为了使他们更顺从我们的统治这个可悲的目的，就将鸦片开给整个共同体，让一个上帝将交予我们管理的伟大民族变得麻木瘫痪。如果权力建立在邪恶、无知以及苦难之上，如果我们只能通过亵渎最为神圣的职责——作为统治者应对被统治者承担的职责，以及，作为一个有幸享有非凡政治自由与智识见解的民族，我们对一个三百年来受尽专制统治与神职者权术作践的种族负有的职责——来执掌权力的话，这权力又有何价值？如果我们不愿赋予人类种族的任何部分同等程度的自由与文

---

① 指弗朗索瓦·贝尔尼埃(François Bernier, 1620—1688)，法国医生、旅行家，1658—1669在莫卧儿帝国游历，曾任莫卧儿皇帝沙贾汗(Shah Jahan)长子的私人医生，后依附于奥朗则布皇帝，于1671年在巴黎出版了《莫卧儿帝国新近政变史》(*Histoire de la dernière révolution des états du Grand Mogol*)，英译题做《莫卧儿帝国游记》(*Travels in the Mogul Empire*, A.D. 1656—1668)。——译注

明，我们的自由、我们的文明就没有什么意义。

　　我们要保持印度人民的愚昧以便确保他们的服从吗？或者，我们以为能够赋予他们知识而不唤起他们的雄心吗？或者，我们意图唤起他们的雄心却不为之提供合法的用武之地吗？有谁会对这些问题作肯定回答？然而，每个坚持认为我们应当永远将土著排除出高级公职的人，必然要赞同上述问题中的一个。我心无畏惧。职责所要求的道路明摆在我们面前，而且这也是明智的道路，通向民族兴盛的道路、通向民族荣誉的道路。

　　我们印度帝国的命运远未明朗。对于这样一个与历史中其他国家毫无相似之处，并自成一类政治现象的国家，我们难以揣度留给它的命运。我们尚不知晓决定其兴衰的法则。或许印度的公共精神会在我们的体制下壮大，直至该体制再也容不下它；或许通过善政，我们能将我们的臣民教育得有能力享有更好的治理；或许由于接受了欧洲知识的教导，他们会在未来的某个时代渴望欧洲的制度。我不知道这一天会不会到来。但是我绝对不会试图规避或阻碍它的到来。无论何时到来，它都将是英国历史上最值得骄傲的一天。发现一个伟大的民族深陷奴役与迷信的深渊，统治他们从而使他们渴望并有能力享有公民的一切特权，这确实将是属于我们大家的殊荣。权杖或许会离我们而去。不可预见的事件或许会打乱我们最意义深远的政策计划。胜利或许会在我们军队的面前变化无常。但有一些胜利，它们不会被逆转。但有一个帝国，它杜绝了所有导致衰落的自然原因。那些胜利是在和平中理性对野蛮的胜利；那个帝国是我们的技艺与道德、我们的文学与法律的不朽帝国。

教育备忘录^①

尊敬的 T.B.麦考莱,1835 年 2 月 2 日

　　公共教育委员会(Committee of Public Instruction)中一些绅士好像认为,他们迄今为止所贯彻的方针是不列颠国会于 1813 年严格规定下的;倘若这种观点正确,则必须通过立法授权才能进行变革。对此,我认为自己这样做是恰当的,即不参与筹备意见相反的报告,这些报告现在就在我们面前,并且保留我对这个问题必须要说的意见,直到它提交到我——作为印度参事会成员(Member of the Council of India)——面前。

　　我不认为国会的法案可通过某种收缩性的解释方法使之包涵一直以来所强加予它的含义。法案中没有包涵任何关于应当学习何种语言或科学的内容。拨出一笔款项,"为了复兴并促进文学,鼓励博学的印度土著,同时也为了在不列颠领地上的居民当中引入并促进科学知识"。有人主张,确切地说是想当然地认为,所谓"文学"国会只可能是指阿拉伯语及梵语文学;国会绝不会将"博学的土著"这个

　　① Macaulay's Minute, in H. Sharp eds., *Selections from Educational Records: Part I*, 1781 - 1839, Calcutta: Superintendent Government Printing, 1920, pp. 107 - 117.

充满敬意的称谓，给与一位熟悉弥尔顿之诗歌、洛克之形而上学、牛顿之物理学的土著；而是要将该称谓唯独给予这样一些人，他们或许已研习过印度教圣书中所有的羽穗草（cusa-grass）用法，以及所有与神（Deity）交融的密仪。这看起来是个不太令人满意的解释。举一个类似的例子：假设埃及，这个国家曾在知识上胜过欧洲的各民族，现在却远在他们之下，它的帕夏（Pacha）拨出一笔款项，"为了复兴和促进文学，并鼓励博学的埃及土著"，有人会推论说他的意思是，他辖地（Pachalik）内的年轻人要耗费多年学习象形文字，去钻研俄赛里斯（Osiris）神话中蕴含的所有学说，去精准地掌握古老的崇拜猫与洋葱的宗教仪式？如果他不是令他的年轻臣民花时间在解读方尖碑上，而是命令他们学习英国人或法国人的语言，这些语言是开打一切科学的首要钥匙，那么能公正地指责他前后不一么？

旧体制的支持者们所依据的那些字词不能支持他们，而【法案】下文中的字词看起来对于另一方十分关键。拨出这十万卢比不仅仅是为了"在印度复兴文学"，他们的整个解释立足于这个短语；还是"为了在不列颠领地上的居民当中引入并促进科学知识"——单单这些字词就足以授权我所主张的全部变革。

如果参事会赞同我的解释，则无须立法。如果他们的意见与我相左，那么我建议以一条简短的法案废止《1813 年特许状》（Charter of 1813）中造成这个难题的条款。

至此，我所考虑的论点仅涉及程序的形式。然而东方教育体制的钦慕者还援用了另一论点，如果我们同意它是有根据的，那么将决定性地反对一切变革。他们认为当前的体制牵系着公众的信任，迄今为止这笔基金一直用于鼓励学习阿拉伯语与梵语，在分配上作任何改动都将造成不可弥补的损害。要理解他们得出这一结论的推理过程并不容易。为了鼓励文学而从国库中拨款,在各个方面均无异于为了其他实效或真或假的目的而从该金库中拨款。我们在本以为有益健康的地方建立一所疗养院。但是,如果结果不符合我们的预期,难道我们还要因此保证在那里维持这所疗养院吗?我们开始建造一个码头。如果我们后来认为有理由相信这处设施将毫无用处,那么我们停止建设会冒犯公众的信任吗?财产权无疑是神圣不可侵犯的。最危害这些权利的做法,莫过于将之授予本不具备财产权的东西,不幸的是这种做法现在太常见了。那些将财产之神圣性授予欺诈所得的人,实际上是把欺诈行为的不得人心与不可靠带给了财产制度。如果政府已向某人作出正式保证——甚至是,如果政府在某人的脑海中激起了合理的期望——他将作为梵语或阿拉伯语的教师或学生而获得一笔收入,那么我将尊重他的经济利益。我宁愿错误地对个人慷慨,也不愿使公众的信任遭到动摇。但是,说某个政府保证要教授特定的语言或特定的科学,纵然这些语言可能毫无用处,纵然这些科学可能会被破除,这在我看来实在没有意义。任何公文中都没有一个词,能据以推论印度政府曾意图在这个问题上作出承诺,或是认为这些基金的目标是固定不变的。倘若事实情况相反,我将否认我们的前任在这个问题上能够以任何承诺约束我们。假设某个政府在上个世纪以最庄严的方式规定,全体臣民永远都应当接种【人痘】预防天花,难道在詹纳(Jenner)的发现之后,政府还必须坚持这项措施吗?比我更有才能的人能够理解:这些承诺没人要求履行,也没人能予以免除;授予的这些权利没有授予任何人;这财产没有所有人,夺走它不会使任何人遭受损失。我认为这种借口不过是些陈词滥调,在英格兰和印度都常常听到,用来为各种没有其他借口可寻的弊端辩护。

我认为,参事会总督(Governor-General in Council)有权以任何他认为最明智的方式,将这十万卢比用于在印度促进学术的目的。我认为阁下完全有权命令这笔钱不再用于鼓励阿拉伯语和梵语,就像命令废止在迈索尔猎杀老虎的赏金,或命令公款不再用在大教堂中的唱诗上一样。

现在我们要面对这个问题的关键了。我们有一笔基金,政府应当用来指导这个国家中民众的智识进步。简单明了的问题是,对于这笔基金,何种利用方式最为有益?

各方看起来都同意一点,印度这一地区的土著普遍使用的种种土语,既不包含文学信息,也不包含科学信息,甚至还十分贫乏和粗陋,除非添加其他来源【的词汇】,否则难以将任何有价值的著作翻译成这些土语。各方看起来都同意,对于这个民族当中有条件进一步求学的那些阶层,他们在智识上的进步当前只能借助某种非当地语。

那么这种语言应当是什么?委员会中的半数坚持认为应当是英语。另一半则强烈建议阿拉伯语和梵语。在我看来整个问题就在于,哪种语言最值得掌握?

我并没有关于梵语或阿拉伯语的知识。不过,为了正确估量它们的价值,我已竭尽所能。我阅读了最受好评的阿拉伯语与梵语作品的译文。在这里与在祖国时,我都曾同精通东方语言的人士交流。我乐于接受东方学学者们(orientalists)对东方学术的评价。我从未见他们当中有谁否认,一间优秀的欧洲图书馆中的一架书就抵得上印度与阿拉伯半岛的全部土著文学。实际上,委员会中支持东方教育计划的那些成员也完全承认西方文学固有的优越性。

我想,很少有人会反驳这一点,东方作家最擅长的文学门类是诗歌。我从未遇到哪位东方学学者敢于坚称阿拉伯语与梵语诗歌能与欧洲各个伟大民族的诗歌相提并论。而当我们从依凭想象力的作品转向记录事实和探究一般原则的著作,欧洲作品的优越性就绝对无法估量。我相信这么说毫不夸张,所有梵语书籍中所能收集到的所有历史信息,其价值尚不及能从英格兰预科学校使用的最无价值的删节本中获得的。在自然哲学与道德哲学的每个分支中,这两个民族间的差距几乎都如此之大。

那么,现在是怎样的情况?我们必须教育一个民族,并且当前无法通过他们的母语进行教育。我们必须教给他们某种外语。选择我们的语言的理由几乎无须再作重复。甚至在西方的语言中,它也有卓越的地位。它有许多富有想象力的作品,较之希腊馈赠于我们的最高贵的作品也不逊色;有许多各类修辞的典范;有许多史撰,仅视之为叙事,它们很少被超越,视之为伦理与政治教诲的话,它们从未被企及;有许多对人类生活与人类本性公正而生动的描写;有许多最深邃的关于形而上学、道德、政府、法学、贸易的思索;有许多关于各种经验科学的全面而正确的信息,有助于人们保持健康、增添舒适,或扩展智识。任何掌握了这门语言的人,就接近了一切浩瀚的智识财富,这财富由地球上所有最聪慧的民族历经九十代人创造与积累。可以有把握地说,现存的以这门语言写成的文学作品,其价值大于三百年前世界上所有语言写成的所有文学作品的总和。这还不是全部。在印度,英语是统治阶层的语言。政府中较高阶层的土著说这门语言。它很可能会成为整个东方海洋上的贸易用语。它是两个伟大的正冉冉升起的欧洲人群体的语言,一个在南非,一个在澳大利亚,这些群体一年比一年重要,与我们印度帝国的联系也一年比一年紧密。无论是考虑到我们文学的固有价值,还是考虑到这个国家的特定状况,都应当看到,我们有最令人信服的理由认为,对我们的土著臣民而言,所有外语当中英语将最为有用。

现在,我们面前的问题便只是,在我们有权教授英语的时候,我们是否应当教别的语言,人人都承认以那些语言写成的书籍在任何主题上都不能与我们自己的相提并论;当我们能够教授欧洲科学的时候,我们是否应当教别的理论体系,人人都承认其中任何不同于欧洲理论之处都更为拙劣;以及,当我们能够赞助合理的哲学与真实的历史时,我们是否应当以公款支持那些会令英国马医不齿的医学,会把英国寄宿学校中的女孩们逗笑的天文学,其中尽是三十英尺高、统治三万年的国王的历史学,其中尽是糖浆海和黄油海的地理学。

我们并非没有可以指引我们的经验。历史提供了一些类似的例子,均给出了相同的教训。不用回溯太远,近代就有两个令人难忘的例子,一股伟大的推动力作用于整个社会的精神,偏见被破除,知识得到传播,品味得到提升,艺术与科学培植在了不久前还无知、野蛮的国度。

第一个例子,我指的是十五世纪末与十六世纪初,西方民族当中那场伟大的文学复兴。那时,几乎所有值得一读的东西,都包含在古希腊人与罗马人的著作当中。如果我们祖先的做法和公共教育委员会到目前为止采取的一样,如果他们忽视了修昔底德和柏拉图的语言,以及西塞罗和塔西佗的语言,如果他们只将注意力局限于我们岛上的古老土语,如果他们只印刷并只在大学中教授盎格鲁-撒克逊语的编年史和诺曼法语(Norman French)的传奇故事,那么英格兰会是现在这个样子么? 希腊语与拉丁语对于莫尔(More)与阿斯堪(Ascham)的同代人而言是什么,我们的语言对于印度民众而言就是什么。英格兰的文学现在比古典时代的文学更有价值。我怀疑梵语文学的价值是否比得上我们撒克逊与诺曼祖先的文学。在一些门类上,比如历史学,我能肯定梵语就远远不及。

另一个例子,我们仍历历在目。在过去一百二十年间,一个此前一直处于和我们祖先在十字军东征之前一样的野蛮状态的民族,逐渐走出了曾经深陷其中的无知,并在各个文明共同体当中占据一席之地。我说的就是俄罗斯。那个国家现在有一个人数众多的有教养的阶层,其中许多人都胜任最高级的职务为国效力,毫不逊色于那些能令巴黎和伦敦最优秀的圈子增色的最有教养的人士。人们有理由期待这个在我们祖父辈的时代或许尚且比旁遮普(Punjab)更为落后的广袤帝国,在我们孙辈的时代将在进步事业上紧随法国与不列颠的脚步。这一变化是如何实现的? 不是靠夸耀民族偏见;不是靠向莫斯科(Muscovite)青年的心灵饲以他粗鲁的父亲曾相信的那些老妇人的故事;不是靠往他的头脑中填充关于圣尼古拉斯(St. Nicholas)的虚构传奇;不是靠鼓励他研究这个大问题,即世界是否被创造于九月十三日;也不是靠当他掌握了所有这些知识后称他为“博学的土著”;而是靠教授他那些蕴藏了最丰富信息的外语,从而使他能够触及所有这些信息。西欧的语言开化了俄国。我毫不怀疑,它们会对印度人起到已对鞑靼人(Tartar)起到的作用。

那么,有什么理由反对看起来理论与经验同样推荐的做法呢? 有人说,我们应当确保土著公众的合作,而我们只能靠教授梵语与阿拉伯语做到这一点。

我无论如何也不能同意,当一个具有高度智识成就的民族着手监督一个相对无知的民族的教育时,学生竟能绝对地规定教师将开设的课程。在这一点上无需赘言。因为,无可辩驳的证据证明,我们当前的做法不是在确保土著的合作。为了顾及他们的智识品味,而以他们的智识健康为代价,这样做已经够拙劣了。然而,我们现在两者都没有顾上。我们当前的做法是在抑制合乎他们心意的学问,是在强加他们感到反感的虚妄学问。

这一点可由如下事实证明，我们不得不向阿拉伯语和梵语学生付钱，而学习英语的人愿意向我们付钱。世上所有关于土著热爱、尊敬他们神圣土语的高谈阔论，在任何没有偏见的人眼中都不能胜过这个不容争辩的事实，即，在我们的广袤帝国中找不出一个学生愿意让我们教授他这些土语，除非我们掏钱给他。

现在我面前放着穆斯林学校（Madrassa）1833 年 12 月的账目。上面显示阿拉伯语学生的数量为 77 名。每人都收到由公款支付的奖学金。总额超过了每月 500 卢比。账目的另一侧是如下条目：扣去从编外的英语学生处收取的 5 月、6 月、7 月【学费】，数额 103 卢比。

曾有人告诉我，我对这些现象感到惊讶只是因为我缺乏在当地的经历，并且，学生自费上学不是印度的风气。这不过是进一步证实了我的观点。没有什么比这更为肯定的了，在世界上任何地方都从来无须付钱让人们做他们认为愉快或有利的事。印度也不例外。印度的民众，当他们饥饿时不会为吃米饭要求向自己付钱，也不会为在寒冷的季节穿上羊毛衣物作此要求。再举一个更贴近我们眼前问题的例子：孩子们向乡村教师学习识字和一点基本的算术，并不由教师付钱。相反，教师因教育他们而收钱。那么为什么必须向学习梵语和阿拉伯语的人付钱呢？显然是因为人们普遍觉得关于梵语和阿拉伯语的知识，抵不上为掌握它们而付出的辛劳。在所有诸如此类的事物上，市场状况是决定性的检验。

也不乏其他的证据，如果还需要其他证据的话。几名梵语学院（Sanscrit College）的毕业生去年向委员会递交了一份请愿书。请愿者说道，他们曾在学院中学习了十或十二年，他们掌握了印度的文学和科学,他们获得了证明精通熟练的证书。而所有这些的结果是什么?"纵然有这些证书,"他们说,"没有尊敬的委员会的仁慈帮助,我们几乎没有改善自己状况的希望,我们的同胞普遍视我们无足轻重,这使得我们无望从他们那里获得赞助或支持。"因此,他们乞求将他们推荐给印度总督,能在政府中获得职位——不是高贵或有高酬的职位,而是足以保障他们生存的职位。他们说:"我们希望获得用以体面生活以及继续深造的收入,然而,没有政府的支持——我们从小就由政府教育和抚养——我们无法获得。"结尾时他们令人动容地说道,他们相信,在他们接受教育的过程中如此慷慨的政府,绝不会打算坐视他们陷入贫困、受人忽视而不管。

我已见惯了向政府请求补偿的请愿书。所有那些请愿书,即便是其中最不可理喻者,也都基于自认为蒙受了损失,遭受了不公。这无疑是头一遭,请愿者因免费接受教育,因在十二年里接受公款资助,尔后带着满腹的文学与科学步入这个世界,却要求补偿。他们将所接受的教育描绘成一种损害,这使得他们有权向政府要求救济,对于这种损害,在他们遭受苦难过程中支付给他们的奖学金是一笔完全不够的补偿。我毫不怀疑他们是有道理的。他们将生命中最好的年华浪费在了学习既不能为他们提供面包也不能带来尊严的东西上。无疑,若节省了使这些人百无一用、处境可悲的花费,对我们而言也是有利的。无疑,使一个人长大后成为公众的负担、友邻鄙夷的对象无需国家如此破费。然而这就是我们的政策。在真实与虚妄之间的角逐中,我们甚至没有秉持中立。我们不满足于任由土著受他们世代相传的偏见左右。在阻碍东方发展合理科学的固有困难之上,我们又添上了我们自己造成的巨大困难。赏金和奖金,甚至本不该用以传播真理,我们却挥霍在了虚妄的文本与虚妄的哲学之上。

如此行事,正酿成了我们所担心的恶果。我们在制造潜在的反对者。我们在阿拉伯语和梵语学院上的花费不仅仅是真理事业的实际损失。这笔钱还是抚养谬见拥护者的赏金。这笔钱将筑起一个巢穴,其中不仅有无助的求职者还有偏执者,后者受激情与利益驱动将抗议一切有益的教育计划。对于我所推荐的变革,如果土著中会有任何反对者,那么就是我们自己体制的产物。受我们的奖学金支持并在我们的学院中接受训练的那些人将带头反对。我们坚持当前的做法越久,反对者就将越难以对付。每年我们所资助的学生都将壮大其队伍。单就土著社会而论,我们没有什么可忧虑的。所有的抱怨声都将来自那个东方派利益集团,他们由我们以人为的手段创造并养育壮大。

还有另一个事实,单靠它就足以证明土著公众的情绪本身就不是旧体制的支持者所描绘的那样。委员会曾认为划出十万卢比印刷阿拉伯语与梵语书籍是适宜的。这些书籍无人光顾。几乎连一本都没有出售掉。二万三千册,绝大多数是四开的对开本,填满了这个机构的图书馆,确切而言是储物室。委员会计划通过赠送来处理一部分大量堆积在他们手中的东方文学作品。然而他们送出去的速度还赶不上印刷的速度。每年有超过两万卢比用在了往库存里补充新鲜的成堆废纸,而人们都会认为库存已足够充裕了。过去三年里,已经以这种方式花费了六万卢比。在这三年里,阿拉伯语与梵语书籍的销售额还不足一千卢比。与此同时,教学用书协会(School Book Society)每年售出七八千册英文书,不仅足以支付印刷费,还实现了百分之二十的利润。

印度人的法律主要从梵语书籍中习得,穆斯林的法律主要从阿拉伯语书籍中习得,这一事实被反复强调,但看起来与当前的问题毫不相干。国会责成我们查清并弄懂印度的法律。设置了一个法律委员会(Law Commission)以帮助我们实现这个目标。一旦法典颁布，圣书(Shasters)和海德亚(Hedaya)对于土著法官(moonsiff)或苏达阿明(Sudder Ameen)将不再有用。我希望并坚信，穆斯林学校和梵语学院中在读的孩子们完成学业之前，这个伟大的工作就将完成。教育正在成长的这一代时所着眼的事态，却是我们意欲在他们成年之前改变的对象，这显然是荒谬的。

还有一个看起来更不堪一击的论点。有人说，有一亿人的圣书是以梵语与阿拉伯语写成的，据此就应当特别赞助这两种语言。确实，印度的不列颠政府在所有宗教问题上的义务不仅是宽容，还要中立。然而，鼓励学习一种公认鲜有内在价值的文学，只是因为它在最重要问题上教导着最严重的谬见，这种方针简直不合乎理性，不合乎道德，甚至不符合我们一致同意应当恪守的中立态度。人们公认这是一门贫于有益知识的语言。我们教授它，因为它有许多荒谬的迷信。我们教授虚妄的历史、虚妄的天文学，虚妄的医学，因为我们认为它们与一种虚妄的宗教联系在一起。我们刻意回避，并且我坚信应当始终回避给予那些致力于使土著改宗基督教的人士任何公开的鼓励。在我们这么做的同时，难道我们能合理地或得体地以国家税收贿赂一些人，让他们把青春浪费在学习如何在碰到一头驴之后洁净自己，或是应该背诵《吠陀经》(Vedas)中的什么文本为宰羊赎罪？

东方学术的支持者想当然地认为，这个国家的土著当中没人能比一知半解更多地掌握英语。他们不打算证明这一点，却不断地暗示这一点。他们将对方推荐的教育贬低为识字教育。他们想当然地假设当前的问题在于，一方是关于印度与阿拉伯文学的深奥知识，另一方是肤浅的英语基础知识。这不仅纯属假设，并且是与一切理性与经验相悖的主观臆断。我们知道,外国人,不论其民族,只要学习了我们语言,就足以接触其中包含的所有最深奥的知识,就足以领略我们最别具一格的作家更为精妙的风范。在这个城市中,有一些土著完全能够以流利而准确的英语讨论政治与科学问题。我曾听到一位土著绅士讨论此刻我笔下的这个问题,他的那份胸怀与智识足以为公共教育委员会中每位成员带来声望。实在很难找到,即便是在欧洲大陆的文学圈子中,一个外国人能像我们在许多土著身上看到的那样,以英语如此游刃有余并且恰切地表达自己的意见。我想,没人会认为英语对于印度人有希腊语之于英国人那么难。然而一位聪慧的英国年轻人,在比我们梵语学院中不幸的学生们更年少的时候,就已能够阅读、欣赏,甚至是令人欣喜地模仿最伟大的希腊语作家的作品。用不了使一位英国年轻人能够阅读希罗多德与索福克勒斯的时间,就足以使一个印度人能够阅读休谟与弥尔顿。

总而言之:我认为,我们显然不受 1813 年国会法案束缚;我们不受任何明示或暗示的承诺束缚;我们有自由按照我们选择的方式利用我们的基金;我们应当将之用于教授最值得掌握的东西;英语比梵语或阿拉伯语更值得掌握;土著渴望学习英语,而不愿学习梵语或阿拉伯语;无论是作为法律用语还是作为宗教用语,都不构成我们应当赞助梵语与阿拉伯语的特殊理由;有可能使这个国度的土著成为非常优秀的英语学者,这个目标应当成为我们的努力方向。

在一个要点上,我完全同意那些绅士,尽管我反对他们的总体观点。我也和他们一样感到,以我们有限的财力无法试图教育这个民族中的大多数人。当前,我们必须尽力塑造一个阶层,他们可作为我们与我们治下数百万民众之间的翻译;这个阶层的人在血统与肤色上是印度人,然而在品味、在观念、在道德以及在智力上是英国人。

我们可以将完善这个国度当地土语的工作交给这个阶层,以借鉴自西方命名法的科学术语充实这些土语,逐渐地赋予这些土语合适的媒介从而将知识传递给人口中的绝大多数人。

我会严格地尊重所有既存的利益。我甚至会慷慨地对待所有拥有正当理由期望获得资助的个人。不过,我将攻击我们一直以来所培植的糟糕体制的根基。我将立即停止印刷阿拉伯语与梵语书籍。我将停办加尔各答的穆斯林学校与梵语学院。贝拿勒斯(Benares)是婆罗门学术重镇;德里是阿拉伯学术重镇。如果我们保留在贝拿勒斯的梵语学院,在德里的穆斯林学院,我认为我们为东方语言所做的就足够了,甚至是绰绰有余了。如果贝拿勒斯和德里学院应当保留,我建议至少不应该授予任何将来会去那里的学生奖金,应当任由民众自己选择这两种彼此竞争的教育体制,我们不应当贿赂他们去学不希望掌握的东西。因此,这笔由我们支配的基金将使我们能够给予加尔各答的印度学院(Hindoo College)更多支持,并在整个威廉堡和阿格拉(Agra)辖区建立学校,英语将在这些学校中得到完整的教授。

如果阁下在参事会中的决定与我所预期的一样,我将以最高涨的热情与欣然态度开始履行我的职责。另一方面,如果政府认为当前的体制应当保持不变,我请求允许我卸任委员会主席一职。我感到在这里我将起不到任何作用。我还感到可能被迫要同意我坚信不过是谬见的东西。我相信,当前的体制不会加快真理的进程,反而会延缓本已垂死之谬误的自然死亡。我相信我们现在配不上"公共教育委员会"这个可敬的名称。我们是个浪费公款的机构,因为我们印刷的书籍其价值还比不上白纸;因为我们人为地鼓励荒谬的历史、荒谬的形而上学、荒谬的物理学、荒谬的神学;因为我们培养了一批学者,却发现他们的学识是负担和污点,他们在接受教育时靠的是公款,而他们的教育对他们而言百无一用,一旦他们接受了这教育,他们必然要么饿死,要么靠公款度过余生。怀揣着这些想法,我自然希望完全谢绝参与这样一个不仅无用而且积极为害的机构,除非其整个行事方式得到改变。

T. B. 麦考莱

1835 年 2 月 2 日

我完全赞同这份备忘录中表述的观点。

W. C. 本廷克

克莱武勋爵[①]

(1840 年 1 月)

一

我们总是感到奇怪,为何西班牙美洲帝国的历史几乎所有的欧洲民族都耳熟能详,然而我们的同胞在东方的伟大业绩,即使在我们自己人当中也提不起什么兴趣。每个学童都知道谁囚禁了蒙特苏马(Montezuma),谁绞死了阿塔瓦尔帕(Atahualpa)。不过我们怀疑是否有十分之一的人,哪怕是在很有教养的英国绅士当中,能够说出谁赢得了布克萨尔(Buxar)战役,谁实施了巴特那大屠杀(the massacre of Patna),苏贾·道拉(Sujah Dowlah)统治的是奥德还是特拉凡哥尔(Travancore),或者,霍尔卡(Holkar)是印度教徒还是穆斯林。然而,西班牙人的胜利是对一些野蛮人取得的,他们没有文字,不知晓使用金属,还没有驯服哪怕一头动物帮助劳作,手里的武器不会强过树

---

① T. B. Macauly, *Critical and Historical Essays*, Vol. Ⅳ. Leipzig: Bernhard Tauchnitz, 1850, pp. 1 - 96. 最初发表于 *Edinburgh Review* LXX,1840 年 1 月。本文发表时是约翰·马尔科姆(John Malcolm)《克莱武勋爵生平》(*The Life of Robert Lord Clive: collected from the Family Papers, communicated by the Earl of Powis*, by Major-General Sir John Malcolm, K. C. B., 3 vols. 8vo., London,1836)一书的书评。

枝、燧石和鱼骨制造的东西，视骑兵为半人半兽的怪物，把火绳枪兵当成是巫师，能够射出天穹的雷鸣和闪电。至于印度的民众，在我们征服他们之时，十倍于西班牙人所征服的美洲人，而且和胜利的西班牙人一样高度文明。他们有峻拔的城市，论宏伟和美丽更胜萨拉格萨（Saragossa）和托莱多（Toledo），城市中的建筑比起塞维利亚（Seville）大教堂更漂亮、更华贵。他们当中能找出比巴塞罗那或者加的斯（Cadiz）最富有的商行更加富有的银行家，远远比天主教徒费迪南德（Ferdinand the Catholic）更奢华的省督（viceroys），会令"伟大船长"（Great Captain）瞠目结舌的不计其数的骑兵和成列的大炮。人们本会料想，每个对于历史中某个时段有些许兴趣的英国人都会渴望了解，他的一小队同胞，远离家乡，大洋阻隔，如何在数年之间征服了世界上最伟大的帝国之一。然而，除非我们完全弄错了，这个主题对于绝大多数读者来说，不仅枯燥乏味，还着实令人反感。

或许，一定程度上责任在于史学家。穆勒先生的著作，尽管毋庸置疑有着伟大和罕见的成就，但是不够栩栩如生和活泼生动，无法吸引那些为了消遣而阅读的读者。奥姆（Orme）在风格和描述方面的能力绝不逊于任何英国史学家，但细微到了叫人厌烦的地步。在一卷书中，平均每四十八小时内的事件，他都用了四开本中印刷得密密麻麻的一页。后果则是，尽管他的记述是以我们的语言写就的最忠实的之一，也是最华丽的之一，却从未非常流行，现在几乎无人阅读。

我们担心面前这几卷文字不太会吸引那些被奥姆和穆勒挡在外的读者。已故的波伊斯勋爵（Lord Powis）①交给约翰·马尔科姆爵

---

① 即罗伯特·克莱武的长子爱德华·克莱武（Edward Clive, 1st Earl of Powis, 1754—1839）。——译注

士(Sir John Malcolm)的材料确实有着巨大的价值。但是,我们不能说这些材料得到了娴熟的组织。不过,严厉地批评这样一部著作可能并不公平,如果作者能够活到完成并修改它,那么通过压缩和更好地编排,它很可能会得到改善。我们更倾向于做讨人喜欢的事,即向这个高贵的家族致以我们的感激之情,得益于他们,公众才能获得如此之有用且不寻常的信息。

即便我们理解这些材料的提供者与整理人的偏袒之心,总体而言,这部著作给人的印象是极大地抬高了克莱武爵士的品性。我们的看法与约翰·马尔科姆爵士大相径庭,他的热诚胜过了传记作者应有的,他在其偶像的行为中除了智慧和正义再看不见别的。不过,我们也同样不赞成穆勒先生严苛的评判,在我们看来,他在对克莱武的记述中所展现出的辨别力,要比他那部有价值的著作中其他任何部分都少。克莱武像绝大多数生来就有着炽烈激情并经受过强烈诱惑考验的人一样,曾犯下严重的错误。但是,每一个以公正而开明的眼光审视他整个生涯的人都必须承认,纵使我们这个岛如此盛产英雄和政治家,也几乎未曾产生过一位比他更能武能文的真正伟大之人。

二

克莱武家族自十二世纪就定居在一座无甚价值的庄园,坐落于什罗普郡(Shropshire)德雷顿市场(Market-Drayton)附近。在乔治一世治下,这个普通但古老的家业归理查德·克莱武先生(Mr. Richard Clive)所有,此君看上去是一个平庸之人,没有过人的才智。他接受过法学教育,他的时间分为两个部分,法律执业以及当小地主这一副业。他与曼彻斯特的一位姓加斯基尔（Gaskill）的女士成婚，并成为了一个非常大的家庭的父亲。他的长子罗伯特，即不列颠印度帝国的奠基者，于 1725 年 9 月 29 日出生于祖辈留下的古老宅邸。

人的性格在少年时期就已初露端倪。有些由亲戚们在他七岁时写的信函保存了下来。从这些信函中可以看到，即使在早年时期，他坚强的意志和炽烈的激情，再加上与生俱来的大胆无畏——有时这种胆大看上去几乎有悖健全的心智——已经开始给他的家庭造成不小的麻烦。"斗勇，"他的一位叔叔说道，"他过分地沉迷于此，这让他的脾性如此之凶猛和专横，以至于在任何微不足道的情形下他都会爆发。"四邻的老人们依然记得从他们父母那里听过的故事：鲍勃·克莱武（Bob Clive）如何爬上了德雷顿市场一座极高的尖塔顶端，居民们怀着怎样的惊恐看见他坐在塔尖旁边的石质水槽上。他们也还记得，他如何把镇子里游手好闲的玩伴们编成为一支掠夺军队，威逼店主们交出苹果和半便士的贡品，看在这份上，他担保他们窗户的安全。他被送到一个又一个学校，在学业上几乎没有任何进步，每到一处都为自己赢得捣蛋鬼的名声。据说，一位颇具洞察力的老师曾预言说，这个无所事事的家伙会成为世界上的一位大人物。但是，普遍的看法是，可怜的罗伯特即便不是个恶棍，也是个蠢材。他的家人对如此纤弱的四肢却又如此之任性的脾性不抱什么好的期望。这就不奇怪当他十八岁的时候，他们欣然同意他成为东印度公司的一名文员，漂洋过海去马德拉斯，要么赚大钱，要么死于热病。

克莱武的前景迥异于现在东印度学院（East India College）每年送往我们的亚洲帝国各大管辖区（Presidencies）的年轻人。公司在那时是纯粹的商贸公司。它的领地不过几平方英里，还要向土著政府支付租金。它的军队几乎不够人手操作三到四个座不像样的城堡中的炮台,这些城堡建来保护货仓。土著构成了这些小规模卫戍部队的相当一部分,他们不曾接受过欧洲军纪的训练,一些装备的是剑和盾,一些是弓和箭。公司职员们的业务不像现在是从事一个大国的司法、金融以及外交事务,而是清点存货,垫款给织布工,装运货物,而重中之重是警惕胆敢侵犯垄断权的私人商贩。年轻文书们薪酬极低,甚至到了如果不举债就无以维持生计的地步;较年长的靠私下贸易中饱私囊;那些活到爬上职务顶层之人通常积攒了相当可观的财富。

克莱武被派往的马德拉斯,那时或许是公司最重要的定居点。在上世纪里,圣乔治堡(Fort St. George)被修筑在一块受汹涌海浪拍打的荒瘠之地;在它附近,一个城镇繁荣了起来,住有数以万计的土著,就像其他的东方城镇,发展之快犹如先知的蓖麻。郊区已经有许多白色的别墅,各个花园环抱,富裕的公司代理商们在伏案或在仓库中的劳作之后,回到这里享受日落之际从孟加拉湾吹来的清风。这些商业显贵的习惯显得比后来接替他们的高级司法和政治官员更加挥霍、奢侈和好炫耀。但是在获得的舒适程度上远远不如后者。许多现在用以降暑、保持健康、延长寿命的设施在那时都闻所未闻。那时与欧洲的往来远远不及现在。绕过好望角的航程,我们这个时代通常在三个月内完成,在那时几乎很少能够在六个月内完成,有时会拖延到一年以上。因此,相比较于时下,那时的盎格鲁—印度人(Anglo-Indian)与祖国更加疏远,更加沉溺于东方的习俗,在返回欧洲后,更难融入社会得多。

在城堡及其管辖区之内,英国人在土著政府的许可下行使着广泛的权威,如同每一位印度的大地主在他的地产中一样。但是,他们从未梦想过主张独立的权力。四周的乡村由卡纳蒂克纳瓦卜(Nabob of the Carnatic）统治，即通常被称为尼扎姆（Nizam）的德干省督（Viceroy of the Deccan）的代理人。尼扎姆本人不过是那位我们祖辈称呼作莫卧儿大帝（Great Mogul）的强大王公的代理人。这些曾如此威严、令人敬畏的名号依然保留着。现在仍然有一位纳蒂克纳瓦卜，靠着英国人授予的一笔津贴生活，这笔钱拨划自曾由他祖辈统治的省区的岁入。仍然有一位尼扎姆，他的首府受到一座不列颠兵营的震慑，一位不列颠常驻官以建议之名发号施令，不容丝毫辩驳。仍然有一位莫卧儿皇帝，他被允许继续玩执掌宫廷里和接受请愿的游戏，但是他手中给予帮助或者伤害的权力，还不如公司最年轻的民事职员。

即使对于那个时代来说，克莱武的航行也异常乏味单调。船只在巴西停泊了几个月，在那里，这位年轻的冒险者学会了一些葡萄牙语的知识，还花掉了所有的零用钱。直到离开英格兰一年多以后，他才抵达印度。他在马德拉斯的处境极其糟糕。他的储蓄早已耗尽。他的薪水微不足道。他已债台高筑。住宿条件恶劣之极，在欧洲人只有靠宽敞、位置好的寓所才能忍受的气候下，这是个不小的磨难。他本带着写给一位绅士的推荐信，或许可以帮他一把；但是，当他在圣乔治堡上岸时，发现这位绅士已乘船回英格兰了。这个小伙子羞涩和高傲的性情阻碍了与陌生人交往。在印度待了几个月之后，他才与一个家庭相熟络。气候影响了他的健康和精神。他的职务不太适合其热烈且无畏的性格。他想家了，并在给亲戚的信函中表达了他的情感，言辞比我们设想的要更加柔情、忧郁，既不同于少年时期的任性，也不同于随后年月中的坚韧不屈。"自从我离开了故乡，"他说，"我从未有过一天的幸福"；还写道，"我必须承认，当我不时想起我亲爱的故土英格兰，它以一种奇特的方式激荡着我的情感……如果我如此之幸运,能够重返我的祖国,特别是曼彻斯特,我最向往的地方,那么,我所希望或渴望的一切都能在一瞥之间降临在我面前"。

他找到了一种最值得尊敬的慰藉。总督有一座优秀的图书馆,并允许克莱武使用。这位年轻人把大部分闲暇花在了阅读上,正是在这个时期获得了他几乎所有的书本知识。在孩童之际,他太过于懒散,长大成人,他又无暇追求学识。

但是,他精神中孤注一掷的大胆无畏,既非气候也非贫穷,既非学习亦非颠沛流离者的思乡之痛所能够驯服的。对待上司,他的举止如同以往对待老师,有几次他险些丢掉职位。住在文书宿舍(Writer's Buildings)的时候,他两次试图毁掉自己,然而他对准自己脑袋的手枪两次都哑火。据说,这个情景影响了他,如同一次类似的侥幸影响了瓦伦斯坦(Wallenstein)一样。在确认手枪确实是上了膛的之后,他爆发出了一声呐喊,他的性命无疑是留给成就大业的。

三

大概在这个时候,一件乍看上去可能会毁掉他生活中所有希望的事件,突然在他面前开启了一条通向出人头地的新路。欧洲的注意力集中在奥地利王位继承战争已然有些年头了。乔治二世是玛利亚·特蕾莎(Maria Theresa)的坚定盟友。波旁家族站在了敌对的一方。虽然英格兰在那时是第一流的海洋国家,但不同于她自此以后取得的地位,那时她不过是世界上所有民族之间的海上竞逐中的一员;而且她发现难以维持与法兰西和西班牙联合海军间的竞争。在东方海洋中,法国取得了优势。毛里求斯的总督拉·布尔东奈

(Labourdonnais)，一位有着杰出才能和德行之人，不顾不列颠舰队的阻挠，向印度大陆发起远征，成功登陆，装备起一支军队，出现在马德拉斯城下，威迫城镇和城堡投降。钥匙被交出，法国人的旗帜插在了圣乔治堡上；公司仓库中的货物被征服者掠为战利品。投降协议规定，英国居民成为有条件获释的战俘，城镇将一直掌握在法国人的手中，直到被赎回为止。拉·布尔东奈以他的荣誉保证，他只会提出适当的赎金。

　　然而，拉·布尔东奈的胜利引起了其同胞迪普莱克斯，即本地治里(Pondicherry)总督的嫉妒。此外，迪普莱克斯已经开始筹谋更为庞大的计划，把马德拉斯交还给英国人与他的计划背道而驰。他宣称拉·布尔东奈僭越了权限；法国军队在印度大陆取得的征服地只能由本地治里总督单独处理；而马德拉斯应该被夷为平地。拉·布尔东奈被迫让步。如此违背协议的行为在英国人中间激起了愤怒，而迪普莱克斯对待公司重要职员的粗鲁方式更是火上浇油。总督和圣乔治堡中几位首屈一指的绅士被看守押往本地治里，并在五万旁观者的注视下穿过城镇，俨然凯旋而归的样子。有理由认为，如此公然违背公信，也就解除了马德拉斯的居民与拉·布尔东奈达成的协议。克莱武化装成穆斯林趁着夜色逃出城，到圣大卫堡避难，这是个隶属于马德拉斯的小型英国殖民地。

　　他现在身处的形势自然将他引领上了一种职业，比起检查包裹和结算账目来更适合他躁动不安和大胆无畏的性情。他请求并获得了公司役中的少尉军衔，在二十一岁时开始了军旅生涯。即便仍是文书的时候，他与生俱来的胆气就已得到显著的证明，他曾与军队里的一个凶人殊死决斗，此寮在圣大卫堡令人谈之色变，此举很快使他在数百名骁勇之士中也引人注目。在新职业中他很快就表现出此前不为人知的才能:判断力、洞察力、服从合法权威。在几次对法国人的行动中,他表现卓越,受到劳伦斯少校(Major Lawrence)的垂青,后者在那时被认为是印度最能干的不列颠军官。

当大不列颠与法兰西已达成和平协议的消息传来,克莱武在军队中只待了几个月的时间。迪普莱克斯最终被迫将马德拉斯交还给英国公司;年轻的少尉被允许复员,重操旧业。他确实又回到了桌案跟前,但时间不长。为了协助劳伦斯少校处理几起与土著之间的小冲突,他又一次辞职,之后又回到了原来的工作。正当他这般不断地在军旅和商人生活之间摇摆之际,发生了需要他作出选择的事件。印度政治呈现出新的局面。英国王室和法国王室之间达成了和平;但是,进行东方贸易的英国公司与法国公司之间爆发了一场极为曲折、重要的战争,在这场战争中战利品不是别的,正是帖木儿(Tamerlane)家族的巨大遗产。

巴伯尔(Baber)和他的莫卧儿人在十六世纪建立的帝国长期乃是世界上最辽阔和最辉煌的佼佼者。欧洲的王国中,不曾有如此之多的人口臣服于单独一位君主,也不曾有如此之多的财富流入国库。印度斯坦君主们修筑的建筑物,论美丽和辉煌甚至会使见识过圣彼得教堂的旅人目瞪口呆。无数的随从和华丽的装饰簇拥着德里的王座,甚至使得看惯了凡尔赛宫之盛况的人也感到炫目。一些伟大的省督,他们凭莫卧儿的委任执掌职权,他们所统治的臣民如法兰西国王或者日耳曼皇帝治下的一样众多。即使是这些副官的副官,论疆域的幅员和财富的数额,可与托斯卡纳大公爵(Grand Duke of Tuscany)或者萨克森选帝侯(Elector of Saxony)比肩。

从表面上看,这个伟大的帝国强大而且繁荣,但是几乎不用怀疑,即使在最昌盛的时期,这个帝国的治理也远远不如现在欧洲统治得最恶劣的地方。这个政府沾染上了东方专制的所有弊端,以及与种族压迫形影不离的所有恶果。皇室中王公之间的争权夺势造成了一系列的罪行和公共灾难。君主的那些野心勃勃的副官们不时地寻求独立。凶悍的印度人部落,无法忍受外族的枷锁,经常拒绝缴赋,凭借山区要塞抵抗政府军队,又全副武装犹如洪水般涌向良田沃野。尽管有接连不断的暴政,尽管偶尔的动荡冲击社会的整个框架,然而这个巨大的君主国,整体上在几代人的时间里维持住了统一、宏伟以及充满活力的外表。在奥朗责布的长时间统治下,尽管这位君主的精力和政策可能起到了作用,但国家正在加速走向解体。1707 年,这位君王去世之后,令人吃惊的是灭亡的速度是如此之快。外部的剧烈冲击,再加上内部正在迅速恶化的、无可救药的衰败;几年的功夫,帝国已走向彻底瓦解。

提奥多西乌斯(Theodosius)之后继者的历史与奥朗责布之后继者有不少类似之处。不过,或许加洛林王朝的衰落与莫卧儿人最相似。查理曼大帝刚一下葬,其子孙的愚蠢和内争已开始为他们自己带来耻辱,给他们的臣民带来毁灭。法兰克人支配的辽阔疆域被分割成无数的碎片。除了名义上的高贵身份,再没有什么留给了这个显赫名字的可悲继承者们,秃头查理、胖子查理,还有傻子查理。种族、语言和宗教各不相同的残暴入侵者们,就像协同一致一般,从地球最遥远的各个角落群集在一起,劫掠帝国已无力防卫的那些地区。北海海盗的劫掠从易北河延伸到了比利牛斯山,最终盘踞在塞纳河的肥沃河谷中。匈牙利人——战栗的修道士们幻想在这些人就是预言中的哥革或玛各(Gog or Magog)——把从伦巴第城市掠得的战利品搬回了潘诺尼亚的(Pannonian)森林深处。撒拉逊人(Saracen)统治了西西里,扫荡了坎帕尼亚肥沃的平原,甚至将恐怖扩散到了罗马城墙之下。在这般劫难之中,帝国内部悄然发生着非比寻常的变化。死亡之腐烂开始发酵为新的生命形式。那巨大的肌体,作为一个整体,麻木而任人宰割,但各个独立部分开始有了感官,并以各自的全部能量开始活动。正是在这里,在欧洲历史上最贫瘠和萧寂的时期,所有的封建特权、所有的现代贵族都发源于此。就那些王公而言,他们名义上是封臣,实则独立,以公爵、侯爵以及伯爵的头衔长期统治着几乎每一块曾听命于查理曼大帝的领地,我们将他们的权力追溯至此。

这些就是,或者说几乎就是,在奥朗责布死后四十年间莫卧儿帝国发生的变化。一个接一个有名无实的君主,沉溺于闲散懒惰和荒淫无耻之中,在与世隔绝的宫廷中虚耗生命,咀嚼大麻,宠幸妻妾,听着小丑们的逗乐。一个接一个的凶猛侵略者沿西部的通道奔袭而来,掠夺印度斯坦无力保卫的财富。一位波斯征服者跨过了印度河,穿越了德里的城门,在凯旋中夺走了那些曾令罗(Roe)①和贝尔尼埃(Bernier)震惊的堂皇珍宝;其中有那孔雀王座,上面有欧洲最灵巧的双手镶饰的戈尔康达(Golconda)最贵重的宝石,以及那颗无价的【钻石】"光之山"(Mountain of Light),②经历了许多奇特的世事变迁,后来在兰吉特·辛格(Runjeet Sing)的手镯上闪闪发光,现在则准备用来装饰奥利萨(Orissa)丑陋不堪的偶像。阿富汗人紧接着完成了由波斯人开启的毁灭行动。拉贾斯坦(Rajpootana)的好战部落摆脱了穆斯林的枷锁。一群雇佣军占领了鲁赫尔坎德(Rohilcund)。赛克人

---

① 即后文提到的托马斯·罗爵士(Sir Thomas Roe,1581- 1644),伊丽莎白一世及詹姆斯一世时期的外交官,曾访问西印度、莫卧儿帝国、奥斯曼帝国。——译注

② 英国于 1849 年征服旁遮普(Panjab)后,这颗钻石(Koh-i-Noor)落入英国人手中,1851 年这颗钻石被献给维多利亚女王,切割后被镶嵌在不列颠王冠之上。——译注

(Seiks)统治了印度河。贾特人(Jauts)沿着亚穆那河(Jumna)散播绝望。一支更令人畏惧的种族从印度西海岸附近的高地倾涌而出,他们长期以来是每个土著政权的噩梦,在许多次极其危险并且胜负预料的战争之后,他们才臣服于英格兰的幸运和天才。在奥朗责布统治期间,这个野蛮的掠夺者部落首次从山区突袭而来;在他死后不久,广阔帝国的每一个角落都在马拉塔人的威名面前颤栗。许多富饶的省区被他们彻底征服。他们的统治范围从海到海横跨半岛。马拉塔的首领们统治着浦那(Poonah)、瓜廖尔(Gualior)、古吉拉特(Guzerat)、贝拉尔(Berar)以及坦贾武尔(Tanjore)。尽管他们已经成为伟大的君主,但是并没有因此停止强盗的行径。他们依然保留着祖辈的劫掠习性。所有没有臣服于他们统治的地区在他们的侵犯下沦为荒野。无论他们的鼓声在哪里响起,农民扔掉肩上扛的米袋,把仅有的微薄储蓄藏进腰带,带着妻小逃进山区或者丛林,去和相比起来还要和善些的猎狗和老虎为邻。很多省区靠每年缴纳赎金赎回他们的收成。甚至那位依然顶着皇帝头衔的可悲傀儡也屈尊奉上这可耻的保护费。从德里宫殿的城墙上就可以看到一位贪婪首领的营火。另一个首领,带领着不计其数的骑兵,年复一年地劫掠孟加拉的稻田。甚至欧洲商人们也为自己的仓库惴惴不安。不到一百年前,人们认为有必要为加尔各答构筑工事以抗击贝拉尔的骑兵,"马拉塔城壕"这个名字仍留有对这一威胁的记忆。

但凡保住了权威的莫卧儿省督都变成了主权者。可能他们依然在口头上承认帖木儿王室的至高权威;就像佛兰德斯侯爵(Count of Flanders)或者勃艮第公爵可能会承认加洛林王朝末期最无可救药的傻子的至高权威。他们可能偶尔还会向名义上的君主奉上表示恭敬的礼物,或者向他恳求一个荣誉头衔。然而,事实上,他们不再是可

以被随意免职的副官,而是独立的世袭王公。先前统治着孟加拉和
卡纳蒂克的伟大穆斯林家族,以及如今仍在勒克瑙(Lucknow)和海
德拉巴(Hyderabad)以臣属身份行使着某些皇室权力的那些穆斯林
家族,都是以这种方式发迹的。

四

　　这种混乱状况将如何收场?冲突会持续几个世纪吗?它会以另
外一个伟大君主国的兴起结束吗?穆斯林或者马拉塔人会成为印度
的主人吗?会有另外一个巴布尔从山区奔袭而来,率领着勇敢的迦
步勒(Cabul)和呼罗珊(Chorasan)部落征服一个更富裕却不那么善
战的种族吗?所有这些看起来都不是不可能。但是几乎任何人,无
论多么有远见,也没有料到有这种可能:一个贸易公司,和印度相隔
五万英里海路,并且只在印度为了商业目的占据着几英亩的地方,会
在不到百年的时间,将它的帝国从科摩罗海角(Cape Comorin)扩展
到喜马拉雅山永不融化的雪川;会迫使马拉他人和默罕默德的信徒
们忘掉彼此之间的世仇,共属一主;甚至会驯服那些曾反抗最强大的
莫卧儿人的野蛮民族;并且,将上亿臣民团结在其律法之下,之后率
领其胜利之师远征布拉马普特拉河(Burrampooter)沿岸,远征希达
斯皮斯河(Hydaspes)西岸,在阿瓦(Ava)城门下下达和平的条件,并
将它的臣属送上了坎大哈(Candahar)的王座。

　　在莫卧儿王朝的废墟上建立一个欧洲人的帝国,第一个看到这
种可能的人是迪普莱克斯。他那躁动不安、思维开阔并且富于创造
力的心智已经有了这样的计划,与此同时,英国公司最能干的雇员们
只埋头于货物的发货单与提货单。迪普莱克斯不仅向自己提出了这

个目标。他还对实现目标的途径有着合理而清晰见解。他清楚地看到,印度的王公们能投入战场的最大军力也无法与受西方军纪训练、按西方战术指挥的一小队人马匹敌。他还看到,在欧洲指挥官的统领下,可以将印度土著整编成为一支甚至萨克斯(Saxe)或者弗里德里希(Frederic)都会引以为傲的军队。他非常清楚地意识到,欧洲冒险者在印度行使主权的最容易、最方便的办法就是操纵一些顶着纳瓦卜或尼扎姆头衔的光鲜木偶,借他们的嘴说话。几年之后英国人所采用并取得了非凡成功的战争技艺与政策谋略,首先为这位足智多谋且志向远大的法国人所理解并实践。

就印度的形势而言,几乎没有哪次入侵会没有托辞,这托辞或是古老的法律或是新近的惯例。所有的权利都处于极其不确定的状态;介入土著争端的欧洲人,由于把西方的公法以及从封建制度中得出的类比用到亚洲的政治中,使得这混乱更为错综复杂。如果把一位纳瓦卜当作独立的王公对待方便,那么就会有极佳的借口这么做。事实上,他的确是独立的。如果将其仅仅视作德里宫廷的代理人方便,那么也不会有什么困难,因为他在理论上就是如此。无论是把他的职位视为世袭封号,还是视为在世期间的封号,或是仅仅视为莫卧儿皇帝随意立废的封号,只要方便,其中每个看法都能找到辩辞和先例。手中握有巴布尔继承人的一方,就把这位继承人描绘成不容置疑的、合法的、绝对的君主,所有下属政府都必须服从。反对这位名义遭利用的继承者的一方,也不乏看似合理的借口主张帝国实际上已经解体,虽然或许尊敬地对待莫卧儿皇帝是得体的,就像对待已逝秩序的庄严遗物一般,但是把他视作印度斯坦名副其实的主人则是荒唐的。

1748 年,印度的最强大的新主人之一去世,即德干省督,伟大的尼扎姆—乌勒—穆勒克(Nizam al Mulk)。他的权力传给了儿子纳西尔·姜格(Nazir Jung)。隶属于这位高级官员的几个省区中,卡纳蒂克最为富庶也最辽阔。那里由一位老迈的纳瓦卜管辖,英国人把他的名字误作安纳瓦迪汗(Anaverdy Khan)①。

不过,当时有人觊觎省督的职位以及这块附属的省区。乌勒—穆勒克的孙子穆扎法尔·姜格(Mirzapha Jung)作为纳西尔·姜格的竞争者出现。金达·萨希卜(Chunda Sahib),即前任卡纳蒂克纳瓦卜的女婿,挑战安纳瓦迪汗的头衔。在印度法律这种悬而未决的状态下,穆扎法尔·姜格和金达·萨希卜很容易提出貌似权利主张的东西。在一个完全无序的社会中,他们不难于找到贪婪的冒险者追随他们的旗帜。他们联合了彼此的势力,入侵了卡纳蒂克,并且请求法国人的帮助,由于在最近发生在科罗曼德尔(Coromandel)海岸的战争中击败了英国人,法国人声名大噪。

对于精明、野心勃勃的迪普莱克斯来说,没有什么比最近发生的事情更令他称心如意了。制造一个卡纳蒂克纳瓦卜,制造一位德干省督,以他们的名义统治整个印度南部,这的确是一个诱人的前景。他和觊觎者们结成联盟,派遣四千法国士兵以及按欧洲方式训练的两千印度兵帮助他的盟友。战斗打响。法国人表现得极为出色。安纳瓦迪汗战败,并被杀死。他的儿子穆罕默德·阿利(Mahommed Ali)——此君后来作为阿尔科特纳瓦卜而知名,他那最不值得羡慕的不朽声名要归功于柏克的雄辩——带领着仅存的残部逃到了特里芝诺波利(Trichinopoly);征服者立刻成为卡纳蒂克几乎各个部分的主人。

———————————

① 现通常拼写作 Anwar-ud-din,汉译为安瓦尔—乌德—丁。——译注

　　这仅仅是迪普莱克斯伟大成就的开始。在数月的战斗、谈判和密谋之后,他的能力和好运看起来处处得胜。纳西尔·姜格死在他自己的追随者手上;穆扎法尔·姜格成了德干的主人;法国军队和政策的胜利可谓完满。在本地治里,到处一片雀跃欢庆的景象。炮台响起礼炮,教堂中唱响赞美颂。新任尼扎姆赶来拜访他的盟友,在那里盛大举行了他的就职仪式。迪普莱克斯身着最高等级的穆斯林装束,与尼扎姆一同乘着轿子入城,在随后的队列中排在所有王室的前面。他被宣布为从克利须那河(Kristna)到科摩罗海角这片印度地区的总督,这块领地和法国一样大小,他的权威甚至高过金达·萨希卜。他被委任为七万骑兵的指挥官。一道指令宣告,除了本地治里的铸币厂,卡纳蒂克全境不容许存在铸币厂。前任德干省督聚敛的财富大部分流入了法国总督的金库。有传言称,他收受了二十万镑金钱,此外还有许多贵重的珠宝。事实上,他的进账几乎无法估量。他现在以几乎绝对的权力统治着三千万民众。除非经他过问,无法从政府取得荣誉或者津贴。除非经他签署,所有的请愿书尼扎姆不会瞧上一眼。

　　穆扎法尔·姜格在飞黄腾达后仅仅活了几个月。该王室的另一位王公在法国人的影响下登上了宝座,并且同意前任的所有许诺。迪普莱克斯现在是印度最有权势的人。他的同胞夸口说,即使在德里宫殿的寝宫中,人们提及他的名字时也充满了敬畏。土著民众惊讶地看着这个欧洲冒险家在短短四年光景中在亚洲迈向统治权的过程。这位极其自负的法国人不会满足于握有权力之实。他喜欢在臣属和对手面前傲慢地炫耀他的伟大功业。在纳西尔·姜格去世、穆扎法尔高升之际,他决定在自己的策略获得关键性胜利的地点附近树立一座纪念碑,在碑体四面以四种语言雕刻浮夸的碑文,向所有的东方民族宣示他的荣耀。在这宏伟的碑柱基底埋有纪念章,上面铭刻着象征其胜利的图案,在纪念柱周围兴起了一座城镇,被冠以傲慢名字:迪普莱克斯法提达巴德(Duplex Fatihabad),意即迪普莱克斯胜利之城。

英国人采取了一些软弱无力、犹豫不决的行动试图阻止敌对公司迅捷而辉煌的成功,并继续承认默罕默德·阿利为卡纳蒂克纳瓦卜。但是,默罕默德·阿利统治的区域只有特里芝诺波利,而且,特里芝诺波利现在被金达·萨希卜和他的法国援手重重包围。看起来无望突围。那时在马德拉斯的一小支军队没有指挥官。劳伦斯少校已经返回英格兰;定居点中没有一个有声望的军官。土著学会了以鄙夷的眼光看待这个不久之后将征服并统治他们的强大民族。他们曾看到法国的旗帜飘扬在圣乔治堡;他们曾看英国商行的长官被人在凯旋中押解走过本地治里的街道;他们曾看到迪普莱克斯的军队和顾问处处得逞,而马德拉斯当局对他的步伐作出的抵抗只不过是暴露了自身的软弱,凸显了他的荣耀。就在此刻,一位籍籍无名的英国青年以其英勇和才智突然扭转了命运的浪潮。

五

克莱武这时二十五岁。在军事和商业生涯之间犹豫不决了一段时间之后,他最终被安排了一个岗位,兼备二者:为军队供应物资,授上尉军衔。当时的紧急状况唤醒了他所有的才能。他向上级力呈,除非采取一些强有力的措施,否则特里芝诺波利将会失守,安纳瓦迪汗家族将会灭亡,而法国人将会成为整个印度半岛真正的主人。绝对有必要实施几次大胆的进攻。如果在阿尔科特发动一次攻击,那是卡纳蒂克的首府,纳瓦卜们特别钟爱的驻地,则可解特里芝诺波利之围。英国定居点的首脑们现在彻底被迪普莱克斯的成功所惊醒,而且认识到,如果在法兰西和大不列颠之间爆发一次新的战争,马德拉斯立刻就会失守并被摧毁,他们批准了克莱武的计划,并委任他亲自实施这一计划。这位年轻的上尉受命指挥两百名英国士兵,以及按欧洲方式装备、训练的三百名印度兵。在他手下指挥这股小部队的八名军官中,只有两名曾经参加过军事行动,有四名是公司的代理商人,他们受克莱武的榜样激励主动提出服役。天气风雨交加,但克莱武继续前进,顶着雷鸣电闪,冒雨赶到了阿尔科特城门下。守卫部队一阵惊慌,撤出了城堡,英国人不费一击就进入了城门。

但是,克莱武清楚地知道,敌人不会任由他不受侵扰地占据所征服的城池。他立刻着手募集物资,建筑工事,备战持久的围攻。那些在他进军之际逃散的守卫部队,现在已从惊慌中恢复过来,在城镇附近扎营,随着与邻近的大批援军汇合,部队增至三千人马。夜深人静时,克莱武冲出城堡,突袭营帐,杀死了一大批敌军,将余下的驱散,然后返回营地,没有折损一兵一卒。

这些事件的消息很快就传到了金达·萨希卜那里,他正和法国盟友一起围攻特里芝诺波利。他立刻从营帐中抽调四千人的部队,派往阿尔科特。他们迅速与克莱武后一次驱散的残余部队结兵一处。来自韦洛尔(Vellore)的两千人马进一步加强了兵力,而且还有一支更为重要的援军,即迪普莱克斯从本地治理调遣的一百五十名法国士兵。所有的军队加起来大约一万人,由金达·萨希卜之子萨希卜罗阇(Rajah Sahib)指挥。

萨希卜罗阇大军挺进,包围了看起来根本不可能经受得了围攻的阿尔科特城堡。城墙已经毁坏严重,护城河已经干涸,防御土墙太过狭窄无法容纳火炮,城堞太低无法保护士兵。兵微将寡的守卫部队因为伤亡的缘故大大减员。现在只有一百二十名欧洲兵士和两百名印度兵,只有四名军官还活着;缺乏物资供应;而且,在如此令人沮丧的形势下,不得不指挥防御战事的指挥官是一个年仅二十五岁的年轻人,以往接受的还是记账员的教育。

围攻持续了五十天。五十天里,那位年轻的上尉以坚决、警惕和才智抵抗着围攻,这足以给欧洲最老资格的元帅带来荣誉。然而,缺口一天天在扩大。守卫部队开始感受到了饥饿的压力。在这样的形势下,任何如此缺乏军官的部队都很可能出现不服从的迹象;而在一支由彼此血统、肤色、语言、行为方式以及宗教信仰方面都迥然有异的人员组成的军队中,这种危险尤其严重。但是,这一小群人对首领的忠诚胜过了凯撒的第十兵团或者拿破仑的老近卫军(Old Guard)。印度兵们来到克莱武的面前,不是抱怨他们食物短缺,而是建议应该把所有的谷粒分给欧洲人,因为他们比亚洲土著需要更多的食物。他们说,滤出稻米的稀粥对他们而言就足够了。历史中不曾有更感人的军事忠诚,或者说指挥才能之影响力的例子。

马德拉斯当局驰援此地的尝试失败了。不过,另一个地方带来了希望。一支六千人的马拉塔部队,半是士兵,半是匪徒,由一位名为穆拉里·罗(Morari Row)的指挥官率领,受雇援助默罕默德·阿利;但是由于他们认为法国人的力量不可抵抗,金达·萨希卜毋庸置疑会取得胜利,这支军队至一直都在卡纳蒂克边界上按兵不动。阿尔科特保卫战的威名使他们从麻木中惊醒。穆拉里·罗说,他之前从不相信英国人会打仗,不过自从看到这些人有勇气保卫自己之后,他很乐意帮助他们。萨希卜罗阁获悉了马拉塔人已开拔。对他来说,必须速战速决。他先是尝试谈判。他出重礼行贿克莱武,但被严词拒绝了。他发誓说，如果不接受他的建议，他会立刻猛攻这个要塞，将所有人斩于剑下。克莱武以其典型的傲慢方式回复他说，他的父亲是一个篡权者，他的军队是乌合之众，在把这些胆小鬼派往由英军把守的缺口之前他最好三思。

萨希卜罗阇决定猛攻这座要塞。那日非常适合大胆的军事行动。那是一个重要的穆斯林节日，即纪念阿里之子侯赛因（Hosein）的神圣节日。伊斯兰的历史中不再有比这个肃穆的事件更令人感动的了。这一悲恸的传奇故事讲的是，法蒂玛人（Fatimites）的首领在所有英勇的追随者死在他身旁之后，他如何喝掉了最后一口水，念诵了最后一遍祷文；刺客们如何带着他的头颅得胜归去；那位僭主和他的手下如何用权杖捶打那已无生气的嘴唇；一些老人又如何含泪忆起他们曾看见这双嘴唇贴在了真主的先知（Prophet of God）的嘴唇上。将近一千两百年过去了，每当纪念这庄严一幕，都会在印度的虔诚伊斯兰教徒胸中激发了最强烈、最悲恸的情绪。他们使自己陷入愤怒和悲伤的痛苦之中，据说一些人仅仅由于精神亢奋而毙命。他们相信，不论是谁，在这一节日里英勇抗击异教徒，就能以死赎去他此生所有的罪恶，即刻进入天国美女（Houris）的花园。正是在此刻，萨希卜罗阇决定攻打阿尔科特。一些刺激性药物被用来提高宗教狂热的效果，围城者被热忱迷醉，被大麻迷醉，猛烈地发起攻击。

克莱武收到了这一部署的秘密消息，并做好了应对安排，精疲力竭尽地一头倒到了床上。在被警报惊醒后，他立刻回到了岗位上。敌军压至，驱赶着大象在前面开路，大象额头都以铁皮武装。敌军本以为城门将会被这些活的攻城槌攻破。然而，这些庞然大物一尝到英国人的枪弹就立刻掉头，狂暴地逃窜，踩死了不计其数的驱象人。一只木筏被投入水中填塞部分城壕。克莱武觉察到那个岗位上的火枪手们不明白自己该怎么办,他亲自操作一门大炮,几分钟就将这只木筏清除。在壕沟干涸的地方,攻城者非常勇猛地往上爬;但是迎接他们的炮火如此猛烈并且如此指挥得当,很快就压制住了由迷信和迷狂带来的勇气。后排的英军保证前排有不间断的上膛火枪,每一次射击都会对下方活着的人造成杀伤。在三波孤注一掷的攻击之后,围城者撤退到城壕之后。

激战持续了大约一个小时。倒下了四百名攻城者。守城者仅损失了五六个人。被包围的人度过了一个煎熬的夜晚,等待着新一波的攻击。但是,当拂晓之时,敌人已经看不到了。他们撤退了,给英国人留下了一些枪炮和大量的弹药。

六

圣乔治堡收到了消息,因喜悦与自豪而激动万分。人们公正地认为克莱武可与任何指挥官比肩。给他派去了两百名英国士兵以及七百名印度兵,他立即以这股兵力展开了进攻行动。他拿下了蒂莫里(Timery)城堡,与穆拉里·罗的一部分军队实现了会合,接着以急行军加快速度,赶去攻击萨希卜罗阇,后者率有大约五千人马,其中有三百名法国人。这个行动极为突然;不过,克莱武取得了完胜。萨希卜罗阇的军饷落入胜利者之手。曾在敌军服役的六百名印度兵转投克莱武的营帐,并被编入不列颠役中。甘吉布勒姆(Conjeveram)不费一击就投降了。阿恩(Arnee)的省督背弃了金达·萨希卜,承认了穆罕默德·阿利的头衔。

如果将战争的全部指挥权委托给克莱武的话,战事很可能会早早结束。但是除了克莱武亲临之处以外,英国人各项行动中表现出的怯懦和无能拖延了战事。马拉塔人抱怨说,克莱武的士兵不同于他们在别处遇见的不列颠人,来自另一个种族。拖沓造成的后果是,不久之后萨希卜罗阇又带领着一支相当大的军队,其中有四百法国部队,几乎正抵近圣乔治堡的枪炮范围之内,并让英国定居地内绅士们的别墅和花园沦为废墟。但是他又一次遭遇了克莱武,又一次被击败。超过一百名法国人被杀或被俘,这比损失数千土著更为严重。获胜的军队从战场向圣大卫城堡进军。沿途经过迪普莱克斯胜利之城,以及为纪念法兰西在东方的胜利而设计的宏伟纪念碑。克莱武下令将这座城市和纪念碑夷为平地。我们相信,他采取这一措施的初衷不是个人或者民族的恶意,而是出于一项恰当且意义深远的策略。这座城镇及其浮夸的名字,这座石碑及其夸耀的碑文,都是迪普莱克斯用来迷惑印度公众心智的工具。破除这符咒乃是克莱武的用意所在。土著们被教导说,法国在欧洲是公认的第一强国,并且,英国人不敢挑战她的霸权。没有什么办法比当众严正拆除法国人的纪念物,更能有效地破除这一错觉了。

马德拉斯当局受这些事件的鼓舞,决定派出一股战斗力强大的精兵由克莱武领导,驰援特里支诺波利的守兵。就在这个紧急关头,劳伦斯少校从英格兰归来,重新担任司令官。克莱武性格固执并且不受拘束,不论在学校还是账房都是如此,人们或许会以为他在取得了如此成就之后,不会热情、好脾性地甘居配角。不过,劳伦斯先前就待他友善;而且,这样说对克莱武是基本公平的,虽然他自负且专横,但是他的秉性中从不缺少友善。他愉快地将自己置于听命老朋友的位置上,在配角的岗位上勤勉工作,就像他在领袖的岗位上时一样。劳伦斯清楚地知道这种辅助的价值。虽然他本人的智识并不比普通的判断力更高,但他清楚地意识到了他的这位卓越助手的才能。

尽管他曾系统地学习军事战略,而且像所有按部就班接受军事教育的人一样,容易以鄙夷的眼光看待军事领域的闯入者,然而他足够开明,已认识到克莱武是普遍规律的一个例外。"有些人,"他写道,"乐于说克莱武上尉运气好,是个幸运儿;但是,在我看来,从我对这位绅士的认识来看,所有的成果他当之无愧,并且从他的行动中就能预见得到;他是一个毫不畏惧的坚毅之人,有着冷静的性情,镇定沉着,即便是在最危险的境地也是如此;他是一个天生的战士;因为,虽然他不曾接受过任何种类的军事教育,也不曾和任何职业军人有太多的交流,但凭借他的判断力和理智,他指挥起军队来犹如一位有经验的将官和一名勇敢的士兵,他的审慎足以保证胜利。"

法国人没有指挥官可以对抗这两位挚友。迪普莱克斯虽在谈判和筹谋的天赋方面不逊于任何参与过印度变局的欧洲人,但在亲自指挥军事行动方面并不在行。他没有被培养成为一名士兵,也没有兴趣成为一个士兵。他的政敌控诉他为人怯懦;而他为自己辩护的语气像个吹牛将军。他远离枪声,他说,因为安和平静有利于发挥自己的天才,他感到在枪炮的噪声中很难思考。因此,他必须委托其他人执行他的伟大战略;他还刻薄地抱怨说,没有好好地为他效力。实际上他曾经得到一位有着杰出才干的军官辅佐,即著名的比西(Bussy)。然而,比西和尼扎姆行军去了北方,而且忙于照顾他本人以及法国人在那位王公宫廷中的利益。留在迪普莱克斯周围的军官没一个有才之士;他们中的很多人还是孩子,他们的无知与愚蠢遭到普通士兵的嘲笑。

英国人节节胜利。特里支诺波利的围兵自己遭到了包围,被迫缴械投降。金达·萨希卜落入了马拉塔人之手,很可能是在其竞争者默罕默德·阿利的教唆下被处死。然而,迪普莱克斯的精神不可征服,他的智谋用之不竭。从在欧洲的雇主那里,他不再收到帮助或者鼓励。他们谴责他的政策。他们没有给他经济援助。他们配给军队的不过是些商船上的扫舱货。然而他仍在坚持、筹谋、贿赂、许诺,挥霍他的个人财富,透支他的荣耀,从德里弄来新的特许状,四处给马德拉斯当局树立新的敌人,甚至还在英国公司的同盟当中寻找工具。但是这一切都是徒劳。缓慢地,但却是稳固地,不列颠的权力在持续增长,而法兰西的在衰落。

克莱武在印度期间,他的健康状况一直不佳;现在,他的身体太过操劳,因此他决定返回英格兰。在动身启程之前,他承担了一项相当困难的任务,并以他一贯的气魄和机敏完成了它。科夫朗(Covelong)和钦格耳普特(Chingleput)城堡被法国守军占据着。英国当局决定派军攻打他们。但是唯一一支可用于这一目的的兵力是这样的一类,除了克莱武,没有军官愿意拿名誉冒险指挥这支部队。这支部队中有五百名新招募的印度兵,以及刚从英格兰抵达的两百名新兵,他们是公司的募兵人能在伦敦的罪犯巢穴中挑出的最恶劣、最粗俗的恶棍。尽管克莱武疾病在身、精力憔悴,依然承担了把这些未受过训练的乌合之众整编成一支军队的任务,并且带领着他们向科夫朗进发。城堡中射出一枪,击中了这些临时凑合的士兵中的一个;其余所有人掉头就逃,克莱武极其困难地重新集合了这帮人。还有另外一幕,炮声吓破了哨兵的胆,以至于几个小时后,其中一个在井底被发现。克莱武逐渐让他们适应险境,并通过经常亲自置身于最危险的境地,让这些人知耻而后勇。最终,他成功地把这些毫无前途的材料锻造成一支令人尊敬的部队。科夫朗城堡被攻克。克莱武得知一股强大的兵力正从钦格耳普特赶来解围。他采取措施,不让敌军知道他们已经来得太迟,在路途中伏击他们,一炮炸死了一百号人,俘虏了三百人,追击逃跑者直抵钦格耳普特城堡大门,并迅速包围了这座号称是印度最坚固之一的要塞,打开一个缺口,正要发起猛攻时,法国指挥官提出投降,并带着他的人马撤退了。

七

克莱武以胜利者的姿态返回到了马德拉斯,但是以他的健康状况,不大可能让他长时间留在那里。在那段时间里,他和一位名叫马斯基林(Maskelyne)的年轻小姐结了婚,她是一位杰出数学家的妹妹,乃兄长期担任皇家天文学家(Astronomer Royal)。这位小姐被形容为漂亮而且擅于交际;据说,她丈夫的信件中有证据表明,他彻底迷恋上了她。

新婚之后,克莱武携新娘立即乘船返回伦敦。他以非常不同的面目归来,不再是十年前送出去奔前途的微不足道的穷小子了。他年仅二十七岁,然而,他的祖国已经尊他为第一流的军人。那时,欧洲普遍处于和平状态。卡纳蒂克是英法之间唯一兵戎相见的地方。迪普莱克斯的庞大计划在伦敦引发了不小的担忧;对于命运的迅速反转,人们欢呼雀跃,这主要归功于克莱武的勇气和天才。这位年轻的上尉在印度署被冠以体面的绰号:克莱武将军。并在董事会的宴席上以这个的名号接受祝酒。刚一抵达英格兰,他发现自己成为受普遍关注和敬仰的对象。东印度公司以最热忱的方式感谢他的功劳,赠予他一柄镶嵌着珠宝的宝剑。他以罕见的谨慎拒绝了这一感谢的表示,除非也向他的朋友和司令官劳伦斯授予类似的谢礼。

很容易想到,克莱武一定受到了家人最热烈的欢迎,对他的成功感到高兴,尽管他们好像完全不能理解他们顽皮、懒散的鲍比

(Bobby)怎么就成了一个大人物。他的父亲一直感到格外难以置信。直到守卫阿尔科特城堡的消息传到伦敦,人们还听到这位老绅士咆哮着说,毕竟傻子身上也有可取之处。当光辉业绩的消息一个接一个地传来,他的赞许之辞也变得越来越热情;最终他毫无保留地喜欢自己的儿子,并引以为荣。

克莱武的亲戚有着非常实际的理由对他的归来感到高兴。克莱武分得了相当可观的战利品;他带回家了一笔适中的财富,部分用来解除他父亲的拮据之苦,并重新赎回了家族地产。剩余的部分看来在大约两年的时间里被他挥霍光了。他的生活极尽奢华,穿着即使在那时也算华丽,有一辆四轮马车和若干匹驯马,他还不满足于对这些浪费钱的方式,采取了最快捷和最奏效的倾囊方式:一场竞争激烈的选举以及随后的申诉。

在1754年大选之际,政府处于一个非常奇特的状态。几乎不存在任何正式的反对派。詹姆斯党人(Jacobites)被最近一次叛乱吓着了。托利党遭到了彻底的蔑视。它已经被所有曾经隶属该党的有识之士抛弃,已毫无生机好些年了。靠弗里德里克亲王(Prince Frederic)的影响和承诺聚集在一起的小党派,也因亲王去世而解散了。王国里几乎所有才能杰出的政治人物都在担任公职,不论他早先属于哪个团体,都自称是辉格党。但是这种不同寻常的和谐表象极具欺骗性。这届政府自身被强烈的仇恨和相互冲突的抱负分散了力量。其成员的主要目标是互相倾轧和排挤。纽卡斯尔(Newcastle)首相软弱、怯懦、嫉妒心强,而且背信弃义,一度遭到内阁中一些最重要成员憎恶和鄙视,其中军务大臣(Secretary-at-War)亨利·福克斯(Henry Fox)最甚。这位有才干、有胆识并且雄心勃勃之人抓住一切机会反对财政部首席大臣,他清楚地知道对这位大臣没有什么可担心的,也没有什么可期望的,因为纽卡斯尔一生中既害怕和才华出众的人决裂,又害怕提拔他们。

纽卡斯尔操心着圣麦克尔(St. Michael)的两个席位的选举,即被 1832 年《改革法案》扫除了的康沃尔郡(Cornish)腐败选区中的一个。纽卡斯尔遭到了萨维奇勋爵(Lord Sandwich)的反对,此人长期以来在那里有着至高无上的影响力,并且得到福克斯的竭力维护。克莱武被介绍给了福克斯,并受到非常热情的欢迎,作为萨维奇的支持者被推上前台,而且当选了。但他的当选遭到申诉反对,申诉还得到了纽卡斯尔公爵的全力支持。

根据那时的惯例,这起案子由全体下院组成的委员会审理。关于选举的问题在那时被认为不过是党派问题。甚至不用摆出司法公正的样子。罗伯特·沃波尔爵士(Sir Robert Walpole)喜欢公开地说,在选举战中不应该发善心。当时此事引起的震动很大。真正争议的问题不是克莱武当选是否正当,而是纽卡斯尔和福克斯谁会成为下院的新主人,进而成为首相。这场斗争耗费了很长时间并且很胶着,胜利看起来有时偏向这一边,有时又倒向另一边。福克斯使出其罕见的辩论才能,以律师们自己的武器击败了下院中一半的律师,并通过一再分化来对付财政部的全部影响力。委员会裁决支持克莱武。但是,当裁定向下院报告的时候,事情走上了不同的方向。托利党反对派(Tory Opposition)的残余,尽管遭人轻视,但依然有着足够的分量打破纽卡斯尔和福克斯间微妙的党派平衡。对于纽卡斯尔,托利党只是鄙视。对于福克斯,托利党则是痛恨,因为他是辉格党中最大胆和最狡猾的政客和最有才能的辩论家,因为他是沃波尔坚定的朋友,还是坎伯兰公爵(Duke of Cumberland)的热忱拥护者。经过直到最后一刻的犹豫,他们决定集体投票支持首相的朋友们。结果下院以微弱多数废除了委员会的裁决,而克莱武也被夺去了席位。

八

　　被踢出国会,再加上手头拮据,他自然开始向往印度。公司和政府急切地希望得到他的效劳。一项有利于英格兰的协议的确已在卡纳蒂克缔结。迪普莱克斯已经被人取代,带着他巨大财富的残余部分回到了欧洲,中伤和诡计不久就让他葬身坟墓。但是,有很多迹象表明,法兰西和大不列颠之间即将爆发一场战争;因此,需要派遣一名有才能的指挥官到公司在印度的定居点。董事会指派克莱武为圣大卫堡的总督。国王任命他为不列颠陆军中校,1755 年他再次乘船前往印度。

　　他返回到东方之后的第一项任务是拔除凯尔(Gheriah)要塞。这座城堡建在一处崎岖的海岬上,几乎四面临海,它是一个名为安格里亚(Angria)的海盗的巢穴,此人的三桅帆船长期以来是阿拉伯湾的梦魇。舰队司令沃森(Admiral Watson)在东方海域指挥着一支英国中队,烧毁了安格里亚的舰队,与此同时,克莱武从陆地上攻击城堡。那里很快就被攻克,十五万镑的战利品被这些征服者瓜分了。

　　在这次英勇行动之后,克莱武前往圣大卫堡上任。在他抵达那里的两个月之前,他就收到了需要振作其勇敢而机智头脑的全部活力予以应对的情报。

　　帖木儿王室曾管辖的省区中,最富庶的是孟加拉。印度没有哪个地方拥有如此之多的自然优势,不论是对农业还是对商业而言。恒河从上百条河道汇入海洋,形成了一大片由肥沃土壤构成的平原,即使是在热带的天空下，也可媲美英国四月天的青翠。稻田的产量在其他地方闻所未闻。香料、食糖、植物油的产出极其丰富。河流提供了取之不竭的水产。海岸边的荒岛，长满了有毒的草木，栖息着鹿和虎，也为这些农耕地区提供了充足的食盐。造就这片沃田的大河同时还是东方商贸的要道。这条河及各条支流的沿岸是最富庶的市场、最辉煌的首府城市，也是印度最神圣的圣地。人类的僭政长期以来徒劳地与充盈的自然恩惠为敌。虽然有穆斯林暴君和马拉塔强盗，孟加拉在东方是人尽皆知的伊甸园、富庶之国。孟加拉的人口成倍地增长。粮仓中盈余养育了远方的省区，伦敦和巴黎的贵妇们穿着这里的纺织机纺出的精巧作品。居住在这块富饶之地的种族，因温和的气候而衰靡，习惯了和平的营生，他们比之其他亚洲人，就犹如普遍而言亚洲人比之勇敢且精力充沛的欧洲儿男。卡斯蒂利亚人（Castilians）有一句格言，说在巴伦西亚（Valencia），陆地像水，男人像女人。这个描述至少同样适用于恒河下游的广袤平原。不论孟加拉人做什么，他总是没精打采的。他最喜欢的爱好都是坐着的。他逃避付出体力。而且，虽然争吵起来喋喋不休，搞起阴谋诡计来异常执着，但是他很少卷入肢体冲突，也几乎不入伍当兵。我们怀疑，在东印度公司的全部军队中，是否有一百名地道的孟加拉人。或许，就生性与习惯而言，从来不曾有这样一个民族如此彻底地适应异族的枷锁。

欧洲的大贸易公司长期以来在孟加拉设有代理商行。法国人的定居点在胡格利河畔的昌德纳戈尔（Chandernagore），现在他们依然在那里。在这条河的上游，荷兰商人占据了钦苏拉（Chinsurah）。在濒海地区，英国人建造了威廉堡。在威廉堡附近，一座教堂和一间宽大的仓库拔地而起。一排沿河而筑的宽敞住宅，属于东印度公司的高级商人们;在邻近的地方,兴起了一座庞大且忙碌的土著城镇,一些非常富裕的印度商人在那里修建了住所。但是,现在这片区域被乔林基(Chowringhee)的豪宅所遮蔽,只剩一些稻草顶的可怜棚屋。一片栖息着水鸟和短吻鳄的丛林覆盖着现在的城堡所在地以及现在的大道,如今,每天日落之时那条大道上都挤满了加尔各答最光鲜的马车。对于定居点所在的这片土地,英国人像其他大地主一样向当地政府支付租金;也像其他大地主一样,英国人获准在领地内行使一定的管辖权。

广袤的孟加拉省区,连同奥利萨(Orissa)以及比哈尔(Bahar),长期以来由一位省督治理,英国人称其为阿利瓦迪汗(Aliverdy Khan),和莫卧儿人的其他省督一样,他实质上已独立。1756 年去世后,统治权传给了他的孙子,一个不到二十岁的年轻人,名叫苏拉焦·道拉(Surajah Dowlah)。东方的专制君主或许是人类中最卑劣的一类;而这个不幸的少年是他那类人中最坏的例子之一。他的理解力天生很差,而他的脾气生来就不友善。他受的教育会使得哪怕强健的心智也变得衰靡,宽宏的禀性也会遭到扭曲。他不可理喻,因为不曾有人敢和他讲道理;他还自私,因为他不曾体会过有赖别人的友善。过早的淫逸放荡使他身心败坏。他毫无节制地沉溺于烈酒,这使得他本就羸弱的头脑几乎疯狂。他挑选的伴臣都是些谄媚之徒,出自这个民族的糟粕,高升靠的只是插科打诨和阿谀奉承。据说他已经到达了人类堕落的最后阶段,在这时残酷的行为因残酷而令他愉悦,痛苦的景象因痛苦而令他欢欣,从中得不到什么好处,不为惩罚什么过错,也避免不了什么危险。年少之际,他的乐趣就是折磨鸟兽;而到他长大,他更加饶有兴趣地享受他同类的苦难。

九

苏拉焦·道拉自小就痛恨英国人。这是由于他一时的怪念头，而他的这些突发奇想从未遭到反对。他还对于抢劫英国人能获取多少财富，形成了一个非常夸张的看法；他低能且没有经过教化的头脑不能认识到，即便加尔各答的财富远比他想象的更多，但是，如果欧洲贸易——孟加拉是首屈一指的中心——被他的暴行驱赶至其他地区，那么掠夺来的财富抵偿不了他必定会遭受的损失。挑衅的借口已经找好。英国人由于预料和法国会有一战，所以未经纳瓦卜明确同意，就开始为定居点建造工事。有一个他渴望劫掠的土著富人在加尔各答避难，一直没有被移交出去。基于这些理由，苏拉焦·道拉带领一支军队进攻威廉堡。

公司在马德拉斯的职员们已然被迪普莱克斯强行变成了政治家和士兵。但在孟加拉的职员们依旧只是商人，他们被正在迫近的危险吓坏了，而且束手无策。总督早已耳闻很多苏拉焦·道拉的残酷暴行，惊慌失措地跳上了一只小船，逃到最近的一艘舰艇上避难去了。军队指挥官也觉得最好效仿这么个好榜样。城堡在略微抵抗之后失陷了，大批英国人落入了胜利者的手里。纳瓦卜以帝王般的排场坐在商行主厅中，下令把俘虏中级别最高的霍尔韦尔先生（Mr. Holwell）带到前面来。这位殿下数落着英国人的傲慢无礼，抱怨才发现了这么点财宝，不过他许诺会留下他们的性命，然后就歇息去了。

接着一桩滔天罪行发生了，既因其非同寻常的邪恶，也因随即而来的极端报复而载于史册。英国俘虏被交由看守们处置,这些人决定把他们在要塞的监牢中关上一晚,那间房间有个令人恐惧的名字:黑洞。即使对单独一名欧洲罪犯来说,在这样的天气条件下,这地牢也太拥挤、狭窄了。房间只有二十英尺大小。透气孔狭小而且被堵塞了。正值夏至时节,在这个季节中,孟加拉的酷热对于土生土长的英格兰人来说,即使是在宽敞的大厅里不停地扇扇子,也几乎无法忍受。俘虏的人数是一百四十六人。当他们被命令进入这间单人牢房时,他们还以为士兵们是在开玩笑;并且还在为纳瓦卜答应饶恕他们的性命而高兴,他们嘲笑、打趣这个荒谬的主意。很快,他们发现自己错了。他们争辩,他们乞求,但都是徒劳。看守们威胁要杀死所有不愿意的人。这些俘虏在刀尖的威逼下被赶进了牢房,门立刻被关上,他们被锁在了里面。

历史或者虚构作品中所有的恐怖,都不及那一夜后寥寥无几的幸存者所作的描述,即便是乌戈利诺(Ugolino)在永不融化的冰海里,他在凶手的头皮上擦拭了带血的嘴唇之后讲述的那个故事。[①] 他们大声祈求饶命。他们试图奋力撞开门。甚至在这种极端形势中,霍尔韦尔还有几分理智,向狱卒开出大笔的贿赂。但得到的答复是,没有纳瓦卜的允许,什么事情都做不了,而纳瓦卜已经就寝,如果有人叫醒他的话,他会勃然大怒。接着,俘虏们绝望到了发狂的地步。他们相互踩踏,为靠近窗户的位置而打斗,为看守给的一点水而打斗,这些凶手以这种残忍的善行嘲弄他们的痛苦,他们咆哮、恳求、辱骂、乞求看守们朝他们中间开枪。与此同时,狱卒们在围栏外面举着火把,笑着冲疯狂挣扎的受害者咆哮。终于,喧哗声逐渐为低沉的喘

---

① 见但丁:《神曲·地狱篇》,第三十三篇。——译注

气和呻吟所替代。天亮之后,纳瓦卜用醋睡解了淫逸之乏,允许打开大门。但是,一直等到士兵们在两边累起一堆堆的尸体之后,才能为幸存者开出一条通道,与此同时,炽热的天气已经开始发挥其令人厌恶的作用。当一条通道终于开通,二十三个面色惨白的身躯,那样子恐怕连他们的母亲也认不出来,蹒跚地一个接一个从停尸房中走出来。迅速挖好了一个坑。一共一百二十三具尸体被乱七八糟地扔进坑里掩埋了。

在过了八十多年之后,说起或者读到这些事情的时候都令人恐惧,但是这些事情却没有唤起这位野蛮的纳瓦卜心中的懊悔或者同情。他没有对凶手施以任何惩罚。对于幸存者也没有表露任何温情。其中一些人,从他们身上确实什么也得不到,于是被准许开释;而但凡被认为可以敲诈出点东西的人,都被以令人发指的残忍方式对待。霍尔韦尔已无法走动,被抬到了这位僭主跟前,受尽侮辱与威胁,囚禁着发配到乡下,一同的还有其他几位绅士,这些人被怀疑关于公司财宝他们知道的比招供的更多。在他们还未从重创的折磨中康复时,又被安排住进了可怜的棚屋,只以谷粒和水充饥,直到最后靠纳瓦卜的女眷们说情才释放了他们。一位英国妇女在那晚幸存下来。她被关进了这位王公在穆希达巴德(Moorshedabad)的后宫。

与此同时,苏拉焦·道拉致函给德里名义上的君主,以最炫耀的言辞描述了最近这次征服。他在威廉堡布下守卫部队,禁止英国人居住在附近,并下令,为了纪念他的伟业,加尔各答从此以后应称作阿林那戈尔(Alinagore),意即上帝的港口。

八月,加尔各答失陷的消息传到了马德拉斯,激起了最强烈、最刻骨的忿恨。整个殖民地的呼声都是进行报复。在消息传来的四十八小时内,就决定要向胡格利河实施一次远征,并且,应该由克莱武指挥这支陆军。海军由舰队司令沃森指挥。九百名英国步兵,都是精兵强将并且情绪激昂,和五千印度兵组成了这支军队,他们将起航惩罚一位有着比路易十五或者玛利亚·特蕾莎女王更多臣民的王公。十月,远征军起航;但是在途中不得不与恶劣的天气抗争,直到十二月才抵达孟加拉。

纳瓦卜还在穆希达巴德安全无虞的幻想中寻欢作乐。他对外国的状况极度无知,以致于他经常说,整个欧洲也没有一万人;在他看来根本就不可能发生的就是,英国人竟敢入侵他的领地。尽管不担心英国人的军事力量,但是他开始非常想念他们了。他的税收锐减,而且他的臣子终于让他明白了,有时一个统治者会发现,保障商人们公开地享有他们的收益,比为了搜寻暗藏的黄金珠宝而动用酷刑折磨他们更加有利可图。他已经倾向于允许公司在他的领土内恢复商业活动,就在这时,他收到了一支英国军队已在胡格利河登陆的消息。他立刻命令他的所有军队在穆希达巴德集结,并向加尔各答进发。

十

克莱武以其一贯的气势开始了军事行动。他占领了巴治巴兹(Budgebudge),打败了威廉堡的守军,收复了加尔各答,攻下并洗劫了胡格利河畔。纳瓦卜本就打算向英国人作出一些让步,而英国人所展现的实力与勇气更坚定了他求和的倾向。因此,他主动向这支入侵军队的长官们开出条件,并提出恢复代理商行,对遭他劫掠的那些人作出赔偿。

克莱武的态度是作战，他感到这样与苏拉焦·道拉和解有损名誉。但是他的权力有限。一个主要由从加尔各答逃出的公司职员组成的委员会主导着事情的走向，这些人急切地想要恢复自己的职位，让自己的损失得到赔偿。马德拉斯当局接到报告，战争在欧洲已经打响，由于担心法国人的袭击，对军队的返回已经等得不耐烦了。纳瓦卜的许诺丰厚，而争斗的风险难以预测；克莱武同意谈判，不过他表示遗憾，事情不应该以这种他始料未及的光彩方式告终。

随着这次谈判，克莱武的生命开启了新的篇章。截至这时，他仅仅是一介兵士，以杰出的才能和英勇执行别人的计划。自此以往，他首先被视作一个政治家；他的军事活动被认为是服务于他的政治谋划。就他的新身份而言，他展示出了伟大的才能，并且取得了极大的成功，这一点不用怀疑。但是，同样不用怀疑的是，他现在开始参与其中的事务给他的道德品质染上了污点。

我们决不能同意约翰·马尔科姆爵士，他偏执地只在主人公的行为中看到荣誉和正直。但是，我们也几乎不能同意穆勒先生，他走得如此之远，甚至说克莱武这个人"只要符合他的目的，进行欺骗就不会良心不安"。在我们看来，克莱武生来就是恶棍的反面，他勇敢得有些鲁莽，直率得有些不慎重，对朋友热诚，也不遮掩仇恨。在他的私人生活，或者他必须与同胞们一同行动的公共生活中，我们都没有发现有任何生性狡诈的迹象。相反，在他作为一个英国人与其他英国人之间产生的所有争斗中，从他在学校时的拳击比赛，到伴随他晚年的那些印度署和国会中的激烈争吵，他的缺点总是那些属于高尚和宽宏心灵的缺点。事实看起来是，他把东方政治看作一场游戏，其中没有什么是不公平的。他知道，印度土著之间的道德标准大不同于英格兰。他知道，他必须和这样一些人打交道，他们缺乏欧洲人称之为荣誉的东西；他们毫不犹豫地许下诺言，又毫无羞耻地违反任何诺言；他们肆无忌惮地用贿赂、假誓和伪证来达成他们的目的。他的信件表明，亚洲人和欧洲人之间巨大的道德差异经常出现在他的思考中。看起来他曾设想过——这在我们看来是十分错误的——如果他甘愿自缚手脚，而对手却为所欲为；如果他坚持说实话，却听不到任何人说真话；如果他履行与同盟者签订的所有对己有害的协议，而这些人从来不履行对他们没有好处的协议；那么，他在与这种对手的较量中终将一事无成。因此，这个人在生活的其他方面都是一个值得尊敬的英国绅士和士兵，但是一旦与一个印度阴谋者较量起来，他自己就变成了一个印度阴谋者，无所顾忌地采取卑劣手段：谎言、伪善的亲昵、替换文件、伪造笔迹。

英国人和纳瓦卜之间的谈判主要由两个代理人进行，即公司的一位职员瓦特先生（Mr. Watts）以及一位名叫奥米金德（Omichund）的孟加拉人。这个奥米金德是居住在加尔各答的最富有的土著商人之一，由于纳瓦卜对那里的远征，他蒙受了巨大的损失。在商贸事务中，他接触过很多英国人，非常适合充当英国人和土著宫廷之间和谈的中间人。他在自己的种族中有着巨大的影响力，而且颇有印度人的才能，观察敏锐、圆滑、机敏、坚韧，也有着印度人的恶习，奴性十足、贪婪而且背信弃义。

纳瓦卜的行为有着印度政客的十足无信，以及心智被权力和放纵所败坏的孩童的十足轻率。他许诺、反悔、犹豫、逃避。他一度带领着他的军队耀武扬威地向加尔各答进发；但是当他看到英国人列出的坚毅阵线，他惊恐地撤退了，并且同意按照他们的条件达成和平协议。协议一旦签署，他又想出了新的计划反对他们。他和昌德纳戈尔的法国当局秘密谋划。他邀请比西从德干进军胡格利河，将英国人从孟加拉驱逐出去。所有这些克莱武和沃森心知肚明。于是他们决定实施一次致命的打击,在昌德纳戈尔的军队得到来自印度南方或者欧洲增援之前,对那里发起进攻。沃森指挥水路,克莱武负责陆路。联合行动获得了迅速而且全面的胜利。城堡、卫戍部队、炮兵部队和军需品统统落入英国人的手中。俘虏中有将近五百名的欧洲军队。

纳瓦卜一直畏惧并且仇恨英国人,即便在他尚且能够借助法国竞争者对抗英国人的时候也是如此。法国人现在战败了,他开始以更甚的畏惧和仇恨对待英国人。他软弱而且毫无原则的心灵在奴颜婢膝和傲慢自大之间摇摆。一天,他给加尔各答送去大笔礼物,作为他犯下的错误的部分赔偿。第二天,他又给比西奉上珠宝礼物,恳求这位杰出的军官赶来保护孟加拉,"抗击克莱武,这位战场上的勇者,"这位殿下说,"愿所有厄运都降在他身上"。他命令他的军队出击英国人。又收回他的命令。他撕碎了克莱武的信函。然后又用最华丽的溢美之辞送上回复。他命令瓦特不要出现在他的面前,还威胁要钉死他。接着又派人去召唤瓦特,并祈求原谅他的无礼。与此同时,他的恶政、他的愚蠢、他放荡的生活,还有他以最低贱之人为伴,已引起各个阶层的臣民、士兵、商人、文官、骄傲又虚饰的伊斯兰教徒,以及胆怯、软弱又吝啬的印度教徒愤慨。一个反对他的可怕联盟形成了,其中包括了财政大臣罗伊达拉卜(Roydullub),军队司令官米尔·贾法尔(Meer Jaffier),以及印度最富有的银行家尤格特·赛伊特(Jugget Seit)。阴谋透露给了英国代理人,穆希达巴德的不满分子和加尔各答的委员会之间建立了联系。

委员会犹豫不决;但是,克莱武支持同谋者,而且他的气势和坚定压倒了所有的反对。英国人最终决定施以强大的援手,废黜苏拉焦·道拉,将米尔·贾法尔扶上孟加拉的王座。作为回报,米尔·贾法尔答应给予公司及其职员们充分的赔偿,并赠予陆军、海军以及委员会慷慨的礼物。鉴于苏拉焦·道拉可憎的恶行,英国人在他手中遭受的伤害,他若继续统治,我们的商贸必定会面临的危险,在我们看来这些完全可为废黜他的决定辩护。但是,没有什么可以辩护克莱武自甘上演的虚伪。他给苏拉焦·道拉写的信言辞恳切,在一段时间里让这位孱弱的君主误以为安全无虞。呈交这份克莱武称之为"抚慰信"的同一位信使还向瓦特先生送去了一份信函,其中写道:"告诉米尔·贾法尔要无所畏惧。我将会带着五千人马与他汇合,决不会背弃他。向他保证,我会夜以继日地赶去驰援他,只要我还有一个人幸存,我都会与他站在一起。"

　　如此之多枝节的阴谋不可能长时间完全保密。传到了纳瓦卜耳朵里的风声足以引起他的怀疑。靠着奥米金德以他杜撰的才能随机应变想出的谎言与诡计,纳瓦卜很快又平静了下来。一切进展顺利,密谋已近乎成熟,而这时克莱武发现奥米金德可能会要诈。这个奸诈的孟加拉人已经得到许诺,他在加尔各答一切损失将得到慷慨的补偿。但是他并不满足于如此。他的作用举足轻重。他掌握着整个密谋的线索。只要在苏拉焦·道拉耳边吐露一个字,他就能将之前做的一笔勾销。瓦特、米尔·贾法尔、所有同谋者的性命都受他摆布;他决定好好利用所处的情势,并开出了他的条件。他要求为他保守秘密和出力支付三十万英镑。委员会被他的背信弃义所激怒,又因为其中的危险而充满恐惧,不知道该如何应对。不过,在奥米金德的这种手段上,克莱武更胜一筹。他说,这个人是个恶棍,任何欺骗只要能挫败这个无赖都是正当的。最好的办法就是答应他所要求的。奥米金德不久就会任由他们处置;到那时,他们可以惩罚他,不但从他那里扣取他现在所要求的贿赂，还有对加尔各答所有其他受害者的补偿。

克莱武的建议被采纳了。但是如何欺骗那个谨慎且精明的印度人呢？他曾提出将他的要求作为一个条款添加到米尔·贾法尔和英国人签署的协议当中，而且，除非亲眼所见，否则他不会感到满意。克莱武已准备好权宜之计。拟定了两份协议，一份是写在白纸上，另一份写在红纸上，前一份为真，后一份为假。在前一份中，没有提到奥米金德的名字；后一份是要给他看的，包含了有利于他的条款。

但是，还有另外一个困难。舰队指挥官沃森对于签署那份红纸上的协议有些顾忌。就奥米金德的警惕性和机敏而论，倘若缺了这么重要的一个名字，很可能会让他产生警惕。但是克莱武不是一个半途而废的人。我们几乎耻于写出来：他伪造了舰队指挥官沃森的签名。

十一

现在一切准备就绪，只待行动。瓦特先生偷偷地逃离了穆希达巴德。克莱武调动他的军队，还给纳瓦卜写了封信，语气完全不同于之前的信件。他罗列出了英国人蒙受的不公，提出将争议的焦点交给米尔·贾法尔仲裁，并且在结尾处声称，由于雨季即将来临，他和他的人马将礼貌地等待殿下的答复。

苏拉焦·道拉立即集结了他的全部军队，开拔迎战英国人。按拟定好的计划，米尔·贾法尔应脱离纳瓦卜，并率他的军队加入克莱武。但是，在生死关头，这位同谋者的恐惧压过了他的野心。克莱武已经抵达科西姆布扎（Cossimbuzar）；纳瓦卜在几英里外的普拉西布置好重兵；而米尔·贾法尔依然迟迟不履行约定，以推脱之辞答复这位英国将军最严正的抗议。

克莱武陷入了艰难的焦虑之中。对于同谋者的真诚或者勇气，他不能抱有信心；而且，无论他对自己的军事才能，以及他的军队的勇气与纪律抱有多大的信心，与一支二十倍于自己兵力的军队交战不是一件容易的事情。在他面前有一条河，很容易渡河而过，但是一旦渡河，情况倘若变糟，他这支小部队将无人能够全身而退。在这种情形下，第一次也是最后一次，他无所畏惧的心灵在数小时的时间里似乎也从作决断这令人恐惧的责任面前退缩了。他召集了一次战时委员会。大部分人反对战斗，克莱武也宣布他同意多数意见。很久以后，他曾说道，他唯独召集过一次战时委员会，而如果他听取了委员会的建议，英国人永远也不会成为孟加拉的主人。但是，在会议行将结束时，他恢复了自己的常态。他独自退至树阴下，在那里沉思了将近一个小时。回来时他决定破釜沉舟，并命令做好次日渡河的一切准备。

渡了河，经过一整天的艰苦行军之后太阳已落山，部队在一片靠近普拉西的芒果林中安营，距离敌军不到一英里。克莱武无法入睡；整个晚上，他都听着从纳瓦卜庞大营帐中传来的锣鼓声。当他思量着几小时后他能取得多少胜算，又会获得多丰厚的战利品时，即使是他那颗强健的心灵也会不时消沉，这并不奇怪。

苏拉焦·道拉也没有休息得更安稳。他的心智本就软弱而且暴躁，现在被强烈和骇人的恐惧搞得快要发狂，被巨大和临近的危机吓得六神无主，怀疑他的将领，惧怕任何靠近他的人，也害怕一人独处，他阴郁地坐在他的帐篷中，就像希腊诗人会说的那样，被黑洞中那些用尽最后一口气诅咒他之人的复仇女神所折磨。

　　天边泛白,这一天将决定印度的命运。日出时分,纳瓦卜的军队从营地的许多开口处倾涌而出,开始朝着英国人驻扎的树丛方向移动。四千步兵,装备着明火枪、矛、剑、弓箭,覆盖了整个平原。他们还有五十门最大号的大炮,每一门都由一长队的白色公牛拖着,后面还有一头大象推着。一些较小的炮由法国援军操作,或许更为可怕。骑兵有五万人,不是出自孟加拉的那些纤弱之辈,而是来自北方省区更勇悍的种族;克莱武老练的眼光会察觉到,这些士兵和马匹起都比卡纳蒂克的更强大。面对如此庞大的兵力,他只有区区三千人。不过其中接近一千是英国人,而且全部由英国军官指挥,以英国的军纪训练。在这小支部队的队列中,最引人注目的当数第三十九军团的士兵们,这个军团的旗帜上仍题有着普拉西之名以及这句骄傲的格言:*Primus in Indis*(印度第一)。后来在威灵顿麾下,这个军团在西班牙和加斯科涅(Gascony)又为他们的旗帜赢得了许多光荣的点缀。

　　战斗以炮击打响了,纳瓦卜的大炮几乎没有造成杀伤,而英国人的几门野战炮发挥了很大的作用。苏拉焦·道拉军中的几位最杰出的将领倒下了。混乱开始在他的队列中扩散。他自己的恐惧时刻都在增加。有一位同谋者力主暂且撤退。这一阴险的建议正符合恐惧给他的建议,于是立刻得到采纳。他命令军队撤退,这一命令决定了他的命运。克莱武抓住了这个时机,命令他的军队向前推进。大批混乱且士气低落的敌军在训练有素的勇士们发起攻击之前就逃跑了。在正规军的攻击面前,这群乌合之众溃败之彻底可谓前无古人。只有一小股法国人敢对抗英国人,却被溃逃的大军冲得七零八落。一个小时内苏拉焦·道拉的部队四散而逃,再也没有重新集结起来。败军中只有五百人被杀。但是他们的营地、枪炮、辎重、无数的马车、无数的牲口,都落在了胜利者的手中。以二十二名士兵死亡和五十人受伤的代价,克莱武击溃了一支将近六万人的部队,并征服了一个比大不列颠更广袤、人口更多的帝国。

十二

米尔·贾法尔在英国人行动时没有伸出援手。但是,他一看到那天的命运已被决定,就撤走了他的那部分军队,当战斗结束后他向盟友送上了祝贺。第二天早上,他赶赴英国军营,对于那里静候着他的是怎样的接待感到十分不安。当有个卫兵被派来以与他的职衔相应的荣誉接待他时,他明显露出了惊慌的迹象。不过他的担心很快一扫而光,克莱武走上前迎接他,拥抱他,把他当作孟加拉、比哈尔和奥利萨三个大省的纳瓦卜致以问候,宽容地听取他的道歉,并建议他不要耽搁即刻向穆希达巴德进军。

苏拉焦·道拉逃离了战场,一支驼队载着他全速飞奔,在二十四小时多一点就抵达了穆希达巴德。在那儿,他将谋士们招至身边。当中最聪明的一个建议他把自己交给英国人,那样的话不会有比罢黜和监禁更严重的下场。但是他认为这个建议是背叛于他。其他人劝他再试试战场上的运气。他同意了这个建议,发布了相应的命令。但是,他缺乏坚持一个勇敢决定的气魄,哪怕是一天也好。他得知米尔·贾法尔已经赶到,他的恐惧变得无法忍受。他以卑贱的着装伪装,手里拎着一盒珠宝,乘着夜色从王宫的窗户翻出去,而且只带了两个随从,乘船逃向巴特那。

几天之后,克莱武在两百名英国兵和三百名印度兵护送下到达了穆希达巴德。他的住处被安排在一座宫殿,四周环绕着一个大花园,护卫他的全部军队可以方便地在里面安营。米尔·贾法尔的就职仪式立刻举行。克莱武将新任纳瓦卜领至宝座，让他坐上，以东方的古老形式向他赠上黄金，接着转向挤满大厅的土著，祝贺他们，幸运已把他们从一个僭主手中解放出来。在这个场合他不得不使用一位翻译；值得注意的是，他虽然长期居住在印度，如此熟稔印度的政治以及印度人的性格，并且受他的印度士兵崇拜，但是他从未学会用某种印度的语言流利表达。据说，在和印度土著交流时，实际上他有时不得不使用蹩脚的葡萄牙语，那是他还是个小伙子的时候在巴西学的。

这位新的君主现在被要求履行他与盟友们达成的协议。为了作出必要的安排，在大银行家尤格特·赛伊特的宅邸召集了一次会议。奥米金德赶到了那里，满以为自己会得到克莱武的大力支持。然而，克莱武的伪饰甚至超过了孟加拉人，直至那天为止一直以丝毫未减的亲切态度对待他。那份白色的协议被拿出来并宣读。接着，克莱武转向公司的一位职员斯克拉夫顿先生（Mr. Scrafton），用英语说："是时候不再欺骗奥米金德了。""奥米金德，"斯克拉夫顿用印度斯坦语说，"那份红色的协议是一个诡计，你什么也不会得到。"奥米金德晕厥了过去，倒在了随从的怀中。他恢复了知觉，但是他的神志受到了无可弥补的创伤。克莱武尽管在和印度政客打交道时很少有良心上的不安，但并不是没人性，他看起来受到了触动。几天后他去看望了奥米金德，亲切地与他说话，建议他去印度某个大寺庙朝圣，希望改变环境可以让他恢复健康，纵然有过去所发生的这一切，仍有让他担任公共职务的打算。然而自从突然休克那一刻起，这个不幸之人渐渐变成了个白痴。他先前曾以良好的判断力以及简朴的习惯而闻名，现在则把剩下的财富乱花在了孩子气的玩物上，喜欢穿着贵重的衣物示人，戴着珍贵的宝石。在这种凄惨的状态中，他苟延了几个月的时间,然后去世了。

对于这件事,要不是约翰·马尔科姆爵士试图全面地为之辩护,我们也就不认为有必要为了引导读者的判断而再做评论。约翰·马尔科姆爵士的确对于不得不采取极易被诽谤为伪造的手段而感到遗憾,但是他不会接受对欺骗骗子之人的任何指责。他认为,英国人没有义务守信于失信者,而且,如果他们履行了和那个狡诈的孟加拉人之间的协议,一例如此显著的成功背叛将会招来大批效尤者。现在,我们不想以任何严格的道德准则讨论这一点。事实上,这样做毫无必要,即便把这个问题看成一个关于权宜之计的问题,取该词最卑劣的意义,再援用马基雅维利和博尔基亚(Borgia)交谈时或许会采用的论证之辞,我们也确信克莱武完全是错误的,他犯下的不只是一桩罪行,还是一个愚蠢的错误。诚实是最好的策略,我们坚决相信这一准则是普遍正确的,即使关涉的是个人的世俗利益;而对于社会而言,这个原则的例外情形更少,社会正是因此才比个人的生命更长久。有可能举出一些人,他们因背弃个人信义而获得了俗世间的荣华富贵;但是,我们怀疑是否能举出一个国家,靠违背公共信义还能在总体上获益。英属印度的全部历史即是对这一伟大真理的展示:用背叛对付背叛并非审慎之策,人们对付欺骗最有效的武器是诚实。在很长的一段时期,尽管周围尽是不守信的盟友和敌人,印度的英国统治者总体上仍行事真诚而且正直;事实证明,真诚和正直就是智慧。在扩展并维持我们的东方帝国方面,英国人的勇气与智谋比起英国人的诚实贡献要少。我们靠效法两面派、推诿、捏造以及作伪证这些曾经用来对付我们的手段所能获得的东西,比起我们在印度作为一个言而有信的力量所获得的,根本不算什么。迷信所能构想出来誓词、再珍贵的抵押品所换来的信任也抵不上一位英国公使说

"是、是"和"不、不"所赢得的百分之一。一座城堡不论靠着人工或者天然条件多么的坚固,它给居民带来的安全,也赶不上一位酋长穿过强大死敌的领地时带有不列颠的担保时所享有的安全。东方最强大的王公,许诺以极高的利息,也无法把臣民藏在炉灶下的钱财抽出分毫,不列颠政府给出的利息不过四便士,贪婪之徒便赶紧从最隐秘的藏宝处拿来上千万的卢比。一位敌对的君主可能向我们的印度兵许以金山,只要他背弃公司的军旗。而公司只许诺在长期服役之后支付适当的养老金。但是,每个印度兵都知道,公司将信守承诺;他知道,就算他活上一百岁,他的米和盐都和印度总督的薪水一样牢靠;而且他知道,在印度,哪怕是有最郑重的誓言,没有另一个政府会在他不再有用时不任由他饿死沟渠。政府能够拥有的最大优势就是,在众多不受信任的政府中间,成为一个值得信任的政府。我们在亚洲握有这个优势。如果在过去的两代人里,我们按照约翰·马尔科姆爵士认为正确的原则行事,如果我们只要对付像奥米金德这样的人就按照他们的方式,回敬以谎言、伪造以及背信弃义,那么我们坚信勇气或才能都不足以支撑我们的帝国。

约翰·马尔科姆爵士承认,克莱武的背信弃义只有在最迫不得已的情况下才能得到辩护。鉴于我们认为背信弃义不仅不必要,而且是非常不明智的,我们也就几乎无需再说我们是彻底谴责它的。

奥米金德不是这次政变的唯一牺牲品。苏拉焦·道拉在逃跑几天之后被俘,并被带到了米尔·贾法尔面前。在那儿,他自己匍匐在地上,因恐惧而抽搐,痛哭流泪着乞求宽恕,而宽恕却是他本人从未表现过的。米尔·贾法尔有些犹豫了;但是他的儿子米拉(Meeran)恨意未消,这是个十七岁的少年,智力低下、生性野蛮,与这位可怜的俘虏十分相似。苏拉焦·道拉被带到了一个秘密房间,不一会儿,死刑的执行者就被打发去了。在这一行动中,英国人并没有参与。米尔·贾法尔非常了解他们的感受,因此,他认为有必要因替他们向最恶毒的敌人报仇而向他们表示歉意。

现在,大批财富源源不断地流向公司和它的职员。价值八十万英镑的银币沿河从穆希达巴德运往威廉堡。运送这批财富的舰队由超过一百艘船只组成,一路旗帜飘扬,乐声阵阵,凯旋而归。加尔各答几个月之前一片凋零景象,现在比往昔更加繁华。商贸也重新焕发活力,在每处英国人的住所都出现了富裕的迹象。对于克莱武,除了他自己的节制,再没有什么可以限制他攫取。孟加拉的金库向他敞开大门。按照印度王公的习俗,无数的银币堆成了山,其中不时可见威尼斯人在欧洲船只绕过好望角之前用来购买东方毛料和香料的弗罗林(florins)和拜占庭金币(byzants)。克莱武头戴珠宝和钻石,徜徉于成堆的金银中间,由他随意挑选。大概二十到三十万英镑落入他手中。

米尔·贾法尔与克莱武之间的交易在十六年后遭到了舆论的谴责,在国会招致严厉的批评。约翰·马尔科姆爵士竭力为此辩解。控告这位常胜将军的人把他的所得描述为腐败赃款,或是以武力从无助的盟友那里劫掠来的赃物。另一方面,这位传记作者认为这笔庞大的收入是赠礼,对于赠予者和接受者而言都是体面的,并把它们与外国政权赠予马尔伯勒(Marlborough)、纳尔逊(Nelson)以及威灵顿的奖赏相提并论。他说,在东方赠予与接受礼物司空见惯;而且,那时没有国会法案明确禁止英国公职人员在印度依这种亚洲习俗获利。我们认为,这种推理并不能令我们十分满意。我们不是怀疑克莱武出卖了雇主或者祖国的利益;但是,我们不能宣告他的行为无罪,他的所作所为即便本身不是罪恶,那也是一个罪恶的榜样。没有什么比这更清楚的了：一位将军应该为他自己政府的效力，而不是为其他政府。因此，不论他的功劳应获得怎样的奖赏，都应该要么得自他自己的政府，要么知会他自己的政府并得到批准。这条规则应得到严格地遵守，即使仅仅是一些小玩意，一个十字架、一枚奖章、一码彩色缎带。如果带兵之人不受限制，不经政府批准，没有政府的默许就从盟友那里接受大宗财产，那么这个政府怎么可能得到很好的效劳呢？说那时候没有国会法案禁止从亚洲君主们那里收取礼物的行为，这是愚蠢的。不是基于后来通过的禁止此类收礼行为的法案，而是基于法案通过之前本身就正当的理由，基于普通法和常识，我们谴责克莱武的行为。我们知道，没有法案禁止外交大臣（Secretary of State for Foreign Affairs）受禄于大陆政权，但是，同样正确的是，某位外交大臣若收受了法国的秘密年金就会严重违背他的本职，并且将会受到严厉的惩罚。约翰·马尔科姆爵士把克莱武的行为比之威灵顿公爵。设想——即使是基于论证的缘故，我们也要为提出这样的假设而请求原谅——在1815年的战役之后，以及他在法国指挥占领军期间，威灵顿公爵从路易十八那里秘密地接受了二十万英镑，作为感谢的表示，感谢阁下为波旁王室作出的伟大贡献；该如何看待这样的一桩行为呢？现在成文法也没有对在欧洲接受礼物作更明确的禁止，一如那时没有成文法禁止在亚洲接受礼物。

与此同时也必须承认，就克莱武的情况而言，存在着有情可原之处。他并不认为自己是国王的将军，而是公司的将军。公司曾经至少有暗示，允许它的代理人通过接受土著王公的慷慨赠礼，以及通过其他更令人厌恶的手段发财致富。很难期望仆人对其职责怀有比他主子更严格的认识。虽然克莱武没有清楚地告知他的雇主所发生的事，也没有请求他们批准，但另一方面，他也没有刻意地隐瞒，这表明他没有意识到所犯下的错误。相反,他极其坦白地承认,纳瓦卜的馈赠让他致富。最后,尽管我们认为他不应该以这样的方式攫取任何财物,但是我们必须承认,他值得因索取如此之少而得到赞扬。他接受了两百万卢比。只消一句话,他就能得到二十倍、四十倍。在英格兰谴责克莱武的贪婪是非常容易的道德行为,然而,他的控告者当中一百个里也没有一个能在穆希达巴德的宝库中表现得如此自制。

十三

只有把米尔·贾法尔放上王座的人才能维持他的王位。的确,他不是一个孩童,也不曾不幸地出生在王室。因此,他不像他的前任那样特别低能或者特别的堕落。但是,他不具备他的地位所要求的才能或者德性;而他的儿子和继承者米拉是另一个苏拉焦·道拉。最近的政变让人心神不宁。许多酋长公开地反对这位新纳瓦卜。奥德(Oude)是一个富裕且强大的省区,它的省督和莫卧儿王朝的其他省督一样,现在事实上都是独立的政权,威胁要入侵孟加拉。除了克莱武的天才和权威之外,没有什么能够支撑这摇摇欲坠的政权。正值处于如此情势之时,一只船舰携急件抵达,那是于普拉西战役的消息传到伦敦之前在印度署拟就的。董事会决定将孟加拉的英国定居点置于以最笨拙、最荒谬的方式组建的政府之下;而且使情况更糟的是,没有为克莱武安排位置。值得尊敬的是,那些被选出来组建新政府的人士,主动承担起违反这些荒唐命令的责任,邀请克莱武行使最高权威。他同意了,而且很快公司的职员们看来只是预先料到了他们雇主的意愿。董事会在收到克莱武辉煌成功的消息后,立刻任命他为孟加拉领地的总督,并向他致以最高的感谢与敬意。现在,他的权力没有边际,远胜过迪普莱克斯曾在印度南部所取得的。米尔·贾法尔待他以奴才般的敬畏。有一次,一个高级别土著官员的随从与公司的几个印度兵发生了争吵,纳瓦卜严厉地训斥了那位官员。"你难道不知道,"他说,"克莱武上校是谁,上帝把他放在了什么位置上吗?"这位官员是一个有名的弄臣,也是米尔·贾法尔的老友,敢随便说话,回答说:"我竟然冒犯了那位上校! 我没有哪天早上起床后不向他的公驴深深地三鞠躬!"这几乎并不夸张。欧洲人和土著一样拜倒在克莱武的脚下。在英国人看来,只有他能够迫使米尔·贾法尔信守与他们之间的协议。在米尔·贾法尔看来,只有他能够保护新政权抵抗反叛的臣民以及来犯的邻邦。

这样说是公正的,克莱武出色并且积极地为祖国的利益行使手中的权力。他向卡纳蒂克的北方地区派遣一支远征军。法国人在那里依然占据着优势,把他们赶出去非常重要。这一重任托付给了一位名叫弗德(Forde)的军官,他在那时籍籍无名,不过在他身上,总督凌厉的眼光发现了高超的军事才能。远征取得了迅速而辉煌的胜利。

正当相当数量的孟加拉军队正在远方作战之时,令人畏惧的新危机威胁着西部边境。莫卧儿大帝在德里是臣属手中的囚徒。皇帝的长子名为沙·阿鲁姆(Shah Alum),他注定在很多年里受厄运捉弄,先是成为马拉塔人手中的工具,接着又落入英国人手中。他从父亲的宫殿中逃脱。他的出身在印度依然受到尊敬。一些强大的王公,尤其是奥德纳瓦卜,倾向于支持他。沙·阿鲁姆发现很容易拉拢大批军事冒险者到他的旗下,这个国家到处都是这类人。一支四万人的军队迅速在他周围集结起来,有各种各样的种族和信仰,马拉塔人、鲁赫拉人（Rohillas）、贾特人，还有阿富汗人；他制订了计划，要推翻那位英国人扶上王位的新贵，并在孟加拉、奥利萨和比哈尔建立自己的权威。

米尔·贾法尔胆战心惊，他唯一想到的权宜之计就是送上大量的钱财，向沙·阿鲁姆买个容身之地。在他之前曾经统治恒河入海口附近这些富庶但不善战的省区的王公们曾屡屡使用这种权宜之计。但是克莱武对这个建议嗤之以鼻，这与他敏锐的判断力和无畏的勇气相称。"如果你这样做，"他写信说，"就会让奥德纳瓦卜、马拉塔人以及其他人，从各个方向袭来，恐吓你交出财物，直到你的宝库中空空如也。我请求阁下信赖英国人的忠诚，以及追随你的军队的忠诚。"他还以类似的笔调致信巴特那的司令官，一位他十分尊敬的土著战士。"不要妥协，坚守你的城市直到最后。相信英国人是忠诚且可靠的朋友，相信他们从不会放弃一项他们已经投身其中的事业。"

他信守了诺言。沙·阿鲁姆侵入巴特那，正准备发起猛攻时，他得知上校正以强行军赶来。正在靠近的全部人马只有四百五十名欧洲人和两千五百名印度兵。但是，克莱武和他麾下的英国人现在是整个东方恐惧的对象。他的先锋部队一出现，围城军就逃之夭夭。这位王子身边的一些法国冒险者劝他尝试一战，但这是徒劳之举。几天之内，曾叫穆希达巴德宫廷胆战心惊的这支大军在不列颠的威名震慑下逐渐溃散。

征服者回师威廉堡。米尔·贾法尔欢喜的程度绝不亚于之前的恐惧，他向他的保护者赠予慷慨的礼物以示感激。东印度公司因掌管加尔各答以南的广阔土地而应上缴纳瓦卜的免役税（Quit-rent）总额近三十万英镑一年。如此显赫的地产，足以配得上不列颠最高级别的爵位,现在授予克莱武终生所有。

我们认为,这份礼物克莱武收之有理。这份礼物就其本身而言,不是什么秘密。事实上,公司自身就是米尔·贾法尔的佃户,并以默认的形式表示同意他的转让。

但是,米尔·贾法尔的感激并没有持续多久。他久已感到把他扶上宝座的强大盟友也可能把他赶下去,他在寻找支持,以抗衡至今一直支持他的可畏力量。他知道,不可能在印度土著当中找到任何一支敢与上校手下哪怕一小股部队为敌的军队。法国在孟加拉的势力已经不在。但是荷兰人从前在东方的海域有着威名,而且,亚洲人并不清楚荷兰的势力在欧洲已衰落了多少。穆希达巴德王室和位于钦苏拉的荷兰代理商行之间秘密往来;紧急函件从钦苏拉发出,劝说巴达维亚(Batavia)政府装备一支可以平衡英国人在孟加拉势力的远征军。巴达维亚当局渴望扩展他们国家的影响力,更渴望从近来让众多英国冒险者暴富的财产中分一杯羹,他们装备了一支强大的兵力。七艘巨舰从爪哇出人意料地抵达胡格利河。船上的军力多达五千人,大约一半是欧洲人。这一行动选择的时机正好。克莱武调遣了一大批人马进攻卡纳蒂克的法军,因此,他的军队此刻在数量上处于劣势。他知道米尔·贾法尔秘密地支持这些入侵者。他知道如果他进攻友好国家的军队,自己需要承担严重的责任;英国的大臣们不会希望看到在与法国的战争之上,再添加上与荷兰人的战争;他们可能会拒绝为他的行为承担责任;他们可能惩罚他。最近他还通过荷兰东印度公司把他的一大部分财富运回了欧洲,因此,他有着强烈希望避免任何冲突。但是,他心知肚明,如果坐待巴达维亚的部队渡河,与钦苏拉的戍卫部队会合,米尔·贾法尔将会投入到新盟军的怀抱中,那样,英国在孟加拉的优势就会处于最严重的危险中。他以其典型的胆识下定决心,并且得到了部将们最有力的支持,尤其是弗德上校,整个计划中最重要的部分委托给了他。荷兰人试图强行开出一条通道。英国人同时在陆上和水上进行抵抗。两路敌军都占有极大的军力优势。但两路都遭受惨败。他们的船只被夺占。他们的军队大败。几乎所有的欧洲士兵,这是入侵部队的主要力量,要么被杀要么被俘。胜利者包围了钦苏拉,这个定居点的长官们现在彻底恭顺了,同意了克莱武提出的条件。他们不能修建防御工事,除了一小支必要的部队维持代理商行的治安之外不许增加军队;并明确地规定,若对这些约定有丝毫违反,将被处以立即驱逐出孟加拉。

十四

　　在这次伟大胜利的三个月之后,克莱武起航返回英格兰。在祖国,荣誉和奖赏等待着他,虽然并不能完全满足他的要求或者他的雄心,但是,考虑到他的年龄,他在军队中的级别,以及他起初的社会地位,不得不说如此的荣耀罕见且辉煌。他被擢升为爱尔兰爵士,因而受到鼓舞,期待着一个英格兰的爵位。刚刚登上王位不久的乔治三世以非常高的待遇接见了他。大臣们对他另眼相看。皮特的影响力在众议院和整个国家都无可限量,他迫不及待地向这位为那段值得纪念的岁月贡献了许多荣光的功勋人物致敬。这位伟大的演说家曾在议会中把克莱武描绘成一位天生的将军,虽接受的是文书工作的教育,但展现出的军事天才或可令普鲁士国王感到钦佩。那时旁听席上还没有记者,但是这些辞藻,经由那个时代第一流政治家的强调,很快传播开来,克莱武尚在孟加拉时就已听闻,让他非常高兴并深感荣幸。的确,自从乌尔夫(Wolfe)去世之后,克莱武成了同胞们唯一有理由为之骄傲的英国将军。坎伯兰公爵一向不走运;他唯一的胜利是从他的同胞们手中获得的,并且靠的是残酷无情,这对于他的名声来说比他的许多败绩更为致命。康威(Conway)精通职业知识,他个人也勇敢无畏,但缺乏活力和才能。格兰比(Granby)诚实、慷慨,勇猛如一头狮子,但既没有知识也没有天才。萨克维尔(Sackville)在知识和能力上绝不逊于任何同侪,但招致了对于一个士兵的品质来说乃是最致命的污名,而我们认为这污名并不公正。在一位外国将领的指挥下,不列颠才取得了在明登(Minden)和瓦尔堡(Warburg)的胜利。因此,人们自然骄傲而欣喜地欢迎他们自己的将领,其天生的勇气和自成的技艺让他达到了日耳曼伟大战术家的水平。

克莱武的财富足以使他比肩英格兰的一流显贵。有证据表明,他通过荷兰东印度公司汇回了超过十八万镑的钱财,通过英国公司汇回了超过四万镑的钱财。他通过私人商号运回家的数目也相当可观。他在珠宝方面投资重金,这是那个时代很普遍的从印度回流钱财的方式。仅在马德拉斯他所购买的钻石就达到了两万五千英镑。除了数目巨大的现款,他还有自己的印度地产,他自己估计收益达每年二万七千镑。约翰·马尔科姆爵士认为,他每年所有的收入超过四万镑,当然,这位爵士希望把它说得尽可能低;在乔治三世在位期间,四万镑的收入就跟现在十万镑的收入一样罕见。我们可以有把握地断言,不曾有哪位白手起家的英国人,不论他有怎样的人生轨迹,能够在三十四岁的年纪创造出这样的财富。

如果不补充说克莱武值得称赞地使用了他的财富,则是不公平的。当普拉西战役为他的财富打下基础之后,他立即给他的妹妹们送去一万镑,还将更多钱赠与了其他穷亲友,命令他的代理人每年付给他的父母八百磅,并且坚持他们应备置一辆马车,还向收入非常微薄的老首长劳伦斯支付每年五百磅。克莱武以这种方式花掉的数目算起来大概有五万磅。

他现在开始着力于培植在国会的利益。他所购买的地产看起来在很大程度上是为了这个目的而实施的手笔。在 1761 年的大选之后,他得以忝列下院之中,成为一群追随者的领袖,这个团体的支持必然对任何内阁都是重要的。然而,在英国政治中,他并没有占据一个显赫的位置。如我们所提到过的,他首先依附于福克斯先生;后来的一段时期,他被皮特先生的天才和成功所吸引;但最终他和乔治·格伦威尔保持着最紧密的联系。1764 年议会召开之初,当对一无是处的煽动者维尔克斯(Wilkes)的不合法且不明智的迫害正强烈地刺激着公众的精神时,我们在贺拉斯·沃波尔(Horace Walpole)①未出版的回忆录中看到过的一则轶事,成了城里的笑谈。老理查德·克莱武先生,由于他儿子的飞黄腾达,被介绍进了一个他先前的习惯使他没能很好适应的社交圈子。他出现在王宫午后接见会(levée)上。国王问他克莱武勋爵在哪里。“他很快会出现在城中,”这位老绅士说,声音洪亮到整个人群都可以听到,“到那时,陛下将会得到另外一票。”

不过,事实上,克莱武的所有观点都指向那个他作为士兵和政治家而声名鹊起的国度;他在英格兰作为一个政治人物的行为受与印度相关的考虑左右。公司的权力在我们这个时代是反常的,尽管如此,我们有理由同意,那是一个有益的反常现象。在克莱武的时代,

---

① 即霍雷肖·沃波尔(Horatio Walpole, 4th Earl of Orford,1717—1797),辉格党政治家、史家,其回忆录与大量书信常被用作史料来源。——译注

它不仅仅是反常，还是个令人厌恶的东西。那时没有督察委员会（Board of Control）。绝大部分董事们都只是商人，不了解一般的政治，不了解那个以奇怪方式从属于他们的帝国的特性。不论股东大会（Court of Proprietors）想要干涉什么，它都能够如愿以偿。大会比现在人数更多，也更强大；在那时，每五百英镑份额就拥有一票。会议规模很大，激烈甚至混乱，辩论不堪入耳。威斯敏斯特选举中的所有混乱，格兰庞德（Grampound）选举中的所有诡计和腐败，较之这一集会在最严肃的重要问题上的表现都相形见绌。投票舞弊大规模产生。克莱武自己花了十万镑购买了股票，然后分给那些他可以信赖的名义上的所有人，并且在每一次讨论和每一次表决中都把他们领至他的队列当中。其他人也这么干，虽然规模不会如此之大。

英格兰的公众那时候对印度问题的兴趣比现在大得多，原因显而易见。时下，一个文书很早就入职；他慢慢地往上爬；如果他幸运的话，在四十五岁的时候，他能够返回祖国，每年有一千镑的年金，再有三万镑的积蓄。英国的公职人员在印度挣得相当的财富；但是，没有任何一个公职人员获取巨额财富，而且，他的所得是靠缓慢地、辛苦地、诚实地挣来的。只有四到五个政治性职位是预留给来自英格兰的政治人物。驻员、秘书、财政委员会以及苏达法院（Sudder courts）中的席位都由曾经将生命中最好的年月奉献给公司的人士充任；任何人不以正规门路入职、不按固定级别晋升，不管有多耀眼的才干或者有多强大的关系都不能得到这些肥缺。七十年前，从东方带回来的钱财比我们时代要少。但是，它由少得多的人瓜分，并且经常在几个月之内就能够聚敛巨额财富。任何英国人，不管他年纪多大，或许都希望成为这些幸运移民中的一员。如果他在利德贺街（Leadenhall Street）发表了精彩的演讲，或者出版了精巧的小册子为董事长辩护,他就有可能被派去为公司服务,并且有可能在三四年之后回来时如皮戈特(Pigot)或者克莱武一样富有。因此,印度署就是一个摇奖所,欢迎任何人试试手气,为极少数幸运儿开出公爵级别的财富作为奖品。一旦人们知道,世界上有这么个角落,在那里一个陆军中校曾在某个早上收到的礼物是和巴斯伯爵(Earl of Bath)或者罗金汉姆侯爵(Marquess of Rockingham)一样大的地产,在那里好像一两万磅这种小数目,任何不列颠的职员一开口就能得到,社会开始呈现出南海泡沫年月中的所有征兆,像热病一样的亢奋,对财富的渴望一发不可收拾,鄙视以缓慢、可靠和稳健的方式赚钱。

印度署中有一个占多数优势的派别,其领袖是位强大、能干且雄心勃勃的董事,名为沙利文(Sulivan)。他对克莱武怀有强烈的嫉妒,怨恨地记得这位前任孟加拉总督曾肆无忌惮地一再蔑视远在他方的公司董事会的权威。克莱武回国之后,二人表面上和解了,但是双方心底深深的敌意依然没有根除。那时董事会全体成员每年重选。在1763年的选举中,克莱武试图打破主导派别的权势。斗争进行得非常惨烈,他将之形容为可怕。沙利文占据了上风,并加紧进行报复。克莱武从米尔·贾法尔那里接受的地租,即使在最好的英国律师看来,也是正当有效的。公司在孟加拉的主要领地也由同一个当局授予,而且公司长期以来默认了这一点。然而,董事会极其不公正地决定予以没收,克莱武被迫向大法官法庭递交诉状控告他们。

但是,事态即将出现剧烈变化。一段时间以来,从孟加拉来的每艘船都会带来令人不安的消息。那个省区内部的失政已经到了无以复加的程度。事实上,对于这样一个公职人员团体还能期许什么呢?就像克莱武曾经说的,他们面前的诱惑血肉之躯都无抵挡,他们握有无可抵御的权力,而且只向腐败、混乱、三心二意、消息不畅的公司负责,这公司又坐落于如此遥远的地方,一封快件和一份回复之间的平均间隔超过一年半。因此,在克莱武离开孟加拉之后的五年中,英国人的失政到了如此程度,看起来几乎就连社会存续都无法维持了。罗马的总督在一两年的时间里从一个行省搜刮到的财富,能在坎佩尼亚沿岸建造大理石宫殿和澡堂,琥珀作樽,鸣禽入宴,展出成队的角斗士和成群的长颈鹿;西班牙的总督将墨西哥人或者利马人的诅咒抛之脑后,驾着这一长列的镀金马车驶入马德里,驮马都是银制挽具、银制马蹄。现在则更有甚者。确实,公司职员的罪恶中没有所谓的残忍。但是残忍本身造成的罪恶尚不及这些人毫无原则地渴望发财致富所导致的罪恶。他们推翻了他们一手造就的米尔·贾法尔。他们在他的位子上安置了个名为米尔·科辛(Meer Cossim)的新纳瓦卜。但是米尔·科辛有能力,也有意志;尽管他一定乐于亲手压迫自己的臣民,但他不能忍受看着他的臣民被重担压倒在地而他自己却从中无利可图,甚至还会毁掉他岁入的真正来源。因此,英国人又推翻了米尔·科辛,重新扶植米尔·贾法尔上台。米尔·科辛以一次比黑洞事件更残暴的大屠杀为自己报仇,然后逃到了奥德纳瓦卜的领地。每次政变中,新任王公都把从倒台前任的宝库中所能搜刮到的分给了他的外国主子们。领地内无以计数的人口任由那些令他成为统治者也能罢黜他的人宰割。公司职员为自己,而非为他们的雇主获取了几乎所有境内贸易的垄断权。他们逼迫土著们贵买贱卖。他们不受惩罚地侮辱这个国家的法庭、警察以及财政机关。他们还保护一批土著附庸,这些人遍布整个省区,将悲凉和恐怖散播至所到之处。不列颠代理商的所有仆役都武装有主子的全部权力,而他的主子又武装有公司的全部权力。巨大的财富由此迅速汇集在了加尔各答,而三千万大众则沦落至极端悲惨的状态。他们已经习惯了在僭政下生存,但是从未经历过如此的僭政。他们发现公司的小指头都比苏拉焦·道拉的腰粗。在他们的旧主人统治下,他们至少还有一条出路:当恶行变得无法忍受时,民众揭竿而起,推翻政府。但是这样并不能摆脱英国人的政府。这个政府除了像野蛮专制最压迫的形式一样暴虐之外,还武装了文明的所有力量。它更似恶魔的政府,而非人类僭主的政府。甚至绝望也不能激发软弱的孟加拉人拿出勇气对抗英国养育的儿郎,他们是人类中世代相承的贵族,他们的技艺和勇气常常胜过十倍之众。这个不幸的种族从未尝试抵抗。有时他们屈服于尚可忍受的苦难。有时他们逃避白种人,就像他们的父辈曾常常逃避马拉塔人一样;英国旅行者的轿子常常穿过寂静无声的村庄和城镇,他们到来的消息让这些地方荒无人烟。

　　孟加拉的外国主子们自然成为了所有邻邦仇恨的对象,也是所有结成了一条坚固战线的高傲种族仇恨的对象。英国军队处处数量都不及对手,但处处得胜。一批依克莱武的方法塑造的军官依然维持着他们国家的声誉。“必须承认,”那个时代的穆斯林史家说道,“这个民族镇定的头脑、坚定的性情以及无畏的勇气经受住了所有的考验。他们结合了最坚决的勇气和最谨慎的审慎;在列兵布阵和作战有序的技艺方面没有堪与他们媲美者。如果在如此之多的军事品质之上,他们知道如何添上治理的技艺,如果他们能够像处理军事方面的任何事务一样,也在救助真主的子民上拿出那样的巧智与热心,那么,世界上没有哪个民族会比他们更合适或者说更配得上统治权。但是他们统治下的民众处处都在呻吟,遭受着贫困和不幸。哦,真主! 帮帮你受难的仆人吧,将他们从正在遭受的压迫中解救出来吧。”

　　然而,即使是军事机构也不可能长期幸免于政府其他所有部门盛行的罪恶。贪婪、奢侈以及不服从的风气从文职机构传播到了军队官员中,从军官传到了士兵中。恶行越来越严重,直到每一间餐室都成为策划诡计和阴谋之地,直到只有靠成批地处决才能保证印度兵服从纪律。

终于,孟加拉的事态开始在祖国引起不安。一连串的政变;杂乱无章的行政;土著遭受劫掠,公司却未更加富有;每一艘舰艇载回幸运的冒险者,他们买得起庄园,建造起富丽堂皇的住宅,但也带回反映政府财政前景的触目惊心的账目;边界上的战事;军队中的不满;民族品格因犹似弗里斯(Verres)①及皮萨罗(Pizarro)②的暴行而蒙羞。这些景象让那些熟悉印度事务的人倍感惊愕。普遍的呼声是,克莱武,也只有克莱武,才能拯救他建立起的帝国。

这种呼声在全体股东大会(General Court of Proprietors)上以一种最强烈的方式表达了出来。各派别的人士忘掉了彼此间的仇恨,为他们的红利而忧虑,他们呼吁:克莱武是应对危机的人选,应当终止那场关于他的地产的不公正诉讼,应当恳请他返回印度。

克莱武起身发言。关于他的地产,他说,他会向董事们提出建议,他相信这些建议将促成和解。但是,还有更棘手的困难。需要告诉他们的是,只要他的敌人沙利文仍是公司的主席,他就永远不会执掌孟加拉政府。随即发生了骚乱。沙利文几乎无法得到一个发言机会。集会上压倒性的多数站在了克莱武一边。沙利文希望以投票决定结果。但是根据公司的内部规章,除非有九名股东联名申请否则

---

① 盖尤斯·弗里斯(Gaius Verres,120 BC—43 BC)是罗马地方官,因对西西里岛管理不善而臭名昭著。——译注

② 弗朗西斯科·皮萨罗(Francisco Pizarro,1475—1541)是西班牙早期殖民者,开启了西班牙征服南美洲(特别是秘鲁)的时代。在西班牙历史上,皮萨罗以其卑劣无耻和残忍的征服活动与墨西哥的征服者埃尔南·科尔特斯齐名。——译注

不得进行投票；尽管有数百名股东在场，却无法找出九个人支持这一申请。

最终，克莱武被提名为不列颠孟加拉领地的总督和总司令(Commander-in-chief)。但是他坚持自己的主张，在下一届董事会选举结果揭晓之前拒绝上任。斗争艰苦而曲折，克莱武获胜。印度署不久之前的绝对主宰沙利文以一票之差中丢掉了席位，而主席和副主席都是新任总督的朋友。

十五

这就是克莱武第三次也是最后一次启航印度时的形势。1765年的5月，他抵达加尔各答，他发现整个政府机器的混乱状况比他预想的还要可怕。米尔·贾法尔不久前失去了长子米拉，就在克莱武正在途中之际米尔·贾法尔也去世了。加尔各答的英国公职人员已经从国内接到严格的命令，不许接受土著王公的礼物。但是，由于发财心切，而且习惯于不遵守他们遥远、无知、玩忽职守的雇主们的命令，他们又一次对孟加拉的宝座待价而沽。大约十四万英镑在公司的九个最有权势人物之间瓜分了；而且，靠着这笔贿赂，已故纳瓦卜的一个尚在襁褓中的儿子被请上了他父亲的位子。克莱武刚一抵达就听闻了这桩可耻的交易。在他登陆后立即写就的一封致一位亲密朋友的私人信函中，他倾诉了自己的感情，其中的言辞令我们格外触动，尤其是出自于这样勇敢、坚毅、极少做作地表露情感的一个人。"天哪！"他说，"英国人的名誉是多么的堕落呀！我不禁要为不列颠民族名誉的沦丧落泪——我担心，这名誉已无法挽回。然而，我向那伟大存在(Being)起誓,他是所有心灵的审查者,如果死后有知的话,我们必定要在他面前为自己的行为负责,我本人将杜绝一切腐败,并下决心打击这些严重且与日俱增的恶行,死而后已。"

参事会碰了头,克莱武向他们说明了进行彻底改革的坚定决心,并且,为此目的他将全面行使所有已赋予他的民事与军事全权。约翰斯顿(Johnstone),会上最鲁莽和最卑劣的家伙,表露出反对的态度。克莱武打断了他,高傲地质问他是不是想质疑新政府的权力。约翰斯顿吓坏了,否认有任何这样的意图。所有与会者都拉长了脸,脸色苍白;再没有其他的反对声了。

克莱武践行了自己的誓言。他留在印度大约一年半的时间;在如此之短的时间,他所实施的改革堪与任何政治家曾经完成的最广泛、最困难以及最有成效的改革比肩。后来他极为自豪地回顾生命中的这段时期。他本可以使其已堪称巨大的财富再增加三倍;本可以在纵容暴行的同时佯装在清除这些暴行;本可以将一个无助而孱弱的种族——他们甚至不知道派来这些压迫者的岛屿位于哪里,他们的哀怨也几乎没有机会传过五万英里的大洋——任人劫掠,以此换取在孟加拉的英国人的好感。他知道,如果他自己真心实意地投身于改革事业,他会招来种种邪恶激情的强硬反对,他知道这些贪婪的冒险者的仇恨会多么肆无忌惮,多么地难以平息,这些人期望着在几个月内积聚起可以支撑爵位的财富,而如今他们发现所有的期望都化为泡影。但是,他选择了善良的角色;他拿出其心智的所有力量应付一场比普拉西战争更加艰难的战役。起初,看起来成功的机会很渺茫。但是不久,所有的障碍都在他坚定的勇气和强烈的意志面前屈服了。从土著那里收受礼物被严格地禁止了。公司职员的私下贸易被取缔。整个定居点看起来团结一致反对这些措施。但是,这位不容分说的总督宣布，如果他不能在威廉堡得到支持，那么他将设法在其他地方获得，并从马德拉斯指派公职人员协助他进行管理。他的对手中最闹派性的家伙被他革除职务。剩下的人则屈从于势不可挡的形势；在很短的时间内，所有的抵抗都被平息。

但是，克莱武是如此聪慧的一个人，不会看不到近来发生的滥用职权可部分地归咎于这样一个缘由，一旦没有了铁腕的压力，它仍将催生出类似的暴行。关于职员的酬金，公司遵循着一个错误的政策。薪酬太低，甚至无法负担起欧洲人在热带气候下为健康和舒适而必要的嗜好。从如此微薄的报酬中攒下一个卢比都是不可能的。不能想象即便中等之才会愿意在放逐中度过一生中最好的岁月，顶着炎炎烈日，除了这点有限的工资之外再没有其他的非分之想。由此就可以理解从非常早的时期开始，公司的代理人就可以随意地通过私下贸易发财致富。这种做法一直以来严重损害着这个法人的商业利益。那位非常有洞见的观察者，托马斯·罗爵士（Sir Thomas Roe），在詹姆斯一世在位期间曾力劝董事们对这一弊端采取补救措施。"彻底禁止私下贸易，"他说，"这样你们的生意会更好。我知道这听起来很刺耳。人们承认他们不是为那点工资而来。但是，只要你们支付令他们满意的丰厚报酬，就能打消这种借口；到那时你们就知道由此杜绝了什么。"

罔顾这么好的建议，公司固守成规，支付低工资，纵容代理人间接地谋利。一名参事会成员的报酬一年只有三百镑。然而，众所周知，对于这样一名公职人员而言，少于十倍于这个数目的话根本就无法在印度生存；也不能期望他会满意于即便在印度有宽裕的生活而不为返回英格兰之后的生活积攒钱财。在征服孟加拉之前，这种制度可能会影响向股东们分红的金额，但在其他方面几乎不会造成损害。不过,公司现在是一个统治机构。它的职员可能依然被称为代理商、初级商人、高级商人。但是,事实上他们是广袤地区的总督、地方长官、检察官。他们拥有巨大的权力。他们的固定薪酬世人都承认并不足够。依着这行的老习惯以及雇主们的默许,他们被允许通过间接的手段发财;这才是致使孟加拉疲敝凋零的骇人暴虐与腐败的源头。克莱武清楚地认识到,赋予一些人权力,却要求他们贫苦地生活,这是荒谬的。他正确地得出结论:如果不配合一项为公司民事职员开出丰厚薪酬的方案,任何改革都不可能取得成效。他知道,董事们不会乐意批准从他们自己的金库中拿出一部分提高薪水。总督面前唯一可行的道路给他招致许多误解,但是,我们认为他完全有理由采取这一措施。他从食盐专营中拨款资助公职人员,直到我们这个时代,食盐专营仍是印度税收的大头;并且他分配这笔收益的比例看起来并非不合理。正因为此,他遭到了政敌的非难,并至今仍受到史学家的批评,说他违反了指令,违背了自己的诺言,授权公司职员私下贸易,而摒除这个弊端才是他的使命。然而,每一个有洞察力且不偏不倚的法官都会承认,他确立的制度与派他去摧毁的制度之间实际上毫无雷同之处。食盐专营在克莱武出生之前就是印度政府的一个税收来源。在他死后也持续了很久。民事职员显然有权从这笔税收中获得生活费;克莱武所做的一切也只是将这笔税收的特定部分用来维持他们的生计。借此,他在终结以往迅速聚敛巨额财富的做法之同时,为供职于东方的每个不列颠公职人员提供了缓慢却稳定地获得宽裕生活的途径。构成他生命中真正污点的行为也没像这个措施那样给他带来如此之多的诋毁,事实上这项改革措施是所有其他改革获得成功的必要条件,然而,这就是人类的不公正之处。

他挫败了民事职员的反对,但军队的反对更为可怕。董事们已下令削减部分开支,这影响了军职人员的利益。风暴将至,甚至连凯撒也不愿面对这样的动荡。在一个只凭刀剑来统治的国家,遭到那些掌握刀剑权力之人的抵抗可不是轻巧的事。两百名英国军官密谋反对政府,决定于同一天辞职,他们相信克莱武会答应任何条件,这总比看到军队没有军官要好,因为军队是不列颠帝国在东方惟一的依靠。他们不了解他们将面对的不屈精神。克莱武身边还有几位能够信赖的军官。他派人去圣乔治堡补充新人。在这个危急时刻,他甚至给愿意支持他的商业代理人授衔;他发布命令,每一个辞职的军官都会立刻被带至加尔各答。密谋者发现他们估计错了。总督毫不动摇。军队依然稳固。印度兵坚决站在克莱武这一边,忠心耿耿,克莱武一向对他们有着非同寻常的影响力。密谋的领导者被逮捕、审判并革职。剩下的人,变得顺从且沮丧,乞求允许他们收回辞呈。许多人声泪俱下,表示悔恨。对于较年轻的冒犯者,克莱武从宽处理。对于那些罪魁祸首,他毫不留情,但是他的严厉丝毫不掺杂个人感情。在他严厉地维持着其职权的正当权威之时,总是以宽宏的不屑不去理会个人受到的侮辱和伤害。有一个密谋者被控计划刺杀总督,但是克莱武没有听取这一控告。"这些军官,"他说,"是英国人,不是刺客。"

在改革民事部门并且确立了对军队的权威之同时,他在外交政策方面也同样成功。他登上印度大地就是即刻和平的信号。那时奥德纳瓦卜率领着大批的军队驻扎在比哈尔的边境。许多阿富汗人和马拉塔人也加入了他的队伍,有相当多的理由让人们料想各种土著势力会联合一致反对英国人。但是克莱武的名字顷刻间就镇压了所有的敌对势力。敌人以最谦恭的言辞寻求和平,并且接受新任总督开出的条件。

与此同时，孟加拉政府被置于新的基础之上。英国人在那个省区的权力直至那时仍完全不明确。这种权力对于这个帝国古老的政制而言是闻所未闻的，也没有以契约确定下来。它类似于在西方帝国衰老之际，那些异族雇佣兵的伟大首领们行使的权力，就像里西梅尔（Ricimers）和奥多亚克（Odoacers），他们按照自己的喜好拥立又废黜一连串无足轻重的君主，尊称其为凯撒或者奥古斯都。不过就像在印度，在意大利的那些好战的外来者最终发现，给武力建立起的统治披上法律和古老习惯的认可乃是有利的。狄奥多里克（Theodoric）认为，从遥远的拜占庭宫廷取得一项授权，任命他为意大利的统治者是明智的；而克莱武以相同的方式向德里王室请求了一份正式的授权，授予那些他事实上早已拥有的权力。莫卧儿皇帝别无选择，虽然低声抱怨，但他有理由对英国人愿意拿实实在在的卢比交换几句波斯文字感到十分高兴，这些卢比是他永远不可能从英国人手中夺取的，而这几句波斯文字不用他花一个子。交易迅速地达成了，印度斯坦有名无实的君主签署了一份委任状，授权公司征收并管理孟加拉、奥利萨和比哈尔的税赋。

依然有位纳瓦卜，他与不列颠当局间的关系相当于墨洛温王朝晚期糊涂的希尔佩里克（Chilperics）、希尔德里克（Childerics）与能干且精力充沛的宫相查理·马特（Charles Martel）、丕平（Pepin）之间的关系。克莱武曾几乎下定决心彻底抛弃这个有名无实的人物，但是他后来认为继续假借纳瓦卜的名义可能更方便，尤其是在和其他欧洲民族打交道时。他认为，较之一个敌对贸易公司的权威，法国人、荷兰人以及丹麦人会更愿意服从土著王公的权威，他们一直以来已习惯于尊敬这些王公。这个政策在那个时期是明智的。但是这种伪装很快就被发现是如此拙劣，不足以骗过任何人，也就被完全弃之一旁了。米尔·贾法尔的继承人依然居住在家族的古老首府穆希达巴德，依然顶着纳瓦卜的头衔，依然被英国人搭话时称为"殿下"，而且依然被允许部分地保留环绕其祖先的豪华排场。政府每年向其支付十六万英镑的年金。他的步辇有卫兵环绕，前面有随从举着银质权杖。他的人身和住所不受司法官的普通权威管辖。但是，他丝毫没有政治权力，事实上只是公司的一位高贵和富有的臣属。

在孟加拉的第二个任期中，克莱武本可以很轻易地敛得欧洲的任何臣民都无法拥有的财富。实际上，无需使这个省区的富人们承受任何胜过此前最温和的统治者已让他们习惯了的压迫，克莱武就可以一年收到三十万英镑数额的礼物。邻近地区的王公为博得他的欢心会乐意付出任何代价。但是，看起来克莱武严格地坚持着他为其他人制定的准则。贝纳勒斯罗阇（Rajah of Benares）曾赠给他极其贵重的钻石。奥德纳瓦卜竭力请求他接受大笔金钱和一匣珍贵的珠宝。克莱武礼貌地却断然地拒绝了，而且，应该注意到他从未夸耀过此举，这些事情直到他死后才曝光。他准确地记录下他的收入，包括从食盐贸易中的收益中获得的份额，以及那些根据东方的风俗，拒绝则会不合礼节的礼物。他从由这些来源获得的钱财支付职务上的花费。他把余下的都分给了几位陪伴他来到印度的亲近朋友。他经常自夸道，最后的这个任期没有增加反倒减少了他的财富。据我们能够判断的，他的自夸属实。

他的确曾收受了一大笔金额。米尔·贾法尔在遗嘱中留给他价值超过六万镑的铸币和珠宝，而最近制定的规定仅适用于从生者手里接受的礼物，并不影响死者的遗赠。克莱武接受了这笔钱，但不是为他自己。他把全部的钱财交给了公司，为那些在服役期间伤残的军官和士兵设立了基金。现在依然以他的名字命名的这项基金就源自这笔慷慨的捐款。

在驻留了十八个月之后，他的健康状况使得他必须返回欧洲。在 1767 年的 1 月底，他最后一次离开了这个他曾如此有力地左右了其命运的国度。

十六

他第二次从孟加拉回国时不像第一次那样受到同胞的热情欢迎。许多因素已开始产生影响，使他的余生充满苦恼，并将他过早地赶进了坟墓。他在印度署的老对头们依然强大而且活跃；一大批更为残暴的同盟加强了他们的力量。他将孟加拉从窃贼和压迫者手中拯救出来，这群家伙则怀着无法平息的仇恨迫害他，这种仇恨根植于如此卑劣的人性。他们中的许多人将财产投资印度股票，仅仅是为了更方便骚扰克莱武，因为他曾坚定不移地约束他们的贪婪。他们创办一些谎话连篇的报刊，只为毁谤他。这些伎俩在正常的环境下无法撼动真相和功绩，但那时舆论的倾向却使这些伎俩给人留下了非同寻常的印象。

在印度发生的大事件催生了英国人中的一个新阶层，同胞们给他们起了个名字叫"纳瓦卜"。这些人一般都出身于既不古老也不富裕的家庭；他们一般在早年被派往东方；在那里获取了大量的财富，并将之带回故土。由于没有太多的机会和上层社会交际，自然地，他们会暴露出某种笨拙以及暴发户式的浮华。在他们驻留亚洲期间，自然地，他们会染上某些令人惊讶的嗜好和习性，对于从未离开过欧洲的人来说，即使不是令人厌恶，也是令人惊奇的。由于曾在东方享有相当的地位,自然地,他们不会甘愿在祖国沦为无名之辈;而且,因为他们有钱但缺乏高贵的出身以及与上层的关系,自然地,他们容易有些莽撞地炫耀自己唯有的优势。无论他们定居何处,他们都会和贵族豪门之间产生某种不和,类似于在法国普遍存在的包税人与侯爵间的不和。在很长时间里,对贵族怀有敌意都是辨别公司职员的标志。在我们所谈论的那个时代过去二十多年后,伯克称,在雅各宾派中,"那些东印度人几乎都一个样,无法容忍认识到自己现在的地位配不上他们财产的分量"。①

　　很快,纳瓦卜成了最不受欢迎的阶层。他们中有些人曾在东方展现过杰出的才能,为国家作出过伟大的贡献;但是,在祖国他们的才能看起来并不是优点,他们的贡献也鲜为人知。他们从籍籍无名中崛起,他们获取了巨额财富,他们傲慢地炫耀,他们大肆挥霍,他们抬高了邻近地区所有东西的价格,从新鲜鸡蛋到腐败选区,他们仆人的制服比公爵仆人的更为华丽,他们的马车比市长阁下的还要精美,他们庞大且管理混乱的家务成了榜样,败坏了举国上下一半的仆人,他们中有些人,尽管衣着华丽,却无法学会上层社会的腔调,尽管珠光宝气、仆人成群,尽管有金银器皿和德累斯顿瓷器,尽管有鹿肉和勃艮第葡萄酒,却依然是下等人;所有这些事情既在他们所出身的阶层,也在他们试图进入的那个阶层中都激起了强烈的反感,交织着嫉妒与轻蔑。但是,当也有谣传说,这些在跑马场上令郡治安长官黯然失色的财富,或者使得一个郡起而反抗一个与《土地调查清册》(Domesday Book)一样古老的家族之领袖的财富,是靠违背公共信

———————

　　① 出自伯克1791年的短文《论法国事务》(*Thoughts on French Affairs*)。——译注

仰、靠罢黜合法王公、靠令整个省区陷入赤贫聚敛而来,这时,人性中所有高尚和优秀的品质,以及所有低劣和邪恶的部分,都起而反对这些恶人,他们靠罪行和不义攫取财富,现在又傲慢而粗俗地挥霍这些财富。不幸的纳瓦卜们看上去满身都是的缺点,在喜剧里遭到最无情的嘲弄;满身都是的罪行,给悲剧罩上了最阴暗的色彩;他们活脱就是杜卡莱(Turcaret)①和尼禄,就是茹尔丹先生(Monsieur Jourdain)②和理查三世。咒骂和嘲笑的暴风雨,唯有比之于王政复辟(Restoration)时期所爆发的针对清教徒的公众情绪,现在向公司职员们袭来。仁慈之人震惊于他们敛财的方式,节俭之人震惊于他们花钱的方式。艺术爱好者嘲笑他们缺乏品味。纨绔子弟排斥这些粗俗之辈。观点和风格最不相同的作家、卫理公会派教徒和怀疑论者、哲学家和小丑,头一次站在了一条战线上。几乎不夸张地说,在大约三十年里,整个英格兰的通俗文学都带有我们上面所描述的这些情绪。富特(Foote)③给舞台带来了一位盎格鲁—印度长官,放荡、吝啬、僭主做派,对他年少时那些卑微的朋友感到羞耻,憎恨贵族,却又幼稚地急于加入后者的行列,把财富挥霍在牵线人(pandarus)和谄媚者身上,用最昂贵的温室花朵打扮他的轿夫,用关于卢比、拉卡(lacs)④、庄园(jaghires)的土语吓唬无知者。麦肯齐(Mackenzie)⑤以

---

① 杜卡莱(Turcaret),十八世纪初法国喜剧家勒萨日(Lesage)所作喜剧中的主人公,原是仆人,经过欺诈钻营,成了巨富。——译注
② 莫里哀在《贵人迷》(*Le bourgeois gentilhomme*)中就塑造了茹尔丹(Monsieur Jourdain)这样一个文学形象;作为布料商的后代,茹尔丹先生一心想购得贵族身份,为此闹出很多笑话,最后只落得人财两空。——译注
③ 塞缪尔·富特(Samuel Foote,1720—1777)英国剧作家、演员及剧院经营者。——译注
④ 计数单位,十万卢比。——译注
⑤ 亨利·麦肯齐(Henry Mackenzie,1745—1831),曾任苏格兰税务审计官(Comptroller of Taxes for Scotland),小说 *The Man of Feeling* 的作者。——译注

更为细致的诙谐笔调描写了一个普通的乡村家族,因为一位家族成员在印度的收获而暴富,在笨拙地模仿大人物的行为方式时招致嘲笑。古柏(Cowper)①的高尚劝诫闪耀着希伯来诗篇中的那种精神,他把对印度的压迫列在了民族罪行之首,正因为这些罪行上帝以灾难性的战祸连年、在自己海域中的大败,以及失去大西洋彼岸的帝国来惩罚英格兰。如果我们的读者不辞劳苦在流动图书馆的某个落满尘灰的隔层上找到一本六十年前出版的小说,很可能故事中的反派或者二号反派就是一个野蛮的老纳瓦卜,有着巨额的财富、黄褐色的肤色、肝病,以及一颗更糟糕的内心。

就我们现在所能判断的,这就是举国上下对于纳瓦卜们的普遍态度。而克莱武正是纳瓦卜的杰出代表,是这个行列中最具才能、最负盛名、级别最高、财富最多的一员。他炫耀财富的方式不可能不引起非议。他富丽堂皇地住在伯克利广场(Berkeley Square)。在什罗普郡(Shropshire)修筑了一座宅邸,还在克莱蒙(Claremont)建造了另一座。他在国会的影响力可以和最显赫家族相匹敌。但是在所有这些光彩与权势中,嫉妒总是能够发现嘲弄的对象。在他的一些亲戚身上,财富和地位看起来如同在麦肯齐笔下玛杰里·穆什茹姆(Margery Mushroom)身上一样可笑。他本人纵然有着杰出的品质,也难免有那个时代的讽刺作家刻画为他那整个阶层之特征的缺点。的确,在战场上,他的作风是出了名的简朴。他总是在马背上,除了制服之外从未见他穿过其他衣着,从未穿过丝绸,从未坐过轿子,并且满足于最简单的食物。但是,一旦不再是军队的领袖,他就抛弃了

---

① 威廉·古柏(William Cowper,1731—1800)英国诗人和圣诗作者。他是那个时代最受欢迎的诗人之一,通过描绘日常生活和英国乡村场景,改变了18世纪自然诗的方向。在许多方面,他是浪漫主义诗歌的先行者之一。——译注

这种斯巴达式的节制，代之以锡巴里斯人式（Sybarite）的骄奢淫逸。尽管他的外表并不优雅，而且尽管他粗糙的容貌因其坚定、无畏和威严的表情才不那么粗陋，但是他喜欢华贵的衣着，无度地不断填充他的衣橱。约翰·马尔科姆爵士向我们展示了一封好似出自马修·螨特（Matthew Mite）①之手的函件，其中克莱武订购"两百件衬衫，但凡能得到的当中最好、最精致的"。诸如此类的荒唐事，经过传闻大肆夸大，在公众的心灵中留下了令人不快的印象。但这还不是最糟糕的。还流传着一些关于他在东方的所作所为的黑色故事（black stories），其中大部分纯属杜撰。他被迫担起所有的非难，不仅是针对他曾偶尔涉足的那些坏事，还针对所有英国人在印度所犯下的一切坏事，包括他不在印度时犯下的坏事，更甚者，还包括他坚决地反对和严厉惩罚的坏事。恰恰是针对那些暴行，他曾经发起一场正直、坚毅且成功的战斗，现在却全都归在了他的头上。事实上，他被视作英国公众不论是否有理都将之归结在亚洲的英格兰冒险者身上的那些邪恶和缺点的化身。我们自己就听老人把他说成魔鬼的化身，这些老人对他的生平一无所知，但依然保留着他们年轻时形成的偏见。约翰逊（Johnson）就经常说这样的话。布朗（Brown）有一次被克莱武雇去布置游乐场，他很惊奇地在这位高贵雇主的宅邸中看见一个匣子，里面曾装满了出自穆希达巴德宝库中的黄金，他无法理解这件东西离卧室如此之近，这名罪犯的良心如何能让他安然入睡。萨里郡（Surrey）的农民以不可思议的恐惧注视着在克莱蒙拔地而起的豪宅，窃窃私语，说这位罪大恶极的爵士下令把围墙建造得如此之厚，为的是将魔鬼挡在门外，终有一天魔鬼会亲自将他抓走。在那些张

---

① 马修·螨特是富特的喜剧中的人物。——译注

大嘴巴陶醉于在这个恐怖故事中的乡下人当中,有一个名叫亨特
(Hunt)的不成器的丑陋家伙,此后更为人所知的名字是威廉·亨廷
顿(William Huntington S. S.);这个臭名昭著的骗子在骗术中以奇特
方式掺杂的迷信,看起来灵感正来自于他听过的关于克莱武生平与
性格的故事。

　　与此同时,克莱武给孟加拉政府带去的冲击正变得越来越微弱。
他的政策在很大程度上废止了;他曾一度镇压的那些暴行死灰复燃;
最终,一个坏政府造成的人祸被可怕的天灾放大了,即使是最好的政
府也无法防止这些天灾。在 1770 年夏天,雨水迟迟未至;大地被烤
焦;蓄水池也已干涸;河流露出了河床;一场饥荒使得整个恒河流域
充斥着不幸和死亡,像这样的饥荒只会出现在每户人家全指靠自家
那一小块耕地的国度。那些在公众面前从未掀起过薄纱的温柔纤弱
的妇女从内室中走出门来,东方人的嫉妒心将她们关在屋内以囚禁
她们的美貌,她们跪在地上向路人大声地哭喊,为她们的孩子乞讨一
把米粒。胡格利河每天都将成千的死尸卷至英国征服者的柱廊和花
园附近。加尔各答的各条街道都填满了垂死之人与死者。瘦弱而饥
饿的幸存者已没有力气将他们亲属的尸体背往火葬堆或圣河,甚至
没有力气驱赶豺狼和秃鹫,这些禽兽就在白日里以尸体为食。死亡
的人数从未查明,但是普遍承认数以百万计。这悲惨的消息助长了
弥漫在英格兰的关于印度臣民的激动情绪。东印度股票的持有人为
他们的股息感到担忧。所有有着平常的仁慈心之人都为我们不幸的
臣民遭受的灾难所触动,很快怜悯中开始融入了愤怒。有传言说,公
司的职员通过囤积那个国度的所有大米制造了饥荒;说他们卖出谷
粒的价格是买进时的八倍、十倍、十二倍;说一名英国职员,一年前连
一百基尼(guineas)都没有,在那段惨绝人寰的时期寄回了伦敦六万

英镑。我们相信这些指控毫无根据。公司职员在克莱武离开之后有
胆量倒卖稻米，这是可能的。并且，如果他们倒卖大米，他们必然因
稻米稀缺发大财，这是肯定的。但是，没有理由认为他们制造或者加
重了一场自然原因足以解释的灾难。我们认为，就此痛骂他们是荒
谬的，如同在国内的饥荒时期，政治家和法官就将责任归结于谷物商
行一样荒谬，现在依然有两三个老女人这么干。然而，这种论调如此
之高，如此之普遍，以至于看起来甚至对像亚当·斯密这样智识远超
粗俗偏见的人士也产生了影响。更加反常的是，这些不幸的事件使
得克莱武勋爵更加不受欢迎。发生这场饥荒时，他已经在英格兰有
些年月了。他的行为中没有哪一项有丁点可能造成如此一场灾难。
即使公司的职员曾倒卖稻米，他们这样做也是直接违反他曾经制定
的准则，而且，在他当权时这些准则获得了坚决执行。但是，在他的
同胞眼里，如我们所说，他是纳瓦卜、盎格鲁—印度人特征的化身；当
他正在萨里郡修房植树时，他被认为对孟加拉干旱季节造成的所有
后果负有责任。

十七

直至这时，国会极少关注我们在东方的领地。自乔治二世去世
以来，一连串弱势的内阁迅速更迭，每届都受到王室的吹捧和背叛，
仅拥有权力的表象。宫廷中的阴谋、首都的骚乱以及美洲殖民地的
叛乱，让国王的顾问们几乎没有有闲余去研究印度政治。当他们插
手时，他们的干涉也都软弱且犹豫不决。的确，查塔姆勋爵（Lord
Chatham）在乔治三世的顾问班子中占据优势的时候，曾策划对公司

进行大胆的打击。但由于大约自那时起开始损害他杰出才干的奇怪疾病，他的计划被迫流产了。

最终，到了1772年，人们普遍感到国会不能再忽视印度事务了。当时的政府比自1761年皮特先生与伟大的辉格党之间的联合破裂以来的历届政府更为强势。没有什么紧迫的国内或者欧洲问题值得公众人物关注。在两次暴风雨之间有一个短暂而迷惑性的平静间歇。米德尔塞克斯郡（Middlesex）选举引起的骚动已结束；美洲的不满尚没有爆发内战的危险；东印度公司的金融困难引发了一场危机；大臣们被迫着手处理这个问题；长久以来不断积聚的暴风雨现在就要落在克莱武的头上了。

他的处境确实极其不幸。举国上下都憎恨他，印度署憎恨他，尤其是公司中那些有权有势的职员，他曾经成功地阻止过他们的贪婪和僭政。他不得承受双倍的非议，既针对他的恶行，也针对他的善举，既针对在印度的每一项暴行，也针对在印度每一项改革。政界的形势是，他无法指望任何权势关系的支持。他曾经所属的党派，即乔治·格伦威尔的党派，一直对政府抱有敌意，却从未和反对党的其他派别热诚地联合，未曾与依然追随查塔姆勋爵之沉浮的一小帮人，或者与公认由罗金厄姆爵士（Lord Rockingham）领导的庞大且可敬的团体合作。乔治·格伦威尔现在已经去世，追随者人心涣散；而克莱武和国会中任何一个强大派别都没有联系，只能倚靠由他本人推举出来的那些议员的投票了。

他的敌人，尤其是他德行的敌人，不择手段、凶残可怕，并且不依不饶。他们的险恶用心只求彻底毁掉他的名誉和财富。他们希望看到他被从议会中驱逐出去，看到他受辱，看到他的庄园被没收；即便果真如此，也令人怀疑是否能平息他们对复仇的渴望。

　　克莱武在议会的战略与他的军事战略如出一辙。即使身处绝境、陷入包围、敌众我寡、危机四伏，他甚至没有屈尊摆出防守姿态，而是勇敢地向前猛攻。在讨论印度事务的早期阶段，他就站起身来，发表了长篇而详尽的演说，澄清了很大一部分针对他的指控。据说，他给听众留下了极其深刻的印象。查塔姆勋爵现在身心已大不如从前，但仍喜欢去那个他曾经辉煌过的地方，那天晚上他正好在下院的走廊上，他称自己从未听到过更出色的演讲。随后，这篇演说在克莱武的安排下出版，并且，他可能得到了一些文人朋友的帮助，为此支付了丰厚的津贴。这篇演说表明他不仅拥有强健的判断力和男子气概，还具备作专题讨论和雄辩演说的才能，如果再加以积极培养，这些才能或许可以达到极高的水准。他把在这个场合的辩护局限于最后一个任期，并且取得了极大的成功，以至于他的敌人们从此认为应将他们的攻讦主要对准他人生中较早的阶段。

　　不幸的是，他人生中的较早阶段为敌人们留下了一些容易攻击的地方。投票选出了一个委员会着手调查印度事务。通过这个委员会，那场推倒苏拉焦·道拉又扶植米尔·贾法尔上台的重大政变受到了严苛的审查。克莱武遭受了最无情的调查和盘问，他后来愤怒地抱怨说，他身为普拉西男爵(Baron of Plassey)，却被当成偷羊贼对待。他的答复无畏而且坦率，这足够表明他的本性是多么地不同于诈骗犯们，即使他在东方的谈判中有时自甘堕落。他坦率承认了用来欺骗奥米金德的伎俩，并坚定地说，他对此并不感到羞耻，在相同的情形下，他还是会以相同的方式行事。他承认从米尔·贾法尔那里收受了巨额财富，但是他否认这么做违背了任何道德或者荣誉上的义务。相反，他不无理由地认为这是异常公正无私的表现。他以生动的语言表述了他的胜利使他所处的环境：一些强大的王公受他左右；一座壮丽的城市害怕沦为战利品；富有的银行家竞相讨他的欢心；堆满了金子和珠宝的地窖只向他敞开。"以主之名，主席先生，"他宣称，"在这个时刻，我对自己的节制感到惊讶。"

调查如此之广泛，以至于议会休会时调查仍未完结。下一个会期调查继续。当委员会最终结束它的工作时，开明和公正之人不难得出结论。显然，克莱武的有些行为是有罪的，为这些行为辩护，将不可能不有损规范个人之间以及国家之间交往的一切最神圣的法律的权威。但是，同样清楚的是，他展现了伟大的才能，甚至是伟大的德行；他既为他的国家，也为印度民众作出了杰出的贡献；并且，事实上不是由于他和米尔·贾法尔间的交易，也不是由于他对奥米金德的欺骗，而是由于他对贪婪和僭政的坚决抵制，他现在才受到质询。

普通的刑事司法对于抵消（set-off）一无所知。最伟大的功劳不能用来为最轻微的违法行为辩护。如果一个人在星期天的早晨卖啤酒，则不能以其曾冒着生命危险拯救同胞的生命来辩护。如果一个人给一只纽芬兰犬装上轭具，套在他小孩子的马车上，那么他曾在滑铁卢负伤也无法构成辩护。但是，我们不应该以同样的方式对待那些有权享有超出普通免罪方式之人，他们远远地超越了普通的约束，经受过远甚普通诱惑的考验。这样的人既应该受到他们同代人的审判，也应该得到后世的评判。他们的恶行确实不应被称为善举；但是，他们的善举与恶行应该得到公正地权衡；如果在整体上善举占优，那么判决应该只有一个，不仅仅是无罪，更应该得到赞许。如果法官冷酷无情地只看到一两桩不正义的行为，那么历史上没有一个伟大的统治者能被宣告无罪。苏格兰的拯救者布鲁斯（Bruce）、德意志的拯救者莫里斯（Maurice）、荷兰的拯救者威廉、其伟大的后人也是英格兰的拯救者、优秀的摄政默里（Murray）、国父科西莫

(Cosmo)、法兰西的亨利四世、俄罗斯的彼得大帝，他们之中的最优秀者又如何能通过这样的审查？历史的视域更广，对于伟大的政治案件，最好的法庭是能够预见历史之裁决的法庭。

所有党派中理性、温和的人士都在克莱武的案件中感受到了这一点。他们无法宣告他无罪；但是他们也不情愿把他交给那群低贱且心怀怨恨的家伙，这些人已经将他扑倒在地，并迫切地想咬死他。诺斯勋爵（Lord North）虽然对克莱武不是特别友好，但也不愿意极力反对他。克莱武前些年曾被封为巴斯骑士（Knight of the Bath），就在调查仍在进行的时候，在亨利七世的礼拜堂中为克莱武举行了隆重的加封仪式。不久之后，他被任命为什罗普郡的治安官。当他行吻手礼时，乔治三世，这位一贯对他偏爱有加的国王，将他迎进私人会客厅，和他谈论了半个小时的印度政治，当这位受迫害的将军谈及他的贡献以及受到回报的方式，国王明显受到了触动。

最终，指控以明确的形式呈交到了众议院。那个委员会的主席，即伯格因（Burgoyne），出任控告人，他是一位睿智、时髦、正派之人，一位讨人喜欢的戏剧作家，一位其勇气从不令人怀疑的官员，他的能力在那时得到了很高的评价。内阁成员们支持不同的对象。在那个年代，所有的审讯都是公开审讯，除了由政府提出的，或者意味着谴责政府的审讯。首席检察官瑟洛（Thurlow）站在攻讦者之列。副检察长韦德布恩（Wedderburne）坚决拥护克莱武，以其论辩和言辞非同凡响的力量为他的朋友辩护。这真是一幅奇特的景象，许多年后，瑟洛是沃伦·黑斯廷斯（Warren Hastings）最引人注目的辩护者，而韦德布恩是对那位伟大但不无过错的政治家最无情的控告人之一。克莱武为自己作了辩护，他的发言不及前一年那篇演说长，也略显逊色，但更具力量和感染力。他再次诉说了他的伟大行动以及他的冤屈;最后,他提请听众们记住,他们将要决定的不只是他的荣誉,还有他们自己的荣誉,然后离开了议院。

众议院认定,通过国家力量获取之物应该只归国家所有,在为国效力的过程中将获取物据为己有是不合法的。他们认定,在孟加拉的英国公职人员显然屡屡违背了这条审慎的法规。次日,他们向前更进了一步,认定克莱武利用作为不列颠军队在印度的司令官所拥有的权力,从米尔·贾法尔那里获取了大量财产。下议院止步于此。他们同意伯格因的三段论中的大前提和小前提,但是他们在推导出逻辑结论时退缩了。当动议提出克莱武勋爵滥用了他的权力并为公职人员们树立了一个坏榜样时,先前的问题被提出来并获得了通过。天已破晓,激烈的辩论仍在继续,最终,韦德布恩提出动议,克莱武爵士同时也为他的国家作出了伟大且彪炳史册的贡献;该动议未经分组表决便获得通过。

在我们看来,就这一令人难忘的调查的结果而言,众议院的公正、节制以及洞察力值得尊敬。实际上,他们没有什么理由胡作妄为。若是针对詹金森(Jenkinson)或维尔克斯(Wilkes)的指控,他们会是非常糟糕的法官。不过,关于克莱武的问题不是党派问题,因此下院凭着理智和善意行事,没有被党争蒙住眼睛,这可能是人们一直以来对一个由英国绅士组成的集会的期望。

十八

通过一组对照,更是极大地凸显了不列颠国会诉讼程序的公正与温和。路易十五那令人憎恨的政府直接或者间接地杀害了几乎所有曾在东方为国家作出过杰出贡献的法国人。拉·布尔东奈被关进了巴士底狱，在遭受多年的折磨之后，出狱时也已命在旦夕。迪普莱克斯被剥夺了其巨额财富，并且因为处处在接待室中遭受冷遇而绝望，籍籍无名地死去。拉里被塞着嘴巴拖到了通常进行处决的地方。而另外一边，英格兰的众议院以不偏不倚的公正态度对待他们在世的上尉，除了对待逝者，这种态度很是少见。他们提出明智的一般原则；他们巧妙地指出在哪些地方克莱武偏离了这些原则；他们以开明的赞词缓和那些温和的谴责。这种对照打动了伏尔泰，他一直偏爱英格兰，而且总是热衷于揭露法国高等法院（Parliaments of France）的暴行。实际上，那时他好像曾构思一部孟加拉征服史。当莫尔博士（Dr. Moore）在费内（Ferney）拜访他时，他向这位有趣的作家提起过他的计划。韦德布恩对此表现出极大的兴趣，并催促克莱武提供材料。如果这一计划得以实施的话，我们毫不怀疑伏尔泰的作品中会有许多栩栩如生的描述，会深刻地表达许多公正且人道的情怀，会有许多怪诞的掠夺者，许多对摩西年表（Mosaic chronology）的嘲弄，①许多关于天主教传教士的丑闻，还有许多崇高的宗教博爱（theo-philanthropy），偷偷地从《新约》中拿过来，再放进高尚且明达的婆罗门之口。

　　克莱武现在安全地享受着他的财产和荣誉。他身边有亲密的朋友和亲戚。但是，他尚未走出身心的疲倦。长久以来阴云一直在他的心绪中积蓄，现在则将之笼罩在漆黑之下。从年少时起，他就受一种奇特忧郁困扰，表现为"极度地兴奋，并且在能够赴死时欢喜不已"。他在马德拉斯还是一个文员的时候，就曾两次试图结束自己的

---

① 指基于《圣经》的记载断定创世以来的年表。——译注

生命。工作与腾达对他的精神产生了有益的影响。当在印度投身于伟大的事务之时,当在英格兰财富和地位还具有新奇的魅力时,他振作地克服这由体质带来的痛苦。然而,现在他无事可做,也没有什么可期望。他活跃的精神在停滞状态下就像植物在不适宜的环境中凋零枯萎了。政敌纠缠他时的恶毒,委员会对待他时的侮辱,众议院宣读的谴责,即使如此宽大,以及被大部分的同胞当作残酷且背信弃义的僭主,所有这一切都使他受到折磨和打击。与此同时,他的性情还遭受着身体上的剧痛折磨。在他长期居住于热带气候下期间,他染上了一些痛苦的疾病。为了能够缓解病痛,他求助于鸦片,却逐渐被这个阴险的帮手所奴役。不过,直到最后一刻,他的天才依然偶尔在黑暗中闪亮。据说,他有时候在安静、麻木地坐了几个小时之后,振作起来,讨论某些伟大的问题,充满活力地表现出这位士兵和政治家的所有才赋,然后又忧郁地躺卧下去。

与美洲的争执现在变得如此严重,以至于诉诸武力看来是不可避免了;大臣们迫切地希望能得到克莱武的帮助。如果他依然是解除巴特那之围,在恒河口歼灭荷兰海陆两军时的那个克莱武,那么,殖民地的反抗不是没有可能被扑灭,而那不可避免的分裂将会被延后许多年。但是,已经太迟了。他强健的心智正在许多种痛苦的折磨下迅速退化。1774 年 11 月 22 日,他亲手结束了自己的生命。刚刚年满四十九岁。

对于如此之多的成功和荣耀的这一可怕结局,庸人们只看到对他们所有偏见的佐证;而一些的真正虔敬、有天资之人,甚至忘记了宗教与哲学的箴言,确信无疑地把这令人悲哀的事件归结为上帝公正的报复,归结为一颗坏良心的恐惧。怀着完全不同的情绪,这样的一幕令我们沉思:富足中的无所事事、荣誉受损之痛、致命的疾病,以及更加致命的疗治方式摧毁了一个伟大的心灵。

克莱武曾铸成大错,我们也无意掩饰。但是,当与他的功绩相比较,并考虑到他所经受的诱惑时,在我们看来,他的错误并不剥夺他在后人的评价中占有一个可敬的位置的权利。

英国军队在东方的声望始自他第一次抵达印度。在他出现之前,他的同胞被鄙夷地看作区区小贩,而法国人被尊为为胜利和统治而生的民族。他的勇气和才能打破了这一魔咒。阿尔科特保卫战开启了一长串在东方的胜利,一直到攻陷加志尼(Ghizni)。我们绝不能忘记,他证明自己有娴熟的军事指挥才能时只有二十五岁。即便不是独一无二的,这也是罕见的荣誉。确实,亚历山大、孔代(Condé)以及查理十二在更年少时就赢得了伟大的战役——但是这些王公身边都有才能卓越的资深将军,在格拉尼科斯(Granicus)、罗克鲁瓦(Rocroi)以及纳尔瓦(Narva)取得的胜利必须归功于这些人的建议。克莱武,一个毫无经验的青年人,却有着比任何为他效力之人更丰富的经验。他必须塑造自己,塑造他的军官,并塑造他的兵士。就我们所能回想起的而言,曾在相仿的年轻年纪就同样证明了战争天才的只有一个人,那就是拿破仑·波拿巴。

英国人在那个国度的政治优势始自克莱武第二次抵达印度。在几个月里,他的机敏和决心实现了更胜于浮现在迪普莱克斯想象中的壮丽景象。最为成功的行省总督也不曾将如此广袤的耕地、如此数额的岁入、如此众多的臣民纳入罗马的统治权之下。也不曾有如此丰厚的战利品穿过凯旋门,沿着神圣之路,穿过拥挤的罗马广场,送至塔尔珀伊亚岩上的朱庇特神庙(Tarpeian Jove)门前。当与这位年轻的英国冒险者带领着数量不及半个罗马军团的兵士取得的丰功伟业相比较时,征服安条克(Antiochus)和提格兰尼(Tigranes)之人的英名也变得暗淡了。

我们东方帝国的廉政始自克莱武第三次抵达印度。他于1765年登陆加尔各答时,孟加拉被视作这样一个地方:英国人被派去只是为了在尽可能短的时间内不择手段发财致富。他第一个向这尽是压迫、敲诈和腐败的庞大制度发起英勇无畏和坚持不懈的斗争。在这场战争中,他颇具气概地甘冒丧失舒适、名誉以及庞大财富的风险。正义感禁止我们隐瞒或掩饰他早年的过错,同样,这份正义感让我们不得不承认,这些过错以高贵的方式得到了弥补。如果说公司及其职员的污名已被洗去;如果说在印度外国统治者的枷锁——即使在别处是最沉重的枷锁——现在被认为比任何土著王朝的枷锁轻些;如果说接替曾在整个孟加拉平原散播恐怖的那帮匪官的,是一个论正直、无私和公共精神比论才能和勤奋更显杰出的公职人员团体;如果说我们现在看到像芒罗(Munro)、埃尔芬斯通(Elphinstone)以及梅特卡夫(Metcalfe)这样的人,在率领常胜之师之后、在废立国王之后,带着对自己可敬的清贫的骄傲,从曾让每个贪婪的商人梦想无尽财富的地方返回;那么,赞美声在很大程度上应送给克莱武。他的名字在征服者当中名列前茅。在一个更为优秀的名册中也能发现他的名字,即为人类福祉贡献良多并为此受苦受难之人的名册。对于这位战士,历史会在与卢库勒斯(Lucullus)和图拉真(Trajan)相同的等级为他指定一个位置。对于这位改革者,历史也不会拒绝让他享有法国人怀念杜尔阁(Turgot)时,以及最近一代印度人注视威廉·本廷克勋爵的雕像时所怀揣的敬意。

沃伦·黑斯廷斯①

(1841 年 10 月)

　　这本书看起来是为了履行合同而粗制滥造的,缔约的一方是沃伦·黑斯廷斯的代理人们,负责提供纸张,而格雷格先生(Mr. Gleig)作为另一方,负责提供赞辞。只能说双方的契约得到了最为诚信的遵守;成果就在我们面前,糟糕的三大卷,满是未经整理的通信以及不加甄别的溢美之词。

　　若仔细审视这部作品是值得的,那么只是指出其中不确切的表述、不文雅的表达以及不道德的学说,我们就能够轻易地整理出一篇长文。然而对编书人浪费评论是愚蠢的;并且,无论格雷格先生凭借之前的著作公正地赢得了怎样的声誉,他现在在我们面前就是一个编书人,仅仅如此。比格雷格先生更杰出之人,在他们屈尊干类似苦差时,也曾写得几乎和他一样拙劣。以《希腊史》(History of Greece)评价哥尔德斯密斯(Goldsmith),或以《拿破仑生平》(Life of

---

① T. B. Macauly, *Critical and Historical Essays*, Vol. IV. Leipzig: Bernhard Tauchnitz, 1850, pp. 213 - 349. 最初发表于 *Edinburgh Review* LXXIV, 1841 年 10 月, 160 - 255 页。本文正式发表时是格雷格《沃伦·黑斯廷斯生平传略》(*Memoirs of the Life of Warren Hastings, first Governor-General of Bengal. Compiled from Original Papers*, by the Rev. G. R. GLEIG M. A. 3 vols. 8vo. London: 1841)一书的书评。

Napoleon)评价司各特(Scott)都不公正。格雷格先生既不是哥尔德斯密斯，也不是司各特；然而，否认他能够写出比这部传记更优秀的东西，那会是不公正的。我们希望并且相信，以故意主张某些我们在此书中找到的观点为罪名，指控任何基督教牧师①也并不公正。不夸张地说，格雷格先生写下的一些段落与马基雅维利《君主论》之间的关系，如同《君主论》与《人的义务》(Whole Duty of Man)的关系，这些段落会在强盗的巢穴中或在海盗船的甲板上引起惊诧。不过，我们情愿将这些令人生厌之处归结于仓促、考虑不周，归结于理解力上的疾病，这病或许可称为"传记狂躁症(*Furor Biographicus*)"，它对传记作者而言，就如同甲状腺肿大(*goitre*)之于阿尔卑斯的牧羊人，或者食土病(dirt-eating)之于黑人奴隶。

一

　　如果我们不去详细地探讨这本书，而是尝试着以一种难免草率且片面的方式，给出我们对黑斯廷斯先生生平与性格的看法，那么我们会倾向于认为应当尽量满足读者的期望。我们对他的感情不完全是下议院 1787 年弹劾他时怀有的那种感情；也不完全是下议院 1813 年起立脱帽欢迎他时的感情。他有着伟大的品质，为国家作出了伟大的贡献。然而，若把他刻画为一个有着无瑕德行的人，会使他变得荒唐可笑；且不从其他感情出发，就顾惜他的名声而言，他的朋友们也会对这种奉承不屑一顾。我们相信，如果他仍在世，他会明智而大

---

① 格雷格曾任助理牧师、堂区牧师。——译注

度地希望自己被照实刻画。他必定知道自己的名声有污点。他或许
还会为自己显赫的声望容得下许多污点而感到骄傲。他会希望后人
有一幅他的肖像,即使不讨人喜欢,但也胜过一幅既平淡又造作的涂
鸦,既不像他本人也不像其他什么人。"照实画我,"克伦威尔(Oliver
Cromwell)坐在年轻的李里(Lely)面前时说,"如果你漏掉了这些伤
疤与皱纹,我不会付给你一个先令"。即便对于这种细节,这位伟大
的护国公(Protector)也表现出了他的明鉴与雅量。他不希望画家遗
漏所有这些面容特征,反倒徒劳地试图给他端正的相貌和詹姆斯一
世那些卷发奴才一样的光滑下巴。他满意于自己的面容应当带有那
些由岁月、由战火、由无眠之夜、由焦虑,或许还有悔恨留下的印记;
但是所有这些威严的皱纹中写满了英勇、计策、权威以及对大众的关
怀。如果人们真正为自己着想,那么他们会希望自己的思想得到
刻画。

　　沃伦·黑斯廷斯出自一个古老而显赫的世系。曾有人断言黑斯
廷斯的族谱可追溯至伟大的丹麦海盗首领(Danish sea-king),他的风
帆曾长期令不列颠海峡两岸丧胆,在许多次惨烈而结果难料的搏斗
之后,他最终臣服于阿尔弗雷德(Alfred)的英勇与天才。不过,黑斯
廷斯确凿无疑的显赫世系无需传说来佐证。这一世系的一支曾在十
四世纪佩戴着彭布鲁克【伯爵】的冠冕(the coronet of Pembroke)。另
一支中诞生了著名的宫务大臣(Chamberlain)、白玫瑰(White Rose)
的忠实拥护者,其命运为诗人与史家提供了如此引人入胜的主
题。① 他的家族在都铎王朝被封为亨廷顿伯爵(earldom of

---

　　① 指威廉·黑斯廷斯(William Hastings, 1st Baron Hastings, 1431—1483),爱
德华四世的重臣,莎士比亚在《查理三世》中演绎了他在查理三世夺取王位过程中被处
死的一幕。——译注

Huntingdon)，这一爵位在被长时间剥夺之后，在我们的时代因一系列几乎同样浪漫的事件而得以恢复。

戴尔斯福德（Daylesford）庄园位于乌司特郡（Worcestershire），这座庄园的历代主人称自己应被视作这个杰出家族的领袖。实际上主干不如一些枝丫苗壮。尽管戴尔斯福德家族未获得爵位，但是他们富有并受重视，直到约两百年前在内战中遭受重创。那时的那位黑斯廷斯是名热诚的骑士。他以自己的土地筹资，将自己的金器送去牛津的铸币厂，投身国王军，并且，在为查理国王的事业花掉半数财产后，愿意用剩下一半的绝大部分向伦索尔议长（Speaker Lenthal）赎回自己。位于戴尔斯福德的古老宅邸仍属于这个家族，但已无法再维持下去，下一代人将它售给了一位伦敦商人。

在这笔转让之前，最后一位戴尔斯福德的黑斯廷斯推荐他的次子出任堂区牧师，这个家族的老宅属于该教区。俸禄十分微薄，在地产出售后，这位贫穷的牧师境况可悲。他不断因自己的什一税而卷入和庄园新主人之间的官司，并最终彻底倾家荡产。他的大儿子霍华德（Howard）是位品行端正的年轻人，在海关谋得了一个职位。他的二儿子平纳斯通（Pynaston）是个无所事事的孩子，不满十六岁便成婚，两年后丧妻，尔后葬身于西印度，留下一个孤儿由他不幸的父亲照顾，而这个孩子注定要经历命运中离奇而难忘的起起落落。

平纳斯通的儿子沃伦出生于1731年12月6日。他的母亲几日后去世，他只能依靠他不幸的祖父。这个孩子很早便被送去乡村学校，在那里他与农人的孩子们在同一条长椅上识字；他的装束与面孔没有什么昭示出他的人生将走上同那些与他一起学习、玩耍的小乡巴佬们大不相同的道路。然而没有云层能遮蔽冉冉升起的天赋与雄心。庄稼汉们注意到，并牢牢记得，小沃伦如何悉心呵护他的书本。

每日看到那片已易手于陌生人的土地,那片他祖先曾拥有的土地,他年轻的头脑中满是无羁的幻想与计划。他喜欢听关于祖先之富有与伟大的故事,关于他们的奢华生活、他们的忠诚以及他们的英勇的故事。在一个阳光灿烂的夏日,这个男孩那时才七岁,他躺在那条流过家族旧时领地再汇入伊西斯河(Isis)的小溪岸边。七十年后他讲述了这个故事:那时他的脑海中浮现出一番计划,在他多舛的生涯的每个关头他都不曾放弃这个计划。他要收复曾属于他祖先的地产。他要成为戴尔斯福德的黑斯廷斯。在儿时与贫困中形成的这个目标,随着他的智识扩展与好运降临而变得更为坚定。他以不动声色却坚定不移的意志力实现了他的计划,这种意志力是他性格中最为突出的特质。当他在热带的烈阳下统治着五千万亚洲人时,每每为战事、财政以及立法忧虑时,他仍然向往着戴尔斯福德。当他那善与恶、光荣与骂名奇特交织的漫长公职生涯最终落下帷幕时,他隐退至戴尔斯福德,并在那里终老。

在他八岁时,他的叔叔霍华德决定接手照顾他,并让他接受人文教育(liberal education)。这个男孩被送往伦敦,进入一间位于纽因顿(Newington)的学校,他在那里接受教育但伙食糟糕。他总是把自己身材矮小归结于这间神学院不新鲜还不够量的伙食。十岁时他转至威斯敏斯特学院(Westminster school),在尼克尔斯博士(Dr. Nichols)的关心下成长。文尼·伯恩(Vinny Bourne),学生们这样亲切地称呼他,是教师中的一员。学生中有丘吉尔(Churchill)、科尔曼(Colman)、劳埃德(Lloyd)、坎伯兰(Cumberland)、柯珀(Cowper)。黑斯廷斯与柯珀结下了友谊,无论时间的流逝还是观念与追求上的大相径庭都不能完全破坏这份友谊。他们在成年后好像不曾再碰面。但四十年后,当许多伟大演说家大声疾呼要求报复印度的压迫者时,这位羞赧而离群索居的诗人脑海中的印度总督黑斯廷斯,仍只是那个与他一道泛舟泰晤士河、在修道院中玩耍的那个黑斯廷斯,并拒不相信那位如此好脾气的伙伴会犯下任何严重的错误。他在苏斯河(Ouse)中的睡莲环绕下,在祈祷、音乐、音韵中度过一生。他非比寻常地保持了童年的无邪。他的精神确实经受了历练,但不曾受那些会让人严重违背社会道德准则的诱惑磨练。他从未受到一伙势不两立的强大敌人的攻击。他从未被迫在纯洁与伟大之间、在罪行与毁灭之间作出选择。尽管他坚信人类堕落这一理论,但他生性不能理解在冲突中迸发的盛怒与对统治的热望会使善良而高贵的天性偏离正道有多远。

黑斯廷斯在威斯敏斯特还有另一位伙伴,我们将在不同场合中多次提及他,他就是以利亚·英庇(Elijah Impey)。我们对他们在学校的时光所知甚少。但是,我们认为,或许有理由大胆地猜想,当黑斯廷斯打算玩什么比一般情况更调皮的把戏时,他会用一块水果煎饼或一粒弹珠收买英庇,让英庇像小跟班一样去干恶作剧中最坏的一手。

二

沃伦在他的同伴中十分出众,他在游泳、划船、学业上都很杰出。十四岁时,他在基础测验中获得头名。宿舍墙上,他那以金色字体写成的名字见证了他从众多更年长的竞争者手中获得的优胜。他在学校中又度过了两年,期待着成为基督教会学院(Christ Church)的一名学生,这时发生的变故改变了他的整个人生轨迹。霍华德·黑斯廷斯去世了,在遗嘱中将侄子托付给一位朋友也是远房亲戚照看,即奇西克(Chiswick)。尽管这位绅士没有断然拒绝这份责任,却急于尽快摆脱这个负担。尼克尔斯博士强烈抗议残酷地中断一位看起来会名列这个时代一流学者之林的年轻人的学业。他甚至提出自己承担送他最喜爱的学生去牛津的费用。然而奇西克先生态度强硬。他认为浪费在六音步与五音步上的时间已经够多了。他有权决定为这个小男孩在东印度公司谋得一份文职。一旦这位年轻的冒险家被派遣出去,无论是走了大运还是死于肝病,他都不再会成为谁的包袱。于是,沃伦离开了威斯敏斯特学院,在一所贸易学院待了几个月,学习算术与记账。1750 年 1 月,在刚年满十七岁不久,他便登上了去孟加拉的航船,并于同年十月抵达目的地。

他随即被安置在加尔各答的秘书处(Secretary's office),在那里工作了两年。那时的威廉堡只是个商业据点。在印度南部,迪普莱克斯(Dupleix)的侵略政策已使得英国公司的职员不情愿地变成了外交家与将军。继承战争在卡纳蒂克(Carnatic)掀起惊涛骇浪;凭借着年轻的罗伯特·克莱武的天才,狂潮骤然转而向法国人袭去。然而在孟加拉,欧洲定居者与土著之间、彼此之间相安无事,全神贯注于账簿与提货单。

在加尔各答做了两年记账工作后,黑斯廷斯被派往北方的卡锡姆巴扎尔(Cossimbazar),胡格利河河畔的一个城镇,离穆尔希达巴德(Moorshedabad)约一英里远。那时这个城镇与穆尔希达巴德间的关系,若我们以小见大的话,就像伦敦与威斯敏斯特关系。穆尔希达巴德是王公的驻地,王公的权威表面上源自莫卧儿人,实则是独立的,他统治着孟加拉、奥里萨、巴哈尔三个重要的省份。在穆尔希达巴德有宫廷、后宫以及各种衙门。卡锡姆巴扎尔是个港口和交易地点,以市场中丝绸的数量与品质而闻名,它不断迎来送往满仓的货船。在这个重要的地方,公司已建立了一间小代理商行,隶属于威廉堡的代理商行。在许多年中,黑斯廷斯在这里从事与土著掮客交易原材料的工作。他在这里工作的这段时间里,苏拉焦·道拉(Surajah Dowlah)继承了统治权,并向英国人宣战。卡锡姆巴扎尔的定居点没有设防,并且就毗邻着这位僭主的首府,它顷刻间便被占领。黑斯廷斯作为俘虏被送去穆尔希达巴德,不过由于荷兰东印度公司的人道干涉,他受到了宽大的对待。与此同时,这位纳瓦卜向加尔各答进军,总督与司令逃之夭夭,城镇与城堡被占领,绝大多数英国俘虏葬身"黑洞"。

沃伦·黑斯廷斯的伟大在这些事件中初露锋芒。逃亡的总督与同伴们退避到富尔达(Fulda)这个靠近胡格利河河口的荒芜小岛上。自然,他们渴望获得关于纳瓦卜一举一动的全面消息;除黑斯廷斯外,似乎再没人能提供这消息,他虽是俘虏但未被关押,离宫廷就咫尺之遥。于是,他成了一名外交官,并很快以能力与果断而著称。后来那场置苏拉焦·道拉于死地的叛变正在酝酿;密谋者们将黑斯廷斯吸纳到筹备工作当中。然而,动手的时机尚未成熟。必须推迟执行这一计划,此刻岌岌可危的黑斯廷斯逃到了富尔达。

在他到达富尔达后不久,由克莱武指挥的来自马德拉斯的远征军出现在了胡格利河上。年轻、勇敢的沃伦决心投身行伍,他可能受到了军队司令(Commander of the Forces)的榜样激励,后者像他一样曾是公司的商业代理人,而现已被灾难历练成一位战士。在战争伊始他是名滑膛枪手。但克莱武敏锐的眼光很快就认识到,这名年轻志愿兵的头脑要比他手中的武器更具威力。在普拉西战役(battle of Plassey)后,米尔·贾法尔(Meer Jaffier)被宣布为孟加拉纳瓦卜

(Nabob of Bengal)，黑斯廷斯被任命为公司的代理，常驻这位新王公的宫廷。

他在穆尔希达巴德待到 1761 年，由于成为了参事会成员(Member of Council)，他不得不定居加尔各答。此时正值克莱武前后两个任期之间。这一时期在东印度公司的声誉上留下的污点，此后多年正义而人道的统治也无法完全抹去。这个新生的、反常的帝国以总督范西塔特先生(Mr. Vansittart)①为首脑。一边是一批英国公务员，他们有勇气、有才智、渴望致富。另一边是为数众多的土著，他们无助、懦弱、习惯于屈从压迫。谨防更强的种族掠夺弱小的一方，这项任务曾令克莱武殚精竭虑。范西塔特虽然心地公正，但是位软弱而低效的统治者。自然而然地，主子阶层挣脱了一切约束；之后就是我们可以想见的最可怕的景象，文明产生的力量却残酷无情。对于其他的专制，总是有一种制约，虽然的确也存在问题，而且容易造成严重的暴行，却足以使社会免遭最可怕的苦难。当屈从的后果显然比抗拒更糟时，当恐惧本身催生出一种勇气时，当民众突然爆发出的怒火与绝望警告僭主们不要过高估计人类的忍耐力时，那便是这种制约出场之日。然而，那时使孟加拉深受其害的恶政，却无从反抗。统治阶层更优越的智识与力量使得他们的权力不可抗拒。孟加拉人反抗英国人的战争犹如羊反抗狼，凡夫反抗恶魔。被征服者唯一可寻的保护是征服者的宽容、仁慈以及周全的政策。后来他们觅得了这种保护。然而，英国人的道德起初却没有与英国人的权力一同到来。在他们成为我们的臣民，与我们开始反省我们有义务对他

---

① 亨利·范西塔特(Henry Vansittart，1732—1770)，1759 至 1764 年任孟加拉总督。——译注

们尽统治者的责任之间有一段间隔。在这段时期，公司职员的工作只是尽快从土著那里榨取十万或二十万镑，从而能在身体因炎热蒙受损害之前回家，娶一位贵族的女儿，购得康沃尔郡（Cornwall）腐朽城市【的议员名额】，在圣詹姆斯广场（St. James's Square）举办舞会。黑斯廷斯那时的作为鲜为人知，不过在那样的环境中，鲜为人知必将被视作是他的光荣。他无法保护土著，他能做的只是不去掠夺、压迫他们；看起来他正是这样做的。无疑，他在那时仍然贫困；同样确凿无疑的是，靠残酷与不义他本能够轻易致富。无疑，他从未被指控参与当时盛行的那些最恶劣的暴行；几乎同样确凿无疑的是，如果他曾参与那些暴行，那么后来纠缠他的那些能干而刻薄的敌人不会发现不了，不会不将他的罪行公诸于世。他全部公职生涯所接受的深入、严苛甚至是恶意的审查——我们相信，这样的审查在人类历史上绝无仅有——另一方面也有利于他的声誉。审查曝光了许多令人遗憾的污点，不过也使人们有理由认为他没有其他不为人知的污点。

事实上，如此之多英国公务员在范西塔特先生【当政】时期未经受住的诱惑，并不能满足沃伦·黑斯廷斯的统治欲。他并非厌恶金钱，但他既不卑鄙也不贪婪。他是一个颇有远见之人，不会只将一个伟大的帝国看做海盗眼中的西班牙帆船。即使他的内心远比实际上的糟糕，他的理解力也会使他不至于极端卑劣。他是位不讲道德的政治家，或许还无原则；不过既然他是政治家，也就不是海盗。

三

1764 年，黑斯廷斯回到英格兰。他只获得了一笔普普通通的财富,并且这笔钱很快一分不剩,部分是由于他的慷慨,部分是由于他管理不善。他对亲友显得非常慷慨。他将一大部分积蓄留在了孟加拉,希望能在印度放高利贷。但高利贷往往伴之糟糕的担保,黑斯廷斯没获得利息还丢掉了本金。

他在英格兰待了四年。关于他这段时间的生活人们所知甚少。但可以断言,人文学科以及与学者们交流占据了他一大部分时间。人们会记得这是属于他的荣誉:当公司的其他职员仅仅将东方语言视作与纺织工和钱币兑换商交流的工具时,他那思维开阔并且多才多艺的头脑已在亚洲学问中寻找新的智识乐趣,寻找关于政府与社会的新观点。或许,就像绝大多数十分在意以常见方式将知识分门别类的人一样,他容易过高估计他所热衷的研究。他认为在波斯文学上的修养成为英国绅士人文教育的一部分或许是有益的;他还为此草拟了一份计划。据说,牛津大学将是实现他的构思的地方,自文学复兴以来,这里一直不曾完全忽视东方学术。他希望公司能慷慨地提供一笔捐赠,用以从东方聘请能透彻阐释哈菲兹(Hafiz)和菲尔多西(Ferdusi)的教授们。黑斯廷斯拜访了约翰逊(Johnson),看起来他希望这位享有最高文学声誉、与牛津有特殊联系的人士会对这个计划感兴趣。在交谈中,访客的天赋与学识似乎给约翰逊留下了极好的印象。很久以后,当黑斯廷斯统治着英属印度不计其数的人口时,这位年迈的哲人致信给他,以极恭敬又不失尊严的措辞提及了他们那次短暂却融洽的谈话。

很快,黑斯廷斯又开始向往印度。对于英格兰他了无牵挂,并且他十分拮据。他向老雇主即董事会请求一个职位。他们同意了,对他的能力与正直予以高度称赞,委任他为马德拉斯参事会成员。不提及此事是不公正的,尽管他被迫借钱购置装备,但他没有收回任何接济贫困亲友的钱款。1769 年春,他登上了格拉夫顿公爵号(Duke of Grafton),开始了不凡的旅程,途中所遇够得上成为小说的素材。

在格拉夫顿公爵号的乘客中有一个叫英霍夫(Imhoff)的德国人。他自称男爵,但境况窘迫,以肖像画家的身份前往马德拉斯,希望能赚点英国人那时在印度赚得快、花得也快的印度金币(pagodas)。陪伴这位男爵的还有他的妻子,如我们已在别处读到的,她是土生土长的阿尔汉格尔斯克(Archangel)①人。这个出生在北极圈的年轻女子命中注定将在北回归线扮演皇后的角色,她和蔼可亲、有修养、风度动人。她由衷地看不起自己的丈夫,我们要讲的这个故事也足以证明这不是没有理由。她为黑斯廷斯的谈吐所吸引,并因受到他的关怀而感到高兴。这种情况着实危险。再没什么地方比印度商船上更容易结成挚友或死敌了。极少有人不对几个月的旅途感到乏味难耐。任何能打破单调的事都令人高兴,一条帆船、一尾鲨鱼、一只信天翁、一名落水者。绝大多数乘客以吃喝为消遣,用餐的次数比在陆上多了一倍。不过,消磨时光最佳的办法是争吵和调情。这两种激动人心的消遣都极为容易。船上旅客的数量比任何庄园或旅店中的人数多得多,他们像囚徒般被安置在一起。没人能避开旁人,除非他将自己关在连转身都难的小单间里。每次用餐、每次活动都是结伴而行。旅客们在很大程度上不再讲客套。一个爱恶作剧的家伙每天都能闹出数不清的恼人事。一位和蔼可亲的人每天都能施人小恩小惠。磨难与艰险以真正的美与丑凸显出那些在正常的礼貌交往中,可能连亲友长年也不知晓的英雄般的德行与可悲的罪恶,这样的事并不鲜见。在这样的环境中,沃伦·黑斯廷斯与英

---

① 也拼写为 Arkhangelsk,俄罗斯西北部重要的港口城市。——译注

霍夫男爵夫人相遇了,这两人的风度在欧洲任何宫廷中都着实引人瞩目。这位绅士没有家室。这位女士有一个她毫不尊重的丈夫,况且,她的丈夫也不珍重自己的名誉。爱慕之情油然而生,这感情很快又因几乎不可能发生在陆上的经历加深。黑斯廷斯病倒了。男爵夫人以女性的温柔照顾他,亲手喂他服药,甚至在他睡时也坐在他的客舱中彻夜看护。在格拉夫顿公爵号抵达马德拉斯之前,黑斯廷斯已坠入爱河。不过他的爱是最特殊的一种。就像他的恨、他的雄心、他的所有激情一样,炽烈但不鲁莽。它平静、深刻、真挚、耐心等待、不随时间而淡弱。英霍夫被他的妻子与他妻子的情人请来商谈。男爵夫人将在弗朗科尼亚(Franconia)法庭中提起离婚,而男爵将为审理提供一切便利,在宣判之前的年月里他们将继续生活在一起,这一切只是按部就班。黑斯廷斯会给这位殷勤的丈夫一些非常实质性的谢礼,在婚约解除后,黑斯廷斯将迎娶这位女士,收养她与英霍夫的孩子,就这一切也已达成协议。

四

在马德拉斯,黑斯廷斯发现公司的贸易处于杂乱无章的状态。就他个人的喜好而言,他关心政治追求,而非商业事务,但他知道雇主们首要关心的是自己的红利,而红利又首先取决于投资。因此,他明智地决定将他充满活力的头脑用在商业部门一段时间,自从公司职员从办事员变为战士与外交官以来,这一部门在很大程度上遭到了忽视。

数月中,他致力于一项重要的改革。董事们向他致以高度的赞许,为他的举措感到十分高兴,他们决定提擢他为孟加拉政府的首脑。1772 年初,他因新职位而离开圣乔治堡。仍是夫妻的英霍夫一家陪伴着他,并按照已执行了两年多的计划定居加尔各答。

当黑斯廷斯坐上参事会(council-board)首席时,孟加拉还在按照克莱武设计的那套体制治理,巧妙设计这套体制的目的或许是为了促成并掩盖一场伟大的革命,但在革命已完成并不可逆转之后,它只会带来不便。这里有两个政府,实际上的与名义上的。最高权力属于公司,并且事实上是人们能想到的最专制的权力。对这个国家的英国主人们的唯一制约,就是他们的正义与人道。他们的意志不受制度上的制约,要抗拒他们则毫无希望。

尽管实际上英国人握有这样的绝对权力,但他们没有获得主权的外在形式。他们以德里皇帝封臣的身份掌管领地;他们以皇帝委派的收税人的身份收取税收;他们的公章上刻有皇帝的头衔;他们的铸币厂只铸造皇帝的硬币。

仍旧有一位孟加拉纳瓦卜,他与这个国家的英国统治者之间的关系犹如奥古斯都路斯(Augustulus)与奥多埃塞(Odoacer)间的关系,或者墨洛温王朝末代国王与铁锤查理(Charles Martel)或丕平(Pepin)的关系。他住在穆尔希达巴德,环拥着帝王般的奢华。他受到种种表面上的尊敬,他的名字出现在官方文书中。然而,他所实际参与的国家治理,还比不上公司职员中最年轻的书记员或候补军官。

在加尔各答代表公司的英国参事会的组织形式与后来一直采用的大不相同。当前,总督在一切行政措施上都是绝对的。即便参事会中的同仁一致反对,他也能宣战、缔结和约、指派或撤换公务员。参事会实际上只有如下权利:了解已做了的事,谈论已做了的事,提出建议,表示异议,向英格兰发回抗议。至高的权力掌握在总督手中,全部责任也落在他的肩上。就皮特先生与邓达斯先生(Mr. Dundas)推行的这套制度而言,尽管柏克先生极力反对,但我们认为,对于一个没有条件建立代议制度的国度来说,这套制度总体上是再好不过了。① 在黑斯廷斯时代,总督在参事会中只握有一票,并且是决定票(casting vote),以备两造票数相等的情况。因此,他时常在最重要的问题上遭否决,此外,还可能在数年中被完全排挤出对公共事务的实际领导。

威廉堡的英国公务员们那时仍对孟加拉的内部管理漠不关心。他们唯一关注的政治事务是同土著王公们谈判。维持治安、主持正义、征收税款的细节几乎完全被忽视。我们可以注意到,公司职员们的用语中仍留有这种状态的痕迹。直至今日,他们常常以"政治"作为"外交"的同义词。我们可以举出一位仍在世的绅士,最高当局称他为可贵的公仆,尤其适合领导整个管区的内务工作,不幸的是,他却对一切政治事务都十分无知。

英国统治者将孟加拉的内部管理委托给了一位重要的土著大臣,他驻扎在穆尔希达巴德。所有军事事务、外交事务都不由他掌控,仅涉及礼仪的外交事务除外;其他行政部门则完全委托给他。他的薪金达每年近十万英镑。纳瓦卜的个人津贴由他经手并在很大程度上受他支配,每年总计三十万镑。征收税款、主持正义、维持秩序都交给了这位高级官员;他行使着巨大的权力,只对这个国家的不列

_____

① 指1784年1月皮特提出的《印度法案》。其要点有:设置了督察委员会,对公司董事会行使有效监督;在印度行政方面,参事会的成员减少为三人,明确了印度总督对马德拉斯管区与孟买管区的控制权。该法案设立的体制在公司统治印度期间未进行根本性的变更。——译注

颠主人负责。

最有能力、最强大的土著自然对如此重要、有利可图、光彩照人的职位垂涎三尺。克莱武一度很难在自命不凡的竞争者之间作出取舍。两位候选人脱颖而出,他们各自代表了一个种族、一种宗教。

其中一位是穆罕默德·雷扎汗(Mahommed Reza Khan),他是位波斯穆斯林,能干、活跃、恪守自己民族的宗教,备受同胞崇敬。若在英格兰,他或许会被视作一位腐败而贪婪的政客。但以印度人较低的道德标准来评判,他或许会被认为是一位正直而颇具声望之人。

竞争者是一位印度婆罗门,他的名字因一起可怕而可悲的事件而与沃伦·黑斯廷斯的名字密切联系在一起,即摩诃罗阇·南达·库马尔(Maharajah Nuncomar)。在自苏拉焦·道拉以降孟加拉发生的所有政变中,此人都起到了重要作用。除了那个国度中属于高级、洁净种姓之人所具有的值得重视的因素而外,他还以财富、才干与经验为自己增添了砝码。一个人若只熟悉人性在我们岛上的表现,则很难向他评价此人的道德品质。意大利人与英国人相比较意味着什么,印度人与意大利人相比较意味着什么,孟加拉人与其他印度人相比较意味着什么,就是南达·库马尔较之于其他孟加拉人的情况。这个孟加拉人的体质简直虚弱到了娇气的地步。他生活在不间断的蒸汽浴中。他的嗜好都是坐着进行的,他四肢纤细,行动迟缓。长期以来,他被出自更勇敢、更坚强之种族的人踩在脚下。勇气、独立、诚实对于他的体质与境况而言,皆是不利的品质。他的心灵与身体有奇特的类似,懦弱到甚至连意图男子气地反抗也做不到;但他的顺从与圆滑令生长在较寒冷气候下的人佩服,不过也带有轻视。较之尤维纳(Juvenal)时代的爱奥尼亚人,或黑暗时代的犹太人,这个狡猾的种族更熟悉弱者所有本能的自卫手段。角对水牛意味着什么,爪对老虎意味着什么,刺对蜜蜂意味着什么,古老的希腊歌谣中美丽对女人意味着什么,也就是诡计对于孟加拉人意味着什么。信誓旦旦、巧为口实、谎话连篇、诡辩、伪证、造假,这些都是恒河下游这个民族的武器,既用来进攻,也用作防守。这几百万人当中没有为公司的军队贡献过哪怕一名印度兵。但作为放高利贷者、货币兑换者、尖刻的法律执业者,没有哪类人能比得上他们。尽管如此软弱,但这个孟加拉人的敌意却难以平息,他也绝不会心生怜悯。他对目标的执着,只屈服于近在眼前的恐惧。他也不缺少某种勇气,他的主人们倒是时常欠缺这种勇气。面对无可避免的灾祸,有时他付之以一种消极的坚韧,就像斯多葛派认为理想的智者应具备的。一位在炮火中呐喊着冲锋陷阵的欧洲战士,有时会在外科医生的手术刀下失声尖叫,在死刑判决面前陷入绝望的痛苦。虽然这个孟加拉人即便眼见自己的国家遭受蹂躏,宫殿被夷为平地,子女惨遭杀害或侮辱,也没有勇气挥上一拳,但人们知道他以马西乌斯(Mucius)般的坚强忍受酷刑,并以阿尔杰农·悉尼(Algernon Sydney)般的平稳步伐与均匀脉搏走上绞刑架。

南达·库马尔身上淋漓尽致地体现了民族性格,甚至有所夸张。公司的职员一次又一次在最恶毒的阴谋中揭穿他。一次,他诬陷另一个印度人,并试图通过伪造文件来佐证这指控。另一次,他被发现尽管表面上极为忠于英国人却阴谋反叛,更甚者,他充当了德里宫廷与在卡纳蒂克的法国当局间的中间人。然而他的才干与影响力不仅保住了他的自由,甚至在一定程度上受到他的国家的不列颠统治者们的重视。

五

克莱武极不情愿使一个穆斯林成为孟加拉的行政首脑。另一方面,他又不能说服自己将巨大的权力交给一个无恶不作之人。因此,尽管纳瓦卜请求将政府委以那位狡猾的印度人,南达·库马尔通过诡计在纳瓦卜那里获得了很大影响,但克莱武在稍稍踌躇之后,公正而明智地决定支持穆罕默德·雷扎汗。黑斯廷斯成为总督时,穆罕默德·雷扎汗已执掌权力七年。米尔·贾法尔尚未成年的儿子是现任纳瓦卜,这位年轻王公的人身监护权委托给了这位大臣。

南达·库马尔受贪婪与怨恨驱使,不断地试图中伤他飞黄腾达的对手。这不难做到。在克莱武建立起的行政体制下,孟加拉的税收不如公司预期的那样充盈。这是因为那时英格兰对印度的财富持一种极为荒谬的看法。甚至商人们也满脑子是斑岩建成的宫殿,悬挂着最奢华的锦缎,成堆的珍珠与钻石,金币要用蒲式耳来装。好像没人意识到最不容置疑的真相:印度比那些在欧洲被视作贫穷的国家,比如爱尔兰或葡萄牙,更为贫穷。财政部的大臣们(Lords of the Treasury)与市议员们(members for the city)坚信孟加拉不仅能解决当地的开销,还会为印度股票股东们的红利带来增长,并大幅缓解英国的财政。这些荒谬的期盼都破灭了;自然,董事们不是将这令人失望的状况归结为自己对这个需要他们关心的国度缺乏认识,而是归结为穆罕默德·雷扎汗管理不善。南达·库马尔的代理人坚定了他们的错误认识,因为甚至在利德贺街也有南达·库马尔的代理人。在黑斯廷斯到达加尔各答后不久,他收到了一封来自董事会的信函,不是寄给整个参事会,而是寄给他个人。信中命令他撤换穆罕默德·雷扎汗,并将他连同其全部家属与党羽一道逮捕,并对该省区的整个行政进行严格调查。此外还补充道,在调查中总督将得到南达·库马尔的大力协助。董事会虽然承认南达·库马尔罪行累累,但他们认为在这个紧要关头甚至能从他的罪行中获益,并且,尽管难以信任他,但可以用将来的回报怂恿他。

总督对南达·库马尔没有好感。多年以前,他们在穆尔希达巴德就彼此相识,他们之间产生了一场争执,动用他们上司的全部权威也难以平息。尽管他们几乎在方方面面都截然不同,但有一点相似,那就是他们都生性不依不饶。另一方面,黑斯廷斯对穆罕默德·雷扎汗没有敌意。尽管如此,他还是以一种胜过以往的欣然态度着手执行公司的指令,他很少流露出这种态度,除非公司的指令与他自己的看法完全一致。他决心革除孟加拉的双重政府体制,我们认为这是明智之举。董事们的命令为他提供了实现目标的途径,并为他省去了与参事会讨论此事的必要。他拿出一贯的活力与机敏采取行动。在一个午夜,一个营的印度兵包围了穆罕默德·雷扎汗在穆尔希达巴德的宫殿。这位大臣醒来后获知自己成了囚徒。他以穆斯林的肃穆风度低下头,屈服于神明的旨意。倒台的不止他一个。一个名叫斯基塔布·罗伊(Schitab Roy)的酋长此前被委以管理巴哈尔政府。他的英勇以及对英国人的忠诚曾不止一次得到显著的证明。在那个值得纪念的日子里,巴特那(Patna)的民众在围墙上看见整支莫卧儿军队被诺克斯(Knox)上尉的一小支部队击溃,不列颠征服者们呼吁将勇气勋章颁给这位勇敢的亚洲人。当诺克斯向聚集在代理商行中的英国职员们介绍满身血迹与尘土的斯基塔布·罗伊时,他说道:"从来,我此前从来没见过一名土著像这样战斗。"斯基塔布·罗伊在穆罕默德·雷扎汗倒台中受到牵连,被开除公职,并遭到逮捕。参事会成员直到这些囚犯已在押往加尔各答路上才得知这些行动。

对这位大臣行为的调查被以种种借口推延了。他在几个月中被宽松地拘禁起来。与此同时,黑斯廷斯筹划的伟大变革开始付诸实施。大臣的职位被废除。内部行政交给了公司职员。一套英国人监管下的民事、刑事司法体系建立了起来,尽管这套体系的确非常不完善。纳瓦卜在政府中连表面上的参与也没有了;但他仍旧每年享有一笔不菲的津贴,拥有君主的身份。鉴于他还是个孩童,有必要为他的人身与财产安排监护人。他的人身托付给了他父亲的一房妻子,名叫穆妮·贝加姆(Munny Begum)。宫廷司库的职位授予了南达·库马尔的一个儿子,名叫戈达斯(Goordas)。仍需要南达·库马尔效力,但授予他权力并不安全,黑斯廷斯认为通过提擢他无害的孩子来回报这位能干但不讲原则的父亲是一步妙招。

变革完成了,双重政府已取消,公司承担起了孟加拉的全部主权,黑斯廷斯无意苛刻地对待前任大臣们。对他们的审判在新组织完成后,于不同地点进行。他们被带至一个由总督主持的委员会面前。斯基塔布·罗伊被体面地宣告无罪。对于他遭受的拘禁,委员会作了正式的道歉。他获得了所有表示敬意的东方标志。他获赠了许多珠宝与一头装饰豪华的大象,身着礼袍回到了他在巴特那的政府。然而他的健康在拘禁中受到了损害,原本高昂的精神也受到了严重打击,获释后不久便在伤心中去世。

穆罕默德·雷扎汗没有被如此直截了当地宣告无罪。不过总督也没有打算严酷地对待他。在长时间的庭审中,南达·库马尔以原告身份出庭,展现了他典型的装模作样与千仇万恨。最终,黑斯廷斯宣布指控不成立,下令释放这位倒台了的大臣。

　　南达·库马尔本打算摧毁穆斯林的政权,并从废墟中飞黄腾达。但他的歹毒与贪婪都落空了。黑斯廷斯把他当作工具,实现了将政府从穆尔希达巴德转到加尔各答、从土著手中转到欧洲人手中的目的。他嫉恨已久并无情迫害的竞争对手、敌人被毫发无损地释放了。长期梦寐以求的官职已不复存在。总督自然从那时起就成了这位睚眦必报的婆罗门最痛恨的对象。尽管如此,必须掩饰这些情绪。这些积怨即将以一场孤注一掷、你死我活的斗争告终。

六

　　与此同时,黑斯廷斯不得不将注意力转向外交事务。他的外交在那时单纯是为了获取钱财。他的政府财政拮据,他决心以某些或公正或罪恶的手段加以缓解。他与邻邦一切往来的指导原则,可以用那些盘踞蒂维厄特河谷(Teviotdale)的强盗家族之一的古老家训概括:"先下手为强(Thou shalt want ere I want)。"看起来他确立了这样一条不容置疑的基本命题:当他没有足够的卢比以满足公务需要时,他就去从有这笔钱的人那里拿。确实有一件事可以用来为他辩解。他在祖国的雇主施加给他的压力只有那些极有德行之人才能经受得住,他只能选择要么犯下严重罪行,要么放弃他的高位,放弃了这个职位也就放弃了获得财富与卓越地位的全部希望。诚然,董事们从未对罪行感到高兴或为之喝彩。相反,任何查看那时他们所拟信函的人,都会从中发现许多公正而人道的感情,许多极佳的训诫,简而言之就是一部令人赞叹的政治道德准则。但是,对金钱的要求篡改或取消了每一条规诫。"统治要宽大,并送更多钱来;待邻邦以严格的正义与节制,并送更多钱来"——实际上这几乎就是黑斯廷斯接到的发自祖国的全部指令的概要。可以将这些指令的含义简单地解释为:"要作这个民族的父亲与压迫者;要行正义与不义,行节制和贪婪。"董事们对待印度,犹如教会旧时对待异教徒。他们将受害者交给刽子手,还真诚地要求尽可能表现得温柔。我们无论如何也不能指责或怀疑制定这些伪善公文的人。由于他们在远离命令执行地一万五千英里之外写下这些书函,他们可能从未认识到他们犯下的严重的前后矛盾。然而,这组矛盾在他们身处加尔各答的代理人面前立刻凸显出来,后者面对着空空如也的财政、欠付饷银的军队、时常被拖欠的薪金、歉收的庄稼、每天都有政府的佃户逃跑,还被要求万无一失地再向祖国汇款五十万镑。黑斯廷斯认识到,他必然要么漠视雇主的道德布道,要么漠视他们的金钱要求。既然不得不违背一项,他就得考虑违背哪项命令更容易获得原谅,而他正确地判断出最安全的办法是忽视那些布道,去找来卢比。

一颗思维如此活跃的头脑,并且几乎不受良心的约束,很快就找到了一些缓解政府财政拮据的办法。孟加拉纳瓦卜的津贴从每年三十二万镑削减至一半。公司此前有义务每年向莫卧儿皇帝支付三十万镑,作为一种效忠的象征,因为他委托公司管理那些行省;公司还将科拉(Corah)与阿拉哈巴德(Allahabad)地区割让予他。鉴于莫卧儿人实际上不是独立的,不过是其他人手中的工具,黑斯廷斯决定收回这些让步。因此,他宣布英国人将不再交纳贡税,并派遣军队占领了阿拉哈巴德与科拉。就这两地的状况而言,保有它们几乎无益且花费巨大。黑斯廷斯想要的是钱而非领地,于是决定将之出售。并不缺少买家。在莫卧儿帝国的大解体中,奥德(Oude)这一富饶的省份落入了一个穆斯林大家族之手,至今仍由他们统治。大约二十年前，在英国政府的同意下，这个家族采用了王室的头衔；但在沃伦·黑斯廷斯时代，这种行为被印度的伊斯兰教教徒视为严重的不虔敬。奥德王（Prince of Oude）尽管掌有权力，但那时不敢冒险使用君主的头衔。在纳瓦卜或省督（Viceroy）的头衔之上，他还添上了印度斯坦维齐（Vizier of the Hindostan），就像上个世纪的萨克森与布兰登堡选侯，尽管他们独立于皇帝并且时常与皇帝兵戎相向，但仍骄傲地自称是皇帝的大管家（Grand Chamberlain）与大元帅（Grand Marshal）。那时的纳瓦卜—维齐（Nabob Vizier）苏贾·道拉（Sujah Dowlah）与英国人关系极好。他拥有大量财富。阿拉哈巴德与科拉的位置对他或许有用，对公司则毫无用处。卖家与买家一拍即合，从莫卧儿人那里割出的省份以约五十万英镑转让给了奥德政府。

七

但维齐与总督还有另一件更为重要的事情要解决。这将决定一个勇敢民族的命运。而决定其命运的方式成了黑斯廷斯与英格兰名誉上洗不去的污点。

中亚民族对于印度居民而言，一直犹如日耳曼森林中的武士之于罗马帝制衰颓时期的臣民。黝黑、纤瘦、怯懦的印度人极力避免与居住在山隘外的强壮、果敢的白种人发生冲突。有理由相信，史前一个讲着音调圆润而变化丰富的梵语的民族从希发西斯河（Hyphasis）①与希斯塔斯佩斯（Hystaspes）之外很远的地方来到这

---

① 即比斯河（Beas River），亚历山大大帝远征所到达的极限。——译注

里,并将桎梏强加给了这片土地的子孙。可以确定的是,在过去的十个世纪里,一连串入侵者从西方下到印度斯坦;而没有征服者反过来向太阳落山的方向前进,直到在那场值得纪念的战役中,圣乔治的十字旗插在了吉兹尼(Ghizni)的城墙上。

印度斯坦的皇帝们本身就来自高耸的山脊的另一侧;并且他们一直以来常常从那个坚韧而勇敢的种族招募士兵,他们的显赫家族便出自那个种族。在那些莫卧儿军旗从邻近的迦步勒(Cabul)与坎大哈(Candahar)吸引来的军事冒险者当中,有一些引人注目的英勇群体,他们被称作鲁赫拉人(Rohillas)。他们的功劳在一块肥沃的平原上获得了大片土地作为回报——如果我们可以援用对类似事物的表述的话,可称之为长枪兵的采邑(fiefs of the spear)——拉姆根加河(Ramgunga)自库马瓮(Kumaon)冰雪覆盖的群峰蜿蜒而下,流经这里再汇入恒河。在奥朗则布去世后的大混乱中,这块军事殖民地实际上获得了独立。鲁赫拉人因特别白皙的肤色而区别于其他印度居民。他们还因战场上的勇气,以及精于和平时期的种种技艺而更加可敬地与众不同。当混乱的狂潮从拉合尔(Lahore)蔓延至科摩林角(Cape Comorin),他们那小块领地在他们的英勇保卫下享有安宁。农业与商业在他们这里兴旺起来,他们也没有忽视修辞与诗歌。许多今天仍在世的老人会惋惜地谈起阿富汗王公统治鲁赫尔坎德(Rohilcund)山谷时的黄金岁月。

苏贾·道拉决心将这块富饶的地区纳入自己的封邑。至于这么做的权利,或者表面上的权利,他完全不具备。他的要求在任何一个方面也不比凯瑟琳(Catherine)对波兰的要求,或波拿巴对西班牙的要求更站得住脚。鲁赫拉人掌管他们的国家所依凭的权利与苏贾·道拉对自己领地的完全一样,并且前者对国家的治理远远胜过他的国土一直以来受到的治理。鲁赫拉人也不是一个任人宰割的民族。他们的土地实际上是开阔的平原,几乎没有自然屏障;但他们的血管里涌动着阿富汗人的热血。作为战士,他们虽不具备那种罕见的镇定,只有在纪律严明的连队中才能见到这种镇定,但许多战场都见证了他们的勇猛。据说,当他们的酋长们因共同的危机而团结起来的时候,能够率领八万男子投入战场。苏贾·道拉曾亲眼见过他们作战,因此精明地避免与他们发生冲突。在印度只有一支军队,唯一一支,连这些骄傲的高加索(Caucasian)部落也不能与之匹敌。十倍之众或最勇敢的亚洲民族在战场上的锐气都无助于对抗英国人的科学与决心,对此已有大量的证明。有没有可能诱使孟加拉总督出赁这个帝国民族不可抗拒的力量,这令最能干的印度斯坦酋长也如婴儿般无助的技艺,这总是能战胜狂热者与绝望者的疯狂挣扎的纪律,这越临近生死难料而无比凶险的一天越为沉着与坚定的不列颠人不可征服的勇气?

这便是纳瓦卜—维齐要求、而黑斯廷斯答应的东西。一场交易迅速达成。谈判双方均有对方之所需。黑斯廷斯需要维持孟加拉政府与汇往伦敦的资金;苏贾·道拉有着充裕的岁入。苏贾·道拉决心征服鲁赫拉人;而黑斯廷斯握有唯一能征服鲁赫拉人的武力。协议达成:一支英国军队将被借给纳瓦卜—维齐,除开军队受雇为他效力期间的一切开销,他还将支付四十万英镑。

"我实在看不出,"格雷格先生说道,"基于何种立场,不管是政治上的正义还是道德上的正义,这个计划称得上是留下了不名誉的烙印。"只要我们目且识丁,就会认识到为了佣金而犯下罪行有辱名誉,没有受到挑衅就卷入一场战争有悖道德。具体到这场战争中,几乎连一件向我们挑衅的事件都没有。鲁赫拉战争的目标是,剥夺大量民众的良好政府,他们不曾伤害我们一丝一毫,并违背他们意愿地将他们置于一个极其糟糕的政府之下。甚至这还不是全部。英格兰甚至比那些日耳曼小王公还要堕落,大约与此同时,这些小王公将军队出售给我们用以同美洲人作战。黑森(Hesse)与安斯波(Anspach)的轻骑兵贩子至少有把握,他们雇佣出去的士兵所参加的远征将依循文明的战争中的种种人道规则。鲁赫拉战争将会这样进行么?总督在协议中规定了这场战争也应当这样进行么?他十分了解印度的战争。他十分了解他承诺交到苏贾·道拉手中的力量十有八九会被残忍地滥用;他也没有要求保证或答应它不会被滥用。他甚至没有保留撤回援助的权利,以防不论何种程度的滥用。我们几乎耻于理会斯科特少校(Major Scott)的辩护,他认为黑斯廷斯派遣英国军队屠戮鲁赫拉人是正当的,因为鲁赫拉人不是印度的种族,而是一个遥远国家建立的殖民地。那英国人自己又算是什么?难道这意味着他们要宣告一场十字军圣战,驱逐恒河流域各国中所有入侵者吗?难道他们这么说是要断言,在印度建立起一个帝国的外国定居者是不法之徒(*caput lupinum*)?如果其他势力在不曾受到丝毫挑衅的情况下,基于这样的理由攻击马德拉斯或加尔各答,他们又会说什么?这样的辩护是想要使之成为彻头彻尾的丑恶交易。罪行的残暴与申辩的伪善,两者倒是般配。

孟加拉军队由三个旅构成,其中之一在钱皮恩上校(Colonel Champion)的指挥下加入了苏贾·道拉的军队。鲁赫拉人抗议、恳求、提出大量的赎金都无济于事。于是他们决心誓死保卫自己。一场血腥的战斗爆发了。钱皮恩上校说道:"敌人证明了自己有着良好的军事知识;而且,无法描绘出比他们表现出的更为坚定不移的决心。"奥德卑鄙的统治者临战脱逃。英国人孤立无援,但他们的火力与冲锋无可抵抗。鲁赫拉最杰出的酋长们一直战斗在阵列前线,直到他们倒下,鲁赫拉的士兵们才放弃抵抗。这时纳瓦卜—维齐和他的乌合之众才出现,冲去劫掠敌人的营地,而他们原本连这些勇敢敌人的正脸也不敢瞧上一眼。当这些一无是处的盟友洗劫营帐时,纪律严明的公司士兵们保持着队形。但许多呼声爆发出来:"战斗都留给了我们,战利品却全归了那帮流氓。"

印度式战争的恐怖在鲁赫尔坎德的山谷与城市中肆虐。这个国家沦为一片火海。十余万民众从他们的家园逃入有毒的密林,较之僭政,他们宁愿面对饥饿、热病以及虎穴。一个英国人的政府、基督徒的政府却为了可耻的金钱将他们的物质力量、他们的鲜血以及他们妻女的荣誉出卖给了僭政。钱皮恩上校向纳瓦卜—维齐抗议,并向威廉堡送去语气强硬的申诉,但总督对于战争的进行方式没有定下任何条件。除了他那四百万卢比,他没有为其他的什么感到烦恼;尽管他可能不赞成苏贾·道拉肆无忌惮的残暴,但他不认为自己有权干涉,除了提供建议。这份谨小慎微让这位传记作者感到钦佩。"黑斯廷斯先生,"他说道,"自己不能指挥纳瓦卜,也不能批准由公司军队的指挥官规定战斗要如何进行。"肯定不能。黑斯廷斯先生必须做的,只是以主力部队镇压这些无辜之人为了自由而作出的英勇抗争。一旦击溃了他们的军事抵抗,他的义务就已完成;因而他只能两手抱怀地看着,任由他们的村庄被焚毁,他们的孩子被屠戮,他们的妇女遭侮辱。格雷格先生会严肃地坚持这一观点吗?任何人自愿将无可抗拒的力量交给别人对付人类,都有义务确保力量不被野蛮地滥用,还有比这更显而易见的规则吗?我们要为把这一点论证得如此明白而请读者们原谅。

我们跳至这个既可悲又可耻的故事的结尾。战火平息了。印度

最优秀的民众臣服于贪婪、懦弱、残忍的僭主。商业与农业随之凋
敝。让苏贾·道拉垂涎欲滴的这个富饶的省区成了他悲惨的领地中
最悲惨的地方。不过这个遭受重创的民族没有灭绝。在时隔多年之
后,他们古时的精神又重放光芒;即便是在今天,勇气、自尊、在亚洲
人当中罕见的骑士风度,以及对英格兰严重罪行的辛酸记忆,都令这
个阿富汗民族与众不同。直至今日,他们仍被视为最擅长冷兵器的
印度兵;一位有大量观察机会的人士最近评论道,印度土著当中唯有
鲁赫拉人贴切"绅士"这个词。

　　无论我们如何评价黑斯廷斯的道德,不可否认的是,他的政策的
财政成效为其才干争了光。在他主持政府后不到两年的时间里,在
不给他管辖下的民众增加负担的同时,他为公司的年收入增添了约
四十五万镑,此外还获得了约一百万镑现金。他还为孟加拉的财政
每年节省了近二十五万镑的军事开销,并将这笔开销转嫁给了奥德
纳瓦卜。这样的成果若是取自正当的手段,他无疑会受到祖国最热
烈的感激;而无论这样的成果取自怎样的手段,都证明他有着杰出的
行政才干。

八

　　与此同时,国会对亚洲事务作了长时间的激烈讨论。诺斯勋爵
的内阁在 1773 年议会召开期间出台了一套方案,对印度政府的构成
作出了相当大的变动。该法案被称为《管理法案》(Regulating Act),
其中规定孟加拉管区(presidency of Bengal)统辖公司的其他殖民地;
孟加拉管区的首脑获得印度总督(Governor-General)头衔;设四位参

事辅助印度总督;在加尔各答设立一个由一名首席法官与三名低级别审判员组成的最高法院。最高法院法院独立于印度总督与参事会,被赋予了广泛且未界定范围的民事与刑事管辖权。

法案中提名了印度总督与参事,任期四年。黑斯廷斯成为第一任印度总督。四名新设置的参事中,巴韦尔先生(Mr. Barwell)是公司的资深职员,当时就在印度。其他三位是克拉弗林将军(General Clavering)、蒙森先生(Mr. Monson)以及弗朗西斯先生(Mr. Francis),他们即将从英格兰出发。

新设置的参事中最能干的无疑是菲利普·弗朗西斯。那些公认是他撰写的著作,证明他具备相当优秀的修辞与知识。多年的公职历练使他习惯于忙碌。他的敌手们从未否认他有着无畏而男子气的精神;不过,恐怕他的朋友们也不得不承认他自视过高、脾气暴躁、常常举止粗鲁且任性,并且刻薄记仇。

几乎不可能在提及这位杰出人士时,不谈及那个他的名字立刻会在每个人脑海中唤起的问题。他是《朱尼厄斯来信》(Letters of Junius)的作者么?我们确信他就是。我们认为已有的证据足以断定一起民事案件,甚至是一起刑事案件。朱尼厄斯的笔迹是弗朗西斯特有的笔迹,尽管稍有掩饰。至于朱尼厄斯的地位、职务、社会关系,以下几点是最为重要的事实,可视为确凿无疑:其一,他熟悉国务大臣办公室(Secretary of State's office)的专用表格;其二,他十分熟悉战争部(War Office)的事务;其三,他在1770年间出席了上院的辩论,并就各篇演说作了笔记,尤其是查塔姆勋爵的演说;其四,他对任命夏米尔先生(Mr. Chamier)担任战时副秘书(Deputy Secretary-at-War)十分不满;其五,他与霍兰德勋爵(Lord Holland)关系密切。弗朗西斯曾在国务大臣办公室任职多年,之后出任战争部的首席书记官(Chief Clerk)。他多次提及曾在 1770 年聆听了查塔姆爵士的演说，并对其中一些演说作了详细的记录。由于对夏米尔先生获得的任命不满，他辞去了战争部的书记职务。他首次获得公职有赖霍兰德勋爵的引介。能在朱尼厄斯身上发现的这五个特征，弗朗西斯全都具备。我们不相信能在其他人身上找到其中两个以上的特征。如果这一论证还不能解答这个问题，那么基于间接证据的全部推理就此告一段落。

内在证据看起来指向同一个方向。弗朗西斯的文风与朱尼厄斯非常相似；我们并不倾向于认为，那些公认是弗朗西斯撰写的著作就绝对比这些匿名书简要差，虽然人们通常想当然地这样认为。无论如何，也可以用【文章质量】较差这个理由否定其他曾被举出的候选者，唯独柏克除外；并且证明柏克不是朱尼厄斯只会是浪费时间。基于文章质量较差到底能得出什么结论？每位作家必定都有他最好的作品，他最好的作品与次好的作品之间可能实际上有着很大差距。谁也不会说朱尼厄斯最好的书简优于弗朗西斯公认作品的程度，要大于柯奈(Corneille)的三四部悲剧与他其余作品间的差距，大于本·琼森(Ben Jonson)的三四部喜剧与他其余作品间的差距，大于《天路历程》与班扬其他作品的差距，大于《唐吉歌德》与塞万提斯其他作品的差距。并且，不管朱尼厄斯是谁，无疑他是位起伏极大的作家。且只论那些附有朱尼厄斯署名的书简：致国王的信与致霍恩·托克(Horne Tooke)的几封信之间除刻薄外鲜有共同之处，而刻薄是弗朗西斯的著作与演讲中几乎从不缺少的元素。

认为弗朗西斯就是朱尼厄斯最重要的理由之一，实际上是二者道德上的相似性。从那些尽管有不同署名但均被认为是出自朱尼厄斯手笔的书简中，从他对伍德福德(Woodfall)与其他人的评价中，不

难对他的性格形成基本正确的认识。他显然不乏真正的爱国精神与
豁达情怀,他的缺点不属于卑鄙的那一类。不过,他也一定是个极度
傲慢自大的人,容易心存怨恨,还容易将他的怨恨错误地当作公德。
"你容易发怒吗?"这是个古时希伯来先知问的问题。而他回答道:
"我很容易发怒。"这无疑就是朱尼厄斯的脾性,我们把令他的几封书
简失色的野蛮恶语归结于这个原因。没有人像他一样冷酷无情,在
一种强烈的自我幻想下,他的憎恨与责任交织在了一起。还可以补
充说,尽管朱尼厄斯因为与民主派政党有共同的敌人而与之结盟,但
他是民主派政客的死敌。一方面,他以一种不断违背论战法则的凶
猛,对许多人进行攻讦。另一方面,他向旧体制最有缺陷的部分致以
的敬意简直到了迂腐的地步;他热情地为老塞勒姆(Old Sarum)的事
业辩护;并傲慢地告诉曼彻斯特(Manchester)与利兹(Leeds)的资本
家们,若想获得选举权,他们可以去购置土地,成为兰开夏郡
(Lancashire)与约克郡(Yorkshire)的地主。我们认为,所有这些几乎
丝毫不差地体现了菲利普·弗朗西斯的性格。

不奇怪这位伟大的匿名作家会愿意在那时离开这个被他的雄辩
轰动的国家。事事都不利于他。较之其他党派,他明显更偏向乔
治·格伦维尔(Geogre Grenville)一党,该党已因领袖去世而涣散;萨
福克勋爵(Lord Suffolk)率领其中大部分人倒向内阁一边。米德尔
塞克斯郡(Middlesex)选举造成的骚乱已平息。每个派别必然都同
样令朱尼厄斯感到厌恶。他关于内政的观点使他与内阁决裂,他关
于殖民事务的观点使他与反对派决裂。在这样的环境中,他带着愤
世嫉俗的绝望搁下了手中的笔。致伍德福德的告别信落款的日期为
1773 年 1 月 19 日。在那封信中,他宣称要是再次执笔写作,他就必
定是个笨伯;他对这项事业以及公众怀有一番好意;但如今对这两者

都不抱希望；能在任何问题上坚定地团结一致的人连十个都没有。"不过，"他补充道，"这些皆微不足道、不值一提。我知道你们从未退缩，并且，我将始终乐于听到你们兴旺昌盛。"这些便是朱尼厄斯最后的话。一年后，菲利普·弗朗西斯踏上了前往孟加拉的行程。

九

同三位新任参事一起出发的还有最高法院的法官们。首席法官是以利亚·英庇先生。他是黑斯廷斯的老朋友；可能找遍整个法院系统，印度总督也再找不出另一个同样顺手的工具。但参事们无论如何也不是带着逢迎的心态。黑斯廷斯十分厌恶新的政府形式，并且对他的助手们也没有很高的评价。新任参事们对此已有耳闻，因此容易疑神疑鬼、拘泥细节。当人们怀有这种心态时，任何琐事都足以造成争执。参事会成员们期望受到威廉堡二十一声炮响的礼遇。黑斯廷斯只同意十四响。他们登陆时心情糟糕。彼此的首次问候冷淡拘谨。次日便引发了那场漫长的争执，它在扰乱了英属印度之后，又在英格兰继续，这个时代所有最杰出的政治家与演说家都参与其中，要么支持这方，要么支持那方。

巴韦尔支持黑斯廷斯。他们之间并不总是友好。不过参事会中来自英格兰的新成员一抵达，自然就起到了团结公司老职员的作用。克拉弗林、蒙森及弗朗西斯构成了多数派。他们立即从黑斯廷斯手中夺取了政府；谴责黑斯廷斯之前与纳瓦卜—维齐的交易，在这一点上他们确实并非不公正；从奥德召回英国代表，再派去受命于他们的代表；命令那支征服了不幸的鲁赫拉人的军队返回公司的领地，并对这场战争中的行为发起严格的调查。接着,无视印度总督的抗议,他们以最无礼的方式对下属的管区行使他们的新权威;把孟买的事务弄得一团糟;以不可思议的既轻率又软弱的态度干涉马拉塔政府的内部争端。与此同时,他们矛头指向孟加拉的内部行政,抨击整个财政与司法体制,这套体制无疑有缺陷,但这些才从英格兰来的绅士们未必就有能力去改进它。他们的改革所起到的效果就是撤销了一切对生命与财产的保护,那帮强盗们不受惩罚地扫荡了加尔各答所有的近郊城镇。黑斯廷斯继续住在总督府,领取印度总督的薪金。他甚至继续在处理日常事务时领导参事会,因为他的反对者们必定感觉到他了解许多他们一无所知的东西,他稳妥而迅速地对许多令他们束手无措的问题作出决定。然而,他已被剥夺了更重要的统治权力与绝大多数有价值的任命权。

土著们很快发现了这一点。他们认为黑斯廷斯已失势,并开始以自己惯有的方式行事。我们的一些读者可能曾在印度看见过一群乌鸦啄死一只病弱的秃鹰,在那个国家中最常见的不幸莫过于命运摧毁一位曾经伟大而令人生畏的人物。之前乐于为他撒谎、为他造假、为他牵线、为他去下毒的马屁精们,转瞬间就急于通过控诉他来讨他那得胜了的敌人欢心。印度的政府只需让人明白它希望某个人毁灭;二十四小时内,它就会收到各种严重的指控,还有全面而详尽的证词予以支持,任何不熟悉亚洲人之虚伪的人都会以为这些指控确凿无疑。若这位命中注定的受害者的签名没被伪造在一些违法合同的页脚,若一些叛国的文件没被悄悄放进他家中的一个隐秘之处,那就算好的了。现在黑斯廷斯在土著们看来已无可救药。造就或毁灭每个孟加拉人命运的权力,看起来已转移到了新任参事们手中。针对印度总督的控诉顷刻蜂拥而至。控诉者受到多数派的热情欢迎,公正而论,多数派都是正派之人,不会故意支持虚妄的控诉,但是他们还不够了解东方人,没有意识到在世界的那个地区,掌权者的一点点鼓励一周内引来的奥茨们(Oateses)、贝德罗们(Bedloes)、丹吉菲尔德们(Dangerfields),比在威斯敏斯特会堂一个世纪里能见到还多。

若南达·库马尔在这个关头保持安静,那才着实叫人感到奇怪。这个坏家伙立即受到怨恨、贪婪与野心的鼓动。现在是时候报复他的老对手,发泄十七年来的不满,令自己得到参事会多数派的青睐,一举成为孟加拉最强大的土著。从新任参事抵达起,他便最露骨地逢迎他们,并因此被不光彩地赶出了总督府。现在他隆重地交给弗朗西斯一纸文件,其中包括几项刻画得极为严重的指控。基于这份文件,黑斯廷斯被指控出售官职,收取贿赂并纵容罪犯逃跑。甚者,这份文件还断言无罪释放穆罕默德·雷扎汗,是因为印度总督收取了一大笔金钱。

弗朗西斯在参事会中宣读了这份文件。随即爆发了一场激烈的争吵。黑斯廷斯以严厉的措辞抗议受到如此对待,轻蔑地谈及南达·库马尔及其控诉,并否认参事会有权审判总督。在下一次参事会会议中,【多数派】拿出了另一封来自南达·库马尔的信函。南达·库马尔请求允许他出席参事会,以便就他的断言接受聆讯。此事掀起了另一场暴风雨般的辩论。印度总督坚称会议室不是作这种调查的地方;有些人被与他之间的日常争执冲昏了头脑,他不可能指望从他们那里获得公正的裁判;他无法甘受与南达·库马尔这样的人对质,否则有辱他职位的尊严。然而多数派执意调查这些指控。黑斯廷斯站起身来,宣布散会,拂袖而去,巴韦尔紧随其后。其他成员留在座位上,通过表决自行成立了一个委员会,克拉弗林任主席,并下令传召南达·库马尔。南达·库马尔不仅坚持原先的指控,还东方式地作了大量补充。他称黑斯廷斯因任命罗阁戈达斯担任纳瓦卜宫中司库,以及将殿下托付给穆妮贝加姆照看而收取了大笔金钱。为了证明这个故事的真实性,他提交了一封盖有穆妮贝加姆封印的书信。无论这个封印如黑斯廷斯断言的那样是伪造的,还是如我们更愿意相信的那样是真的,都不能证明什么。每个了解印度的人都知道,南达·库马尔要获得穆妮贝加姆的证言,只消告诉她这样一封信能取悦参事会的多数派。然而,多数派以投票方式作出决定:该指控已查清;黑斯廷斯腐败地收取了三万至四万镑;应当勒令他退还。

十

在孟加拉的英国人当中,普遍的感情是强烈支持印度总督。在处理事务的才干方面,在对这个国家的了解方面,在举止风度方面,他都明显胜过那些控诉者。公司的职员们自然倾向于站在他们这个机构中最杰出的成员一边,反对那位战争部书记,后者对土著的语言、土著的性格极为无知,还对各个行政部门指手画脚。然而,尽管有同胞们的普遍同情,黑斯廷斯仍处于极为艰难的境地。还有向英格兰的上级权威上诉这条路可走。倘若那个权威支持他的敌人,那么他就只有辞职。因此他将辞呈交给了他在伦敦的代理人麦克林上校(Colonel Macleane)。不过麦克林接到指示,除非确认印度署(India House)的态度不利于印度总督,否则就不提交辞呈。

南达·库马尔看起来取得了完胜。他主持了一场日常的招待会,他的同胞们趋之若鹜,有一次参事会的多数派也屈尊出席。他的住所成了接受对印度总督的指控的办公室。据说,部分通过威胁,部分通过哄骗,这个恶毒的婆罗门诱使这个省份中许多最富有之人提出了控诉。但是他在玩一场危险的游戏。令一个像黑斯廷斯这样有勇有谋之人陷入绝境是危险的。南达·库马尔竭尽他全部的机敏,也没有理解他生活于其下的种种制度的本质。他自认为已经拉拢了这个订立条约、分配职位、提高税收的机构中的多数派。政治职能与司法职能相分立是个他毫无概念的东西。他可能从未想到在孟加拉还有一个完全独立于参事会的权力,能够保护参事会想要毁灭的人,也能将参事会想要保护的人送上绞刑架。然而这就是事实。最高法院在其职责范围内完全独立于政府。黑斯廷斯以他惯有的睿智,认识到了通过占有这个堡垒他能获得多大的优势。于是他开始行动。法官们,尤其是首席法官,对参事会多数派怀有敌意。启动这一可怕机器的时机已到。

南达·库马尔被起诉犯有重罪、遭监禁、关押进国家监狱的消息顿时令加尔各答震惊。落在他头上的罪名是六年前他伪造了一份合同。表面上,控诉者是一位土著。那时,现在依然,人人都认为黑斯廷斯是此事的真正推动者,只有笨伯和传记作者才不这么看。

多数派的愤怒到达了顶点。他们抗议最高法院采取的诉讼程序,向法官们发去若干紧急咨文,希望南达·库马尔获得保释。法官们的回复高傲而坚定。参事会能做的只是对南达·库马尔的家人授以荣誉与津贴,他们确实这么做了。与此同时庭审开始,裁定受理,南达·库马尔被带到以利亚·英庇爵士以及由英国人组成的陪审团面前。大量相互矛盾的证词,并且不得不对证据中的每个字进行翻译,因此审判拖得异常漫长。最终陪审团作出了有罪判决,首席法官判处囚犯死刑。

　　我们明确地认为,英庇应当判处南达·库马尔缓刑。整个诉讼是否违法是一个问题。不过,无论根据解释法律的技术规则审判所依据的制定法是否具有效力,因伪造行为而绞死一个印度人是不公正的。规定在英国伪造行为是死罪的法律,在通过时丝毫没有考虑印度的社会状况。印度土著对其一无所知。这条法律在他们当中从未执行过,原因当然不是没有违法者。这条法律彻底撼动了他们的所有观念。我们社会中特有的一些情况致使我们在伪造与其他类型的欺骗行为间作出区分,然而他们并不习惯这种区分。照他们估计,伪造一个封印只是一个普通的欺骗行为;他们从未想到判罚会和团伙抢劫或暗杀一样重。公正的法官无疑会推迟这个案件,交由君主的定夺。但英庇不会允许怜悯或推延。

　　各个阶层都大受刺激。弗朗西斯与他少数英国追随者将印度总督与首席法官描绘成最卑劣的凶手。据说,克拉弗林曾发誓,即使在绞刑架下,也要用武力解救南达·库马尔。欧洲人群体中的大部分人,尽管非常欣赏印度总督,也会同情这样一个人:他的名字连同他的罪行长期占据了他们一大块视野;印度的不列颠帝国建立起来之前,他就已经十分显赫与强大;旧时的总督们与参事会成员们,在还是区区商业代理人时曾向他寻求保护。印度人的感受要更强烈得多。他们实际上不是会同同胞大打出手的民族。但南达·库马尔的死刑使他们感到悲痛与惊恐。即便按他们较低的道德标准来评判,他也是个坏人。但即便他如此之坏,他仍是他们种族与宗教的首领,婆罗门中的婆罗门。他继承了最纯洁、最高级的种姓。他极为妥当地主持了所有仪式,对迷信的孟加拉人而言,这些仪式比正确地履行社会责任更为重要。因此,他们的感受就如同黑暗时代虔诚的天主教徒看到一位最高贵的高级教士被一间世俗法院送上绞刑架。依据他们古老的民族法律,无论一位婆罗门犯下了何种罪行,也不能处死他。在他们眼中南达·库马尔将因之而丧命的罪行,与约克郡的马贩子对以高价出售一匹驽马的看法如出一辙。

只有穆斯林对这位强大印度人的命运欢欣鼓舞,因为他曾试图借毁灭穆罕默德·雷扎汗飞黄腾达。那个时代的穆斯林史家乐于夸大这一指控。他向我们保证,在南达·库马尔家中发现了一个匣子,其中装着那个省区中所有最富有之人的假封印。我们从未见到有其他权威援用这个故事,这个故事本身也绝不可信。

日子已临近,南达·库马尔以平静的态度准备赴死,在个人争斗中如此胆小怯弱的孟加拉人总是以这种态度面对无法挽救的灾祸。治安官以英国绅士从不缺乏的人道在行刑前一夜探望了这位囚徒,向他保证不会拒绝他提出的任何合法要求。南达·库马尔十分礼貌而泰然自若地表示感激。他面无表情,没有一声叹息。他将手指放在额前,平静地说运命将自顾自地前进,神明的旨意无从抗拒。他向弗朗西斯、克拉弗林、蒙森致以问候,委托他们保护罗阇戈达斯,后者将成为孟加拉婆罗门的领袖。治安官离开了,被刚才的一幕深深震动,而南达·库马尔则镇静地坐下写笔记、检查账目。

第二天早晨,在太阳变得炽热之前,大批民众聚集在已树立起的绞刑架四周。每张面孔上都挂着悲伤与惊恐,然而直到最后一刻,民众仍不能相信英国人真的打算夺取这位伟大婆罗门的性命。终于,令人悲伤的队伍穿过人群。南达·库马尔笔直地坐在轿舆上,面不改色地举目四望。他才与最亲近的人们作了告别。他们哭喊着前俯后仰,这场面令欧洲的司法官们惊骇,但对这位囚徒的坚忍坦然毫无影响。他唯一表露出的忧虑是,希望他的后事能由他这个祭司种姓的人们负责料理。他再次要求代为向他在参事会中的朋友们问好,他步履平稳地登上绞刑架,向执行者示意。在坠下的那一瞬间,无数围观者发出了悲恸而绝望的哀嚎。上百人扭过头去回避这肮脏的一幕,哀嚎着冲向胡格利河,跳进它的圣水中,仿佛是要洗去看见如此罪行的罪过。这样的情绪不仅限于加尔各答。整个省区都大受震动,达卡(Dacca)的民众表现得尤其悲痛与绝望。

对英庇的行为,再严厉的评论也不为过。我们已说过,在我们看来,他拒绝给以南达·库马尔缓刑是不公正的。任何理智之人都不会怀疑,他这样做是为了迎合印度总督。倘若我们对此曾有怀疑,格雷格先生公开的一封信函能打消这些疑虑。三四年后黑斯廷斯论及英庇时说,"我的命运、尊严与声誉曾经蒙恩于他的支持"。这些充满感情的字词只可能指南达·库马尔一案;这些话一定意指英庇绞死南达·库马尔是为了支持黑斯廷斯。因此,我们经深思熟虑得出的观点是,英庇作为一名法官为了政治目的不公正地处死了一个人。

十一

不过我们要以一种略微不同的眼光看待黑斯廷斯的行为。他在为财富、尊严、自由以及所有使得生命可贵的事物而斗争。他被心怀恶意并且毫无原则的敌人重重包围。他从同僚那里不能盼得公正。他不能因希望击溃那些控诉者而受到指责。实际上他克制地只以合法的手段实现这个目的。不奇怪,他应当考虑过所有合法的手段——法律贤哲们、专职在敌对双方间主持正义之人、所受教育提供了履行这一职责所需的特殊品质之人,宣称合法的种种手段。没有人能从当事一方那里获得法官般的公正不阿。之所以委任法官的理由正在于，即便是一个好人，也不能委托他裁断一件牵涉他本人的案件。在任何一天里，都会有一位公正的控诉者寻求只有一个不公正的法庭才会授予的东西。这是个过高的期许：当一个人因最可贵的利益岌岌可危而激动不已时，会对待自己比起过誓的正义主持者更为公正。从我们这个岛上的历史中举一个类似的例子，假设当斯塔福勋爵（Lord Stafford）被怀疑与天主教阴谋有牵连而被关押在伦敦塔中时，他获悉提图斯·奥茨（Titus Oates）犯下了某事，通过可疑的解释，或许能借此处以后者重罪。倘若斯塔福勋爵在这个假设的案件中，设法发起诉讼、提供资金、利用他的全部影响力阻止君主的仁慈，难道我们应当就此严厉地指责他吗？我们不这样认为。实际上，倘若一个法官为了讨天主教贵族们欢心，为了绞死奥茨而曲解法律，这样的法官应当受到严厉的谴责。不过在我们看来，这位天主教勋爵将该案件提交法官裁断，实质上没有超出自卫的范围。

因此，尽管我们毫不怀疑这起令人难以释怀的死刑要归咎于黑斯廷斯，但我们怀疑这是否可以算作他的罪行。他的行动显然是出于深谋远虑的策略。他在参事会中属于少数派。并且有可能长期处于少数。他十分了解土著的性格。他知道，即便是最清白无辜的印度居民，一旦遭掌权者仇视，必定会有大量指控蜂拥而至。孟加拉整个黑人人口当中，没有一个在位者、谋求地位者或政府的佃户不认为以宣誓作证反对印度总督有利于自己。在这样的环境下，这位遭受迫害的政治家决心教训全部这些控诉者与证人，尽管他在参事会中是少数派，但他仍然是可怕的。他给的这个教训确实让人难忘。联合反对他的人当中，居首的是印度人当中最富有、最强大、最狡猾的一位，因受那时执掌政府之人垂青而出类拔萃，受数百万人迷信地敬畏，却在光天化日之下被绞死在数千人面前。所有能使得警告印象深刻,使得受难者显得高尚,使得整个过程肃穆的事物,都能在这个案件中找到。参事会无助的盛怒与徒劳的挣扎使得这场胜利更为显著。从这一刻起,每个土著都坚信站在黑斯廷斯的少数派一边,比站在弗朗西斯的多数派那边更为安全,而冒险参与扳倒印度总督之人或许会像东方的诗歌中说的那样,在敲林寻鹿时有撞见老虎的风险。成百上千的告发者顿时安静了。从那时起,无论黑斯廷斯不得不面对怎样的困难,他再也不会受到来自印度土著的控诉骚扰。

黑斯廷斯致约翰逊博士的信函当中,有一封的日期为南达·库马尔死后几小时,这是个引人瞩目的语境。当整个殖民地处于喧嚣之中,当伟大而古老的祭司们为他们首领的遗体哭泣时,这场生死较量的胜利者坐下来带着他典型的镇静开始写赫布里底群岛(Hebrides)之旅,琼斯(Jones)的波斯语语法,以及印度的历史、传统、艺术与土产。

与此同时,关于鲁赫拉战争以及黑斯廷斯与他同僚间初次争执的消息已传到伦敦。董事们站在多数派一边,发出了一封强烈谴责黑斯廷斯的行为的信函。他们以严厉而恰当的措辞谴责只为金钱利益而发动入侵战争这种罪恶行径。然而他们完全忘记了,就算黑斯廷斯是以不合法的手段获取金钱利益,但他这么做也不是为了一己之利,而是为了满足他们的要求。下达正直的命令,又坚持要获得无法公正地获取的东西,这便是公司在那时的一贯做法。正如麦克白(Macbeth)女士对她丈夫的评价,董事们"不会弄虚作假,但仍然不正当地赢利"。

任命黑斯廷斯五年来担任印度总督的《管理法案》,授权君主可通过公司的呈文将他免职。诺斯勋爵急于获得一份这样的呈文。那三位从英格兰派来的参事会成员是由他挑选出来的。尤其是克拉弗林将军,他在议会中有广泛的关系支持,没有哪位内阁成员愿意为难他。这位大臣希望罢免黑斯廷斯，使克拉弗林成为政府首脑。董事会中则两派意见相持不下。十一票反对黑斯廷斯，十票支持。于是召开了股东大会。宽敞的销售厅呈现出一番奇异的景象。财政部秘书（Secretary of the Treasury）发出信件，号召所有持有印度股票的政府拥护者都出席。桑威奇勋爵（Lord Sandwich）以他惯有的机敏与警觉集结起政府的朋友们。我们能在人群中数出五十位贵族与平民议员，时至今日这在东方事务中也很少见。这场辩论一直持续到午夜。黑斯廷斯的反对者们在这一回合略占优势；不过还需要投票，结果是印度总督以一百票以上的多数战胜了董事会与内阁的共同努力。大臣们为惨败激怒。甚至诺斯勋爵也发了火，这在他身上并不常见，他还威胁要在圣诞节前召集议会，提交一份议案剥夺公司的全部政治权力，将其限制在买卖丝绸与茶叶的旧生意。

麦克林上校在整场斗争中都热情地支持黑斯廷斯的事业，现在他认为他的雇主有遭议会谴责或控诉的迫切危险。王室律师（Crown lawyers）已经在调查印度总督的一部分行为。看起来是考虑确保能有尊严地引退的时候了。在这样的境况下，麦克林认为有理由提交他此前已受托的辞呈。这份文书没有按照十分准确的格式，不过董事会太过急切也没有吹毛求疵。他们接受了辞呈，确定董事会中的一员惠勒先生（Mr. Wheler）接任黑斯廷斯，并命令克拉弗林将军——参事会中年资较深的成员——在惠勒先生抵达前行使印度总督的职权。

十二

在英格兰发生这些事情的同时，孟加拉发生了一场大变故。蒙森去世了。政府中只剩下了四名成员。一边是克拉弗林与弗朗西斯，另一边是巴维尔与印度总督；并且，印度总督握有决定票。两年来黑斯廷斯被剥夺了全部的权力与任命权，现在则握有绝对的权力。他立即着手报复他的对手们。黑斯廷斯以彼之道还治彼身：受命于他对手之人全被替换。为了征税，黑斯廷斯下令重新对孟加拉土地进行估价，由印度总督指挥整个调查，所有与此有关的书信都应以他的名义往来。与此同时，他开始构思宏伟的征服与统治计划，他在有生之年看到了这些计划变为现实，尽管不是由他亲自实现。他计划与土著王公们结成牢固的同盟，尤其是与奥德和贝拉尔（Berar）的王公，从而使不列颠成为印度的最高权力。正当他在构思这些伟大计划之时，消息传来，他已不再是印度总督，他的辞呈已被接受，惠勒很快便会抵达，并且，在惠勒抵达之前由克拉弗林接替他的位置。

若黑斯廷斯此时仍是少数派，他大概会引退，不再斗争；然而他现在是英属印度真正的主人，他无意放弃这高位。他断言自己从未发出过任何能够使这些手续有效的指令。他的指令是什么，抱歉他已经忘了。即便他曾保留这些指令的复件，他也已经弄丢了。不过他肯定，他曾反复向董事们表示自己不会辞职。他不理解董事会怎么会有出自他的声明，不理解董事会怎么会从一名代理人可疑的手中接受他的辞呈。如果这份辞呈是无效的，所有基于那份辞呈的后续程序都是无效的，黑斯廷斯就仍是印度总督。

他后来坚称，要不是克拉弗林试图以暴力方式夺取最高权力的话，那么，尽管他的代理人们没有按照他的指示行动，他仍会受他们的行为约束。无论这一断言是否属实，克拉弗林的鲁莽行为无疑给了黑斯廷斯有利的条件。这位将军派人索要堡垒与金库的钥匙，夺走账目，组织了一个有弗朗西斯参加的参事会。黑斯廷斯则在另一间房间里主持会议,巴维尔和他坐在一起。表面看来两派均有可信的权利。方圆一万五千英里内没有能使他们服从的权威。看来除了诉诸武力,没有其他的方法平息这场争执;黑斯廷斯自信他对在印度的同胞们的影响力,因而并不畏惧诉诸武力。他命令威廉堡的卫戍部队以及附近所有的兵站,除他的之外不服从任何命令。与此同时,他以令人敬佩的判断力将这一案件提交最高法院,并且表示将服从裁决。在这个提议中,他没有任何风险,然而他的对手们几乎不能拒绝这个提议。对于法官们庄严宣布为合法的政府,不会有人因为服从它而被当作罪犯。对于法官们宣布的篡权者,再大胆的人也不敢用武力去保卫。克拉弗林与弗朗西斯在拖延几天之后,不情愿地同意服从法院的裁决。法院宣判辞呈无效,因此黑斯廷斯仍是《管理法案》设立的印度总督;败诉的参事会成员们察觉到了整个殖民地对他们怀有敌对情绪,默认了这一裁决。

大约在这时,有消息传来,经多年审理弗兰克尼亚的法院判决英霍夫与妻子离婚。这位男爵离开了加尔各答,携带着一笔能在萨克森购置一份地产的财产。这位女士成为了黑斯廷斯夫人。黑斯廷斯为此举办了声势浩大的庆典,加尔各答所有的杰出人士无论属于哪一派都受邀前往总督府。如那位穆斯林编年史家所讲的故事,克拉弗林身心交病,找了借口没有出席这次豪华的聚会。然而,如人所料,在野心与爱情上双双得胜的黑斯廷斯兴高采烈,他不允许别人谢绝。他亲自来到将军的家中,洋洋得意地将新娘的彩环戴到惨败的对手身上。此举对于一位身心遭屈辱与疾病重创的人来说太过分了。克拉弗林几日后去世。

惠勒在出发时期待着成为印度总督,现在则被迫满足于在参事会中获得一席,投票时他通常与弗朗西斯保持一致。不过印度总督凭借巴维尔的帮助与自己的决定票依旧是统治者。董事会与内阁的情绪这时发生了转变。所有针对黑斯廷斯的计划都已束之高阁；并且，当他五年任期届满时，他悄然地获得连任。事实上，那时公共利益在每个角落面临着可怕威胁，这使得诺斯勋爵与公司不愿辞退这位总督，即便对他怀有敌意，也必须承认他的才干、经验与决断。

十三

　　这场危机着实难以对付。这个伟大而常胜的帝国在十八年前乔治三世继承王位时，有着比自古以来历代英国君主继位时更为明媚的前景，这时却由于最愚蠢的治理不当已经到了毁灭的边缘。在美洲，数百万英国子民与这个是他们的血脉、语言、宗教、制度源头的国家开战，不久之前他们还像诺福克郡（Norfolk）与莱斯特郡的居民一样紧密地依附于这个国家。欧洲列强在乔治二世谘议会一贯的活力与才智面前一败涂地，现在则愉快地憧憬着报仇雪耻。那时的形势是，正当我们力图镇压美利坚合众国，并面临着爱尔兰同样正当的不满造成的近在咫尺的危险之时，我们的岛可能会受到法国、西班牙与荷兰的攻击，可能会受到波罗的海武装中立的威胁；甚至我们的海上优势都将岌岌可危；敌人的舰队将控制卡培海峡（Straits of Calpe）与墨西哥海；不列颠的旗帜将几乎无力保护英吉利海峡。尽管黑斯廷斯犯下了如此严重的过错，但令祖国庆幸的是，在她历史上最危急的关头，黑斯廷斯是她印度领地的统治者。

　　几乎不用担心孟加拉会遭受海上攻击。危险在于欧洲的敌人们或许会与土著力量结成同盟，为土著提供军队、武器与弹药，从而可能攻击我们在陆上的领地。黑斯廷斯预想威胁将主要来自马拉塔人。这个独特的民族发源自印度西海岸的荒凉山区。在奥朗则布统治时期,这个地带的居民在伟大的塞维吉(Sevajee)领导下,开始扫荡这个更富裕但不善战的邻邦的领地。马拉塔人的活力、残暴、狡猾,很快使他们成为从君主制日益衰败的废墟中滋生出的新生势力中最显赫的一支。起初他们只是劫匪。很快他们崛起成为征服者。帝国一半的省区变成了马拉塔人的各个公国。出身自较低种姓并做惯了卑下差事的流寇,成为了强大的罗阇。强盗头子邦斯拉家族(Bonslas)征服了贝拉尔的大片地区。吉科瓦尔(Guicowar),意即牧人(Herdsman),建立的王朝仍统治着古吉拉特(Guzerat)。辛迪亚(Scindia)与霍尔卡(Holkar)家族在马尔瓦(Malwa)壮大起来。一个爱冒险的首领将自己的巢穴筑在坚不可摧的古提(Gooti)岩上。另一位成为了散布在坦贾武尔(Tanjore)青翠稻田中的上千个村庄的主人。

印度那时到处都是双重政府。形式与权力在各处都彼此分离。主权在握的穆斯林纳瓦卜、奥德维齐、海德拉巴的尼扎姆(the Nizam at Hyderabad),都仍自称是帖木儿家族(House of Tamerlane)的省督。尽管马拉塔人的各个国家实际上彼此独立,却也以同样的方式自称属于一个统一的帝国。他们全都以誓言与仪式承认塞维吉后裔的至高权力,这个懒王(*roi faineant*)在萨塔拉(Sattara)的国家监狱中嚼着大麻与舞女嬉戏;他们也承认佩什瓦(Peshwa)或者说宫相的至高权力,这位世袭大臣以君主般的威仪在浦那(Poonah)维持着一个宫廷,奥伦贾巴德(Aurungabad)与巴杰浦(Bejapoor)这两个广袤省份服从于他的权威。

在欧洲宣战前几个月,一则消息引起了孟加拉政府的警觉,一位能干的法国冒险家抵达浦那。据说他在那里受到了很高的礼遇,他向佩什瓦送去路易十六的信函与礼物,并且,法国与马拉塔人缔结了一项针对英格兰的条约。

黑斯廷斯当机立断,决定先发制人。佩什瓦的头衔并非毫无争议。一部分马拉塔人拥护一位觊觎者。印度总督决定支持觊觎者的利益,调度一支军队穿过印度半岛,并与邦斯拉家族的酋长结成紧密联盟。这位酋长统治着贝拉尔,他在权力与高贵上不亚于任何一位马拉塔王公。

一封来自英国驻开罗公使的信件,带来了伦敦与巴黎均已宣战的消息,这时军队已开拔,与贝拉尔的交涉也已开始进行。黑斯廷斯毫不犹豫,采取了一切措施以应对这场危机。占领了孟加拉的法国代理商行。立即占领本地治里(Pondicherry)的命令下达至马德拉斯。放弃了加尔各答附近的代理商行,以求不给敌军留下突破口。建立起一支海军保卫河流。新组建了九个营的印度兵,以吃苦耐劳的孟加拉湾印度水手(Lascars)组建了一个土著炮兵团。在作出这些安排之后,印度总督以冷静的自信宣称他的管区固若金汤,除非马拉塔人与法国人联手向他发起进攻。

黑斯廷斯向西派去的远征军不像绝大多数其他措施那样进展迅速或马到成功。指挥官耽搁了时机。孟买当局犯了大忌。不过印度总督坚持不懈。新任指挥官弥补了前任的错误。一些出色的行动使得英国人的军事声誉,在那些欧洲人的旗帜不曾出现过的地区传播开来。如果不是一个新出现的、更难以对付的危险迫使黑斯廷斯改变整个策略,他关于马拉塔帝国的计划很可能取得完美的成效。

英格兰当局明智地将那时最杰出的军人之一派往孟加拉,出任军队指挥官与参事会成员。多年以前,艾尔·库特爵士(Sir Eyre

Coote)已在不列颠的东方帝国建立者当中引人瞩目。在普拉西战役（battle of Plassey）前夕的战争委员会中，与多数派的意见相反，他热切地建议大胆的路线，在一番踌躇后，委员会采纳了他的建议，并赢得了如此辉煌的胜利。他随后在印度南部指挥与勇敢而不幸的拉里（Lally）的战斗，从法国人及其土著盟友手中取得了宛地瓦什战役（battle of Wandewash）的决定性胜利，占领了本地治里，使英国人在卡纳蒂克取得了最高权力。距离那些伟大的功绩已过去了二十年。库特的身体已不再如他早先表现的那样有活力；他头脑的活力也有所衰减。他反复无常并且脾气暴躁，需要许多安抚才能让他保持好心情。恐怕还得补充一点，他变得越来越爱财，因而较之人们对如此高贵的职业中如此杰出的一员的期望，他对津贴考虑得更多，对职责考虑得较少。即便如此，他仍旧是那时能在英国军队中找到的最能干的军官。在土著士兵当中，他的名字响当当，他的影响力无与伦比。土著士兵们不曾忘记他。偶尔还能找到一些喜欢讲述波多诺伏（Porto Novo）与波利洛尔（Pollilore）的白胡子印度老兵。不久之前，这些老人中的一员来向一位曾在印度执掌最高职务的英国军官赠送纪念物。房间中悬挂着一幅库特的肖像。这位老兵一下子就认出了他已半个多世纪未曾蒙面的面孔与体态，他忘记了要向生者问候，站定，立正，抬手，以庄严的敬意向死者行军礼。

库特尽管不像巴维尔那样始终在投票时与印度总督一致，但无论如何也不倾向于加入势不两立的反对派，他在绝大多数问题上赞同黑斯廷斯。黑斯廷斯则尽力以殷勤，以欣然授予过高的津贴来满足这位老迈军人最炽烈的欲望。

看起来这时很可能达成普遍的和解，结束这些年来使孟加拉政府疲软、蒙羞的争执。帝国所面临的危险或许能很好地促使爱国之人——黑斯廷斯与弗朗西斯都不缺乏这种感情——忘却私人恩怨，为共同利益通力合作。库特一向不关心党争。惠勒已彻底厌烦。巴维尔已获得了充裕的财富，尽管他答应在参事会还需要他时不会离开加尔各答，但他十分渴望返回英格兰，因而他力图促成能使自己脱身的安排。

双方达成了协议，弗朗西斯同意停止敌对，黑斯廷斯保证弗朗西斯的朋友们将公正地获得公职，获得荣誉与报酬。在达成协议之后的数月中，参事会表面上是和谐的。

十四

确实，再没什么时候比这时更需要和谐了，因为内部的氛围，比战争本身对孟加拉的威胁更难应对。1773 年《管理法案》的制定者设立了两个独立的权力，一个是司法权力，另一个是政治权力；并且以英国立法中令人愤慨的常见的粗心大意，忽略了要将这两个权力的界限加以明确。法官们握有界限不明带来的优势，并试图将最高权力攥在自己手中，不仅是在加尔各答，还要遍及整个臣属于威廉堡管区的广袤领地。只有极少数英国人不肯承认，尽管英国的法律在现代有所改进，但仍不如人们希望的那样花费少与速度快。不过，它终究是在我们当中生长起来的制度。在一些要点上，它被塑造得适应于我们的感情；在另一些要点上，它逐渐地塑造我们的感情以适应它本身。我们甚至已经适应了它最严重的弊端；因此，尽管我们或许会抱怨这些弊端，但我们不会感到恐怖与绝望，而新出现的不平事即便不那么严重，也往往会造成这些情绪。印度的情况则大相径庭。英国法被移植到那个国家，与之一道的还有我们在这里经受的种种弊端；所有弊端都更加严重得多；并且还有一些其他的弊端，我们所经受的最严重的弊端与之相比也不过是些琐事。在这里它拖沓，那么在每位法官与每位律师都需要翻译员帮助的地方，它就更拖沓得多。在这里它昂贵，那么在法律职业者要从遥远他乡请来的地方，它就更昂贵得多。英国人在印度的所有工作，上至印度总督与总司令（Commander-in-Chief），下至马夫与钟表匠，报酬都必然比在祖国高。没有人愿意被一无所获地流放，并且是流放至热带。这个规则对于法律职业也一样。没有哪位英国律师愿意为了令他在能俯视泰晤士河的房间中感到满足的薪水，而去远离他的所有朋友一万五千英里之外，去即便阴影下气温也有九十六度的地方工作。因此，在加尔各答的费用是在威斯敏斯特会堂的三倍，并且印度民众无可比拟地比英格兰民众更为贫穷。尽管如此拖沓与昂贵，这些问题不过是英国法不加修改地引入印度必然会带来的种种弊端中最小的一部分。关于我们的本性、荣誉、宗教，以及女性之端庄的种种最强烈的情感，使我们反对革新。在中间程序（mesne process）中，逮捕是绝大多数民事诉讼的第一步；对有地位的土著而言，逮捕不仅是强制措施，还是恶劣的人身侮辱。每个案件的每一个步骤都要求起誓；一位教友会教徒对起誓的感受几乎不比一位受人尊敬的土著更强烈。陌生男子进入一位贵妇的房间，或者她的脸被陌生男子看到，在东方这是些不可宽恕的暴行，甚至比死亡更可怕，只能以血洗赎。孟加拉、巴哈尔、奥里萨最显赫的家族现在随时可能遭受这些暴行。试想，如果突然引入一套法学到我们中间，它对我们而言就如我们的法学对于我们的亚洲臣民一样，那么我们自己的国家会是什么状况。试想，如果它规定，任何人仅凭发誓称对方欠他一笔钱，就有权侮辱有着最可敬而神圣头衔的男子，有权侮辱最羞赧的女子，有权鞭打一位将军，有权将一位主教投入监狱，有权以会招来瓦特·泰勒（Wat Tyler）拳头的方式对待女士，那么我们的国家会是什么状况。诸如此类的情况就是最高法院试图将它的管辖权扩展至公司领地全境的后果。

恐怖统治开始了，神秘加剧了恐怖，因为忍受已久的东西不如预期中的东西那么恐怖。没人知道这个奇怪的法庭接下来会对自己做什么。它来自黑水——印度人民带着神秘的畏惧这么称呼海洋——之外。组成这个法庭的法官们声称对臣民有着无限的权力，他们之中却没有一个人熟悉这数百万臣民的习俗。法院的记录以臣民们不认识的文字写成，判决以他们听不懂的语言宣读。法院纠集了一支由土著中最卑劣的部分组成的部队，即告密者、伪证者、讼棍、无理取闹之徒，尤其是一帮充当法警的匪徒，与这群家伙相比，即便在最糟糕的时期，英国最糟糕的债务人拘留所（sponging-houses）的守卫也算得上正直且心地善良。许多备受同胞尊敬的土著被逮捕，匆匆送往加尔各答，投入监狱，不是由于任何归罪于他的罪行，也不是由于任何经查实的债务，而只是为了确保案件进入审判。有几次，有着最可敬的高贵身份之人遭到勒索者毫无理由的迫害，最终在英庭那些卑鄙的警官（alguazils）手中死于愤怒与耻辱。目中无物的东方政府尚且视穆斯林贵族的闺房犹如圣殿，一帮法警却在里面横冲直撞。较之印度人，穆斯林更为勇敢更不易屈服，他们常常进行抵抗；有几次他们在手持长剑守卫妇女神圣的住所时血洒门前。甚至看上去懦弱的孟加拉人——他们跪在苏拉焦·道拉的脚下，他们在范西塔特的治下保持缄默——终究也会在绝望中获得勇气。马拉塔人的入侵给整个省区带来的惊恐，也比不上英国法学家的这些侵扰。以往亚洲与欧洲压迫者的所有不公，与最高法院的公正相比都显得是一桩幸事。

　　除了以这个庞大群体的苦难与恐怖中饱私囊的贪婪讼棍，人口中的每个阶层，英国人与土著都大声抗议这可怕的压迫。但法官们不为所动。若法警遭到抵抗，他们便下命令出动军队。如果一位公司的职员依据政府的命令抵抗这些卑鄙的法警——他们手持英庇的令状，比匪帮更无礼、贪婪——他便会因藐视【法庭】而被投入监狱。过去六十年间，有许多杰出的治安法官（magistrate）在最高法院中主持正义，以他们的德行与智慧也不能抹去孟加拉民众脑海中对那些不幸日子的记忆。

　　政府成员们在这个问题上团结一致。黑斯廷斯曾殷勤地对待这些法官，曾把他们当作有用的工具，但他无意让他们成为自己的主子，或印度的主人。他有着广博的才智，他对土著性格的有着极为准确的了解。他认识到，最高法院所追求的体制会削弱政府并为害民众，因此他决心勇敢地反对它。后果是他与英庇间的友谊——如果这个词贴切这种关系的话——将在一段时间内完全瓦解。政府坚定地站在僭主般的法院与民众之间。首席法官继续着最鲁莽的非分之举。印度总督与参事会的全体成员都接到了令状，传唤他们到国王的法官面前为他们的公共行为接受质询。这太过分了。黑斯廷斯以恰当的轻蔑态度拒绝服从传唤，他释放了被法院不正当拘留的人，并采取措施抵制法警极度无礼的行为，如果有必要就使用武力。不过，他想到了另一个方法，或许能避免不得不诉诸武力。他很少想不到权宜之计，而且他十分了解英庇。在此事中，权宜之计十分简单，就是行贿。依据《管理法案》英庇是法官，独立于孟加拉政府，享有每年八千镑的薪水。黑斯廷斯提议使他成为公司机构中的法官，孟加拉政府有权将其解职；为这个职位，每年再付给他大约八千镑。不用说，考虑到这笔新加的薪水，英庇会不再极力为他的法院主张那些盛气凌人的要求。倘若他还是主张这些要求，政府能够随时将他从这个为他设立的新职位上免职。交易达成，孟加拉获救了，避免了诉诸武力；首席法官富有、安静而声名狼藉。

对于英庇的行为无需再评论。该行为与他几乎每个受到历史注意的行为属于同一性质。自杰弗里斯（Jeffreys）在伦敦塔中死于饮酒过量以来，不曾有其他的法官令英国的法官长袍蒙羞。然而我们无法赞同那些因为这一交易而责难黑斯廷斯的人。这时的情况是这样：草草拟就的《管理法案》，使得首席法官有权令一个伟大的国家陷入可怕的混乱之中。他决心将权力运用到极致，除非用钱令他安静，而黑斯廷斯同意付钱给他。这么做的必要性曾受到谴责。那么，同样要谴责的还有海盗竟能以威胁让俘虏走独木勒索赎金。然而，从海盗那里赎回俘虏总是被看作人道的、基督徒的行为；指控支付赎金者是腐化海盗的德行，则是荒唐的。我们严肃地认为，这幅场景是对英庇、黑斯廷斯与印度人之间关系的真实写照。英庇要求或接受为权力开出的价格对不对是一码事：若这些权力真的属于他，他就不能出让；若这些权力不属于他，他就永远不该篡取；并且，无论是何种情况，他都不能理直气壮地出售。黑斯廷斯向一个不论多么一无是处的人，支付一笔不论数额多大的钱款，而不是任由数百万人遭受劫掠，或以内战保护他们，他这样做对不对完全是另一码事。

十五

弗朗西斯强烈反对这一安排。确实可以怀疑，在弗朗西斯的动机中,对英庇个人的厌恶与对该省区福祉的关心一样强烈。对于一颗满腔义愤的心灵而言,或许会认为以饱压迫者私囊的方式赎回孟加拉,还不如将它留给压迫者。另一方面,未必没有如下可能:黑斯廷斯更愿意采取让首席法官感到满意的权宜之计,因为那位高级官员曾如此有用,当前的纠纷平息之后,或许又会为他所用。

　　然而,弗朗西斯现在不光是在这件事上反对黑斯廷斯。他们之间的和平终究不过是短暂而虚伪的休战,在此期间他们彼此的敌意还变得更为强烈。终于,彼此间的敌意爆发了出来。黑斯廷斯公开指控弗朗西斯欺骗了他,还以不实的许诺诱使巴维尔离职。随即发生了一场纠纷;就像即便是两位可敬之人彼此间也常常产生的那样,当时或许仅靠言辞交流就能达成重要的一致。不偏不倚的史家很可能会认为他们误解了对方,然而他们的内心如此愤懑,以致他们将之全都归结于对方有意作梗。黑斯廷斯在一份政府会议(Consultations of the Government)的记录中说:"我不相信弗朗西斯先生对坦率的保证,我确信他无法做到这一点。我以他的个人品行判断他的公共行为,我认为他个人完全没有诚实与荣誉可言。"在参事会休会后,弗朗西斯将一份挑战书递到印度总督手中。黑斯廷斯立马接受了决斗。他们相遇,射击。弗朗西斯被子弹击穿了身体。他被抬到附近的房屋,伤势看起来尽管严重但尚不致命。黑斯廷斯多次问询他敌人的伤情,并打算拜访他;不过弗朗西斯冷淡地谢绝了探望。他说,印度总督的好意他心领了,但不能同意任何私下接触。他们只能在参事会见面。

　　没过多久,人们就清楚地看到,印度总督因为这件事使他的国家面临了多大的危险。一场危机降临,而唯独他有能力应对。如果他不再主事,那么结局一目了然,1780 与 1781 年对于我们在亚洲的权力会像对我们在美洲的权力一样致命。

马拉塔人一直是黑斯廷斯首要忧虑的对象。由于他迫不得已而差遣的人犯下的错误,他之前为分散马拉塔人力量而采取的办法起初进展不利;然而,当一个更为可怕的危险在一个遥远的地区出现时,他的坚毅与能力看起来能够带来胜利。

大约在三十年前,一位穆斯林军人开始在印度南部的战争中崛起。他未受过教育,出身低微。他的父亲曾是一名税务小吏,他的祖父是个游行僧。尽管出身如此卑微,甚至连字都不识,这个冒险者在他证明了自己是为征服与指挥而生之后,他成为了一支军队的首领。在为了瓜分印度而你争我夺的酋长当中,没人在将军与政治家的品质上能与他比肩。他成了一名将军,一位君主。各个旧公国已在大动荡中分崩离析,从这些的废墟中,他为自己建立起了一个伟大、坚实、富有活力的帝国。他以路易十一世般的能力、苛刻以及警惕统治着这个帝国。他放纵行乐,睚眦必报,不过他开明的头脑足以认识到臣民兴旺能为政府增添多少力量。他是个压迫者;不过他的功绩至少是保护了他治下的民众不再受其他人压迫。他现在已到耄耋之年;不过他的理智如此清晰,他的精神如此矍铄,堪比壮年。这便是伟大的海德·阿里,迈索尔穆斯林王国的建立者,英国征服者曾不得不与之搏斗的敌人中最难对付的一个。

若黑斯廷斯是马德拉斯的总督,他要么会与海德结下友谊,要么会强硬地将之当作敌人。不幸的是,南部的英国当局挑起了强大邻邦的敌意,却没有做好抗击的准备。突然,一支九千人的部队,纪律与效率远远胜过印度其他的土著军队,从那些荒凉的山隘倾涌下来,这些山隘中山洪肆虐、密林蔽日,连接着迈索尔高原与卡纳蒂克平原。这支大军中还有一百门大炮,并且由许多出自欧洲最优秀的军事学校的法国军官指挥调度。

海德所向披靡。许多英国卫成部队中的印度兵丢下了武器。一些堡垒陷入叛徒的包围，一些则陷入绝望。在几天之内，整个科勒伦（Coleroon）北部的开阔郊区纷纷投降了。夜里，马德拉斯的英国居民已能从圣托马斯山的山顶上，看到东方的大半边天空被燃烧着的村庄映得通红。当傍晚清凉的海风吹来，我们的同胞在结束日常的政府工作与商业工作后，通常会回到郊外的白色别墅。但这些别墅如今已无人居住，因为已经能看到凶猛的迈索尔骑兵埋伏在郁金香丛中，逼近色彩艳丽的阳台。人们甚至认为城里也不安全，英国商人与公务员匆忙躲到圣乔治堡的炮台后面。

实际上，当时还是有办法聚合一支部队保卫这片辖区，甚至能将入侵者赶回山区。赫克托·芒罗爵士（Sir Hector Munro）统领着一支相当强大的军队；贝里（Baillie）率领着另一支。若能联合起来，他们或许能构成一支令即便是海德这样的敌人也感到畏惧的先头部队。然而这些英国指挥官忽视了军事技艺的根本原则，即便是未曾受过军事教育的人也能轻易地认识到这些原则的合理性，他们耽误了会合，被各个击破。贝里的特遣部队（detachment）被摧毁。芒罗狼狈地丢掉自己的辎重，把许多枪支扔进水坑，以可谓是逃跑的撤退救了自己一命。战争开始三周后，印度南部的不列颠帝国已岌岌可危。仅有一些要塞还在我们手中。我们的军队光荣不再。据悉一支强大的法国远征军很快就会出现在科罗曼德（Coromandel）海岸。英格兰遭到敌人的严密包围，已无力保卫如此遥远的属地。

黑斯廷斯的足智多谋与沉着勇敢在那时压倒了一切，这是他的这两种品质赢得的最重要的胜利。一艘快船顺着西南季风在几天内将这个坏消息送到了加尔各答。印度总督在二十四小时内制定了一套完整的应对事态变化的对策。与海德的斗争是场殊死搏斗。为了保卫卡纳蒂克,一切次要的目标都必须作出牺牲。与马拉塔人的纷争必须让步。一支大军以及金钱援助必须即刻送往马德拉斯。但这些措施可能仍嫌不够,除非这场至今为止指挥严重有误的战争由一颗精力充沛的头脑指挥。没有时间再花在琐事上了。黑斯廷斯决定将权力运用到极致,将圣乔治堡无能的指挥官停职,派艾尔·库特先生抗击海德,并授权那位杰出的将军全权指挥这场战争。

尽管弗朗西斯阴郁地反对,他现在已从伤痛中恢复,回到了参事会,但印度总督明智而坚定的政策得到了参事会中多数成员的赞同。增援部队迅速开拔,并赶在法国军备被送入印度海域之前抵达了马德拉斯。库特虽然年事已高、疾病缠身,已不再是宛地瓦什的库特;但他仍是一位果敢而技艺精湛的指挥官。海德的进军被阻止,几个月后波多诺伏大捷挽回了英国军队的荣誉。

在此期间弗朗西斯已返回英格兰,这时黑斯廷斯再无掣肘。惠勒已逐渐地放松了反对态度,并且在他那位性情激动且难以安抚的同事启程之后,他由衷地与印度总督通力合作。印度总督的影响力在居住于印度的英国人当中一向很大,由于他新近措施的雷厉风行以及所获成功,他的影响力又有了大幅提升。

十六

尽管参事会内部的党争已宣告结束,另一个棘手的问题却变得比以往更为紧迫。财政拮据已到了无以复加的地步。黑斯廷斯必须找出办法来,不仅要维系孟加拉政府的运转,要维持在卡纳蒂克对抗印度与欧洲敌人的昂贵战争,还要向英格兰送去汇款。几年前,他曾通过劫掠莫卧儿人与征服鲁赫拉人缓解财政困难,现在他足智多谋的头脑也不会无计可施。

他先是打贝拿勒斯的主意,这是个论财富、人口、庄严、神圣都在亚洲位列前茅的城市。人们普遍相信有五十万人挤在这个由高墙间的小巷构成的迷宫里,其中遍布着圣坛、尖塔(minarets)、阳台,以及凿出的凸肚窗,这些建筑上面攀援着数百只圣猴。旅行者在神圣的乞丐与同样神圣的公牛的拥挤下得几乎无法前行。宽敞而庄严的阶梯从这些人头攒动的胜地通向恒河沿岸的浴场,每天都有不计其数的信众接踵而至。学校与寺庙从婆罗门信仰所及的各个省区吸引来了一群群虔诚的印度人。每个月都有数百狂热的信徒来到这里赴死:因为他们相信一个尤为幸福的命运等待着从圣城迈入圣河的人。异乡人被吸引至这个大城市也不光为了迷信。商业也有和宗教一样多的朝圣者。这条神圣的河流沿岸尽是承载着贵重货物的船队。贝拿勒斯的织布机织出的最精细的丝绸,深受圣詹姆斯宫与小提亚侬宫(Petit Trianon)的舞会青睐;在集市上,孟加拉的薄纱与奥德的军刀混在戈尔康达(Golconda)的珠宝与克什米尔(Cashmere)的披肩中间。这个富饶的城市,以及周围的大片土地长期以来由一位印度王公直接管辖,他向莫卧儿皇帝们进贡。在印度的大混乱中,贝拿勒斯领主变得独立于德里宫廷,不过被迫服从于奥德纳瓦卜的权威。由于受这个可怕邻邦压迫,他们恳求英国人保护。英国人给予了保护,最终纳瓦卜一维齐以一份庄重的条约将他对贝拿勒斯的全部权利让予了公司。从那时起,罗阇是孟加拉政府的臣属,承认后者的至高权力,并且须向威廉堡上缴年贡。这时在位的王公贾伊特·辛格(Cheyte Sing)一向准时地上缴贡金。

　　关于公司与贝拿勒斯罗阇间法律关系的确切性质，已有许多针锋相对的争论。一方坚持认为贾伊特·辛格不过是一个臣属，上级权力有权在帝国需要时要求援助。另一方主张他是一位独立的王公，公司对他唯一的权利即为要求一笔固定的贡金，因而，既然他确实按时缴纳了固定的贡金，英国人就没有更多的权力索取任何额外的捐税，就像英国人无权向荷兰或丹麦要求津贴一样。没有什么比找出支持双方各自观点的先例与类比更容易的了。

　　我们认为双方的观点都不正确。英国的政客太容易想当然地认为，印度有一套公认的、明确的宪法，此类问题可以据此断定。事实上，自帖木儿家族倾覆至不列颠统治权建立之间，没有一套这样的宪法。事物的旧秩序已沦丧，新秩序尚未形成。一切都处于过渡、混乱、模糊之中。每个人都尽力保住脑袋，争夺任何能到手的东西。在欧洲也有相似的时期。加洛林帝国解体时便是一例。谁会严肃地讨论这些问题：于格·卡佩（Hugh Capet）在多大范围内有宪法权利要求布列塔尼公爵（Duke of Brittany）或诺曼底公爵（Duke of Normandy）提供金钱援助或服从命令？"宪法权利"这个词在这种社会状态中毫无意义。倘若于格·卡佩染指诺曼底公爵的任何财产，这或许是不正义和不道德的；但不会是不合法的，在查理十世的法令不合法的意义上。另一方面，倘若诺曼底公爵与于格·卡佩开战，这是不正义和不道德的；但不会是不合法的，在路易·波拿巴亲王（Prince Louis Bonaparte）的远征不合法的意义上。

　　六十年前的印度与之非常相似。现存的政府当中没有一个能主张合法性，除了不久前的占有之外也提不出任何其他权利。几乎没有一个省区其实际的主权与名义上的主权不是分离的。头衔与形式留存了下来，象征着帖木儿的后裔是绝对的统治者，而各个省区的纳瓦卜是他的副官。实际上,他是个囚徒。纳瓦卜们在一些地方是独立的王公。在另一些地方,比如孟加拉与卡纳蒂克,他们已经和他们的主人一样成了傀儡,公司掌握了最高权力。同样地,在马拉塔人当中,塞维吉的后裔握有罗阇的头衔;然而他是个囚徒,他的首相佩什瓦成了国家的世袭首领。很快轮到佩什瓦沦落到他将罗阇贬谪到的低下地位。我们相信,从喜马拉雅山脉到迈索尔找不到一个政府既是一个事实上的(de facto)政府也是一个法律上的(de jure)政府,握有物质手段震慑邻邦与臣民,同时拥有源自法律与时效的权威。

黑斯廷斯清楚地认识到,这样的事态为有着伟大才干并且无所顾忌的统治者提供了巨大的便利,但是与他同时代的其他人没有意识到这一点。对于每个可能产生在国与国之间的问题,他都能在基于事实的立场与基于法律的立场之间选择;总有一种立场能支持任何有利于他的主张,并使他能够对抗旁人提出的任何主张。因此,在每场纷争中,他都采取适应于当前目的的借口,一点也不担心一致性;因此,对于他的图谋,他几乎每次都能找到对健忘而无知的人而言看似正当的理由。孟加拉纳瓦卜有时是个影子,有时则是君主。维齐有时不过是个代理人,有时则是独立的统治者。如果展现出一些对孟加拉税收的法律权利有利于公司,便抬出盖有莫卧儿大印的授权书作为至高权力的证书。当莫卧儿人要求这一授权中属于他的收益,他就会被告知这不过是一出儿戏,英国人的权力建立在一个与他的特许状完全不同的基础之上,他的王权【游戏】想玩多久就玩多久,当然,他也就别再期望从印度的实际主人那里获得贡金。

确实,其他人也能像黑斯廷斯一样善于玩弄这种把戏;不过在政府间的争端中,除非有力量支撑,否则诡辩几乎无用。有这么一条原则,黑斯廷斯愿意以最强烈的措辞维护它,他也坚定地依循这条原则行事。我们必须承认,尽管这一原则或许遭到了严重的滥用,但在国际公法当前的状态中几乎不容否认。这个原则就是,当两个政府之间产生一个模棱两可的问题,如果它们不能达成一致,那么除武力外再无可诉诸的裁断,并且,强者的观点必然获胜。在印度几乎每个问题都模棱两可。英国政府在印度最为强大。结论一目了然。英国政府可以完全按它的意愿行事。

英国政府现在决定从贾伊特·辛格那里榨取金钱。英国政府之前将他视为有主权的王公较为方便,现在则将他视作臣属较为方便。不如黑斯廷斯机敏的人也能轻易地在法律与习惯的大混乱中找到这两种做法各自的理由。黑斯廷斯需要一大宗补给。众所周知贾伊特·辛格有一大笔岁入,还有人猜测他积攒了一笔财富。并且他在加尔各答不得宠。当印度总督陷入困境时,他企图获得弗朗西斯与克拉弗林的青睐。黑斯廷斯很少不对受到的伤害报以惩罚,这或许更多的是出于政策考虑而非邪恶激情。贾伊特·辛格的命运给邻邦王公们的教训就像南达·库马尔的命运留给孟加拉居民的印象一样,他不会为此感到愧疚。

1778 年,与法国的战事一打响,英国政府便要求贾伊特·辛格在固定的贡金之外,再额外支付五万镑。1779 年又索取了同样的数额。1780 年又使得这一要求长期有效。贾伊特·辛格希望获得些通融,秘密地向印度总督行贿两万镑。黑斯廷斯接受了这笔钱,他的敌人坚称他收下这笔钱是为了中饱私囊。他确实在一段时间里向孟加拉的参事会与祖国的董事会隐瞒了这件事,他也没有为隐瞒给出令人满意的理由。公共精神或者怕人知晓的担忧最终使他经受住了诱惑。他将这笔贿款交给了公司财政,并坚持罗阇应当立即服从英国政府的要求。罗阇以他同胞的方式支支吾吾、乞求、叫穷。要逃出黑斯廷斯的手掌心没那么容易。他又要求追加一万镑作为拖延的罚金，并派军队去索取这笔钱。

十七

罗阁支付了这笔钱。但这还不够。印度南部最近的事件加剧了公司的财政困难。黑斯廷斯决定洗劫贾伊特·辛格，决定挑起一场争执以便实现这个目的。于是，他要求罗阁装备一支骑兵为不列颠政府服役。罗阁加以拒绝并躲了起来。这正是印度总督想要的。现在他有借口把他最富有的臣属当作罪犯处理。这是黑斯廷斯的原话："我决定从他罪行中获得缓解公司拮据的办法，要让他为使自己得到宽恕而掏出一大笔钱，否则就对他之前的失职进行严厉的报复。"这个计划很简单，就是要求越来越多的贡金迫使罗阁走向反抗，尔后将他的反抗称为罪行，再以没收他的全部财产惩罚他。

贾伊特·辛格陷入极度绝望。他拿出二十万镑希望能与不列颠政府和解。然而黑斯廷斯回复说少于五十万镑就不会接受。不但如此，黑斯廷斯开始打算将贝拿勒斯出售给奥德，如同他之前出售阿拉哈巴德和鲁赫尔坎德。这件事无法在遥远的地方处理好，黑斯廷斯决定出访贝拿勒斯。

贾伊特·辛格以各种表示尊敬的礼仪迎接他的领主，带领卫兵出城近六十英里来迎接、护卫这位显赫的访客，并表示他对英国人的不悦极为忧虑。他甚至脱下头巾，放在黑斯廷斯的膝上，这个姿势在印度象征着完完全全的服从与忠诚。黑斯廷斯则表现得冷漠、严肃。一抵达贝拿勒斯，他向罗阁发出公文，罗列出孟加拉政府的要求。罗阁在回复中试图为这些针对他的控诉开脱。黑斯廷斯要的是钱而不是借口,他不会被东方人交涉中的一贯手法敷衍。他坚定地下令逮捕罗阁,交由两个连的印度兵看守。

在这些强硬的措施中,黑斯廷斯几乎没有表现出他惯有的判断力。可能是因为他很少有机会体察除孟加拉之外的印度民众,他完全没有意识到他们的性格不同于居住在北部省区的部落。他现在所处的这片大地远比恒河三角洲更有利于人类身体的活力;这里盛产值得信赖的士兵,他们能随英国营团一同冲锋打开缺口。罗阁深受他的臣民拥护。他的统治一向温和;这个地区在他统治下的繁荣昌盛,与巴哈尔在我们统治下的不景气形成鲜明的对比;与纳瓦卜—维齐的僭政所祸害的那些不幸省区形成更为鲜明的对比。英国人在全印度予以尊重的民族偏见与宗教偏见在这个婆罗门教迷信的大都会尤为强烈。因此,毋庸置疑,在印度总督以逮捕行动冒犯贾伊特·辛格的尊严时,应当聚集一支有能力挫败所有反抗的军队。然而他没有做好这样的准备。陪同黑斯廷斯的少量印度兵或许足以威慑住穆尔希达巴德,或加尔各答的黑城(Black Town)。但他们不足以与贝拿勒斯大胆的暴民抗衡。围绕着宫廷的街道上挤满了无数民众,其中大部分像印度北部常见的一样备有武器。骚乱变成了战斗,战斗变成了残杀。英国军官们以孤注一掷的勇气在压倒性的人数面前保卫自己,倒下时握着长剑,这与他们的身份相称。印度兵惨遭屠杀。大门被冲破。囹圄中的这位王公趁看守不注意,在混乱中发现了一个开凿在恒河陡峭河岸上的通风口,他用随从的头巾结成长绳爬下至水面,寻得一艘船,逃至对岸。

如果说黑斯廷斯因鲁莽地使用暴力而陷入了困难的危险境地,那么,不得不承认他是以更胜平时的能力与镇定将自己从困境中解脱出来。他手下只有五十人。他居住的建筑每一侧都被暴动者封锁。但他的毅力没有动摇。罗阇从河对岸送来道歉并开出慷慨的条件。黑斯廷斯甚至不予回应。他找来一些狡猾并有胆量之人设法穿过成群结队的敌人，将新近事件的消息送往英国营地。印度土著喜欢佩戴大块的金耳饰。他们旅行时，便将耳环藏起来，唯恐这些珍贵的金属招来劫匪，取而代之用细管或纸卷插在耳洞里以免它闭合。黑斯廷斯将书信卷得极小，插在信使的耳洞中。这些书信中，一些是写给英国军队的指挥官。一封是让他的妻子放心他的安全。一封是送往他派去与马拉塔人谈判的使节。使节们正亟需关于谈判的指示；印度总督是在极度危险的环境中下达的指示，就如同在加尔各答的宫殿中一般泰然自若。

然而，糟糕的状况还没到头。一位有勇无谋的英国军官，由于急于表现自己，向河对岸的暴动者贸然发起进攻。他的部队被困在狭窄的街道中，遭到暴怒的民众袭击。他和许多战友倒下了，幸存者被迫撤退。

这件事造成的影响，如同英国军队每一次在印度遭遇的不论多么微不足道的败北，都必定会随之而来的影响一样。数百英里内，整个农村都陷入骚乱。贝拿勒斯地区的全部民众都拿起了武器。农夫们弃田地于不顾，蜂拥而至保卫他们的王公。影响还传染至奥德。那个省区中受压迫的民众揭竿而起反抗纳瓦卜—维齐，拒不缴税，赶跑了税吏。甚至巴哈尔也准备起义。贾伊特·辛格的希望开始膨胀。不再以臣属的谦卑方式乞求怜悯，他开始以征服者的语气说话，据说他还威胁要将白皮肤的篡权者扫出这片大地。不过这时英国军队正在快速集结。军官们甚至平民们都热情高涨地拥护印度总督，他们飞速赶来援助他，如他自夸的那样，这速度不曾在其他场合出现过。波帕姆少校(Major Popham)任指挥官,他是一位勇敢而能干的军人,在马拉塔战争中表现十分出色,印度总督对他极为信任。罗阇毫无纪律的军队一击即溃。他的要塞被捣毁。几小时内,约三万人从他麾下逃离,回到他们平常的营生。这位不幸的王公永远地逃离了他的国家。他美丽的领地并入了不列颠的版图。确实,他的一位亲属被委任为罗阇,不过贝拿勒斯罗阇从此成了区区囚徒,如同孟加拉纳瓦卜。

通过这场革命,公司的岁入每年又增添了二十万镑。但燃眉之急没有得到期望中那么大的缓解。本来估计贾伊特·辛格积蓄的财产有一百万英镑。但实际上只有这个数目的四分之一;尽管如此,这笔财产还被军队夺去,作为战利品分瓜了。

十八

在对贝拿勒斯的期望落空之后,黑斯廷斯对奥德采取的行动显得比其他情况下更为残暴。苏贾·道拉早已去世。他的儿子与继承者,阿萨夫·乌德·道拉(Asaph-ul-Dowlah),即便在东方王公中也是最软弱、最恶毒的一员。他的生活只有两件事,慵懒的休息与最可憎的荒淫。他的宫廷中铺张浪费,他领地内不幸与骚乱比比皆是。在英国政府的巧妙经营下,他的地位已逐渐从独立的王公降为公司的臣属。只有靠不列颠军队帮助,他才能不受鄙视他之孱弱的邻邦侵犯,不遭憎恶他之僭政的臣民报复。为他提供了一个旅,他则有义务支付报酬,并负担维持军队的开销。从那时起他的独立便宣告结束。黑斯廷斯不会放弃已到手的好处。很快纳瓦卜开始抱怨他的负担。他说,他的岁入在减少,他的仆从得不到薪酬,他无力继续支付自己曾同意的这一安排所产生的花销。黑斯廷斯不会听取这些抗议。他说,是维齐请求孟加拉政府派军队给他,并答应为这支军队发饷。军队已经派去。不过,条约中没有规定军队将在奥德驻留多久。因此,这个问题应由缔约双方商议。但缔约双方意见相左。那么必然由谁决定? 强者。

黑斯廷斯争辩说,如果撤回英国军队,奥德无疑将成为混乱的牺牲品,并且很可能遭马拉塔人的军队蹂躏。他承认奥德的财政十分紧张。然而他不无理由地声称,财政紧张的原因要归结于阿萨夫·乌德·道拉的无能与罪行,就算减少支付给军队的钱款,唯一的作用不过是在毫无意义的嗜好上浪费更多。

在贝拿勒斯的事件平息之后,黑斯廷斯决定出访勒克瑙(Lucknow),并在那里与阿萨夫·乌德·道拉商谈。然而纳瓦卜—维齐殷勤地劝阻了黑斯廷斯的访问。他在一小队人马的伴随下匆忙赶来会见印度总督。他们在一座堡垒中进行了会谈,这座堡垒坐落在久纳尔(Chunar)陡峭的岩石顶端,可以俯视恒河河面。

乍看之下,这次商谈好像不可能和睦收场。黑斯廷斯想要对方拿出巨额钱款。阿萨夫·乌德·道拉想要减免负担。这样的分歧看起来无法达成一致。然而,有一个办法能满足双方的要求,这个办法或许可以缓解奥德与孟加拉的财政。这个办法被采纳了。办法很简单,就是印度总督与纳瓦卜—维齐联手抢劫第三方;他们决定抢劫的对象是劫匪中一方的亲长。

前任纳瓦卜的母亲与妻子,后者即现任纳瓦卜的母亲,被称为奥德王妃或公主。她们对苏贾·道拉颇具影响力,他去世时留给她们了大量赠礼。大片领地由她们收取地租、管理政府。前任纳瓦卜聚敛的珍宝在她们手中，人们普遍估计这批珍宝价值约三百万英镑。她们继续占有前任纳瓦卜钟爱的位于法扎巴德（Fyzabad）的宫殿，即"美宅"（the Beautiful Dwelling）；阿萨夫·乌德·道拉的宫廷则位于宏伟的勒克瑙，这座宫殿由他自己建造，位于古姆提（Goomti）河畔，点缀着宏伟的清真寺与大学。

阿萨夫·乌德·道拉曾经从他母亲那里勒索过一笔相当可观的钱财。最终她向英国人求助；英国人进行了干预。缔结了一份庄严的协议，她同意给予儿子一些金钱援助，相应地，纳瓦卜许诺不再进一步侵犯她的权利。这份协议由孟加拉政府正式担保。然而时过境迁，现在需要的是钱，承担担保的权力毫不惭愧地煽动掠夺者实施连他这样的人都会畏缩的暴行。

必须为没收财产找点借口，因为这种行为不光违背誓约，不光违背人道与正义的一般规则，还违背子女须当孝敬父母这条重要的法律，即便在最野蛮的蛮族部落当中，即便在败坏的半开化影响下慢慢衰竭的更为堕落的共同体中，这条法律仍对人的心灵有一定的权威。黑斯廷斯最不缺的就是借口。贝拿勒斯的暴动在奥德造成了骚乱。很容易将这些骚乱归咎于王妃们。归罪的证据则几乎没有；除了在口耳相传中添油加醋的传闻，这或许可以称为证据。没有对被告作出指控，也不允许她们进行辩护，因为印度总督聪明地料到，如果进行审判，他可能无法找到劫掠她们的理由。他和纳瓦卜—维齐一致同意，为了公司的利益，应当以没收这种彻底的伎俩，夺取这些贵妇的领地与珍宝，并由孟加拉政府接收，从中获得的钱财以满足它对奥德政府的要求。

当阿萨夫·乌德·道拉在久纳尔时，他完全被这位英国政治家明晰而威严的才智征服。但在他们分开之后，维齐开始不安地反思

他所卷入的约定。他的母亲与祖母抗议、乞求。虽然绝对的权力与
放纵的享乐严重腐化了他的心灵,但他也不是天生就铁石心肠,在这
个危急关头他内心动摇了。尽管常驻勒克瑙的英国官员一向拥护黑
斯廷斯,但他也在这种极端的手段面前畏缩了。然而印度总督不为
所动。他以非常严厉的措辞写信给常驻官,并称如果已达成一致的
劫掠行动没有得到有效执行,他将亲自前往勒克瑙,完成这令软弱的
心灵避之不及的事。常驻官受到震慑,服从于他的殿下,坚持久纳尔
条约应当立即贯彻。阿萨夫·乌德·道拉屈从了,同时严正声明自
己受到了强迫。领地被收回,不过珍宝没那么容易占领。必须使用
暴力。公司的一支军队向法扎巴德进军,攻破了宫殿大门。王妃们
被囚禁在自己的房间中。然而她们仍然拒不屈从。采取了一些更严
厉的强制措施。即便是在时隔已久的今日,我们谈及这些措施时也
不得不感到羞耻和悲痛。

在法扎巴德有两位老人,他们属于一个不幸的阶层,东方自古以
来就有的一种习俗使他们与爱情的乐趣、传宗接代的希望无缘。亚
洲宫廷认为这样摒弃了对同类之同情的生物是王公们最可信任的
人。苏贾·道拉就有这样的观点。他完全信任这两位太监;在他死
后仍由他们操持遗孀的家务。

不列颠政府为了从王妃们那里榨取金钱,下令将这二人逮捕,监
禁,镣铐加身,几近活活饿死。在被监禁两个月后,他们的健康状况
恶化。他们乞求获准在监狱的花园里稍微做些运动。看守他们的军
官说,即便他们得到了这一恩惠,他们也没有丝毫机会逃跑,他们的
镣铐其实对监狱的防备并没有更多帮助。他没有理解上级的用意。
上级对他们施加这些刑罚不是为了防备万一而是为了进行折磨;所
有减轻刑罚的请求都被否决了。一个英国政府竟然下定决心要让这

两个衰弱的老人任人折磨。为了这个目的,他们被移送到勒克瑙。他们在地牢里是怎样的惨状只能靠想象。不过在国会的记录中,有一封不列颠常驻官致一位不列颠士兵的信:

"先生,纳瓦卜决定对你看守下的囚犯施加体罚,因此希望他的官员们到来时能够自由地接触囚犯,并允许他的官员们对囚犯做任何在他们看来合适的事。"

当在勒克瑙发生这些野蛮行径之时,王妃们仍在法扎巴德遭受胁迫。只允许少量的食物送进她们的房间,她们的女婢有饿死的危险。这种状况残酷地延续了一个月又一个月,终于,在从王妃们那里榨取了二十万镑之后,黑斯廷斯才认为她们的箱子已经见底了,再也无法榨取更多。这时,被拘禁在勒克瑙的那两个不幸之人才终于重获自由。当他们的镣铐被脱去,当他们监狱的门被打开,他们的嘴唇开始颤抖,泪水流过脸颊,他们致以穆斯林与基督徒共同的上帝的感谢,甚至让旁边英国战士的坚忍心灵为之感动。

十九

我们必须别忘了公正地评价以利亚·英庇爵士在此事上的表现。要介入这样一件与他的职责完全无关的事务,这对他而言实属不易。我们不得不猜测,确实存在着难以形容的诱惑,诱使他走向后来在勒克瑙得到的昭著恶名。轮番交替的抬轿者能抬他多快,他赶到那里就有多快。一大群人带着已拟好的誓词来到他面前,作证反对王妃们。他读也没读这些证词。实际上其中的一些他也没法读;因为一些证词是以印度北部的土语写成的,并且没有聘请翻译。他尽快组织证人们宣誓,没提一个问题,甚至没问他们是否认真读过他们已宣誓的供述。完成工作后,他回到轿子里,赶在法院开庭之前返回加尔各答。他承认这个案件完全在他的管辖权之外。依据司法许可状,他调查奥德的亚洲人所犯罪行的权利,不比苏格兰最高民事法庭庭长(the Lord President of Court of Session of Scotland)在埃克塞特(Exeter)举行听证会的权利更多。他无权审判王妃们,他也没有假装要审判她们。那么他这次远行的目的是什么? 显然是为了可以通过一种不正规的方式认可他新雇主的罪行,而以正规方式他无法给予这种认可;是为了通过印度最高司法官员的签章,使他没有调查甚至没有阅读的大量含混证词能够获得一种本不具备的权威。

然而他很快就要被剥夺长袍,自革命以来,还没有人像他这样令这长袍蒙羞。印度的事态在一段时间里令不列颠国会十分关注。美洲的战争行将结束时,下院就东方事务设立了两个委员会。一个由埃德蒙·柏克领导。另一个由能干而多才多艺的亨利·邓达斯(Henry Dundas)担任主席,他是时任苏格兰检察总长(Lord Advocate of Scotland)。尽管过去六十年里我们的亚洲领地发生了翻天覆地的变化,这两个委员会交到议院桌上的报告仍极为有趣并富有启迪。

直至那时公司还没有和国内的两个大党建立起联系。大臣们没有为印度的暴行进行辩护的动机。相反,表明如下态度符合他们的利益:如果可能的话,将我们东方帝国的政府与任命权转交给他们是有益的。因此,鉴于两个委员会所作报告,下院通过了决议,流露出严厉而义愤的公正精神。最严厉的形容词用在了黑斯廷斯的许多行为上,尤其是鲁赫拉战争;基于邓达斯先生的提议,议院决定公司应当召回给印度民众带来如此灾祸、如此有辱英国名誉的印度总督。通过了一项法案限制最高法院的管辖权。黑斯廷斯与首席法官间的交易受到了最严厉的谴责,一份请愿书呈交给国王,恳请召回英庇,以便为他的不端行为进行答辩。

国务大臣(Secretary of State)的一封信召回了英庇。然而印度股票的持有者拒绝解雇黑斯廷斯,并在一项决议中申明,法律赋予了他们任命和罢免印度总督的权利,并且在任免上他们没有义务听从立法机构中单独一支的指令。这份申明的正确性无可争议。

由于雇主们的支持,黑斯廷斯执掌孟加拉政府直至1785年春。尽管在他的任期中曾有如此之多的变故与动荡,但结束时几乎波澜不惊。对于他的种种措施,参事会中不再有一味的反对。印度恢复了和平。马拉塔战争已平息。海德已去世。与他的儿子提普(Tippoo)缔结了一份条约;迈索尔的军队已从卡纳蒂克撤退。自美洲的战争结束以来,在东方的海洋中英格兰不再有任何欧洲敌人或竞争者。

二十

通观黑斯廷斯漫长的任期,我们必须承认,他伟大的功绩可以抵消使之蒙污的严重罪行。英格兰度过了险象环生的危机。她维持住了欧洲列强中第一等的地位;她在可怕的困境中保卫自己的方式,令周边国家对她的精神与力量赞叹有加。然而她在世界各处蒙受损失,唯独一处例外。她不仅被迫承认由她的子民组成的十三个殖民地独立,并以放弃立法权与爱尔兰和解;在地中海、在墨西哥湾、在非洲沿岸,在美洲大陆,她还被迫割让之前数次战争的胜利果实。西班牙收复了米诺卡岛(Minorca)和佛罗里达;法国收复了塞内加尔

(Senegal)、戈雷岛(Goree)，以及许多西印度岛屿。不列颠在全世界唯一没有任何损失的，就是交由黑斯廷斯照看其利益的那个地区。尽管欧洲与亚洲的敌人们竭尽所能，然而我们国家在东方的权力大大增强了。贝拿勒斯已屈服，纳瓦卜—维齐被降为臣属。如果我们相信在印度的英国人的普遍呼声，我们的影响力之所以得到扩展，而威廉堡与圣乔治堡之所以没有遭敌军占领，都要归功于黑斯廷斯的手腕与决心。

他对内务的管理，连同其全部污点，使他配得上被视作我们历史中最卓越的人物中的一员。他取消了双重政府。他将事务的管理交到英国人手里。他至少给可怕的混乱状态带去了一种粗陋、不完善的秩序。这块领地上的人口不亚于路易十六或约瑟夫皇帝的领土，在这里主持正义、收取税收、维持和平所依循的整套制度都由他建立，受他监管。他曾夸耀，在他离开孟加拉时存在的所有公共机构无一例外均由他设立。诚然，这个体制在基于六十年的经验而进行的改进之后，仍有待改进，并且它起初比现在有更多的缺陷。然而，如何从头开始建造一架如政府一样宏大和复杂的机器，任何严肃思考这个问题的人都会承认黑斯廷斯的努力配得上盛赞。在我们看来，拿他与欧洲最受美誉的大臣相比，就像拿伦敦最出色的面包师与鲁滨孙(Robinson Crusoe)相比一样不公正。鲁滨孙在他能够烤出面包之前，先要制作犁和耙、栅栏和稻草人、镰刀和连枷、磨和烤炉。

当我们考虑到他接受的不是政治家的教育时，黑斯廷斯的声望会变得更高；他从学校被送进会计室；年富力强时受雇为商业代理，远离了所有智识群团。

我们也不该忘记，当他成为领袖时，他能够寻求帮助的人，全都或几乎全都和他一样接受过很少的教育，甚至比他还少。欧洲的大臣在进入公职的第一天，就发现自己周围全是资深的公务员，他们是公职传统的传承者。黑斯廷斯没有这样的帮助。他自己的思考、他自己的活力，要起到整个唐宁街（Downing Street）和萨默塞特府（Somerset House）的作用。尚且没有学习的条件，他就被迫教授。他必须先塑造自己，之后再塑造他的工具；这样的情况不是在单独一个部门中，所有行政部门中全都如此。

还必须补充上，在忙于最艰辛的工作之时，他还不断受来自祖国的命令约束，时常受参事会中的多数派掣肘。当每艘船都运来雇主成捆的非难，当每份会议记录中都塞满了同僚们尖刻的备忘录，他还是成功地在可怕的外敌联盟面前维持住了一个帝国，成功地组建了政府的各个部分。我们相信，从未有哪位政治家的性情受过如此苛刻的考验；不论是马尔伯勒（Marlborough）受荷兰代表（Dutch Deputies）阻挠时，还是威灵顿（Wellington）不得不同时对付葡萄牙摄政（Portuguese Regency）、西班牙政务会（Spanish Juntas）和珀西瓦尔先生（Mr. Percival）之时。然而黑斯廷斯的性情几乎经受住了任何考验。他的性情并不可亲，但沉着。虽然他的理智如此敏捷而活跃，他也有愚钝者般的耐心，经受得住最残酷的苦恼，直到找到解决办法。看上去他总是忿恨、尖刻并且长时间隐忍；然而他的忿恨很少使他鲁莽，甚至让人怀疑看起来像报复的行为是否其实是一种策略。

他的头脑是古往今来最足智多谋的之一，并且由于异常镇定，他总是能将所有的谋略运用自如。因此，没有任何危险与困窘能难得住他。他对所有困难都备有对策；可以肯定，他的对策中任何可认为是正义或人道的东西，极少不是服务于计策的目的。

除了设计权宜之计的非凡才能，黑斯廷斯还出色地具备另一种对他的地位而言几乎必不可少的才能，即进行政治论辩的才能。对于一位在东方的英国政治家而言,他必须善于写作,正如对于一位在这个国家的大臣而言,他必须善言一样。我们这个民族首先依一个政治人物的演说术判断他的能力。对于一位在印度的政治人物,任命权的掌控者从他的信函与报告中形成对他的判断。在这两种情况下,尤为受到提倡的才能得到发展,但或许是以其他能力为代价。在这个国家,我们有时听到人们说着他们能力之外的话。我们也发现不少在印度任职的绅士们写着他们能力之外的文章。英国政客有点过于像辩论家,印度政客们则有点过于像散文家。

无数在制作备忘录与文书方面表现出色的公司职员当中,黑斯廷斯首屈一指。实际上是他赋予了印度政府官方文书保留至今的特色。与他竞争的可不是寻常的对手。不过甚至弗朗西斯也不得不阴郁而愤懑地坦率承认,没人能赛过黑斯廷斯手中的笔。实际上,印度总督在这些方面无人能及:给出理由的能力,在不便让人知晓的事情上含混其词的能力,在最清晰的观点中塞进任何有点道理的东西的能力。赞扬他的文风时必须有所保留。大体而言他的文风有说服力、清晰、文雅;但是有时,尽管不经常,它显得浮夸并且有一两例甚至是言过其实。也许黑斯廷斯对波斯文学的钟爱败坏了他的品味。

鉴于我们已论及他的文学品味,若不赞扬他作为统治者对人文学科与细致研究的明智鼓励,便十分不公正。他以审慎的慷慨态度赞助航行、游历、实验与出版。诚然,他对将西学引入印度鲜有贡献。让孟加拉的年轻土著熟悉弥尔顿与亚当·斯密,以欧洲的地理学、天文学、外科取代老朽的婆罗门迷信或由阿拉伯注疏流传下来的古希腊不完善的科学,这个计划是留给一位远为更有德行的统治者的荣誉。然而,对于这样的一个人不可能不给予盛赞,他从记账走上治理帝国,疲于处理公务,周围全是和他一样忙碌的人,并且几乎远离所有文学圈子,却通过自己的榜样和慷慨大力鼓励研究。他精通波斯与阿拉伯文学。他自己不会梵语,但那些最先使欧洲学者了解这种语言的人士要感谢他的支持。在他的保护下,亚洲协会(Asiatic Society)开启了它那光荣的事业。这个杰出的组织选举他为第一任主席;然而他以极佳的眼光与直觉,将这一荣誉让给威廉·琼斯爵士(Sir William Jones)。还没提及东方文字的学习者们从他的赞助中获得的最重要的帮助。孟加拉的梵学家(Pundits)总是十分狐疑地看待异邦人窥探锁藏在这门圣神语言中的秘密的企图。婆罗门宗教曾受到穆斯林的迫害。印度人对葡萄牙政府精神的了解,或许使他们有理由担心受基督徒迫害。黑斯廷斯的智慧与谦和打消了他们的忧虑。他是第一位成功获得印度世袭祭司信任的异邦统治者,也是他第一个劝导他们向英国学者敞开古老婆罗门神学与法学的秘密。

确实无可否认,在获得广大群众的信任与爱戴这门伟大的技艺上,没有哪位统治者能胜过黑斯廷斯。倘若他为了获得英国人的欢迎,任由孟加拉人遭受劫掠与压迫,或者,倘若他为了安抚孟加拉人而疏远了英国人,那没什么可惊奇。他的独一无二之处在于,作为一小股异邦人的领袖,掌握着对大量当地人的无限权力,他使自己受到占多数的臣民与占少数的统治者双方的爱戴。民事机构对他的爱戴格外强烈并且始终如一。在所有灾难与危险中,他的同仁以忠诚的态度毅然决然地站在他这一边。与此同时,军队也爱戴他,尽管军人们很少爱戴除率领他们获得胜利的伟大长官之外的人。甚至在他与杰出的军人发生争执时,他也总是能获得军界的支持。他对同胞们拥有如此影响力的同时,在土著当中也颇受欢迎,其他总督或许也配得上如此受欢迎,但没有哪位曾实际获得这样的欢迎。他娴熟而准确地说着他们的土语。他熟悉他们的感情与习惯。有一两个场合,出于重要的目的,他有意挑战他们的观念;然而在这些时候,他从他们那里获得的尊敬大于他失去的爱戴。总体而言,他小心翼翼地避免冲击他们的民族偏见或宗教偏见。实际上他的行政工作在许多方面存在不足;然而孟加拉人关于好政府的标准并不高。在历任纳瓦卜治下,马拉塔骑兵如飓风般每年席卷这块富饶的冲积平原。不过,即便马拉塔人也不敢与英勇的海洋之子发生冲突;在英国人的利剑保护下,恒河下游能安全地收获丰收。最先到来的英国征服者们比马拉塔人还要贪婪、无情——不过那一代人已谢幕。尽管政策有缺陷、公共负担很重,但是,或许孟加拉最年迈的老人也回忆不起曾有同样安全而昌盛的时期。在仍留有记忆的岁月中,这是该省区第一次由一个强大的政府统治,它足以防止其他人进行劫掠,同时自己也无意扮演强盗的角色。这些激发了和睦之情。与此同时,黑斯廷斯接连的胜利以及摆脱每一困境的方式,使他成为了盲目崇拜的对象;他有时表现出超乎帝王的奢华,令这个在许多方面犹如孩子的民族倾倒。即便时至五十余年后的今日,印度土著在谈及他时,仍认为他是最伟大的英国人;还在哄孩子入睡的摇篮曲中歌唱沃伦·黑斯廷斯阁下(Sahib)的骏马与披挂着豪华装饰的大象。

二十一

黑斯廷斯犯下的最严重的罪行没有影响他在孟加拉民众中的声望,因为这些罪行皆是对邻邦犯下的。如我们的读者们已觉察到的,我们并不打算为这些罪行辩护;不过,为了恰如其分地谴责这些罪行,应当将动机考虑进来。促使黑斯廷斯犯下最严重恶行的动机是被误导和误用了的公共精神。当正义的规则、人道的感情、对条约的诚信与国家的眼前利益相冲突时，黑斯廷斯就将之视同无物。依据道德的原则，或根据远见卓识之政策的原则——我们认为它等同于道德的原则——黑斯廷斯这么做没有正当的理由。不过，人类的常识——它在这类问题上极少铸成大错——总是能对罪行作出区分：是由对公共利益的过分热情导致的罪行，还是由个人贪婪导致的罪行。黑斯廷斯完全有权享有这一区分带来的益处。我们坚信，没有理由猜测鲁赫拉战争、贝拿勒斯革命或者对奥德王妃的劫掠为他增添了一卢比的财富。我们不会断言，在所有金钱交易中，他都表现出无可挑剔的正直，唯恐有丝毫的罪恶表现；这种态度是现在的印度民事机构的光荣。不过，考虑到他接受训练的学校以及他所面对的诱惑，我们更愿意赞扬他在涉及金钱时大体上是正直的，而不是因一些现在看来不得体、不正当的交易而严厉地责难他，这些交易即便在今天也很难称之为腐败。他无疑不是贪婪之人。倘若他是，他绝对可以在回到祖国时成为欧洲最富有的臣民。不夸张地说，十五年间，他不用任何特别的手段，就可以轻易地从公司省份中的柴明达尔那里与邻邦王公那里榨取超过三百万英镑，论豪华盖过卡尔顿宫（Carlton House）与王宫（Palais Royal）。他带回国的财产，一位热衷国事、不在意节俭的印度总督在如此之长的任期内能够轻易地从合法薪金中节省下来。不过我们担心黑斯廷斯夫人恐怕没有这么谨慎。人们都相信她乐于收受礼物，在她的丈夫未予默许的情况下，她积累了几十万卢比私房钱。我们更倾向于相信这种说法，因为格雷格先生不可能没有听说此事，但据我们所知，他没有提及或反驳此事。

黑斯廷斯夫人对她丈夫的影响力，确实让她能够轻易地获得比她被指控收受的数额还多的钱财。后来，她的健康状况开始恶化，印度总督被迫不情愿地将她送回英格兰。黑斯廷斯对她的爱看上去是意志坚强者特有的爱，这类人的爱情不易赢得，也不会四处播撒。加尔各答一段时间里流传着闲话，说他奢华地给一艘印度商船的艉楼甲板室添置家具作为她的房间，说他用大量檀香木和雕花象牙装饰她的客舱，说他花费数千卢比为了使她在航行中有惬意的女伴。顺带一提，黑斯廷斯致他夫人的信函极具特点。这些信函语气温柔，尊敬与信任的表示比比皆是；然而，与此同时，比起如此亲密的关系之间常见的语气略微正式。他以庄重的礼貌恭维"他优雅的玛丽安（Marian）"，让我们不时想起查尔斯·格兰迪森爵士（Sir Charles Grandison）在雪松木的客厅中向拜伦女士（Miss Byron）鞠躬时的庄重气氛。

　　几个月后，黑斯廷斯准备随他妻子之后返回英格兰。当他宣布自己即将卸任，他治理如此之久的这个社会以种种形式表达它的感情。大量信函从欧洲人与亚洲人、从民事公务员、军人、商人那里涌来。在他交出办公室钥匙的那天，通向他登船码头的路边站满了朋友们与钦慕者。几艘游艇护送他沿河而下，许多朋友依依不舍，直到孟加拉的海岸消失在视野中，直到领航员下船。

　　关于他的旅程我们所知甚少，除了他以书与笔为消遣；在他用以消磨乏味的漫长闲暇的作品中，有一篇令人愉悦的对贺拉斯"向神明祈求平静"（*Otium Divos rogat*）的模仿①。这首小诗献给肖尔先生（Mr. Shore），即后来的廷茅斯勋爵（Lord Teignmouth），不可能对此人的正直、人道与荣誉给予太高的评价，不过他像民事机构中的许多杰出成员一样，对他的朋友黑斯廷斯的行为予以宽容，至于他自己的行为则从来用不着这种宽容。

---

　　①《颂诗集》第二部，第十六首以此开篇。——译注

这趟旅程在那时而言算是非常快了。黑斯廷斯只在海上待了四个月。1785 年 6 月,他在普利茅斯(Plymouth)上岸,前往伦敦,出现在宫廷中,拜访利德贺街,之后和他的妻子一起隐退至切尔滕纳姆。

他对自己受到的接待大为满意。国王以相当高的规格接待他。皇后尽管通常品性严厉,却因对"优雅的玛丽安"表现出的好感而遭致非议。董事们以隆重的仪式欢迎他,主席向他宣读一致通过的感谢。"我发现自己,"黑斯廷斯在他抵达英格兰三个月后的一封信中说道,"我发现自己在各处普遍受到的接待,比我自己的观察更清楚地证明祖国对我抱有好感。"

这段时间他在信函中流露出的自信而欢欣鼓舞的语气尤为引人注目,因为他已收到充分的消息,一场针对他的攻讦已在准备之中。在他抵达普利茅斯一周之内,柏克通告下院将提起一项动议,它会严重影响一位才从印度返回的绅士。不过这届议会已召开多时,无法加入一个如此大规模、如此重要的议题。

黑斯廷斯显然没有意识到他处于危险之中。实际上,睿智、明断、足智多谋,这些曾使他在东方出人头地的品质现在仿佛已离他而去;他的才干不曾降低丝毫,并非他已不再是曾战胜弗朗西斯与南达·库马尔,曾使首席法院与纳瓦卜-维齐成为手中工具,曾罢黜贾伊特·辛格并击退海德·阿里的那个黑斯廷斯。然而如格拉顿先生(Mr. Grattan)所言,一棵橡树在五十岁时就不应当再移栽了。一个人在儿时就已离开英格兰,在印度度过三四十年后才回来,无论他有着怎样的才干,也会发现他在英国政治家当中获得一席之地之前有太多要学,也有太多要忘记。代议制度的运转、党派间的斗争、辩论的技艺、出版界的影响都是令他惊讶的新事物。在新机器与新战术的重重包围下,他会像汉尼拔(Hannibal)在滑铁卢或地米斯托克利

(Themistocles)在特拉法加(Trafalgar)一样困惑。他的敏锐欺骗了他。他的活力使他失足。他的箴言运用在他所熟悉的社会状况中越正确,越必定将他引至歧途。这显然就是黑斯廷斯所面对的情况。在印度,他手中一把烂牌,不过他是整盘游戏的掌控者,他赢得每一笔赌注。在英国,如果他知道如何出牌的话,他本握有一把好牌;将他带到了毁灭边缘的主要是他自己的失误。

他所有失误中最严重的一个或许是对声援者的选择。在相似的境况中,克莱武作出了非常庆幸的选择。他把自己托付给韦德伯恩(Wedderburn),即后来的拉夫伯勒勋爵(Lord Loughborough),极少有伟大的律师在下院中也能同样的伟大,后者便是其中之一。因此,为克莱武辩护,他样样不缺,无论是对世界的学识与知识,无论是辩论中的锋芒,还是在政治集会上令人入迷的雄辩。黑斯廷斯将自己的利益托付给了一个迥然不同的人,一位孟加拉军队的少校,即斯科特。这位绅士不久前被从印度派回充当印度总督的代理人。传言说黑斯廷斯以东方式的慷慨回报他的效劳;我们相信,他所获得的报酬,其数额不是黑斯廷斯能毫不费力支付的。这位少校在国会中获得了一个席位,在那里被视作他雇主的耳目。显然,一位有着这样背景的绅士,他的发言不可能具备有独立立场之人才会有的权威。黑斯廷斯的代理人也不具备使集会凝神倾听所必需的才能,这个集会听惯了伟大的演说,自然非常挑剔。他总是起身,发言冗长,并且只有一个话题,即黑斯廷斯的功绩与冤情。每个了解下院的人都能轻易地猜出下文。很快,少校被视作那时最令人讨厌的家伙。他的活动不仅仅限于议会。几乎没有哪天报纸上没有对黑斯廷斯的吹捧,署名亚细亚提库斯(Asiaticus)或孟加拉来客(Bengalensis),不过人们都知道作者正是不知疲倦的斯科特;几乎没有哪个月没有一些同一主题的笨拙的小册子,出自同一手笔,散发到皮箱匠和糕点师手中。至于这位绅士通过议会左右一个微妙问题的能力,我们的读者们无需再寻找其他的证据,这几卷书中所体现出来的就足够了。对于他的脾性与判断力,我们仅举一个例。他将那时世上最伟大之人称作"爬虫柏克先生"。

无论这一选择多么不幸,总体事态还是有利于黑斯廷斯。国王站在他这边。公司及其职员热切地关注他的事业。在政治人物中他有许多热心的朋友。比如曼斯菲尔德勋爵(Lord Mansfield),虽然他身体的活力大不如从前,但精神依然矍铄;以及兰斯当勋爵(Lord Lansdowne),尽管他不属于任何一个党派,但仍保持着由伟大的才能与知识带来的重要地位。人们普遍认为大臣们对前任印度总督抱有好感。反对福克斯先生(Mr. Fox)的《东印度法案》(East India Bill)的喧嚣要归结于大臣们的影响。当该法案被指侵犯既得权利、设立无宪法根据的权力时,法案起草人举出黑斯廷斯的罪行为自己辩护,论证说如此非比寻常的暴行证明需要不同寻常的措施。通过反对该法案而一举成为领袖的那些人,自然会倾向于淡化这些罪行,因为它们被当作采取如此极端的补救的借口;实际上,这正是他们的总体意向。尤其是大法官瑟洛(Lord Chancellor Thurlow),他的重要地位与理解力使他在政府中分量仅次于皮特先生,他以不得体的强烈态度支持黑斯廷斯的事业。皮特先生,尽管他曾责难印度体制的诸多方面,也有意避免作出反对印度政府前任领袖的表示。实际上,这位年轻的大臣曾私下在斯科特上校面前赞扬黑斯廷斯是一位伟大的人、一位极好的人,有权向政府提出种种最高的要求。只有一个理由反对授予如此杰出的公仆所要求的东西。【对黑斯廷斯】进行谴责的决议还留在下院的记录中。这个决议确实不公正;然而,在取消该决议之前,大臣能建议国王授予一位受谴责之人任何表彰吗? 如果我们相信斯科特少校的话,皮特先生称这是妨碍君主的顾问们授予前任印度总督爵位的唯一原因。邓达斯先生是政府中唯一在此事上坚持不同观点的重要成员。造成这个难题的决议是由他动议的,但甚至对他也没有什么值得担心的。自他那时主持关于东方事务的委员会以来,已时过境迁。他周围有着新的盟友;他已将希望锁定在新的目标上;无论他有着怎样的优秀品质——他确实有许多——奉承者也从来不将坚定地保持前后一致算作其中的一个。

　　因此,黑斯廷斯有种种理由期待从首相那里获得支持;并且首相非常强大。反对党积极、强烈反对他。尽管反对党因一些成员的财富与影响力,以及另一些成员令人羡慕的才能与雄辩而十分可怕,但在议会中数量不占优势,并遭举国上下厌弃。据我们判断,反对党也不会普遍希望卷入诸如弹劾一位印度总督这样严重的行动。这样的弹劾案必然会持续多年,必然会给该党的领袖们带来非常大的工作负担,却几乎不能以任何方式影响政治游戏的大局。因此,较之起诉黑斯廷斯,这个联盟的追随者更情愿谩骂他。他们没有放过任何机会将他的名字与历史中最可恨的僭主相提并论。布鲁克(Brook)的妙语将最尖锐的讽刺瞄准了他的公共生活与家庭生活。传言他赠给了皇室一些品质极佳的钻石,以及一张精雕细琢的象牙床,皇后收下是他的荣幸,这些便是嘲讽者钟爱的主题。一位活跃的诗人提议,美丽的玛丽安现任丈夫的伟大事迹,应当在他前任的画笔下获得不朽;应当请英霍夫创作如下主题的画作装饰下院:血流成河的鲁赫拉人,绞刑架上的南达·库马尔,贾伊特·辛格爬下至恒河。另一位,在一首对维吉尔第三首牧歌的精致诙谐模仿中,提出了这个问题:什么矿物的光芒能让最朴素的王妃成为荡妇的朋友。第三位,以各种恶言恶语描写黑斯廷斯女士在圣詹姆斯宫的华丽外表,从印度王妃那里夺来的璀璨珠宝点缀着她的头饰,她的项链闪耀着未来的选票,悬而未决的问题映照着她的双耳。这一刻画中的讽刺攻讦,或许再加上提议一次【对黑斯廷斯进行】谴责的投票,就已经可以让反对党中的大多数人感到满意了。不过,有两个人的义愤没那么容易平息,他们就是菲利普·弗朗西斯与埃德蒙·柏克。

二十二

弗朗西斯最近才进入下院,并以勤奋与能力建立起了地位。他苦于一个最不幸的缺陷,即欠缺流利。不过他不时以比肩最伟大演说家的庄重与生动表达自己的观点。他进入国会不久,便招来皮特的厌恶,皮特不断以辩论法则所允许的最刻薄的言辞对待他。纵凭时过境迁,也不能减轻弗朗西斯从东方带回来的敌意。按他通常的方式,他将自己的恶意误作为德行,就像牧师教导我们应当培养良好性格一样培养它,并在任何场合都以法利赛人的虚伪自夸。

柏克的热情还要更为强烈,不过也更纯洁得多。人们不能理解他心灵之崇高,试图找出一些可耻的动机来解释他在此事上表现出的愤怒与顽固。不过他们全都失败了。说他因个人受轻视而寻求报复的愚蠢故事早已烟消云散,即便是黑斯廷斯的支持者也不再提。格雷格先生猜测柏克是受党派精神驱使,他仍对联盟的失败①留有苦

---

① 指 1783 年的福克斯—诺斯联盟(Fox-North Coalition),福克斯提议将东印度公司国家化,福克斯的"东印度法案"在下院获得了通过,但在国王的影响下未能在上院通过,随后国王解散了该联盟,小皮特获得任命,领导新内阁。——译注

涩的记忆,他将失败的原因归结于东印度利益集团的活动,他认为黑斯廷斯是这一利益集团的领袖与代表。通过指出日期便足以驳斥这种解释。柏克对黑斯廷斯的敌意在联盟很早以前就已发轫,并一直持续到柏克成为那些挫败联盟之人的积极支持者之后。这敌意始于柏克与福克斯密切合作批评君主的影响,呼吁与美洲的共和国和解之时。并持续到柏克疏远福克斯,获得君主的青睐,在去世前鼓吹派遣一支十字军反对法兰西共和国。我们无疑不能将始于 1781 年的敌意归结于 1784 年的事件,并且,在许多远比黑斯廷斯更深地卷入 1784 年的事件之人都被友好地原谅之后,这敌意仍丝毫不减。与其为柏克的行为找寻其他解释,为什么我们看不到表面上的原因? 显白的真相是黑斯廷斯犯下了一些严重的罪行,柏克想到这些罪行就热血沸腾。因为柏克像拉斯·卡萨斯(Las Casas)或克拉克森(Clarkson)①一样同情苦难,憎恨不公与僭政。尽管在他身上,和在拉斯·卡萨斯与克拉克森身上一样,这些高贵的感情与属于人类本性的弱点熔铸在一起,但是他像他们一样理应受到这样的赞扬:他耗费数年的紧张工作来帮助一个在血脉或语言、宗教或习惯上与他均无共同之处的民族,并且不期望从他们那里得到报答、感谢与掌声。

他关于印度的知识几乎无人能企及,即便是那些曾在那个国度生活多年的欧洲人,更不用提那些从未离开过欧洲的政治人物。他曾孜孜不倦地研究东方的历史、法律与习惯,很少有人兼具这样的才智与敏感。其他人或许同样勤奋,收集了同样多的资料。不过,柏克将他理智中更高超的能力运用在事实陈述与数据表格上的方式,则

---

① 托马斯·克拉克森(Tomas Clarkson, 1760—1846),英国废奴主义者,不列颠帝国内废除奴隶贸易运动的领导者。——译注

为他独有。这些大包大包的关于印度的信息,其中每一部分都令几
乎所有其他读者望而却步,然而,他那结合了哲思与诗意的头脑能从
中发现一些富有启迪或令人欣喜的东西。他的理性分析并理解了那
些不成形的大片色块;他的想象力赋予它们生气与色彩。从黑暗、单
调、混浊当中,他建立起了大量运思独到的理论与鲜活的画面。他在
最高的程度上拥有一种卓越的天赋,借此他能够生活于过去与未来,
生活在遥远而飘渺的地方。在绝大多数欧洲人看来,印度及其居民
不过是些名字与抽象概念;但在他看来,那是一个真实的国家、一个
真实的民族。烈日、棕榈树、可可树等奇花异草、稻田、池塘、比莫卧
儿帝国更古老的大树、树荫下聚集的村民、农舍的茅草顶棚、装有花
饰窗格的清真寺、伊玛目(imaum)在那里面朝麦加(Macca)祈祷、各
种鼓与锦旗、色彩艳丽的偶像、悬在空中的虔信徒、优雅的少女头上
顶着水罐、长矛与银质权杖、备有威严华盖的大象、王公华丽的肩舆、
贵妇密闭的轿舆,所有这些事物对于他而言,仿佛他曾在它们当中度
过了一生,仿佛就在从比肯斯菲尔德(Beaconsfield)至圣詹姆斯大街
(St. James's Street)的马路上。印度的万事万物都浮现在他的脑海
中,从请愿者将黄金与香料搁在君主脚下的大堂,到吉普赛人搭起帐
篷的荒野;从买卖双方的喧闹声如蜂巢般嗡嗡作响的集市,到孤独的
信使摇响他的铁铃吓跑豺狗的丛林。他对孟加拉暴动的认识如乔
治·戈登勋爵(Lord George Gordon)的骚乱一样鲜活,南达·库马尔
的死刑则犹如多德博士(Dr. Dodd)的死刑。孟加拉受到的压迫对他
而言,犹如发生在伦敦大街上一般。

　　他认为黑斯廷斯因一些绝对不可开脱的行为而有罪。后续的一
切对柏克这样的心灵而言不仅是自然的,而且是必然的。他的想象
力与他的激情一旦被激发起来,驱使他越过正义与明断的界限。虽

然他的理性如此强大，本应当控制住感情，却也成了感情的俘虏。虽然他的义愤是出于德行，却有太多令人厌恶的性质。他看不见任何可以减轻【这些罪行】的情况，任何可以抵偿【这些罪行】的功绩。尽管他生性宽厚和蔼，但总是易怒，现在则因身体虚弱精神困苦而变得近乎粗鲁。尽管知悉伟大的权力与伟大的德行，但他在年迈与贫困中发现自己成了背信弃义的宫廷与一个受欺骗的民族攻击的靶子。在国会中他的雄辩已过时。对他毫不了解的年轻一代坐满了议院。无论任何时候他起身发言，他的声音总被小伙子们不礼貌的打断淹没，当他关于《印花税法案》(Stamp Act)的演说赢得查塔姆伯爵(Earl of Chatham)的掌声时，这帮小子还在摇篮里。这些事情给他高傲而敏感的精神造成了一种我们弄不明白的影响。他不再能冷静地讨论任何问题，包容任何真诚的异议。那些认为他在关于印度的辩论中比其他任何场合更为极端和尖刻的人，没有正确地认识他的晚年。在关于同凡尔赛宫廷(Court of Versailles)的通商条约(Commercial Treaty)、关于摄政、关于法国革命的讨论中，他甚至表现得比弹劾案中更为凶狠。实际上可以注意到，有些人因为他以燃烧着的言辞谴责鲁赫拉战争与劫掠王妃的事件，而说他是个恶意的疯子；但当他开始以更愤怒的语气而不是以更伟大的理性慷慨陈词，反对攻占巴士底狱(Bastile)、反对侮辱玛丽·安托瓦内特(Marie Antoinette)时，这些人又全都立刻赞美他是先知。在我们看来，他既没有在前一例中显得像个疯子，也没有在后者中显得像个先知，在这两个事例中他都是一个伟大而善良的人，不过因一种支配了他所有天赋的敏感而变得极端。

　　这个问题值得怀疑：如果黑斯廷斯自己明智行事，那么弗朗西斯的个人憎恨或柏克高贵的义愤，是否会使他们的党派采取极端的方式反对他。黑斯廷斯本该意识到,尽管他的公职生涯很伟大,但他并不是没有错误,他应当满足于自己逃脱惩罚,而不去渴求胜利者的荣耀。然而黑斯廷斯和他的代理人持一种不同的看法。他们想象中的奖赏只能等到柏克的抨击结束,对此他们已没有耐心。于是,他们决定以果断的行动逼迫敌人,若他们明智的话,他们本该为敌人留条退路。在 1786 年议会召开的第一天,斯科特上校向柏克提起前一年发出的通告,并问是否当真打算对前任印度总督提出指控。这一挑战没有为反对党留下可以选择的道路,除了站出来作为控诉者,或承认自己是诽谤者。黑斯廷斯在任时不是那么清白,福克斯与诺斯的党派也不是那么软弱,因此不冒险作出如此大胆的挑战才是审慎的。反对党的领袖们立刻回复了他们唯一能有尊严地回复的答案;整个党坚定不移地发誓要提起诉讼。

柏克以申请查阅文件开始他的行动。他要求的一些文件遭大臣们拒绝,他们在辩论中的语言有力地证实了流行的看法——他们有意支持黑斯廷斯。7 月,指控交到了桌上。这些指控由柏克以伟大才能起草,尽管其形式过于类似小册子。给黑斯廷斯送去了一份指控,这意味着如果他认为合适,可以在下院的法庭上为自己辩护。

黑斯廷斯又一次被自他踏上英格兰的土地便降临在他身上的宿命纠缠上了。这似乎是命中注定的,在东方他是如此明智如此成功,但在欧洲却只能铸成大错。任何明智的顾问都会告诉他,他最好在议院的法庭上做一番雄辩的、有说服力的、动人的演说;如果他对发言不自信,觉得有必要按稿朗读,他就应当尽可能地简要。这些听众听惯了最高超的即席辩论,总是对长篇的书面文章缺乏耐心。然而,黑斯廷斯却像他坐在孟加拉的总督府里一样,准备了一份冗长的文件。要是这份文件出现在印度行政机构的会议上,人们会称赞它是一份非常有才华的备忘录。然而它对于当前的情况是格格不入。正如最优秀的书面辩护也注定事倍功半,它在听惯了皮特与福克斯生动、激烈论战的集会上惨遭失败。议员们在满足了他们对这位如此卓越的陌生人的面孔与举止的好奇心后,便匆匆吃晚饭去了,留下黑斯廷斯向书记员与警卫诉说他的故事直到午夜。

　　所有准备步骤已如期完成,六月初,柏克提出了与鲁赫拉战争相关的指控。他谨慎地以这一指控为先锋;因为邓达斯此前曾动议,而议院也已通过,以最严厉的措辞谴责黑斯廷斯对待鲁赫尔坎德的政策。邓达斯几乎没有,确切地说是完全没有为自己前后行为的一致性辩护;他对这个问题摆出一副满不在乎的态度,并反对柏克的动议。此外,他宣称,尽管他认为鲁赫拉战争毫无道理,但他认为黑斯廷斯之后为国家作出的贡献已足以抵偿如此严重的过错。皮特没有发言,不过投票赞同邓达斯;黑斯廷斯以 119 票对 67 票得到赦免。

　　黑斯廷斯现在对胜利信心满满。看起来他确实有理由这么认为。在他的所有行为中,鲁赫拉战争是他的控诉者们最利于攻击的对象。董事会曾谴责它。下院曾谴责它。邓达斯先生曾谴责它,邓达斯先生还因此当上了印度事务署(Crown for Indian affairs)的首席大臣。柏克选择了这个坚固的阵地,却一败涂地。人们普遍认为在这里失败后,他在其他地方更无法获得胜利。俱乐部与咖啡馆里有传言说,会再有一两项指控,下院对这些指控的意见会是反对弹劾,反对党将放弃这个问题,黑斯廷斯将立即擢升为贵族,获得巴斯勋章(the star of Bath),进入枢密院(Privy Council),受邀以他的才能与经验协助印度委员会(India Board)。几个月前,瑟洛勋爵的确曾轻蔑地谈及阻碍皮特将黑斯廷斯请进上院的顾虑;如果财政大臣(Chancellor of the Exchequer)惧怕下院,那么什么能阻止掌玺大臣

(Keeper of the Great Seal)在一纸贵族特许状上成人之美。头衔都已选好。黑斯廷斯将成为戴尔斯福德勋爵(Lord Daylesford)。因为,历经了事过境迁、命运无常,他依然眷恋着这个见证了家族兴衰的地方,那里承载了他年青时勃勃雄心中很大一部分最初的梦想。

二十三

　　然而几天之后,这些美妙的前景就变得阴云密布。6月13日,福克斯先生以伟大的才智与雄辩提出了针对贾伊特·辛格所受遭遇的控诉。弗朗西斯接着作了意见相同的发言。黑斯廷斯的朋友们在皮特起身时都十分欣喜。这位大臣以他一贯丰富而得体的语言发表了关于这一案件的看法。他认为印度总督要求贝拿勒斯罗阇提供金钱上的援助,并在这个要求被顽固地拒绝后追加一笔罚金是正当的。他还认为印度总督在发生暴动期间的行动因才能与镇定而卓越非凡。他十分严厉地谴责弗朗西斯在印度与在国会中的行为,称其极不诚实而且心怀恶意。皮特所作论证的必然结论看起来会是黑斯廷斯应当被体面地宣告无罪;这位大臣的朋友与反对者都等待着他宣告这一结论。令各方均感震惊的是,他在结尾时说道,尽管他认为黑斯廷斯因贾伊特·辛格抗命而处以罚款是正确的,但罚款的数额对于处罚的理由而言过高了。尽管皮特先生赞同黑斯廷斯所有其余针对贝拿勒斯的行为,但是基于这一点,并且仅仅基于这一点,他宣布将投票赞成福克斯先生的动议。

　　议院被惊呆了,并且必当如此。因为对贾伊特·辛格犯下的罪行,即便像福克斯与弗朗西斯声称的那样穷凶极恶,较之强加给鲁赫尔坎德的灾难也不过是一桩小事。如果皮特先生对贾伊特·辛格一案的观点正确,那么就没有弹劾的理由,甚至也没有进行谴责表决的理由。如果黑斯廷斯的违法行为果真不过如此,即,他有权处以罚金,罚金的数额没有规定,因而由他按自己的判断确定,他不是为了自己的利益,而是为了国家的利益,要求得过多;那么,难道这样的违法行为需要进入最严肃的刑事诉讼程序?要知道,六十年来都没有哪位公务员被提交至这一刑事诉讼程序。我们认为,我们能够理解明智而正直之人会被以何种方式说服,从而对黑斯廷斯持某种态度,然而皮特先生的这种态度除外。像他这样的人或许会认为有必要通过严惩以儆效尤,以避免不公正,以维护民族的荣誉;或许还会基于这一理由而在关于鲁赫拉的指控以及关于贝拿勒斯的指控上,均投票赞成弹劾黑斯廷斯。像他这样的人或许会认为黑斯廷斯的违法行为已由伟大的贡献抵偿,并且或许会基于这一理由投票反对以这两项指控弹劾黑斯廷斯。我们的观点与他有很大不同,我们认为,总体而言最正确的态度应该是,以关于鲁赫拉的指控弹劾黑斯廷斯,而对关于贝拿勒斯的指控宣告无罪。如果我们对关于贝拿勒斯的指控的看法与皮特先生的看法一致,那么我们就会毫不迟疑地在这项指控上投无罪票。即便任何只有皮特先生十分之一才能的人会真诚地采取他的现在这种态度,那也叫人难以相信。他在关于鲁赫拉的指控上宣告黑斯廷斯无罪。他磨去关于贝拿勒斯的指控的棱角,直到它完全不再是一项指控;尔后,他宣称这项指控中包含着需要动用弹劾的问题。

同样不要忘记,这位大臣指出不以鲁赫拉战争弹劾黑斯廷斯的首要原因是,他前半部分任期犯下的罪行已由后半部分的杰出贡献抵偿。说这种话的人会后来投票赞同黑斯廷斯后半部分的任期为弹劾提供了不少于二十项罪状，这难道不是极为反常的事吗？他们先是将黑斯廷斯在 1780 至 1781 年的行为描绘得如此值得盛赞，就像天主教神学中的功德，这些功绩足以抵消之前的违法行为；尔后他们又以他在 1780 至 1781 年的行为起诉他。

人们普遍感到的震惊还要更为强烈，因为就在二十四小时前，这位大臣能够信赖的议员们才收到来自财政部的便条，请求他们出席会议并投票反对福克斯先生的动议。黑斯廷斯先生断言，就在发生这场辩论的那天清早，邓达斯拜访了皮特，将他唤醒，并与他密谈了好几个小时。这一面谈的结果便是决定在反对党的报复面前放弃前任印度总督。即便是这位最强大的大臣，也不可能带领他的所有追随者都走上一条如此奇怪的道路。许多官居高位之人，检察总长（Attorney-General）、格伦维尔先生（Mr. Grenville）以及马尔格雷夫勋爵（Lord Mulgrave）分裂出来反对皮特先生。但那些忠诚的拥护者们，不加质疑地站在了政府首脑一边，其数量足以使天平倾斜。119 位议员投票赞同福克斯先生的动议，79 票反对。邓达斯沉默地追随皮特。

那位善良而伟大的人，不久前去世的威廉·威尔伯福斯（William Wilberforce），时常讲起这个令人难忘的夜晚所发生的事。他描绘了全议院的惊愕，一些政府的惯常支持者窃窃私语尖刻地非议首相。皮特好像感到需要对自己的行为做些解释。他离开国务大臣的座席，在威尔伯福斯先生身旁坐了一会，非常真诚地说，他发现一个有良心的人不可能再继续支持黑斯廷斯。他说此事确实太恶劣了。我们必须补充说，威尔伯福斯先生完全相信他的朋友是真诚的，这一神秘的事件引发的猜测毫无根据。

提起这些猜测着实令人不快。值得注意的是，黑斯廷斯的绝大多数朋友普遍地支持他在任时的工作,断言皮特与邓达斯的动议是出于嫉妒。就黑斯廷斯个人而言,他受到国王的青睐。他是东印度公司及其职员的偶像。如果他受到下院的赦免,在上院获得一席之地,进入督察委员会,与意志坚强且专横的瑟洛结成紧密联盟,难道他不是几乎必定很快就会将整个对东方事务的管理掌握在自己手中? 难道他不是很可能成为内阁中可畏的对手? 很可能已有消息传开,说瑟洛与斯科特少校之间有十分异常的来往,还说,如果财政大臣不敢推荐黑斯廷斯获得爵位,大法官已准备自己担负起实施这一步骤的责任。在所有大臣中,皮特最不能容忍这种对他职权的侵犯。如果下院弹劾黑斯廷斯,所有的危险就烟消云散了。不论这一诉讼程序如何告终,都很可能会持续许多年。在此期间,被告将无缘荣誉和公职,甚至几乎不可能冒险在宫廷中效力。这便是大多数公众归结于这位年轻大臣的动机,人们普遍认为他的统治欲贪图权力。

很快,闭会中断了关于黑斯廷斯的讨论。翌年,这些讨论又继续下去。谢里登(Sheridan)提出了针对劫掠王妃一事的指控,他的此番演讲保存得很不完整,甚至可以说是完全佚失了,不过这篇演讲无疑是他那机智头脑的所有作品中最才华横溢的一篇。这篇演说给人留下的印象尚无人能及。他坐下时,不仅喝彩声不断,而且掌声雷动,栏杆下方的上院议员(Lords)、走廊上的局外人无不如此。议院中的激动情绪使得其他人得不到发言的机会,辩论被推迟。沸腾的情绪很快遍及全城。二十四小时之内,有人为谢里登这篇演讲的版权开价一千镑,如果他愿意亲自修改以便出版的话。这次非凡的雄辩表演给严厉而老练的批评家们——他们的眼光想必已在激烈的竞争中得到磨砺——留下的印象深刻而经久。温德姆先生(Mr. Windham)在二十年后说道,这篇演说配得上它所有的声誉,并且尽管有些品味上的欠缺,这种情况在谢里登的文学作品或议会上的表现中常常出现,它仍是人们记忆中最优秀的一篇。大约与此同时,福克斯先生被霍兰德勋爵问道,下院中曾上演的演说中哪篇最优秀,他毫不迟疑地将头名颁发给谢里登关于奥德案的伟大演说。

当辩论继续进行,反对被告的浪潮如此猛烈,他的朋友们被咳嗽声和嘈杂声淹没。皮特表明支持谢里登的动议,进行审判的决议以175票对68票通过。

反对党因这一胜利而兴奋不已,并且得到了公共舆论的有力支持,他们继续提出一系列主要涉及金钱问题的指控。黑斯廷斯的朋友们备受打击,由于此刻完全没有希望能够阻止弹劾,所以在活动中不是十分积极。最终,议院同意二十项指控,任命柏克向上院发言,控告前任印度总督犯有重罪(High Crimes)以及轻罪(Misdemeanours)。与此同时,黑斯廷斯遭下院警卫逮捕,被带至上院的被告席。

议会的会期还有十天就要结束。因此,在来年之前审判不可能有任何进展。黑斯廷斯获准保释,进一步的程序将推迟至议会下次召开。

二十四

议会于那年冬天召开后,下院选举产生了一个委员会负责弹劾案。柏克成为了委员会的领导者,他与反对党绝大部分领导成员关系密切。然而,当念到弗朗西斯的名字时,引发了一场激烈的争论。有人指出,弗朗西斯与黑斯廷斯之间的不和已臭名昭著,他们有多年的宿怨,有一次他们彼此间的憎恨还驱使他们想要对方的性命,因此,选择一位私敌担任公诉人不合适并且说不过去。另一派,尤其是温德姆先生,则十分有力地争辩说,尽管不偏不倚是法官的首要义务,但从未被视作辩护人的品质之一;在英国进行的普通刑事审判当中,受侵犯的一方,亦是最不该被纳入陪审团之人,是起诉人;对于这个委员会的负责人,我们需要的不是他应当不带偏见,而是他应当能干、见多识广、精力充沛、活跃。弗朗西斯的能力与见识为大家所公认,不论他对指控对象的憎恨是德行还是罪恶,至少保证了他的干劲和积极。看起来很难否认这些论证。不过,弗朗西斯对黑斯廷斯怀有的深仇大恨遭到了普遍的反感。议院决定弗朗西斯不应成为负责人之一。皮特的选票与多数派一致,邓达斯则与少数派一致。

与此同时,为审判所作的筹备进展迅速,1788 年 2 月 13 日庭审开始。威斯敏斯特曾布置过比那时更绚丽夺目、更华冠丽服、更吸引幼稚者的场面;然而,这里或许从来没有哪个场景曾筹备得如此妥善,令颇有修养、思想深刻、富有想象力的头脑印象深刻。各种吸引人的事物,近的、远的、现在的、过去的,都在同一时间汇聚一堂。这里展示了自由与文明发展出的所有才能与所有成就,由并列与对比带来的所有正面效果都发挥得淋漓尽致。诉讼程序中的每一步都要么引领着人们的思绪穿越许多个灾难重重的世纪,回到奠定我们宪法之基石的时代;要么引领着人们的思绪穿过无边的海洋与荒漠,远赴那些皮肤黝黑的民族当中,他们生活在陌生的星辰之下,崇拜陌生的神祇,从右至左书写陌生的文字。国会法院(High Court of Parliament)将依据从金雀花王朝流传下来的形式审理一位英国人,他被诉对圣城贝拿勒斯的领主以及奥德王室的贵妇们施行僭政。

开庭的地点配得上这样一场审判,即威廉·鲁弗斯(William Rufus)大礼堂。这个礼堂中回荡着三十位君主登基时的欢呼声;这个礼堂曾见证了公正地宣判培根(Bacon)以及公正地赦免萨默斯(Somers);在这个礼堂中,斯特拉福德(Strafford)的雄辩曾令一个获胜的党派、一个满腔义愤的党派有那么一刻感到敬畏并心软下来;在这个礼堂中,查理一世(Charles)以沉着的勇气面对高等法院(High Court of Justice),部分地挽救了他的名誉。这里也不乏军职或文职的盛大队列。林荫道两边排列着禁卫军。骑兵在前方开道。贵族们穿着镶金和貂皮的长袍,由嘉德纹章官(Garter King-at-Arms)的传令官引领着。法官们着官服出席,为法律要点提供意见。近一百七十位贵族议员(Peers),上院那时规模的四分之三,以庄重的顺序从他们通常的聚集地走向法庭。年轻的男爵乔治·埃利奥特(George Eliott)出现在队列的前面,他因值得纪念地在法国与西班牙的舰队与军队面前保卫直布罗陀,新近被封为希思菲尔德勋爵(Lord Heathfield)。走在长长的队伍最后的是王室典礼官(Earl Marshal of the realm)诺福克公爵(Duke of Norfolk),以及高级僧侣和国王的兄弟与儿子们。最后到来的是威尔士亲王(Prince of Wales),他因优秀的个人修养与贵族风度而引人瞩目。灰色的古老墙壁上悬挂着猩红。长长的走廊里挤满了听众,这些听众足以令演说家十分罕见地怯场或者激发起他的好胜心。这里聚集了各门科学与各类艺术的代表,女士优雅可爱,男士聪慧博学,他们来自一个伟大的、自由的、开明的、繁荣的帝国的各个地方。皇后身边围坐着不伦瑞克(Brunswick)家族金发的年轻女儿们。各个伟大王国与共和国的使节们羡慕地凝视着世上其他国家无法企及的壮观景象。西登斯(Siddons)高贵的美丽正在绽放之时,她在这里动情地看着,眼前的一幕胜过了舞台上的一切效彰。那位研究罗马帝国的史家[①]在这里会想起西塞罗为西西里辩护反对费雷斯(Verres)的那些日子,想起塔西佗在尚且留有一些自由表象的元老院面前,咆哮着反对阿非利加压迫者的那些日子。在这里能见到那个时代最伟大的画家与最伟大的学者比肩而立。这胜景将雷诺兹(Reynolds)从画架前吸引过来,他的画架为我们留存下了那么多作家与政治家陷入沉思的额头,以及许多贵妇的甜美微笑。帕尔(Parr)也停下了在晦涩而深奥的宝藏中的辛勤爬梳,他从中获得了博学这一丰厚的财富,这笔财富过于经常地遭到埋没,也过于经常地表现为欠考虑的粗鄙卖弄,不过,仍然可贵、广博、杰出。

这里也有那位女子撩人的魅力,王冠的继承人私下同她订立山盟海誓。这里还有那位漂亮的母亲,她出身一个美貌的家族,即圣塞西莉亚(Saint Cecilia),她娇美的相貌因爱情与音乐而更为耀眼,因为她,艺术在普遍的衰退中得到挽救。这里有那个卓越团体的成员,他们在蒙塔古夫人(Mrs. Montague)华贵的孔雀帷幔下援引、批评、交流着妙语巧辩。乔治亚娜(Georgiana),即德沃恩舍尔公爵夫人(Duchess of Devonshire)周围是一些光彩照人的女士,她们的伶牙俐齿比福克斯更能说服人,她们曾对威斯敏斯特的选举施加影响对抗宫廷与财政部。

禁卫军宣布公告。黑斯廷斯被带入被告席,跪下。这位罪犯确实配得上这么宏大的场面。他曾统治一个广袤而人口众多的国度,曾制定法律、缔结条约,曾调遣军队,曾立废王公。他在高位上曾表现不凡,让所有人都畏惧他,绝大多数人拥戴他,单是对他的憎恨就

[①] 指爱德华·吉本(Edward Gibbon,1737—1794)。——译注

能说明他有权享有光荣,然而德行除外。他看上去像是位伟人,而不像个坏人。他个头瘦小,但举止高贵,流露出对法庭的尊敬,以及一贯的镇定与尊严,他高高的额头显得十分聪慧,他的眉宇挂着沉思,但不阴郁,他的嘴从不食言,他的脸色苍白而憔悴,但十分平静,他的脸上写着遇挫不乱(*Mens aequa in arduis*),就像加尔各答的参事会会议室墙上那幅画下方标注得一样清晰;这便是这位伟大的殖民地总督在法官们面前的形象。

他的律师们陪伴着他,他们后来全都凭借自己的才能与学识登上这个职业的最高职位,他们是:勇敢而坚毅的劳(Law),后来成为王座法院(King's Bench)首席法官;更为仁厚而雄辩的达拉斯(Dallas),后来成为高等民事法庭(Common Pleas)的首席法官;以及,普洛默(Plomer),近二十年后,他在同一个高等法院成功地为梅尔维尔勋爵(Lord Melville)辩护,之后成为副大法官(Vice-chancellor)以及高等法院院长(Master of Rolls)。

二十五

不过,无论是犯人还是他的辩护人都不及原告引人注目。在火红的帷帐正中,为下院议员们准备了绿色的桌椅。以柏克为首的【弹劾案】负责人们盛装出席。喜欢流言蜚语的那些人注意到,甚至通常不注重外表的福克斯也以戴着丝带假发(bag)和佩剑向这杰出的法庭致敬。皮特拒绝参与弹劾案;这个伟大的团体汇集了种种才能,但欠缺皮特那威严、博学、洪亮的雄辩。高龄与失明使得诺斯勋爵不适合肩负公诉人的重担;因而他的朋友们不能得到他那杰出的判断力、机智与温文尔雅的帮助。不过,尽管这两位杰出的下院成员缺席,在负责人的席位上,可能自雅典演说术的鼎盛时期以降,不曾有如此一批演说家济济一堂。他们当中有福克斯和温德姆,即英国的狄摩西尼(Demosthenes)和英国的希佩里德斯(Hyperides)。有柏克,虽然他实际上不知晓或无视使自己的推理与风格适应于听众的理解力与品味这种艺术,但在理解力的广博与想象力的丰富上,他超过了古往今来的所有演说家。当人们双眼崇敬地注视着柏克时,那个时代最健美的绅士也映入眼帘,他的身材是由各种男子汉的运动锻炼得来,他的脸庞散发着智慧和气概,他便是足智多谋、骑士风度、品德崇高的温德姆(Windham)。尽管周围是这样一些人,负责人中最年轻的一位也不会被人忽视。当这个年龄的绝大多数佼佼者还在大学中竞争奖状与奖学金时,他在议会中为自己赢得了引人注目的地位。他不缺乏由财富与关系带来的种种优势,但这些不会掩盖住他卓越的才能以及无瑕的荣誉。年方二十三岁便被认为配得上与经验丰富的政治家们,一同作为不列颠平民院的代表出现在不列颠贵族院的律师席。除他之外,出席那间法庭的所有人,犯人、辩护人、原告,都已去世。对于当前正处壮年的一代来说,他是一个已逝的伟大时代唯一的代表。不过,在过去十年里,凡是曾愉悦地聆听过——直到晨光铺洒在上院的挂毯上——查尔斯·格雷伯爵(Charles Earl Grey)高超而生动演说之人,就能够对那批甚至连他在当中也不算突出的人士有所估量。首先朗读了对黑斯廷斯的指控,以及黑斯廷斯的答辩。这个仪式花费了整整两天,要不是法庭秘书库珀(Cowper)——他是那位和蔼诗人的近亲——悦耳的嗓音和恰当的抑扬顿挫,就会乏味许多。第三天,柏克起身发言。他的开篇辞占用了四堂庭审,旨在笼统地介绍所有的指控。其激昂的思绪与丰富的辞藻绰绰有余地满足了听众们吊足了的胃口,他刻画了印度土著的性格与制度,描述了不列颠亚洲帝国创生时的环境,阐明了公司的章程与英国各管区的体制。试图以此向听众们传递关于东方社会的观念——就如他自己脑海中的一般生动——之后,他继而控告黑斯廷斯在任期间彻底违背了道德与公法。这位伟大演说家充沛的精力与悲怆的感情,意想不到地受到严厉且心怀敌意的大法官赞赏,并且,看起来有那么片刻打动了被告果敢的心灵。走廊里的女士们,由于未听惯这样的雄辩,这时的肃穆气氛调动了她们的情绪,也或许是有意表现她们的品味与情感,陷入了一种无法自持的状态。她们抽出手绢,彼此传递嗅盐瓶;异常激动地哭啼:谢里登夫人在昏厥中被抬了出去。演说终于进入尾声。演说家提高嗓音,令爱尔兰橡木制成的古老拱门都发出了回响。他说道:"因此,基于大不列颠平民院对我的信任,我指控沃伦·黑斯廷斯犯有重罪与轻罪。我以国会下院的名义弹劾他,他辜负了下院的信任。我以英格兰民族的名义弹劾他,他玷污了这个民族的古老荣誉。我以印度民众的名义弹劾他,他践踏了印度民众的权利,使他们的国度沦为不毛之地。最后,以人性的名义,以所有人的名义,不论性别,不论年龄,不论阶层,我弹劾所有人共同的敌人与压迫者!"

当各种情绪的窃窃私语平息下来,福克斯先生起身就接下来的诉讼程序向上院议员们致辞。原告希望法庭在完结关于第一项指控的调查之后,再开始第二项。黑斯廷斯与他的律师希望,在答辩开始之前,负责人们应当罗列各项指控,举出起诉所依据的所有证据。上院议员们退回自己的议院考虑这个问题。总检察长站在黑斯廷斯一边。拉夫伯勒勋爵现在立场相反,支持负责人。这一分歧表明了法庭会倾向那边。近三比一的多数决定支持黑斯廷斯主张的程序。

当法庭再次落座,福克斯先生在格雷先生的协助下,开始了关于贾伊特·辛格的指控,花费许多天朗读文件,传唤证人。下一项则是关于奥德王妃的指控。案件的这个部分委托给了谢里登。公众们对他的发言充满好奇。他才华横溢、十分精湛的发言持续了两天,其间礼堂中挤得密不透风。据说,五十几尼才能购得一张门票。谢里登关于舞台效果的知识或许连他的父亲都会嫉妒,发言结束时,他故意栽入柏克的怀抱,仿佛已筋疲力尽,柏克则钦慕地用力抱住他。

这时六月已过去大半。会期已时日不多,弹劾案的进展并不令人十分满意。总共有二十项指控。仅仅听证了起诉理由中的两个;而自黑斯廷斯获准保释到这时已过去了一年。

公众对审判的兴趣在法庭开庭伊始十分浓烈,在谢里登就关于王妃的指控发言时达到顶点。从那时起兴奋之情很快低落。这个场面已不再新鲜。伟大的修辞表演已经落幕。之后的事情其性质不再能让喜欢看书的人在早上放下书本,或是让在两点离开化装舞会的女士们在八点前起床。剩下的是询问或交叉询问。剩下的是平铺直叙的陈述。剩下的是朗读文件,其中充斥着令英国人的双耳费解的词语,诸如 lacs(十万)和 crores(一千万),zemindars(包税人)和 aumils(收税人),sunnunds(授权书)和 perwarnahs(许可证),jaghires(领主)和 nuzzurs(司库)。剩下的是弹劾案负责人与辩护律师之间,尤其是柏克先生和劳先生之间的争吵,这些争吵并不总是有着极佳的品味和最好的脾气。剩下的是上院议员们反反复复在他们的议院与礼堂间往返;因为一旦有法律要点需要讨论,阁下们便退席单独进行商议;后果是,如一位上院议员机智地说,法官们走了审讯还站着等。

还要补充一点,1788 年春天,当审讯开始时,内政外交上都没有重要的问题吸引公众的目光。在威斯敏斯特进行的诉讼自然吸引了议会与举国上下绝大多数的注意力。这是那个季度里唯一的大事。然而,在这年接下来的时间里,国王的病症,关于摄政的辩论,对政府部门发生变动的预期,完全把公众的注意力从印度事务上吸引开了;乔治三世为自己病愈在圣保罗教堂作感恩祷告之后不到两周,法国三级会议(States General of France)便在凡尔赛召开。在由这些事件造成的焦虑情绪之中,弹劾案在一段时间里几乎被人遗忘了。

礼堂中的审讯拖沓地进行着。在 1788 年的会期中,那时诉讼还新鲜迷人,那时上院议员们面前几乎没有其他的事务,也只有三十五天用在弹劾案上。1789 年,《摄政法案》(Regency Bill)占据了上院的大部分时间。当国王康复,巡回法庭开始。法官们离开了城市,上院议员们需等候法学贤哲们返回;因而,全年中只有十七天用在黑斯廷斯一案上。显而易见,这桩一拖再拖的案件,时间跨度将在刑法的记录上史无前例。

二十六

事实上,尽管弹劾案是一场盛典,尽管在十七世纪是有作用的,但无可否认现在它不是一个能寄予太多美好期许的诉讼程序。无论能多么信任上院议员们对普通诉讼的上诉所作的判决,然而,当一位伟大的公务人员被带入他们的法庭,被控犯有严重的国家罪行,这时肯定没有一个人会对他们的不偏不倚抱有丝毫信心。他们都是政客。他们当中很难有一个人,人们不能在证人接受问询之前就信心满满地对他在弹劾案上的投票作出预言;即便能够信任他们的公正,他们也十分不适合审判像黑斯廷斯这样的案件。他们仅集会半年。他们要处理许多立法与司法事务。不熟悉法律的大多数议员需要高级法官们(law-lords)的意见指导,然而高级法官们常常忙于在别处主持正义。因此,在一届忙碌的集会中,上院不可能在弹劾案上分配多于几日的时间。希望阁下们放弃猎鹩鸪,从而将最严重的失职者迅速制裁,或是将无辜的被告迅速开释,这实际上会是过高的期许。一间组织良好的法庭,每周有规律地开庭六天,每天九个小时,或许能够在不到三个月的时间里将黑斯廷斯一案审结。贵族议员们用了七年才完成他们的工作。

从贵族议员们决定他们将遵循王国下级法院所采取的证据规则那时起,结果就不再是存疑的问题。众所周知,那些规则排除了许多信息,在私人生活中最重要的事务上,这些信息足以判定任何理智之人的行为。在每一个巡回法庭中,这些规则挽救了许多被法官、陪审团以及旁听者坚信有罪的犯人。不过,若那些规则被严格地适用于数年前、数千英里之外犯下的违法行为,要定罪当然绝无可能。我们不会责怪被告和他的律师为了获得无罪宣判,而援用所有合法的有利因素。不过,如此获得的无罪宣判不能在历史评判的法庭中得到辩护。

黑斯廷斯的朋友们多次试图使审判终止。1789 年他们提出一项针对柏克的谴责表决,因为他在南达·库马尔之死以及黑斯廷斯与英庞的关系上使用了一些极端的言语。柏克那时在议院与全国极不受欢迎。他在关于摄政的辩论中所使用的一些粗鲁无礼的表述,甚至让他最热情的朋友们感到反感。谴责表决获得了通过,动议者希望【弹劾案】的负责人们会因愤慨而辞职。柏克深受伤害。然而他对自认为正义与善良之事业的热情,战胜了个人感情。他有尊严地、顺从地接受了议院的谴责,并称个人的耻辱或羞辱不会致使他从自己所肩负的神圣职责面前退缩。

下一年,议会解散,黑斯廷斯的朋友们寄希望于新一届的下院或许不倾向于继续弹劾案。他们先从主张整个程序因议会解散而终止入手。受挫后,他们直接提议应当放弃弹劾;不过他们被政府与反对党的联合努力挫败。然而,议院决定为了迅速审结,撤回多项指控。事实上,若不是采取了一些这样的权宜之计,审判将持续到被告踏入坟墓。

终于,在 1795 年春,宣告了判决,自黑斯廷斯被下院警卫带入上院法庭已过去了近八年。在这场伟大诉讼的最后一日,公众的好奇心在平静多时之后再次复燃。不会有人对判决感到焦虑,因为人们完全相信一个强大的多数支持被告。尽管如此,许多人希望能目睹这一盛会,礼堂中又如第一天一般拥挤。不过,既出席了第一天又于此刻出席诉讼最后一步的人少之又少;并且,这些人当中的绝大部分也已改换门庭。

如黑斯廷斯自己所言,审讯在一代人面前进行,判决则由另一代人宣布。旁听者看着议长席,或看着上院议员的红色长凳、下院议员的绿色长凳时,不可能不发现一些事物提醒着他人事变化无常,权力、声望、人生变化无常,友谊的变化则更为可叹。大印被送到拉夫伯勒勋爵面前,审判开始时他是皮特政府的强烈反对者,现在则是该政府的一员;而曾出席首次开庭的瑟洛,已疏远了所有的老盟友,皱着眉头坐在年轻的男爵们中间。审判首日走在队列中的近一百六十名贵族,当中六十位已下葬于各自的家族墓地。更令人动容的肯定是负责人席上的景象。那优秀的团体现今如何?他们曾因公务上的和私人间的纽带紧密地联系在一起,曾因种种才能与成就而光彩照人。如今,他们已被比死亡更苦涩的灾祸冲散。伟大的领袖们仍然在世,他们的才智仍活力不减。然而他们之间的友谊已结束。这份友谊已大动干戈地公开断绝,伴着眼泪与暴风雨般的斥责。即便这些彼此间曾那么亲切的人,为了负责弹劾案而被迫会面,他们也像因公务而聚集起来的陌生人一样,彼此以冷淡的礼貌相待。柏克在他的旋风中卷走了温德姆。谢里登与格雷则跟随着福克斯。

只有二十九位贵族议员投票。其中只有六票认为黑斯廷斯在关于贾伊特·辛格和王妃们的指控上有罪。在其他指控上,支持他的多数优势更大。在一些指控上,全体一致宣告他无罪。随后,他被传唤至法庭,议长告知他上院已宣判他无罪,并被庄严地开释。他尊敬地鞠躬,退席。

我们已说过,这个判决完全在意料之中。在审判开始时,人们对黑斯廷斯抱有强烈的反感,这种感情实际上是不合理的。在审判结束时,支持他的感情同样强烈,同样不合理。此番变化的原因之一无疑是通常所谓的大众的善变,不过,在我们看来这不过是人类本性的一般法则。在个人身上和大众当中,强烈的激动情绪之后总是缓和,时常随之还是完全相反的情绪。我们都倾向于贬低我们曾过度赞美的东西,另一方面,对我们曾表现得过于苛刻的地方,则容易表现得过于纵容。在黑斯廷斯一案中就是这样的情况。此外,审判时间之长也使他成为同情的对象。人们不无道理地认为,即便他有罪,他也遭遇了不公正的对待,长达八年的弹劾作为惩罚已绰绰有余。人们还认为,尽管在普通的刑事程序当中,不允许被告以他的善行抵偿罪行,但一起伟大的政治案件应当以不同原则审判,并且,一位曾统治一个帝国十三年之人,或许曾作出一些应受谴责之事,然而总体而言应当得到的是奖赏和荣誉,而非罚款与牢狱。报刊这一工具为起诉方所忽视,黑斯廷斯和他的朋友们则大力利用。并且,每艘自马德拉斯或孟加拉抵达的船只都满载着他的钦慕者。从印度回来的每位绅士谈及前任印度总督时,都认为他本应得到比任何在世之人更好的对待,实际却受到了更糟的对待。所有了解东方之人的一致证词自然有很强的效果。印度机构的退休人员,民事的与军事的,散居在王国的各国角落。他们中的每个人自然在他的小圈子里,被视作印度问题的圣贤;他们几乎鲜有例外地都是黑斯廷斯的热情拥护者。此外,由黑斯廷斯的朋友们在孟加拉从土著那里获得并传递至英格兰的无以计数的殷勤书信,给人们留下了相当强烈的印象。对于这些书信我们认为鲜有或完全没有价值。黑斯廷斯为他所统治的民众爱戴,这一点不假;梵学家、柴明达尔、穆斯林医生们的赞歌却不能证明这一点。因为对于一位英国税收官或法官而言,很容易诱使任何会书写的土著为印度曾出现过的最可憎的统治者写上一篇赞歌。据说,在贝拿勒斯,犯下弹劾案第一项指控中那些行为的同一个地方,土著们为黑斯廷斯竖起了一座庙宇;这个故事在英格兰引起了强烈的轰动。柏克对这神化(apotheosis)的观察令人钦佩。他认为在这个被描绘得如此惊人的事件中没什么可震惊的。他对婆罗门神话有所了解。他知道,就像他们崇拜一些神明是出于热爱,他们崇拜另一些则是出于畏惧。他知道他们不仅为仁慈的光明与丰裕之神竖立圣坛,也为主管天花与谋杀的恶魔们竖立圣坛;他完全不怀疑黑斯廷斯先生有理由被请入这样的万神殿。柏克的回复令我们印象深刻,它是议会中自古以来最优秀的一篇。论证严肃有说服力,点缀着最卓越的智慧与想象力。

二十七

　　无论如何,黑斯廷斯安然无事。不过除了保全了名誉,如果他一被弹劾,立刻就被判处有罪,支付五万镑罚金,那么他的境况本会好得多。他为辩护而支付的律师费十分高昂。没有体现在律师账单上的花费或许更为巨大。大笔金钱支付给了斯科特少校。大笔金钱用在了贿赂报纸、奖励小册子作者和散发传单上。早在 1790 年,柏克便在下院称【黑斯廷斯】花费了两万镑用于收买和腐化报刊。可以肯定,所有用于争论的武器,从最严肃的推理到最粗鄙的下流话,没有没被利用的。洛根(Logan)以在散文上的伟大才能为受到控告的总督辩护。在诗歌的爱好者方面,【弹劾案】负责人们的演说在辛普金(Simpkin)的文字中遭到嘲讽。我们担心,这一点无可置疑,黑斯廷斯曾如此有损尊严地寻求那个恶毒下流的丑恶之人约翰·威廉斯(John Williams)帮助,那个家伙自称安东尼·帕斯昆(Anthony Pasquin)。对这些盟友的赞助必然十分丰厚。黑斯廷斯夫人的私房钱光了。据说他们投资的那位银行家已破产。如果黑斯廷斯严谨理财,即便在遭遇所有这些损失之后,他本能从容应对;然而,他在管理私人事务上并不审慎。他心中最真切的愿望一直是收回戴尔斯福德。终于,在审判开始那年,这个愿望实现了;这片领地在易手七十余年后,回到了老主人的后裔手中。然而庄园已荒废,周围的土地多年来已彻底疏于照料。黑斯廷斯又着手修建、种植、修筑水塘、挖掘洞室;在从上院获释之前,他已在装饰宅邸上花费了四万镑以上。

　　东印度公司的董事们与股东们的普遍感到他们对黑斯廷斯亏欠

颇多,他为他们作出了杰出的贡献,他的不幸是由于热心于他们的利益造成。他在利德贺街的朋友们提议补偿他在审判上的花费,并为他提供每年五千镑的年金。不过必须获得督察委员会的许可。督察委员会的领导人是邓达斯先生,他是支持弹劾案的一方,由于这个缘故,他曾遭到黑斯廷斯的拥护者们恶语相向,因此他怀着不太情愿的情绪。他拒绝批准董事们的建议。董事们又重新提议。随后产生了长时间的争论。与此同时,黑斯廷斯沦落到这样的窘境,他勉强才能支付每周的账单。终于达成了妥协。为黑斯廷斯提供每年四千镑用于生活的年金;并且,为了使他能够解燃眉之急,他将提前获得十年的年金。公司还同意借给他五万镑,分期无息偿还。虽然这笔接济方式无比荒谬,但足以使退休的总督生活舒适,甚至是奢侈,要是他善于理财的话。然而他粗心大意又慷慨大方,不止一次地被迫向公司请求帮助,公司则大方地伸出援手。

他获得了安全与富裕,而不是他刚从印度返回时有理由期许的权力与高位。他曾希望获得一顶冠冕,一条红色的绸缎,一个在议事会(Council Board)的席位,一间在白厅(Whitehall)的办公室。那时他才五十二岁,或许有望在许多年里保持身体上与精神上的活力。他离开上院法庭时的境况则大相径庭。他现在已年事过高,无法再将头脑投入新的学习与职责。只要皮特先生仍掌有权力,他就没有机会获得任何表示王室垂青的标志;当皮特退休,黑斯廷斯已年近七旬。

在他被无罪释放后,他曾有一次涉足政治,也唯独这一次;并且这次涉足也并不多么有助于他的声誉。1804 年,他积极地阻止阿丁顿先生(Mr. Addington)从财政部辞职,而福克斯与皮特联合反对后者。很难相信像黑斯廷斯这样能干和有活力的人,会认为当波拿巴率领一支大军出现在布伦(Boulogne)时,对我们岛的防卫能安全无虞地交给这样一个部门,其中连奉承者敢称之为伟大政治家的人也一个都没有。还可以肯定,在阿丁顿先生与福克斯、皮特意见相左,并使他爬上权力高位的那个重要问题上,如人们的预料一致,黑斯廷斯赞同福克斯和皮特,坚决地反对阿丁顿。印度机构从来不欠缺宗教宽容,当然黑斯廷斯也不欠缺。不过,阿丁顿先生明显偏向于他。福克斯则是弹劾案的首要负责人。至于皮特,产生弹劾案要归结于他;因而,我们担心,黑斯廷斯在这时是受个人考虑支配,而没顾及公共利益。

　　他生命中余下的二十四年主要在戴尔斯福德度过。他以美化自己的庭院,驾驭漂亮的阿拉伯马,饲养精壮的牛,尝试在英格兰培育印度的动物与蔬菜来自娱。他请人取来他以前【印度】别墅花园中一棵漂亮的释迦果树的种子,这棵树就在阿利波尔(Allipore)郁郁葱葱的树篱当中。他还试着在乌司特郡(Worcestershire)培植可口的荔枝,即便身处【花草瓜果】琳琅满目的科芬园(Covent Garden),唯独这种孟加拉水果令人倍感怀念。莫卧儿皇帝们在他们鼎盛时期,曾徒劳地试图将西藏高原的山羊引入印度斯坦,这种羊的绒毛为克什米尔(Cashmere)的织布机提供了织出最优质披肩的原料。黑斯廷斯试图在戴尔斯福德饲养这个品种,但也没有更好的运气;看起来在不丹(Bootan)牛上他也没能更为成功,这种牛的尾巴被誉为最能扇走蚊子的扇子。

　　除了温室和动物园,文学也吸引了他的注意力。他一向喜好书籍,现在对他而言则是必不可少。尽管在任何更高的意义上他都不是一位诗人,但他十分轻松地就能写上几行简洁、优美的句子,并且乐于表现这一才能。如果我们不得不斗胆评论,实际上较之人们以他头脑的能力，以他曾在生命中扮演过的重要角色而抱有的预期，他看起来更像是个特里索旦（Trissotin）。我们从这些回忆录中获知，他早上第一件事就是写首诗。当家人与客人们聚集一堂，诗文就如鸡蛋和卷饼一样准时登场；格雷格先生想让我们相信，如果黑斯廷斯因什么意外坐上餐桌时手中没有一篇迷人的小诗，那么所有人都会觉得这是个严重的遗憾。品味因人而异。对于我们而言，我们必须说，无论戴尔斯福德的早餐多么美好——我们相信有最芳香的茶，也不缺牛舌与鹿肉粥——但如果我们被迫以聆听主人每天新创作的牧歌或十四行诗挣得我们的早餐，我们会认为这代价太高了。不过，我们很高兴格雷格先生为我们刻画了黑斯廷斯性格中的这个小特征，尽管我们认为这无论如何也不是个优点。时常提醒自己人类本性有矛盾的地方，并且学会不带惊奇或反感地看待最强健的心灵所具有的缺点，这是有益的。古时的狄奥尼修斯（Dionysius），上世纪的弗雷德里克（Frederic），尽管他们的能力与活力足以处理最伟大的事务，然而他们却有小地方的女学者（bluestockings）身上的一切小虚荣与矫揉造作。这些伟大的例子或许能宽慰黑斯廷斯的仰慕者因看见他沦落到海莉们（Hayleys）与苏厄德们（Sewards）的水平而感到的痛苦。

当黑斯廷斯已在隐居中度过多年，岁数超过了人们通常的年龄，他又在短暂的时间里成为了普遍关注的对象。1813年，东印度公司的特许状得到重新确认；关于印度事务，议会中进行了许多讨论。议会决定在下院的法庭询问证人；黑斯廷斯被传唤出庭。他曾在那个法庭中出现过一次。那次是朗读对柏克所作指控的答辩。自那时起已过去了二十七年；公众的感情已发生了彻底扭转；国民已忘记了他的错误，只记得他的贡献。这样一个人，他是已逝的一代当中最杰出的人士之一，他属于历史，他仿佛死而复生般地再次登场只会产生肃穆而令人动容的效果。下院鼓掌欢迎他,下令为他准备一张椅子,在他退席时,起立,脱帽。确实有一些人不为大家的情绪所动。弹劾案的负责人中有一两人在场。他们还坐在他们因在威斯敏斯特大堂中所作贡献而获得感谢时占有的位置:一旦一位议员在他的位置上被议院以礼貌的措辞感谢,他就被认为有权一直占有那个位置。这些绅士们不愿承认他们曾将生命中最好的年华用于起诉一位无辜者。因此,他们仍坐在座位上,将帽子拉过眉毛;不过这些例外只是使得普遍的热情更为显著。上院议员们以相似的尊敬表示欢迎这位老人。牛津大学授予他法律博士学位;在谢尔登尼亚剧院(Sheldonian Theatre),大学生们以喧哗的欢呼欢迎他。

王室垂青的表示紧随公众的这些尊敬表示之后。黑斯廷斯在枢密院宣誓任职,并受到摄政王(Prince Regent)长时间的私下接见,摄政王待他非常亲切。当俄国皇帝和普鲁士国王造访英格兰,黑斯廷斯在牛津和伦敦市政厅(Guildhall of London)出现在他们的队列之中,并且,尽管身旁皆是王公和伟大的战士,他处处都受到了尊敬与仰慕的表示。他被摄政王介绍给亚历山大(Alexander)与弗雷德里克·威廉(Frederic William);殿下甚至还公开宣称,这位挽救了不列颠亚洲领地之人配得上比枢密院中一个席位更高的荣誉,并称他将很快兑现。黑斯廷斯现在信心满怀地期待一个爵位;然而,出于某些未解释的理由,他又一次失望了。

他又活了将近四年,有着良好的精神,身体的机能也未削弱到可悲或退化的程度,享受着这一岁数的人少有的健康。最终,1818 年 8 月 22 日,在人生的第八十六个年头,他平静而坦然地面对死亡,他曾以同样的态度面对多彩而多舛的生命中所有的考验。

即便算上他的所有过错——既不少也不小——只有一处墓地配

得上埋葬他的遗骸。在那座宁静而和谐的庙宇中,埋葬着二十代人的恩恩怨怨;多少年来大修道院(Great Abbey)为那些心灵与身体被大会堂(Great Hall)中的争执撕碎之人提供了一个安静的休息所;在这里,这位显赫被告的尸骨将与显赫原告们的尸骨不分彼此。但这没有实现。尽管安葬在这里是个不坏的选择。在戴尔斯福德教区教堂圣坛的后面,在埋葬着黑斯廷斯家族许多领袖的土地中,躺着拥有这个古老而广布名字之人中最伟大的一员。或许,八十年前缺衣短食的小沃伦曾在那里与农夫的孩子们一同嬉戏。甚至在那时,他年轻的头脑里就萦绕着可谓浪漫的计划。然而,不论有多浪漫,都不可能像真相一样离奇。这可怜的孤儿不但重拾了家族的破败家业——他不但赎回了旧时的土地,还重建了古老的宅院——他还维持并扩展了一个帝国。他建立起了一套政治机构。他以胜过黎塞留(Richelieu)的能力统率政府与战事。他以科斯莫(Cosmo)的明智慷慨赞助学术。他曾遭受最可怕的攻击,众多敌人联合起来企图摧毁孤身一人的受害者;在历经十年的斗争之后,他战胜了那个联盟。他最终踏入坟墓时已走完了他的人生,带着平静,在那么多磨难之后;带着荣誉,在那么多责难之后。

那些不带偏爱或恶意看待他品格的人会评判说,在所有社会德行最重要的两个元素上他有不足,即尊重他人的权利以及同情他人的遭遇。他的原则多少有些松懈。他的心灵多少有些残酷。尽管我们不能将他描述为正直或仁慈的统治者,这并不真实;然而,我们不得不钦慕地提及他智识的广博与丰富,他罕见的指挥才能、行政才能以及论辩才能,他无畏的勇气,他可敬的清贫,他对国家利益的热诚,以及他高贵的镇定,他接受过命运两个极端的考验,但两者都不曾令他动摇。

索姆那特寺门①

1843 年 3 月 9 日发表于下院的演说

1843 年 3 月 9 日,北安普顿郡议员(Member for Northampton)弗农·史密斯先生(Mr. Vernon Smith)做如下动议:

"考虑到印度总督崇高与重要的职责,土著人口混杂的特征,以及董事会就停止在印度对偶像崇拜表现出任何支持而采取的新近措施,本议院认为埃伦巴勒勋爵(Lord Ellenborough)于 1842 年 11 月 16 日发布一般训令(General Orders),以及同日就修复索姆那特(Somnauth)寺门致函印度各个首领、王公及民众,这些行为不明智、不得体、应受谴责。"

督察委员会秘书(Secretary of the Board of Control)爱默生·坦南特先生(Mr. Emerson Tennent)反对这一提议。为回应他,麦考莱做了如下演说。

该动议以 157 票对 242 票遭否决。

---

① U. B. Macaulay, *Speeches of the Right Honorable T. B. Macaulay*, *M. P.*, Vol. II, Leipzig: Bernhard Tauchnitz, 1853, pp. 1 - 24.

议长先生，

如果这位可敬的绅士，督察委员会秘书，遵行了他的准则，如果他在我们前面劝诫大家应当严格围绕着这个主题之后，没有远离这个主题而高谈阔论，那么我就会在发言时避免有任何的离题。关于这则公告（Proclamation）的形式与内容确实有很多东西要说。但是，我无法完全不理会这位可敬绅士的结束语。我向他保证，我不打算离开我们面前的这个问题太远或太久。

先生，我不禁好奇，他在这个场合以及之前的一些场合中曾表现得十分能干和谨慎，却严肃地以此作为抗议的理由，即我可敬的朋友，北安普敦议员，是在印度总督缺席的情况下作此动议。难道这位可敬绅士的意思是，本院在任何时候都被禁止考虑以何种方式统治女王陛下为数过亿的亚洲臣民？不考虑那个正在统治他们之人的行为，我们又如何考虑怎样统治他们？除了在统治他们之人不在场的情况下，我们又如何考虑他的行为？就我本人而言，我可以说自己，并且我毫不怀疑，我也可以替我可敬的朋友北安普敦议员说，我们两人都全心全意地希望我们能在埃伦巴勒勋爵①在场的情况下讨论这个问题。上天啊，先生，为了英格兰的声誉，为了印度的利益，要是那位高贵的勋爵此刻在我们的走廊中就好了！然而，先生，如果有哪位总督无权抗议在他缺席时作出的评议，那么就是这样一位总督，他忘记了所有的官方礼仪，忘记了这有多么重要，即当为国效力的个人更替时，国家应保持前后一致，他在一份公开声明中插入了对前任的非议，而对于这位前任，基于当前的场合，我只是说他的表现配得上迥

---

① 即爱德华·劳，埃伦巴勒伯爵一世（Edward Law, 1st Earl of Ellenborough, 1790—1871），曾四度任督察委员会主席，1842—1844 年任印度总督。——译注

然不同的回报。我确信,没有哪位奥克兰勋爵(Lord Auckland)[①]的敌人——如果他在本院中有敌人的话——会否认,无论奥克兰勋爵曾犯下怎样的错误,但他不曾冒犯埃伦巴勒勋爵。不曾有兄长在为兄弟的利益与荣誉辛苦操劳上胜过奥克兰勋爵,他的辛劳使埃伦巴勒勋爵的重担变得容易,为埃伦巴勒勋爵准备好了获得成功与光荣的途径。报答是什么? 埃伦巴勒勋爵的一纸公告,污蔑奥兰克勋爵的行为。并且,先生,既然那位可敬的绅士,督察委员会秘书,认为使这场辩论偏离正确路线是恰当的,那么我就要大胆地要求他,或者坐在他身后的那位可敬的董事[②],屈尊对一个已间接提及的重要问题为我们做些解释。

埃伦巴勒勋爵曾受到谴责,因为他在确认我们被俘的男女同胞已重获自由之前,就公开宣布我们的军队将撤离阿富汗(Afghanistan)。这一指控当然相当严重,而那位可敬的绅士,督察委员会秘书,却断言这不过是中伤造谣。先生,宣布撤离军队的声明日期为1842年10月1日。我希望知道的是,是否有哪位政府成员或董事会成员敢于断言,在1842年10月1日,印度总督已获知这些俘虏已获释? 我相信没有哪位政府成员或董事会成员会敢于如此断言。这看起来是肯定的,10月1日那天印度总督无从知晓俘虏们已经安全。然而,那位可敬的绅士,督察委员会秘书向我们保证,在起草那份声明时,印度总督确实知道俘虏们已安全。必然的结论是什么? 难道不就是日期是虚假的,那份声明晚于10月1日写成,却署上了较早的日期? 又是出于何种原因给它署上了较早的日期? 我几

---

① 即乔治·伊登,奥克兰伯爵一世(George Eden, 1st Earl of Auckland, 1784—1849),于1836—1842年任印度总督。——译注

② 詹姆斯·霍格爵士(Sir James Hogg)。

乎耻于告诉议院我所相信的原因。我相信,埃伦巴勒勋爵给他的声明署上 10 月 1 日这个虚假的日期,是因为奥兰克勋爵向阿富汗【宣战】的宣言署明的日期是 10 月 1 日。我相信埃伦巴勒勋爵希望使自己的成功与他前任的失败之间的对比更加令人印象深刻,为了这个毫无价值、孩子气的胜利,他将声明的日期提前了,使得这份声明向全欧洲和全亚洲表明,英国政府对不幸被俘的英国男子和英国妇女的命运漠不关心。如果事实如此,并且我会惊讶于听到有人否认事实如此,我必须说,单凭这一行为,凭他写下了"10 月 1 日"这些文字,印度总督就证明自己是个头脑错乱之人,是个不孚众望之人。

　　先生,如果我打算循着那位可敬的绅士,督察委员会秘书的榜样,我就会转向其他很多事情。我就会请议院注意印度总督一贯的行事方式,他致力于降低那个民事机构的品质,削弱它的精神,而一亿人的幸福主要取决于这个机构可敬的品质与效率。我就会对那个财政委员会多说几句,他委任这个委员会是希望查出前任的纰漏,结果却只查出了他自己的纰漏。不过我们面前的这个问题需要我们集中注意力。这个问题有两个方面,严肃的一面与荒唐的一面。让我们先考虑严肃的一面。先生,我以最强烈的态度否认自己企图引发任何狂热的抗议,或企图支持任何狂热的计划。与其说我是狂热的工具,更不如说我是其受害者。如果埃伦巴勒勋爵受到质疑是因为给予不同宗教的信徒不偏不倚的保护,或是因阻止基督教传教士由于狂热而作出不当的过分行为,那么,虽然在政治事务上我总是和他意见相左,我还是会站起来为他辩护,尽管过去无人声援我。

　　然而,对埃伦巴勒勋爵的指控是,他为了向偶像致敬,冒犯了自己祖国的宗教以及女王数百万亚洲臣民的宗教。而那位尊贵的绅士,督察委员会秘书,称这不过是微不足道的指控。先生,我认为这是个非常严重的指控。女王陛下是大量异教人口的统治者,自西奥多修斯(Theodosius)皇帝以降,世间未曾见有更多的异教徒汇聚在一位基督教君主的权杖之下。在这种情况下,统治者应当如何行事是人们所能想到的最重要的道德问题之一,最重要的政治问题之一。在亚洲有一亿不信仰基督教的民众臣服于不列颠的统治。其中穆斯林占少数:他们的重要性要远胜于他们在数量上的比重,因为他们属于一个团结、狂热、野心勃勃、英勇好战的阶层。

印度人口的绝大多数由偶像崇拜者构成,他们盲目地热衷于种种教条和仪式,单就人类现世的利益而论,这些教条与仪式也是极为有害的。世界上别的地方不曾有哪种宗教更有悖于我们种族的道德和智识健康。婆罗门神话是如此荒谬,以致必然损害每颗奉其为真理的心灵;这种荒谬的神话还带有荒谬的物理学体系、荒谬的地理学以及荒谬的天文学。这种异教信仰对于艺术也不比对科学更为有利。徒劳地走遍整座印度人的万神殿,你也见不到任何类似于竖立在古希腊圣坛上的美丽、壮丽形象。所有的偶像都丑陋、怪诞、卑劣。所有迷信当中这种迷信最不合乎理性,最为不雅,因而最不道德。恶的象征物是公众崇拜的对象。恶的行为是公众崇拜的行为。妓女和祭司一样也是建立庙宇的一部分,也是神的使节。这种可憎的神学不仅允许甚至责成危害生命的罪行、危害财产的罪行。倘若没有我们的干涉,人祭仍然会献给恒河,寡妇仍然会与她丈夫的遗骸一起躺在柴堆上,由她的亲生骨肉活活烧死。在最强大的女神之一的命令与特殊保护下,汰旗(Thugs)混入毫无防备的旅行者当中,与他交上朋友,悄悄地用绳索套住他的脖子,把刀子戳进他的眼睛,将他埋入土中,瓜分他的钱财与行李。我曾读过许多对汰旗的审讯;我尤其记得两个这类歹徒在一位英国官员面前的争执。一个汰旗斥责对方,因为当征兆显示他们的女保护人要求一个牺牲时,后者却如此不敬地饶恕了一位旅行者的性命。"你怎么能放他走? 如果你不遵守她的命令,你还怎么指望女神保护我们? 这是你在北部犯下的离经叛道行为中的一个。"

　　先生,要决定基督教统治者应当以何种方式对待像这样的迷信,这是个困难的问题。我们本可以像西班牙人在新世界那样行事。我们本可以尝试以武力引入自己的宗教。我们本可以用公费派遣传教士到土著当中去。我们本可以希望公职人员改宗,并使伊斯兰教徒与异教徒成为无民事行为能力人。然而我们没有做这些中的任何一件,在这个问题上我们作出了明智的判断。我们作为统治者的职责,是在所有单纯宗教性质的问题上保持严格的中立;并且我不曾听闻我们曾经为了让人改宗我们的信仰而偏离了严格的中立。很遗憾,我们曾不时朝相反的方向偏离正确的道路。一些在印度占据高位的英国人,好像认为唯一没有资格受到宽容和尊敬的宗教是基督教。他们以极端猜忌和鄙夷的态度看待每一位基督教传教士;他们容忍在光天化日之下犯下最残忍的罪行,只要印度人的迷信责成这些罪行。想到这些令人惋惜:我们的权力在孟加拉牢固地建立起来之后,我们在多长时间里完全忽视了民事官员首要与最显而易见的职责,而容忍弑婴和寡妇殉葬的做法继续不受规制。我们装点虚妄神明的庙宇。我们供养那些舞女。我们为那些我们无知的臣民屈膝下跪的画像镀金绘彩。我们修葺并装饰那架车,每个节日中都有疯狂的献身者自己冲到它的轮下活活撞死。我们派遣仪仗队去护卫朝圣者前往祭拜之地。我们竟然还向偶像的圣坛献上祭品。所有这些被一些持有成见的老派盎格鲁—印度人(Anglo-Indians)视为并且依旧视为意义深远的政策。我相信从来没有如此浅薄、如此无意义的政策。

从中我们一无所获。在那些我们想要讨好的人眼中,我们是自己贬低自己。我们使得他们相信,我们对基督教与异教信仰之间的差别毫不在意。然而,那是多大的差别啊!我完全不去触及属于神学家的主题。我只作为一名为社会道德和现世幸福忧虑的政治家发言。因此,我认为支持婆罗门偶像崇拜,而不支持那曾为促进正义、仁慈、自由、艺术、科学、良好政府、家庭幸福助益良多的宗教,那打破了奴隶的枷锁,减轻了战争的恐怖,使妇女从仆人与玩物上升为伴侣与朋友的宗教,这是对人性与文明犯下大逆之罪。

逐渐地,我们推行了一套更好的制度。先行者是不久前离我们而去的那位伟人韦尔兹利勋爵。他禁止了以女孩作牺牲,他的祖国要向他致以感谢的所有理由中,这一点最当之无愧。国会于 1813 年为渴望作为传教士前往印度的人士提供了新的便利。威廉・本廷克勋爵禁止了寡妇殉葬。此后不久,祖国政府(Home Government)向加尔各答发出了那封重要而富有价值的信函,在这次讨论的过程中已多次提及这封信函。这份信函由格雷尔勋爵(Lord Glenelg)亲笔写成,我当时是督察委员会一员,所以我能证明这一点。其中的一段,即第六十二段,是全文的高潮。我对这段文字非常熟悉,能够逐字复述。它以精练的语言涵括了一整部规章,指导英国官员如何处理涉及印度偶像崇拜的问题。它阐明了祖国政府的命令,即对寺庙的安排应当完全留给土著。当然,在削弱英国政府与婆罗门迷信间长期存在的联系的时间与方式上,留给了地方当局一些余地。不过这段文字以最明确的方式确立了原则。那是 1833 年 2 月。1838 年,发出了另一封信函,其中提及了格雷尔勋爵信函的第六十二段,并命令印度政府遵守其中包含的规范。1841 年,又就同一主题发出了确切的命令,在我看来,埃伦巴勒勋爵曾仔细地研究过这些命令,为的是以最直接的方式逐一违背。对此你们低声议论，然而，只需看看董事会的命令以及印度总督的公告。这些命令明确地、绝对地指出：印度的英国当局应当与土著的庙宇没有任何关系，不应当向那些庙宇赠送礼物，不应当装饰那些庙宇，不应当向那些庙宇致以军事礼仪。

先生，我对埃伦巴勒勋爵提出的第一项指控是，他犯有公然违抗命令之罪，他作出了他权力的授予者曾严令禁止的行为。祖国政府说，不要插手与异教庙宇有关的事务。难道能否认埃伦巴勒勋爵插手了一件与一座异教庙宇有关的事？祖国政府说，不要向异教庙宇赠送礼物。难道能否认埃伦巴勒勋爵已向全世界宣布，他打算向一座异教庙宇赠送礼物？祖国政府说，不要装饰异教庙宇。难道能否认埃伦巴勒勋爵已向全世界宣布，他打算装饰一座异教庙宇？祖国政府说，不要派遣军队向异教庙宇致敬。难道能否认埃伦巴勒勋爵派遣了一支军队护送这些大门至一座异教庙宇？无疑，那位可敬的绅士，督察委员会秘书，试图以相当怪诞的方式为此案中的这一部分开脱。他说，无法相信埃伦巴勒勋爵派遣军队护送大门，会是意在向偶像致以任何尊敬的表示。为什么？因为，这位可敬的绅士说，督察委员会曾下达绝对的命令，军队不应当用于向偶像致以尊敬的表示。这是什么道理？先生，无疑只有想当然地认为埃伦巴勒勋爵是位完人，只有我们所有的推理都建立在他不可能犯错这一迷信上，我才能承认那位可敬绅士的论证是有道理的。然而，在我看来，仅仅从罪行之明目张胆来推断一个人清白无辜，这是奇怪而危险的。无疑，祖国当局命令印度总督不要派军队为庙宇服务。无疑，埃伦巴勒勋爵派遣军队护送一件战利品，一件祭品，将之送去修复后的索姆那特寺。

是的，修复后的（restored）索姆那特寺。这正是那位阁下的用词。这些词引发了一些议论，好像不是每个人都在相同的意义上理解这些词。我们都知道那个寺庙已成废墟。我确信埃伦巴勒勋爵知道它已成废墟,并且打算以公共开支重建它。这就是这些词显而易见的含义。然而,由于这种含义实在太骇人听闻,没人敢于为之辩护,他的朋友们就借口说他以为这座庙宇已经得到修复,并且他没想过让自己成为修复者。这叫我如何相信?我如何相信,当他作出声明时,他对这座神庙的状况一无所知,他还打算向其作如此重要的奉献?他显然知道它曾沦为废墟;否则他不会称之为修复后的寺庙。为何我要假定他以为这座寺庙已修复?他身边有十分了解情况的人,这些人本该告诉过他这座寺庙仍是废墟。说他没有意识到该寺仍是废墟,也就是说他在发布公告之时,没有劳心向身边完全能为他提供信息的人提过哪怕一个问题。这是为何?先生,这种辩护本身就是一项指控。我倒要看看那位可敬的绅士,督察委员会秘书,或者人类的所有奇思妙想,能不能使那位阁下摆脱这两难境地。无论哪个方面,他都完全应当受到议会的谴责。要么,他是鲁莽地发布公告,完全不清楚情况并且没做任何调查;要么,他作为一位英国人,一位信仰基督教的总督,公然违抗上级的命令,意欲以公共开支为异教神明修建一座寺庙。无论你将这个问题翻转或扭曲至哪个方向,你也得不出其他的结论。这个污点就像童话故事中蓝胡子(Blue Beard)钥匙上的污迹。当你擦干净了一面,污迹又出现在另一面。

第一项指控就到这里,即关于违抗命令的指控。这项指控我已说清楚,不过这还不是我要对埃伦巴勒勋爵提出的最严重的指控。我指控他的所作所为,即便这些行为未被祖国当局像实际上那样严令禁止,也是一项重罪。无需任何来自祖国的指令,他就应当知道自己有义务不参与东方虚妄宗教间的争执;不对这些宗教中的哪一种表现出明显的偏向,也不明显地冒犯哪一种,这是他公职的职责。然而,先生,他向其中一种宗教致以了不当的敬意;他公然地冒犯了另一种;并且,他选择表示尊敬的对象是那些宗教中最糟糕、最堕落的一种,而他冒犯的对象是那些宗教当中最优秀、最纯洁的一种。致以敬意的是林伽派(Lingamism)。加以冒犯的是伊斯兰教。林伽派不仅是偶像崇拜,而且是偶像崇拜中最邪恶的一种形式。那位可敬的绅士,督察委员会秘书,当他称那位阁下的奉献是献给了湿婆(Siva)而非毗湿奴(Vishnu),好像认为自己取得了一场大胜。先生,毗湿奴是印度神话中的保护神(preserving Deity),湿婆则是破坏神(destroying Deity);就我而言,如果要在你们印度总督的神明之间有什么偏向,那么我承认以我的品味我会宁愿偏向保护的力量,而非破坏的力量。是的,先生,索姆那特寺是献给湿婆的;那位可敬的先生不会不知道什么象征物代表湿婆,以什么仪式崇拜。我就说这么多。先生,在某种意义上,印度总督非常严重的罪行反倒保护了他。我耻于说出他不知羞耻地公开致敬的那些东西。印度总督选择尊敬的对象是这位破坏神,描绘这位神明的形象和崇拜方式会有违礼貌。

至于被冒犯的对象,这种宗教从基督教的神学与道德中借鉴了许多内容,这种宗教在多神教当中教导上帝的统一性(unity of God),在偶像崇拜当中严禁崇拜象征物。如我已说过的,我们政府的职责是不插足伊斯兰教徒与偶像崇拜者间的争执。然而,假设我们的政府要介入,那么毫无疑问伊斯兰教有受偏爱的理由。埃伦巴勒勋爵有不同的看法。他夺走了一座伊斯兰清真寺的大门,并庄重地将之作为礼物送给一座异教寺庙。道德上,这是罪行。政治上,这是大错。任何对印度的伊斯兰教徒有所了解的人都不会怀疑,这样公然冒犯他们的信仰会激起他们最强烈的愤慨。他们敏感的情绪在这些问题上最为强烈。我们在印度遭受过的最严重的灾难当中,有一些便是由这种敏感酿成的。请回想起 1806 年在韦洛尔(Vellore)发生了什么,更近些时候,在班加罗尔发生了什么。韦洛尔兵变的起因是对伊斯兰教徒的头巾态度轻蔑;班加罗尔兵变据说是因为对一处伊斯兰圣地不尊重。如果一位印度总督出于对基督教的狂热而公然冒犯一座深受穆斯林崇敬的清真寺,我会认为他因不谨慎而有罪,由此证明他不适合这职位。然而,公然冒犯一座尤其庄严的清真寺,且不是出于对基督教的狂热,而是为了这位可憎的破坏神,这不亚于是疯狂。

无疑,埃伦巴勒勋爵或许会在一些地方获得一时的声望。我听说,我也相信,一些偏执的印度人为这份声明欢呼雀跃,并开始怀有这样的希望,不列颠政府会将他们的崇拜置于特殊的保护之下。然而这种希望能持续多久?我认为那位尊贵的准男爵,财政部首席大臣,并不打算容忍印度按婆罗门的原则治理。我认为他不会允许公共税收花费在重建寺庙、装饰偶像以及雇佣妓女上。我不怀疑一份警告已在送往印度的路上,以防埃伦巴勒勋爵坚持他已迈上的道路。后果会是婆罗门的欢腾将以屈辱和愤怒告终。那时就会看到印度总督犯下了多么错综复杂的错误。为了奉承印度人,他无法弥补地冒犯了伊斯兰教徒;而现在,为了平息英国人,他又被迫令印度人失望、蒙羞。

这些事必然会造成的影响是令土著人口中的各个部分都感到愤怒,除此之外,这种不断摇摆变化的态度不也有害么?这并不是埃伦巴勒勋爵唯一的一次浮夸地宣布他力所不及的打算。这是那位阁下的习惯。他曾发出通知,说他的会客厅将因多斯特·默罕默德(Dost Mahomed)的造访而蓬荜生辉。之后又发出一道通知,说多斯特·默罕默德将不出席。在我们当前所考虑的这份公告中,那位阁下向印度的所有王公宣告他决心将这组大门竖立在索姆那特。而现在大家一致认为，这组大门不会竖立在那里。全印度都会看到印度总督改变了主意。这种改变可仅仅归咎为善变和轻浮。也可归咎为他的所作所为在这里受到的指责。无论哪种情况，他作为印度总督的表现都有许多应受谴责的地方。

关于此事严肃的一面就说这么多，现在要谈谈荒唐可笑的一面。然而，即便是我们的笑声也带着悲哀；因为，他作为不列颠民族在印度的代表却成了印度民众眼中的笑柄，这可不是好笑的。有时，我们给印度的民众送去他们爱戴的总督，有时则是他们畏惧的总督；但从未有一位受他们嘲笑的总督。然而，现在他们哈哈大笑；并且，当全欧洲与全美洲也都在发笑的时候，我们能责备他们吗？先生，你看，对面的绅士们已忍俊不禁。这并不奇怪。谁此前见过以我们的语言写成这样的公文？为所有这些浮夸之辞找寻的借口是什么？那位可敬的绅士，督察委员会秘书，为何给议院带来一些出自土著王公的波斯文信函的译文。众所周知，这些信函是以最荒唐浮夸的体裁写成。那位可敬的绅士强迫我们听一大堆这种令人生厌的修辞；之后他问道，既然尼扎姆（Nizam）与奥德国王的秘书运用这些比喻和夸张，埃伦巴勒勋爵为何不能钟情于同一种修辞？那位可敬的绅士同样可以问，为何埃伦巴勒勋爵不能盘腿而坐，为何他不能把胡子留至腰间，为何他不能戴头巾，为何他不能周身戴满饰品，为何他不能在加尔各答附近骑着铃铛叮叮作响、假珍珠闪闪发光的骏马。土著王公们做这些事情，为何他不能做？先生，为什么？就因为他不是一位土著王公，而是英国的印度总督。当印度民众见到一位衣着俗丽的纳瓦卜或罗阇，他们尊敬地屈膝。他们知道他华丽的着装表示更高的等级与财富。然而，若查尔斯·梅特卡夫爵士也这样穿着艳俗，他们会认为他疯了。他们不像那位可敬的绅士所认为的那样愚蠢。简朴不是他们的风尚。但他们理解并尊重我们的简朴作风。我们简单的衣着远比最俗丽的柴明达尔佩戴的所有珠宝更令人尊敬；我们简单的语言远比最机灵的波斯抄写员的花言巧语更有分量。与简单的语言与简单的衣着密切联系着的是更优越的知识、更优越的活力，更优越的诚实，以及所有高尚与威严的品质，这些品质缔造了并依然支撑着我们的帝国。

先生，如果像那位可敬的绅士监督委员会秘书的发言所表明的，埃伦巴勒勋爵在公文中采用这种体裁是出于他的原则，如果那位阁下是有意模仿，那么单单这点就是召回他的一个理由。那位可敬的绅士误以为这份声明是按照东方的品味。然而它与那些他读给我们听的非常糟糕的东方作品，或者任何我曾见过的东方作品毫无相似之处。它既不是英国的，也不是印度的，然而它也不是原创的；我将告诉议院，印度总督是在哪里找到的模板。他显然曾研究过法国雅各宾派在其当权时期的豪言壮语、国民公会的卡曼纽拉歌（the Carmagnoles of the Convention），以及督政府（Directory）及其地方总督（Proconsuls）发表的宣言，并且他急于模仿这些作品。看起来他尤为倚重的范本正是那篇浮夸之词，它宣布现代高卢将向罗马进军，为杜诺列克斯（Dumnorix）和维钦及托列克斯（Vercingetorix）的命运复仇。人人都记得那些诗行，坎宁先生（Mr. Canning）如此描绘革命司法（revolutionary justice）：

> 不列颠的法庭中她不作意见，
> 迟缓的天平在她手中摇摇晃晃；
> 却见，重生的法兰西，她的复仇天使，

坚定,奋发,重新焕发闪闪光芒,

她在现代造访古时的罪恶,

为着凯撒的罪行惩罚教皇。

　　我们的印度总督以同样的精神和同样的体裁宣布,他要报复山脉另一侧的穆斯林,因为他们的祖先在八百年前冒犯了印度人的偶像。公正而论,我不得不说雅各宾派用这种体裁还情有可原,这位高贵的勋爵则不然。这场革命在文学品味上造成的变革,如政治制度上的变革一样巨大。老一辈的法国雄辩大师遭受了和旧的阶层与旧的议会同样的命运。行政机构中最高级的职位上是些缺乏政治经验之人,他们在大混乱中凭借大胆和手脚麻利而登上高位,这些没有教养之人或一知半解之人,不知道他们听过的悲剧中英雄人物和反派人物在舞台上的慷慨陈词,并非真正的勇士与政治家的风格。难道一位英国绅士,一位才干杰出、有教养的人,一位多年来在议会中拥有席位并且出任过一些高级职位的人,有理由去模仿这一派人的作品?

　　不过,有人会说,就算这位高贵的勋爵写了一篇愚蠢的狂热文章,既非韵文也不是散文,又有什么关系? 难道矫揉造作的表达方式是一个需受议会谴责的问题? 有哪位伟大的统治者不曾犯下比写几句浮夸的胡言乱语更严重得多的过错? 我承认这听起来貌似正确。确实所有杰出人士,比如,萨默斯勋爵(Lord Somers)、罗伯特·沃波尔爵士(Sir Robert Walpole)、查塔姆勋爵和他的儿子,他们的过错所造成的损害远比任何文风上的问题能造成的更大。然而我恳请议院注意,造成最严重后果的过错,或许并不必然证明犯下这过错的人不是非常贤明之人;另一方面,一个并不直接造成严重后果的过错,也能证明犯下这过错的人完全不值得公众信任。当沃波尔屈从于公众要求与西班牙开战的呼声时，他犯下了一个毁灭性的错误。纵然犯下了这个错误，他依然是一位非常贤明的人。另一方面，当卡里古拉（Caligula）行军至海边，命令他的士兵用头盔装满扇贝，并将这些贝壳放置在朱庇特神庙（Capitol）作为他征服的战利品，他没有对任何人造成严重的伤害；然而，这充分证明他完全没有能力统治一个帝国。皮特先生对基伯龙（Quiberon）的远征是最错误的判断，并且以失败与耻辱告终。然而皮特先生是位非常杰出的政治家。另一方面，保罗皇帝（Emperor Paul）规定彼得堡民众衣着的那些敕令，虽然造成的不幸远不及在基伯龙的杀戮，但证明了不能可靠地将统治他同胞的大权委托给保罗皇帝。一天他禁止穿马裤。另一天他禁止他的臣民将头发梳过额头。尔后他又禁止圆帽。一位年轻的英国男子，商人的儿子，想要规避这法令，戴着猎帽在城中四处走动。尔后又出台一条法令，头戴圆的东西，比如那位英国商人儿子戴的，都要处以罚款。

先生，我要说，当我审视埃伦巴勒勋爵声明的内容，并考虑了这份文件可能会造成的全部后果，我不得不说他犯下了严重的道德与政治过错。当我审视其体裁，我认为他作出了一个古怪愚蠢的举动，与卡里古拉对扇贝取得的胜利，以及保罗皇帝针对圆帽的敕令实属一类。请想想这份奇怪的文件在他那些伟大前任中的榜样面前，在我们现在能在印度机构中找到的最能干最资深的人士面前，表现出的是怎样的自负，怎样的轻蔑。无疑，埃伦巴勒勋爵应当能想到，如果这种修辞能够给亚洲人的头脑造成良好的印象，那么诸如沃伦·黑斯廷斯、埃尔芬斯通先生，托马斯·芒罗爵士，以及查尔斯·梅特卡夫爵士这些总督们，他们对印度土著民众的语言与风俗的了解程度,不亚于在座任何人对法国的语言与风俗所能达到的程度,他们不会将这一发现留给一位对东方语言一无所知的新手。无疑,那位高贵的勋爵也应当会想到,在他作出如此声明之前,他可以稳妥地问问一些熟悉印度的人士,这份声明对伊斯兰教徒和印度教徒可能会造成什么影响。

我确信印度总督要么没有寻求意见,要么是与得到的意见背道而驰。马多克先生(Mr. Maddock)作为秘书总是陪伴着那位阁下。以我对马多克先生的了解,我十分肯定他绝不会建议印度总督发表这样的文件。我以性命担保,马多克先生要么从未被寻求过意见,要么他给出的意见与实际采取的做法完全相反。我可以说,任何与民事机构关系和睦的印度总督都不会招致这样的危险。威廉·本廷克勋爵与奥克兰勋爵无疑是世上最不会想到要做这种事的人。如果这两位高贵的勋爵之一,在某个不幸的时刻表现失常,或他的头脑因非凡的成功带来的骄傲与欣喜而失去冷静,提议作这样的声明,也会有人防止他犯下如此严重的错误,因为那些他信任的人,以及关心他荣誉的人会态度尊敬却真诚地进行劝阻。因此,就这份声明看来,我推测埃伦巴勒勋爵与公司民事机构的关系是,在他最需要的时候,那些官员却不敢冒险向他提供建议。

基于这些理由,先生,我认为那位高贵的勋爵不胜任公众寄予的高度信任。那么,让我们思索一下现在寄予他的公共信任的性质。在座的各位绅士是否意识到,甚至当他在加尔各答,在顾问们的环拥之下,他个人的意见就能够促成任何与行政工作有关的决议,即使他的意见与顾问们的看法全都相左?他们可以反对;他们可以抗议;他们可以书面记录下自己的意见,还可以要求他书面给出坚持己见的理由;但是在此之后,他们必须服从。在最重要的问题上,在是否应当宣战的问题上,在是否应当缔结一项条约的问题上,在是否应当变革一个大省整个现存的土地税体系的问题上,他一票的分量重过参事会中其他所有人的表决。对面的那位尊贵的准男爵是一位有权势的大臣,是我们在许多年来见过的最有权势的一位。不过,我敢说,他对英国民众的权力与印度总督对印度民众握有的权力相比简直就微不足道。

这便是埃伦巴勒勋爵与参事会在一起时的权力,这权力还在某种程度上受到制约。然而他现在到了何种地步?他摆脱了参事会。他独身一人。他身边没人有权利、有义务提供意见,无论是被动还是主动地提供意见;他不寻求意见;你们不能指望人们跨越他们职责的严格界限,将意见强加给一位不会谦和接受的上级。即便在最好的情况下,一位轻率而反复无常的印度总督会带来的危害已经够严重了。而当这样一位印度总督统治着一个八九百英里内无人能劝阻他的国度,这着实令人胆寒。如此巨大的利益——就算以最中肯的语言来形容也听起来十分夸张——委托给了单独一人;委托给了这样一个人,无论他资质如何,就算相当优秀,但他表现出的不明智、鲁莽几乎叫人无法相信;委托给了这样一个人,他才在印度待了数月;委托给了这样一个人,他不向那些熟悉印度的人咨询。

在坐下之前,我必须向在场的东印度公司董事们说上几句。我劝他们想想肩上的重任。他们有权召回埃伦巴勒勋爵,并且我相信他们会毫不犹豫地施行这一权力。作为曾为他们效力之人,作为一位曾为他们竭诚服务之人,作为一位仍真诚地关切他们的声誉,关切他们看护下的帝国的福祉之人,这便是我的忠告。但是,如果出于某种原因,他们不愿召回那位高贵的勋爵,那么我恳请他们确保立刻命令他返回加尔各答。谁能说出我们又会从下封信中听到什么新的咄咄怪事？我确信，不论是董事会还是女王陛下的大臣们，他们在等待下封信函抵达时都忧心忡忡。因此我说，请将埃伦巴勒勋爵派回加尔各答。至少，在那里他会发现有些人有权向他提供建议，对他提出抗议，并且我不怀疑他们有勇气这么做。这意味着他必须写下他所作所为的理由。意味着他必须听取与他的计划针锋相对的理由。意味着在初次构想出一个疯狂计划之后必须搁置一段时间才能付诸实施，即便只是二十四小时。我担心这些约束不足以防范多少不幸，但这些措施不会毫无价值。我恳请董事们想想，如果由于他们玩忽职守，某种可怕的灾难降临在那个委托他们看护的国度，他们会陷入怎样的境地。最后，我只是说，如果设立印度参事会（Council of India）有什么用处，如果它不是意味着参事们将获得一笔丰厚薪水而无所作为，如果任命参事的目的果真是为了协助和制约总督，那么，当一位总督较之英格兰曾派去东方的任何总督都更需要协助和制约之时，他们的权力却闲置不用，这简直荒谬透顶。

附录:麦考莱与穆勒间的论战

穆勒论政府[①]

（1829 年 3 月）

T. B. 麦考莱

在那些自称功利派、别人一般称之为边沁派的哲学家当中,除了这个派别声名卓著的创建者之外,穆勒先生肯定是最为出众的。现在摆在我们面前的这本小书涵盖了这位绅士和他的战友们在多个主题上所持的观点,这些主题对社会来说都可谓关系重大。这本小书由总共七篇文章组成,内容足以吊人胃口。不过目前还是把评论局限于《论政府》这篇文章,这是这本小书的第一篇文章。要是将来机会合适,我会尝试就其余的文章进行评论。

有一点必须提出来,对穆勒先生的任何文章进行评论,可能并不像穆勒先生的仰慕者们认为的那样简单。确实,穆勒先生的仰慕者们不会把穆勒置于同边沁一样的级别上;他们称颂穆勒先生所用的语词,尽管同称颂边沁时所用的那种夸张语词相比当然显得孱弱,不过这些颂词的强烈程度却也丝毫不逊于培根或者洛克在任何一个清明之人那里所能享受的颂扬。《论政府》是穆勒先生得以建立声望的

---

① T. B. Macauly, *Miscellaneous Writings of Lord Macaulay*, Vol. I, London: Longman, Green, Longman, and Roberts, 1860, pp. 282 – 322.

最出色的作品。功利派自身认为这篇文章是完美的,无庸置疑的。文章的每个部分都是他们的一条信仰;他们的信经中还有大量强硬且详尽的诅咒条款,远多过我们平日里所熟悉的宗教象征,诅咒一切对如此不可撼动地确立起来的信仰的某一部分表示拒绝的人。他们指出,任何人只要具备足够的理解力,能够理解欧几里德的第一命题,都能够阅读这篇论证式的杰作,而且在阅读之后都没有理由诚实地宣称自己仍未信服。

　　我们对这本书的看法是不一样的。我们认为穆勒先生的理论全然建立在虚假的原则之上,即便在这些虚假原则的基础之上,穆勒先生也未能进行符合逻辑的推理。他的思考确实为功利派赢得了满心的仰慕,不过我们认为这是很正常的事情。这些人不过也是普通人,理解力狭隘,而且对世界了解不多,我们一度对此产生怀疑,毕竟有些人将他们视为世界的光亮,而另一些人则视之为现世的魔鬼。他们对高雅文学所表达的轻蔑,显然是出于无知的轻蔑。他们中许多人阅读很少,或者压根儿就不进行阅读,这不是没有可能,这些人非常享受有老师能够将他们从低人一等的感觉中拯救出来,而这些老师可以向他们保证:他们所忽略的那些东西都谈不上有什么价值;于是这些老师便把几个词汇塞入他们的口中,并通过《威斯敏斯特评论》上的奇特数据为他们提供助力,在个把月时间里就让他们摇身一变而成为哲学家。这些半吊子的成就也许足以让他们脱离蠢人的无足轻重,但也仅够他们提升到令人厌恶之人的地位上,他们在虔诚的妇女当中传播阴郁;这些半吊子同许多善良的人混杂在一起,我们也都知道,这些善良之人的所读所思都甚多;不过他们的所读所思差不多都局限在特定的问题领域;因此,尽管他们在这些问题领域有着宏富且有价值的知识,但是也绝不足以对一个庞大的体系行使评判之权,因为他们对文学和社会的认识并不宽广。

那些自认较之其他所有人都更富有智慧的人往往会陷入泥潭当中,而此类泥潭却是这些人的邻人凭借朴素而健全的感觉都能够觉察到并避开的,没有什么能比观察这些自负之人陷入泥潭的方式更为有趣和更富有教益的了。功利派的首要信条之一认为,情感和雄辩不过是阻碍了对真理的追求。他们因此可以修饰出一种风格,这种风格展现出贵格会的坦率,甚至展示出一种犬儒派的不可知态度。即便是最强有力的论证,假如以流光溢彩的语言打扮起来,在他们看来也不过是啰嗦的废话。与此同时,他们却将他们的理智能力奉献于最为尖酸刻薄的诡辩之术,其爽快程度见所未见,当然他们都会将此种诡辩披上论证的外衣。他们似乎并不知道,逻辑和修辞同样都可能造成幻象,在三段论和比喻当中,都潜藏着谬误。

穆勒先生正是那种取悦于此类人的作家。他以全然伪饰的精准来伸展他的论证;他的划分展示出令人生畏的形式特征;他的风格则如同欧几里德几何学那般枯燥。无论这是否可称得上是一种优点,我们都有权提出质疑。可以肯定的是:那些对真正的哲学原则了解最少的年代,恰恰也就是逻辑仪式得到最严格遵从的时代,而实验科学取得最迅猛进展的时代也正是严苛和形式化写作风格不那么肆意的时代。

功利派所仰慕的风格仅仅适用于有可能进行先验推理的主题领域。辞藻诡辩之术在黑暗年代兴盛发达,这种风格则随同生长。在培根哲学面前,此种风格连同诡辩之术一同败落,而当时正是人类心灵迎来伟大解放的日子。归纳方法不仅容许而且也要求遣词造句方面的更大自由。仅凭学院派的行话,不可能从现象直接推出原则,不可能在质的问题上进行细微的区分,也不可能在没有共同衡量标准的情况下,就两种相反考量的对比效果进行评估。在这些学院派人士当中,穆勒先生可谓汲取了精神和风格这双方面的精髓。他仿佛一个十五世纪的亚里士多德主义者,只不过更为生逢其时。我们手头就有这么一篇论政府的精致文章,要不是这篇文章中有那么两三处一笔带过的暗示性的东西,我们就很难看出作者真的意识到了政府是现实地存在于人群当中。文章设定了人类本性的一些倾向;全部政治科学就是从这些前提设定中系统地推导出来! 我们几乎找不出理由说服自己,认为这本书不是出自培根和伽利略之前的时代,因为成书于那个时代,往往都是医生们直接从热量的性质推导出热病的治疗方法,而天文学家们则也是依托三段论法去证明行星是静止不动的,他们所提供的理由是觉得天空不会腐化,自然厌恶虚空!

穆勒先生为此种方法所提供的理由也同样让人大为震惊:

"经验",他说,"如果只看事物外表的话,似乎在这个论题上是有分歧的。尼禄和卡里古拉的绝对君主制,以及诸如摩洛哥帝王和土耳其苏丹的绝对君主制,是人性的灾难。另一方面,丹麦人民在贵族制的压迫之下已经疲惫不堪,于是他们决心迎接绝对君主制;而在这种绝对君主制之下,丹麦统治之良好不次于任何一个欧洲民族。"

穆勒先生实际上是给出了支持先验推理法的一个理由。不过在我们看来,他所提及的那些历史环境本身就毫无疑问地证明,先验推理法完全不适合进行此类调查,获得真相的惟一办法就是归纳法。经验绝不可能有分歧,即便显示出有分歧的迹象,除非是以某些假设作为参照。我们通常所谓的一件事实同另一件事实不符,意思不过是说一件事实同建基于另一件事实之上的理论不符。假如一件事实得以肯定下来,那么不可避免的结论就是:我们的理论是虚假的;因此,为了纠正这个虚假的理论,我们就不惜从扩大了的事实领域反推回去,追根溯源到那些原则上面。

　　于此,我们就得到了两种政府,根据穆勒先生自己的叙述,这两种政府在他的理论分类中乃是归于同一类型之下。很显然,依据此种理论归类法,我们能够得到的结论就是,这两种政府形式势必产生同样的效果。但是穆勒先生本人就告诉我们,它们的效果是不一样的。他由此推论认为,达成真理的惟一途径就是对先验的证据链条保持潜在的信心,而这种先验的证据链条是能够造就同样效果的!一边是理论,一边是与之抵触的事实,要同时相信两者,这乃是一种非常有难度的信仰实践行为:但是恰恰因为一个理论同事实相抵触而对之产生信仰,这是无论哲学家还是教皇都未曾要求过的。然而,这却是穆勒先生的要求。他似乎认为,如果所有的专制君主无一例外地都陷入恶政当中,那也就没有必要通过综合论证的方法去证明从经验来看就已经足够清楚的事情了。但是,假如有那么一些专制君主仍然坚持良好的统治,那么穆勒先生就有必要通过综合论证的方法来证明这种良治是不可能的,假如不是来自事实方面的抵触,这样的综合论证也就是多余的了。他之所以要进行先验推理,就是因为通过先验推理,现象也就并非他所要证明的那种样子。换言之,他通过这样的先验推理就肯定能够达成虚假的结论!

　　在以我们的方式对穆勒先生的思考进行考察的过程中,还能注意到其他的许多怪异例子,和上述的情况一样,都标示出穆勒心思的回转。

　　文章的第一章节论述政府的目的。穆勒先生告诉我们,关于这个问题,大多数人内心的想法都是模糊不清的。他首先设定,政府的目的就是"尽可能增加人们得之于彼此的愉悦,尽可能减少人们得之于彼此的痛苦",这一设定应该说是正确的。穆勒先生接着便意兴盎然地指出，"为每个人的劳动保证最大可能的产品数量，乃是社会最大可能幸福的通达之道"。在他看来，达成这一点就是政府的目的所在。值得注意的是，穆勒先生尽管一贯展示出那种刻意的精确，但此处在描述政府之目的时，其精确程度却远不及人们的日常语言。假如穆勒先生外出旅行，他在马车上遇到的第一个人就会告诉他，政府之所以存在就是为了保护人们的人身（persons）和财产。但是穆勒先生会认为，保护财产才是政府的第一目的，而且是惟一的目的。人们在人身方面所遭受的伤害中，有许多是源自对财产的占有欲望，这是毫无疑问的。但是在欧洲一些地方的仇杀活动，那些好斗的暴徒和血腥的决斗，类似于 16 和 17 世纪的行为，一群暴徒丝毫不吝惜自己的生命和财产；此类行为以及其他的许多不难举出的行为，显然都伤害到了社会；假如一个政府容忍此类行为，那显然就不能说这个政府"最大可能地减少了人们得之于彼此的痛苦"。因此，依据穆勒先生非常正确的前提设定，这样一个政府也就没有完全达成一个政府的目的。然而，就我们的感觉而言，这样一个政府却不是不能够"向每个人的劳动确保最大可能数量的劳动产品"。因此，依据穆勒先生随后的理论，这个政府则完全达成了一个政府的目的。这件事情倒不是特别重要，除非我们将之视为思想慵懒的例子，而思想上的这种慵懒往往以一种得到特别矫饰的逻辑整洁性进行掩盖。

在确定了政府的目的之后，穆勒先生接下来便着手考察达成目的的手段问题。为了保护财产，就必须将权力赋予共同体的一部分人。这就是政府；问题在于，如何防止身负权力的这些人滥用权力？

穆勒先生首先回顾了单一制的政府形式。整个共同体民众的全体集会很有难度，即便不说在技术上是不可能的，这一点穆勒赞同；因此，人民不可能直接实施政府权力。但是除了这些困难之外，穆勒倒并没有别的反对直接民主制之处。

他说,"共同体内部不能有别的利益来反对共同体的利益。要确认这一点实际上会带来一个语词上的矛盾。共同体自身内部以及与在与共同体相关的事务上,不会有邪恶的利益。一个共同体也许会对另一个共同体心怀恶意;但对自身却肯定不能如此。这是一项无可辩驳的论题,至关重要。"

穆勒接着论证一个纯粹贵族制的政府必然是坏的。

> 政府存在的原因就是,一个人如果强过另一个人,那么这个人就会从另一个人那里强取所有的东西,并且这个人必定想这么做。如果一个人这么做了,也就会有很多人竞起效仿。如果权力置于相对少数之手,也就是所谓的贵族阶层,使得这些少数人较之共同体其余人更为强大,他们就会尽其所欲地从共同体其余人那里进行攫取。他们由此也就挫败了政府为之设立的那种目的。因此,将权力赋予一个贵族阶层并非恰当做法,这一点也就得到了证明。

穆勒以完全同样的方式证明了绝对君主制也将是一种坏的政府形式。

> 人性的法则之一就是,一个人一旦变得强大,就会从他人那里尽力攫取,并且他势必会这么办,如果政府就是建基于这条人性法则之上,那么下面的论证就非常清楚了,一个人成为国王,但并不会改变为人本性,所以,当他得到对所有人进行攫取的权力时,他势必会尽其所欲地进行攫取。若有人认为他不会这么

干,这实际上等于是认定政府是多余的,而人类不会同类相残。

　　非常清楚,这一论证可以扩展到少数人的各种变体上面。只要权力置于并非共同体的任何人之手,无论是一个人、少数人还是很多人,人性的这些原则都将意味着这些人会利用手中权力挫败政府因之而存在的那种目的,而人性的这些原则意味着政府无论如何都是必需的。

不过,国王或者贵族是不是有可能很快就满足了攫取的欲望,进而开始保护共同体享有剩下的东西呢? 穆勒先生给出了否定的回答。他以磅礴之势论证说,每个人都欲求别人顺从自己的意志。诱导他人顺从我们意志的办法只有一个,那就是借助源自快乐或者痛苦的动机。痛苦的折磨当然就是直接的伤害;假如政府采取更为温和的形式,通过快乐动机的引导获得顺从,它就必须施以恩惠。但是,在获取服从的欲望方面并不存在限度,因此政府施加恩惠的欲望也就不存在限度;政府只能通过劫掠人民才能进行恩惠封赏,因此政府在劫掠人民的倾向方面也就不存在限度。"因此,认为国王或者贵族的内心存在某个欲望的满足点,这是胡说。"

　　穆勒先生接着表明,君主制政府和寡头制政府能够同样地通过来自快乐或者痛苦方面的动机来施加影响,因此他们会将残酷和贪婪推进到可怕的程度。在这个问题上,他极为看重自己的推理,既然如此,最好的办法还是让穆勒先生自己说话。

　　在这个问题上,推理链条的紧密和力量已经到了非同一般的程度。让别人即刻且全然顺从自己的意志,这是每个人的欲望。他欲求最大可能多数的人对他顺从。恐怖是一种强大的工具。但是恐怖要发挥作用,就必须向人们保证:只要意志和所欲求的行为之间出现偏差,恶果就会随之而来。所有的偏差都将受到惩罚。人类内心求取快乐的欲望没有限度,因此,在获取快乐之工具的完善方面也就不存在限度。同样因此,在意志和所欲求行为之间的完美匹配方面,也就不存在限度;最终,在作为这一切之驱动力的恐怖方面,也同样不存在限度。即便最微小的偏差都将招致最严厉的惩罚;以极端的精确标准来衡量,偏差势必是经常发生的,因此残酷就必须时时在场。

我们因此也就达成了多个事关重大的结论。我们已经看到,政府之必然性建基其上的人性法则,也就是每个人都力图以他人为代价尽可能攫取的欲望,通过铁律一般的演绎,达成了凌驾于整个共同体之上的权力,并且无可阻碍地走向劫掠,最终使得共同体成员(劫掠的受益者和劫掠机构除外)只能维持最低生存,同时也走向残酷,这是为了维持最富压迫感的恐怖所必须的。

任何人只要对世界的真实状态稍有了解,无论是过去的世界,还是当前的世界,都不可能对这样的论证表示信服,也许会被这样的论证所迷惑。在过去的两个世纪当中,有成百上千的绝对君主在欧洲施行着统治。难道说他们的残酷维系了最富压迫性的恐怖吗?难道说他们的贪婪留给臣民的只剩下最低生存,而他们的臣仆和士兵则例外吗?难道说所有的绝对君主都如此吗?还是其中半数如此?抑或是其中的十分之一如此?究竟哪个君主会如此呢?即便菲利普二世、路易十五乃至皇帝保罗,无论怎么说都并非如此。然而,引述历史没有太大必要。穆勒先生的论证无法说服任何有常识的人,哪怕他们再怎么没读过书;因为任何有常识的人只要还生活在人类同伴当中,都能见证到无数同穆勒先生的论证相抵触的事实,哪怕只生活一天。不过,指出此种谬误却是我们的职责所在;还好,这种谬误还不算高深。

我们承认统治者会尽其所能地攫取欲求之物;我们也承认,只要有哪些人的力量(agency)是达成此种目的所必需的,统治者就会想方设法迫使这些人迅速服从。但是,人类欲望的对象是什么呢? 物质上的快乐毫无疑问是其中一部分。但是纯粹就食欲而言,假如不考虑人在品味、虚饰、装点方面的要求,那么这是人同动物共有的欲望,而且人也将如同动物一般很廉价而且很容易地就能满足这种欲望。对于一位环境优裕的绅士来说,要享受肉体感官的快乐,只需要花去他收入中非常可怜的一部分。即便是在厨房和酒窖方面的花费,其目的主要也并不是为了自己大快朵颐,而是为了养育自身好客的品性,为了在持家方面不遭受吝啬的责难,同时也是为了巩固同好邻居的关系。很显然,国王或者贵族在满足身体欲望方面的花费,很可能是最粗野和最贫穷的共同体几乎觉察不到就能提供的。

我们作为富有推理和想象能力的生灵所拥有的那些品味和倾向,则并不是能够轻易得到满足的。我们承认,归属此类的欲望对象没有饱和的时候。因此,穆勒先生的论证应当说是公正的,除非欲望对象本身的性质与欲望不相符。对于这些欲求的对象,人们一般而言想要的不过超过淳良舆论的限度。一般来说,公众的痛恨和蔑视是难以忍受的。我们会顾虑到同伴的情感,这很可能是由于我们和同伴生活在某种联合体当中,而这种顾虑则是由于我们感觉到同伴有能力帮助我们,也有能力伤害我们。即便如此,有一点也是非常清楚的,一旦我们养成了上述的那种心灵习惯,人们就会对他人的看法极为关注,即便这些人绝少能够帮到我们或者伤害我们。身后传名的欲望或者说避免身后恶名的欲望,乃是出自没有人能够全然不顾的那种影响力量,这种影响力量在许多身上都是强有力的、恒久的行动动机。我们不以我们自己的方式来处理这部分问题,因为这很可能会招致边沁派多愁善感的指责,在边沁派的圣典语言中,多愁善感同傻瓜乃是同义词,因此,我们将引述穆勒先生自己的论述,这段话出自《论法理学》。

　　　　道德上的痛苦,都出自人类的那种不赞同的情感……此类痛苦可以达到很少有其他痛苦可以比肩的程度。在同伴的情感中,总是会存在某种程度上的不赞同,对于此种情感,几乎没有人能够抵御,除非他低于人类的标准。

　　　　对于避免伤害而言,这种强大力量的重要性显而易见,也就没必要进一步揭示了。假如能够充分掌控这种力量,就足以取代其他手段了……

　　　　想要引导人类当中的这种不赞同情感,就必须尽可能完整,或者说是尽可能全面地了解此类情感的缘起。用不着将其视为一种形而上学问题,任何有可能伤害到人类的事物都会激发此类情感,这是一个十分实际的答案,对当前的目的而言,这一回答是足够的。

我们的作者认为由于他人不赞同的情感而造成的痛苦是如此剧烈,以至于若能够充分掌控这种情感,就足以取代残酷的刑罚,但是令人感到奇怪的是,既然如此,我们的作者在探讨政府问题时竟然没有注意到人类不赞同情感所带来的严重约束。接下来,我们将以穆勒先生本人所赞赏的数学方式推导出一种政治学理论,我们的前提同样是穆勒先生本人提供给我们的。

　　命题 1　定理
　　统治者不会做任何会伤害人民的事情。

　　这是要加以论证的论题;我们接下来就依据穆勒先生的三段论推演法,谦卑地向穆勒先生提出如下命题。

　　　　统治者不会做任何会对自己造成痛苦的事情。
　　　　但是人民的不赞同情感会给统治者造成痛苦。
　　　　因此,统治者不会做任何有可能激起人民不赞同情感的事情。
　　　　但是,任何有可能伤害到人民的事情,都会激起人民的不赞同情感。
　　　　因此,统治者不会做任何有可能伤害到人民的事情。这一点正是要予以证明的。

　　至此,我们认为我们已经算是成功地效仿了穆勒先生的逻辑,至少也算得上是同样完美的,不过我们并没有看出我们有何理由像穆勒先生那样感到自满,并宣称我们"发现了(Ευρηκα)",用穆勒先生自己的话说就是:"在这个问题上,推理的链条非常紧密且强力,已经到了非凡的程度"。

　　事实在于,在处理那些不能用精确定义进行限定的问题时,比如在涉及权力、幸福、悲惨、痛苦、快乐、动机、欲望之对象这些事情时,如同功利派谈论线段和数字那样的处理方式,就会招致没有尽头的矛盾和荒诞并且身陷其中。在道德或者政治学领域,还没有什么命题是如此虚假,活像一头怪物,我们根本用不着用某种听起来像是逻辑推演的东西,从得到承认的原则出发予以证明。

穆勒先生论证说,如果人之为人并无彼此劫掠的倾向,那么政府就并非必要;如果人有此种倾向,政府权力一旦赋予少数人之手,就必然会遭到滥用。可以肯定,对此种困境进行阐释并不能帮助我们在任何道德科学领域达成健全的结论。这整个的问题实际上是一个程度的问题。假如所有人都更看重邻居的那种适度的赞赏,而不是任何程度上的财富、华丽、感官快乐,那么政府确实也就没有必要了。假如所有人都欲求财富,不惜因为六个便士而招致同伴的仇恨,那么穆勒先生反对君主制和贵族制的论证也就获得了最大程度的真实性。但是,事实在于,每个人都会有一些欲望,这欲望驱使他们伤害邻人,也会有一些欲望,这欲望驱使他们造福邻人。设若一个共同体由两个阶层构成,双方各自接纳一种欲望作为主要动力,那么很显然,政府就必须对那个热衷劫掠且不顾惜名誉的阶层施加约束,而且,政府的权力也就可以安全地赋予那个主要接纳了人类之赞同情感的阶层。因此,也就大可以认为,在许多国家都存在这样的两个阶层,他们在某种程度上回应着上面的描述;穷人组成了需要建立政府予以约束的阶层,而财产阶层则构成了政府权力可以进行安全信托的阶层。不妨这么说,那些必须通过繁重劳动才能维持生存的人,肯定比那些享受奢华的人,更倾向于劫掠他人。也可以这么说,那些混迹于群众中的人,不用太多地担心眼前的公众舆论,而那些从其地位和生活方式来看本就显眼的人,则并非如此。我们并不是说这一切全部都是真的。我们只是说,要证明相反的论断,这恰恰是穆勒先生的职责所在;在给出这个证明之前,他是没有理由认定"那些无论如何都暗示了政府之必要性的原则,同时也暗示着贵族制将会利用手中的权力挫败政府为之存在的目的"。这种论断并不真实,除非富人会和穷人同样地觊觎邻人,而穷人会和富人同样地在乎邻人的看法。

不过,我们倒没有看出,在这些问题上所实施的先验推理何以能够将问题向前推进哪怕一步。我们都知道,每个人都会有一些只能通过伤害邻居才能满足的欲望,也都会有一些只能通过为邻居提供快乐才能得到满足的欲望。穆勒先生只看人性的一半,仅仅依据那些驱使人压迫并掠夺他人的动机进行推理,仿佛只有这些动机才有可能影响到人类。我们已经表明,如果我们取人性的另一半,并且仅仅据此进行推理,仿佛这就是人性的全部,那么得出的结论则和穆勒先生恰恰相反。我们通过这种办法就能够轻易地证明,所有政府都是好的,或者所有政府都是多余的。

现在有必要跟随穆勒先生进入论证的下一阶段。三种单一政府形式的混合能否提供必要的防护措施,对抗权力的滥用?穆勒先生抱怨说,那些对此持肯定态度的人实际上只是引发了更多的问题;他接着确定了这一点,办法是依据他自己的论证方式而提出证明,认为三种政府形式的混合或者任何两种政府形式的混合都是不可能的。

　　　从我们已经奠定的原则出发,可以得出结论认为,有关人类欲望的对象,或者更精确地说,有关实现人类欲望目标的手段,也就是财富和权力,在这方面,所有人都是尽可能多地进行获取。

如果有任何便利的手段有助于达成目的,并且不存在什么东西可以阻碍各方对所偏爱对象的追求,我们就可以确定地推论,这种便利手段肯定将得到采纳。一种有效的便利手段既是有效的,同样也是显而易见的。三方中的任何两方可以通过联合来吞掉第三方。同任何依托于人类意志的事情一样,这种联合是可以确定要发生的;因为存在着促成此种联合的强烈动机,人们无法想象会存在反对这种联合的动机……因此,三种政府形式的混合很显然是不可能的……更为恰当的问题在于两种政府形式的联合是否可能……

不妨先假设君主制同贵族制的联合。

双方的权力要么是对等的,要么是不对等的。如果不对等,那么从我们已经确立的原则出发,必然的结论就是,强者会对弱者进行攫取,直到完全吞掉弱者。因此,剩下的问题就是,若双方权力对等,情形会是怎样的呢?

首先,这样的对等并不存在。如何建立这样的对等呢?或者说,通过什么样的标准才能确定这种对等性质呢?如果不存在这样的标准,那么这样的对等性不管怎么说都只能是运气的问题。若如此,则好运气的比率恐怕也难及万一。因此,对等的想法也就全然是虚幻的、荒诞的……

在混合政府的教义中,存在一项著名理论认为其中的各个组成部分可以形成制衡。人们依据这项理论认为,一旦政府由君主制、贵族制和民主制混合而成,它们就能彼此形成平衡,通过相互制约而造就出好政府。寥寥数语就足以表明,假如有什么理论配得上'野蛮、狂想和虚幻'这样的名头,那也就是这种制衡理论了。假如存在三种权力,那么将何以阻止其中的两种权力联合起来吞掉第三种权力呢?

我们给出的分析能够让我们迅速地对这一想象的情形中的因果链条进行追索。

　　我们已经看到，共同体的利益，若从集合体的观点、也就是民主的观点来看，就在于每个人都应当受到保护；并且，为此目的而构筑的权力应当完全为此目的服务……我们也已经看到，国王和统治贵族的利益乃是反其道而行的。他们的目的就是拥有无限制的权力来宰制共同体的其他人，并运用权力构筑自身的优势。在混合政府这一设想的情形中，同民主制的联合并非君主制的利益所在，也非贵族制的利益所在；这是因为不让国王或者贵族为了他们自己的利益而分享任何权力或者分享共同体的任何财富，此乃民主制的利益所在，或者说是整个共同体的利益所在。

　　民主制或者共同体有着全部的动机去阻止君主制和贵族制为着自己的利益而实施权力或者获取共同体的财富。君主制和贵族制也有着全部的动机去获取无限的权力，去宰制共同体的人身和财产。结果是注定的：君主和贵族有着全部的动机进行联合，借此获取权力。

以上论述中如果确有特别荒谬之处的话，我们认为，那就是穆勒先生试图证明不可能存在君主制和贵族制的联合。他说，两者的权力要么对等，要么不对等。因为不存在确定对等性的标准，因此两者不可能进行联合的可能性可说是无限大的。如果权力不对等，那么从人性法则当中就能得出结论，强者必定攫取弱者，直到予以完全吞噬。

既然不存在可以衡量两种权力之对等性的标准，当然也就不可能存在一个共同的尺度来衡量这两种权力。因此也就完全没有可能将两种权力放在一起进行比较。但是，如果两种权力乃属于同一类型,那么也就不难确认他们是否对等,至少就实际目的而言这是足够的了。要判断两个是否跑得一样快或者是否能够举起同样的重量,这并不是件难事。两个仲裁者,他们的共同决定方为最终决定,其中任何一人若没另一人的同意便不能有所行动,那么就可说他们拥有对等的权力。两个选民,每个人都在选区中拥有一张选票,就此而言,他们的权力是对等的。情形若不是如此,那么穆勒先生的全部政治理论就是在顷刻间坍塌。因为,假如无法确认两种权力是否对等,那么他也就没有办法证明:即便在普选体系当中,为什么少数人就不能自行其道,对抗多数人的愿望和利益。

如果确实存在两种权力,并且两者并非同一类型,那么我们就应当承认不存在衡量对等性的标准。但是,若情形确实如此,那么像穆勒先生那样谈论强者和弱者也将同样是没有可能的。确实,就日常情形而言,尤其是涉及到一些特定的目标时,此类用词是非常适用的。但是用数学方式来使用此类词汇则是完全不恰当的。比如说我们在谈论一场拳击赛的时候,我们会说某个著名的拳击手比英格兰任何拳击手都更有力量。或者在谈论一出哑剧的时候,我们会对某个机敏的小丑说同样的话。但是,如果我们说小丑的力量同拳击手相比更强或者更弱,这样的话是毫无意义的。

假如穆勒先生的论证适用于立法机构的各个分支机构,那么这种论证就同样也适用于主权国家之间的情形。可以说,每个政府在力所能及的范围内都会彼此进行攫取。如果法国政府有能力征服英格兰,那它就会这么做。如果英国政府能够政府法国,它也会这么做。但是英格兰和法国的力量要么对等,要么不对等。并非完全对等的几率是无限大的,并且用不着多加考虑;因此,强者就会毫无疑问地对弱者进行攫取,直到弱者落入完全的奴役之境。

这些没有确切意义的词汇可谓混乱一团，可以肯定，对这种论据的回应是绝对清晰的。在某些方面，法国确实比英国强大，但在另一些方面，英国也确实比法国强大。还有一些方面，两国都完全没有力量可言。法国人口众多，英格兰资本雄厚；法国陆军庞大，英格兰海军庞大。要对里约热内卢或者菲律宾发动一场远征，英格兰显然拥有更强大的力量。若要在波河或者第聂伯河从事一场战争，则法国的力量更强。但是，双方都不具备足够的力量可以将对方置于完全的屈服境地，哪怕只维持一个月时间。入侵是十分危险的；任何一方若存有彻底征服的想法都将是荒谬的；这才是讨论问题的光明磊落的和通情达理的方式。穆勒先生的这种"因此（ergo）"，或者"所以（argal）"，甚至不能影响到一个小孩子。不过，我们也不可轻率地这么说；因为我们都记得有个小孩子曾问波拿巴和一头大象谁更强大。

穆勒先生让我们想起16世纪的哲学家们，他们在先验推理中获得自我满足，认为身体坠落尘世的速度随同体重一同变化，这些人拒绝相信他们亲眼所见、亲耳所闻的证据。英国宪法，依据穆勒先生的归类法，乃是君主制和贵族制的混合；议会的一院由世袭贵族组成，另一院则完全从特权阶层中选举出来，这个阶层因为财产或者拥有同某些团体的裙带关系，而获得了选举权。穆勒先生的论证试图证明，自从这两种权力在我们政府当中取得混合的时代起，也就是从我们历史的破晓开始，这两种权力当中，总有一种权力保持在持久的进攻态势当中。而且在他看来，所有的进攻之举必定是由一方发起并落定在另一方身上。第一轮进攻必定是由强者发动，而第一轮进攻也必定让强者更强。因此，下面发生的情形就是可以进行绝对推演论证的：要么是在亨利八世时期议会比王座更强，要么是在1641年时候，王座比议会更强。"希波克拉底爱怎么说就怎么说，"莫里哀剧中的女孩说道,"但那个马车夫死了"。穆勒先生也会说那些自我愉悦的话;但是,英格兰宪政仍然是活的。革命时代之后,议会在这个国家拥有了庞大权力,这是没有争议的。但是,国王可以创设新贵族,可以解散议会。威廉承受了来自下院的重大羞辱,这些确实都是没有理由的压制之举。安妮则想望着更换一个在两院都拥有多数的内阁。她谨慎等待着解散议会的机会,并创设了十二个托利贵族,最终达成所愿。三十年后,下院剥夺了沃尔波的权柄。1784 年,乔治三世在面对下院的抵制时,却能够维持皮特先生的权位。1804 年,由于担心在议会中遭遇挫败,同样是威廉三世抛弃了他最偏爱的大臣。但是在 1807 年,他却可以做安妮在一百年前做过的事情。那么,我们能说王权在这中间的一个世纪时间中增长了吗?或者说在这一个世纪的时间历程中,王权并未发生变化吗?是不是能够说这万一的几率真的降临在我们头上呢?如果不能这么说,那么穆勒先生就已经证明了双方当中必有一方会保持恒久的攫取态势。许多最能干的英格兰人都认为,自安妮王朝往后,王权的影响力在总体上是增长了的。另有一些人则认为议会的力量在这段时期也在增强。不过,关于这个问题,可以肯定的是,双方在当时都拥有巨大的权力,如今也都拥有巨大的权力。假如穆勒先生的论证当中确实存在真理的话,那么在这个一百二十年的时期结束之时,双方究竟谁是赢家这个问题就不可能引发怀疑。

但是,我们在此应当请求原谅。我们忘记了一件事实,这件事实同穆勒先生的理论是抵触的,不过在穆勒先生看来,这件事实却为坚持他的理论提供了最强大的理由。不妨换个方式来表述这个问题,是完全有可能存在两个团体,每个团体都拥有各自完整且充分的权力,没有自身的同意,另一方是无法攫取本方权力的,这难道不是很清楚的吗？当情形涉及这样的团体时,强者和弱者这样的词汇究竟是有什么意义呢？确实,一个人会借助自己的身体力量完全摧毁另一个人。不过这并非问题所在。第三方,比如他们的将领,也会通过身体力量,将他们两个都摧毁。这中间不存在任何的政府形态可以阻止这样的事情发生,即便穆勒先生的乌托邦民主也不例外。我们在这里要谈论的是宪法赋予立法机构的两个分支的权力问题;我们不妨问一问穆勒先生,依据他自己的原则,如果权力上的侵犯必须得到一方的同意,那么另一方将如何保持进攻态势呢？

穆勒先生告诉我们,如果政府由三种单一制形式混合而成——尽管穆勒先生不承认英国宪政就是这种混合形态,那么其中的两种成分必定会联合起来对抗第三种。因此,如果两方联合起来并作为一个整体而行动,那么情形显然就演变为上面所提到的那种状态;由此,我们刚才所进行的所有考察也就得到了充分的实践。穆勒先生指出,"任何两方的联合都足以吞噬第三方"。穆勒随后问道,"有什么办法阻止这种情形发生呢?"显然,穆勒先生很清楚,在政治当中,二并不一定就是一的相加。假如所有三个分支机构的同意都是必需的,否则便无法通过任何法律,那么每个分支也就拥有了足够的宪法权力来自保,以便对抗可能发生的任何事情,当然身体力量除外,因为在身体力量这个问题上,任何政府都称不上安全。穆勒先生让我们想起爱尔兰人,他们一直无法理解一名陪审员何以能够迫使其他十一名陪审员就范。

但是,能够肯定立法机构当中的两个分支就一定会联合起来对抗第三方吗？对此,穆勒先生认为,"这是可以肯定的,就如同所有依托人类意志的事情一样;因为存在这样做的强烈动机,而且人们也想象不出反对这种情形的动机。"他随后阐明了这些动机究竟为何。民主制的利益所在就是每个个体都应当受到保护。王座和贵族的利益所在就是尽可能获取权力，并为自身的目的使用权力。因此，王座和贵族有着全部的动机联合起来反对人民。如果我们回头看看前面引述的那段话，就会发现我们非常公正地再现了穆勒先生的论证。

因此，我们也许会觉得，即便没有来自历史或者经验的帮助，穆勒先生也会察觉隐藏在他那种刻意的推演体系之下的谬误，实际上这些谬误很少是隐藏着的。王座的利益也许会同人民的利益形成敌对。然而是否可以这么看贵族的利益呢？穆勒曾论证王座和贵族将会联合起来反对人民，就在这项论证的同一页，穆勒尝试表明王座和贵族之间的利益存在对立，其强烈程度使得政府权力若在他们两者中间进行分割，一方就势必要侵夺另一方。假如情形真的如此，那么穆勒先生也就没有理由认定王座和贵族仅仅因为同人民利益存在差异就会联合起来对付人民。穆勒先生有义务证明，在所有共同体当中，王座的利益同人民的利益必定是对立的，不仅于此，而且也有义务证明，在所有共同体当中，王座利益同人民利益的冲撞程度必定甚于同贵族利益的冲撞程度。但是穆勒先生并没有给出证明。因此他也就未能依据自己的原则证明自己的命题。引述历史实际上是纯粹浪费时间。每个学童，只要读过戈德史密斯的删节版史书，就都能举出很多王座联合人民对抗贵族的例子，也能举出很多贵族联合人民对抗王座的例子。总而言之，在存在三方，其中每一方都有理由恐惧另外两方的情况下，两方联合起来对付第三方的情形就很难发生。假如真的形成了这种联合，那也很少能够达成目的。两方若联合起来，情形很快就能表明究竟哪一方才是最大的赢家。这一方势必很快成为同盟方的嫉恨对象，因此同盟方会竭尽所能地转换立场，迫使赢家恢复原状。所有人都知道亨利八世是如何在弗朗西斯和查理皇帝之间玩弄骑墙之术。但是要从历史当中引述此种原则的运作,实在是俯拾皆是,历史的每一页,不论是古代还是现代,无不充斥着这样的例子,几乎所有的欧洲国家,都时不时地运用这种原则来谋求独立。

穆勒先生认为他已经证明了单一制政府形式是坏的,而混合制政府形式又不可能存在。但是在穆勒先生看来,毕竟还是给人类保留了一种希望。

> 代议制是现代的伟大发现,不管在理论层面,还是在实践层面,这一体制都能够解决所有的难题。假如代议制也遭遇挫败,那么我们也就只能得出那个非凡的结论:好政府是不可能的。除了共同体自身之外,任何个人或者个人的联合体在获得权力时都会在坏政府中有利益诉求,而共同体自身又无法实施权力,因此就必须将权力委托特定的一些个体,既然如此,那么结论就很明显了:共同体自身必须对这个权力个体形成制约;否则他们会循着自己的利益之路走下去,并最终造就一个坏政府。但是这种制约将何以可能呢? 共同体只有在聚会之时才具备行动能力;但是聚会之时恰恰又非行动之时。好的是,共同体能够选择代表。

接下来的问题就是,这样一个代表团体该如何构造起来? 穆勒先生为此确立了两项原则,他说,"关于这个问题肯定会存在争议"。

"首先,进行制约的团体必须拥有某种程度的权力,以便行使制约之能。"

"其次,这个制约团体的利益必须认同于共同体的利益。否则就会造成恶政。"

可以肯定,第一个论题是不会存在争议的。至于第二个,我们应当进行一些评论,因为这涉及到穆勒先生是在何种意义上理解"共同体的利益"这个词汇的。

依据穆勒先生的原则,要找出办法来寻求代表团体和选民团体之间的利益认同,并非易事。穆勒先生提议的规划只是要频繁选举。他说,"情形应该是这样的,缩短代议机构的任期,乃是针对人民代表恶用权力的防范之策,因此,这也就是事情的本质所认可的惟一防范举措。"但是,若如此,则穆勒先生在证明君主制和贵族制乃邪恶政体时所提供的所有论证,在我们看来,也都同样证明了此种防范之策根本没有作用。所谓人民代表,一旦选举出来,也就成为了一种贵族阶层,也会产生同共同体敌对的利益,这一点难道不是很清楚吗?他们难道就不会通过一项立法,将自身的任期从一年扩展到十年或者数十年吗,或者干脆宣布自己为终身元老?如果将全部的立法权力赋予他们,他们也就拥有了宪法权能去做这样的事情。如果从他们手中撤回部分权力,那么撤回的这部分权力又能给谁呢?给人民吗,让人民在基层集会上表达同意或者不同意吗?正是穆勒先生本人告诉我们,共同体只有在集会之时才能行动,但是集会之时并非行动之时。或者是否要像一些美洲共和国规定的那样,没有某种形式的会议的同意,基本法不能加以修改,而这样的会议需专门为修宪目的而组建?即便如此,困难仍然存在:为什么会议的成员就不能背叛人民的信任呢?为什么普通立法机构的成员就不会做同样的事情呢?作为私人,他们也许一直都热心共同体利益。作为候选人,他们也大可以对宪法事业宣示效忠。但是一旦他们形成一种聚会,一旦他们同人民分离开来,一旦他们手握至高权力,就会开启和共同体对立的利益,在穆勒先生看来,这势必会造成同共同体利益敌对的举措。因此,我们就不得不寻找另外的手段,对这一制约团体进行制约;这就像寻找一根支柱支撑那只扛着大象的乌龟,而大象则扛着世界一样。

我们都非常清楚,在这样的情形中,实际上并不存在真实的危险。但是,之所以不存在危险,仅仅是因为穆勒先生的原则当中并不存在真理的要素。假如人确实像穆勒先生描述的那样,那么他所推荐的宪法条文本身都不可能同坏政府形成对抗。真实的防范举措乃在于,立法者由于对抵抗和不名誉的恐惧,而不敢以我们刚才所描述的那种方式行事。实际上,制约在种类上都是相同的,不同之处仅仅是在程度上而已,这样制约形态在任何政府形态中都是存在的。穆勒先生以君主制、贵族制为一方,民主制为另一方,他在两者之间划出了一条宽泛的区别界线,这样一条分界线实际上是不存在的。在任何政府形态中,都不存在人民利益和统治者利益的绝对同一。在所有的政府形态当中,统治者多少都会对人民心生畏惧。对抵抗的恐惧以及对不名誉的恐惧,在某种程度上而言,都会发挥作用,无论是最为专制的君王,还是最为冷酷的寡头。除了对抵抗的恐惧和羞耻感之外,也就没有什么东西能够保护最为民主的共同体,使之免受共同体代表们的侵犯,无论这些代表是一年一选,还是两年一选。

我们已经看到穆勒先生所提供的规划,力图让代表团体的利益同选民团体的利益取得同一。接下来的问题在于,选民团体的利益又该如何同共同体本身的利益取得同一呢? 穆勒先生指出,共同体中的任何一个少数,即便由成千上万的人组成,也是一个糟糕的选民团体,而且确实不过是一个为数众多的贵族阶层而已。

穆勒先生认为,"如果选举团体的利益同共同体利益不一致,那么代议制的所有好处都将在此类情形中丧失殆尽。很显然,如果共同体自身就是选举团体,共同体利益同选举团体的利益就是同一的了。"

　　据此,穆勒先生提出倡议:所有的成年男性,无论贫富,无论是否接受过教育,都应当拥有投票权。但是为什么妇女不能投票呢? 这是议会辩论中常常提起的问题,就我所知,这个问题还没有得到过像样的回答。穆勒先生总是尽可能迅速地避开这个问题。不过,我们有必要就这个问题上的神谕之词稍作评论。穆勒先生说,"有一件事情是非常清楚的,所有那些不具备自身独立利益,而只是同其他人利益捆绑在一起的人,都应当逐出选举体系,这并不麻烦……妇女选举权问题就应当据此观之,几乎所有妇女的利益要么是同她们的父亲捆绑在一起,要么就是同她们的丈夫捆绑在一起。"

　　如果我们只是说王座的利益同共同体的利益是捆绑在一起的,并以此作为对穆勒先生全部论证的回应,那么,我们理应被斥责为在说毫无意义的话。不过,就我们的感受而言,作出这样的断言似乎也不是那么没有道理,因为穆勒先生的断言更没有道理可言。没有举证一件事实,甚至不愿意费心让任何诡辩将问题复杂化,穆勒先生就这样将人类当中一半成员的利益用这种武断的方式处理掉了。假如历史也会吐露真言,那么在这个地球上的大部分地区,无论是现在还是过去,妇女都还是卑微的随从、玩物、俘虏、下人,是造成负担的动物。除了为数不多的几个幸福且高度文明的国家之外,妇女仍然处身严厉的人身奴役当中。即便在妇女能够得到最好对待的国家,法律对她们来说也是普遍不利的,这种不利局面涉及到几乎所有与妇女利益关系重大的环节。

　　穆勒先生并不是在为英格兰或者合众国立法;他是在为全人类立法。那么,一个土耳其人的利益同那些后宫女人们的利益是否是一样的呢？一个中国人的利益同这个中国人束缚在耕犁上的女人的利益是否是一样的呢？一个意大利人的利益是否同这位意大利人作为祭品奉献给上帝的女儿的利益一样呢？我们可以十分恰当地说，一个受尊敬的英格兰人的利益同妻子的利益是一样的。情形为什么会这样呢？因为人性并非穆勒先生所构想的那样；因为文明人，他们在社会状态中追寻自己的幸福，他们并不是那些为了腐肉而战的雅虎；因为在被爱和被尊重当中自有快乐，就如同在被恐惧和获得谦卑的服从当中也会有其快乐一般。为什么一个绅士不会将妻子限制在纯粹的生存水平上，只给妻子法律强制规定的那些东西，而自己独享快乐呢？原因很简单，如果他爱她，那么她的快乐也就是他的快乐；即便他不喜欢她，他也不会愿意因自己的刻薄和恶毒而遭到邻居的羞辱。为什么全部由男人组成的立法机构不会通过立法，剥夺妇女的任何文明特权，并将妇女置于奴役境地呢？事实上，通过这么一项立法，恰恰能够满足穆勒先生所谓的人性的一项不可分离的要素，也就是那种拥有剥夺他人的无限制权力的欲望。立法机构当然有此权能，但并没有通过此种立法，在英格兰也没有人希望看到这样的立法获得通过，这也就证明了，那种拥有施予痛苦的无限制权力的欲望并非人性当中不可分离的元素。

如果在这个国家的两性之间存在利益认同，那肯定是源自爱与被爱的快乐，一种交往上的幸福。因为，单纯的性本能不足以造就这种利益认同，这个世界大多数地区的妇女们的经历已经充分证明了这一点。要说是我们的婚姻法造就了这种利益认同，其实只是远离了论证；因为婚姻法恰恰是男性制定的。如果说人类一半成员的这种善良感情足以保证另外一半的幸福，那么君主或者贵族的善良感情为什么就不能从最起码的意义上阻止君主和贵族倾尽全力折磨人民呢?

假如穆勒先生考察一下为什么英格兰妇女要比波斯妇女处境更好,那么他在考察过程中就应该能发现丹麦人所获得的统治要比卡里古拉的臣民更好。

现在我们就要处理整篇文章中最重大的问题。所有男性成年公民都获得投票权,这种做法是否可取? 或者说,是否应当给予财产资格限制呢? 穆勒先生的看法是资格门槛越低越好;最好的选举体系就是那种不存在任何限制的体系。

　　"所谓限制,"穆勒说,"要么能够包容人口中的大多数人,要么就只能包容少数人。假设是第一种情况,问题在于,这个多数是否有可能对那些据此限制条款而丧失政治权力的人形成压迫? 如果我们将这中间的计算进行拆分,就不难看到,这种压迫的可能性,即便确实存在,也不会大到哪去。如果经由这个多数而构造出统治团体,那么这个多数中的每个人在其中的利益关涉将肯定少于通过压迫某个具体的人的获益。如果这个多数两倍于少数,那么,多数的每个成员的利益关涉也只是压迫某个具体的人所获益的一半……假如是第二种情形,也就是说限制条款使得投票人不足以达到多数,我们不妨同样进行拆分式的计算,于此就不难看到,这个少数统治团体中的每个人在其中的利益关涉都相当于压迫一个人以上的人的所得;随着这个选举团体的资格范围的缩小,滥权所获得的利益也就随之成比例增加,因此,一个坏政府将是必然的事情。"

对于这段论述,我们的第一项评论是:依据穆勒先生自己的论述,即便一个全民投票的政府也是有缺陷的。因此,在普选体制下,选民的多数会选出代表,而代表的多数制定法律。因此,最终的局面就是全民投票,但多数统治。因此,穆勒先生自己也承认,人类所能构想出的最完美政府就是那种统治团体在压迫方面的利益关涉尽管会有、但不是很大的政府。

但是,穆勒先生说这种利益关涉不会很大,这是否正确呢? 我认为不正确。假如共同体中的每个人确实像穆勒先生说的那样,都拥有平等份额的欲望目标,那么多数也就确实有可能不会对少数进行劫掠。一个庞大的少数能够进行强有力的抵抗;一个微弱的少数,其财产加总起来则不足以抵偿其他成员进行劫掠瓜分时所引致的麻烦。但是情形很可能是这样的,在所有的文明共同体当中,存在的是一个微小少数的富人和绝大多数的穷人。假设有一千个人,每人十镑财产,那么其中的九百九十人根本没必要去劫掠剩下的十个人,而其中的六百人劫掠其余四百人,则是一项冒险的行动。但是,假如其中的十个人,每个人拥有数十万镑的财产,情形就完全不同了。在这种情形下,能得到的会很多,而且无所畏惧。

"希冀他人的人格和财产服从自身对快乐的欲求,这是人之本性,不管这会给他人造成怎样的痛苦或者快乐方面的何等损失",在穆勒先生看来,这"正是政府的基础所在"。少数富人的财产是可以服从多数穷人的,这一点很难否认。但是,穆勒先生却建议赋予贫穷的多数人以宰制少数富人的权力。依据穆勒先生自己的原则,我们还用怀疑此种做法将走向何方吗?

有人也许会说,从长远来看,之所以捍卫财产乃是为了人民的利益,财产也就因此才会得到尊重。我们对此说法的回应是:不能因此就认定,劫掠富人不是为了人民的当前利益。因此,即便从长远来看可以十分确定,人民作为一个团体将会因此遭受损失,也不能由此就得出必然结论,认为对遥远恶果的恐惧会克制进行当前劫掠的欲望。每个人都会自我欺骗,认为惩罚不会落在自己身上。穆勒先生本人就在《论法理学》的文章中告诉我们,邪恶只要是遥远的和不确定的,无论数量会有多大,都不足以阻止当前的罪行。

不过,我们倒是非常愿意认为,劫掠富人在总体上是为着多数人的利益。若如此,则功利主义者就会说,应该劫掠富人。我们否认这样的推理。首先,如果政府的目的是最大多数人的最大幸福,在考虑痛苦者数量的同时,也应当考虑痛苦的强度。其次,我们还必须注意到一项非常重要的区别,这是穆勒先生完全忽视了的。在穆勒的整篇文章中,都将共同体和物种混同为一了。他谈论最大多数人的最大幸福,但是一旦对他的推理进行考察,就不难发现,他所设想的最大多数仅仅是一代人中的最大多数。

因此,即便我们承认,我们曾经揭示其谬误的所有论证都是无可指摘的,我们仍然要否认这位论章家所得出的结论。即便我们同意他已经找出了对当前活着的这些人来说是最好的政府形式,我们仍然有充分理由认为这种政府形式对人类是有害的。穆勒先生仍然需要证明,单独一代人的利益同后来人的利益是一致的。依据他自己的原则,我们无法想象他如何能够做到这一点。

确实,此种情形同贵族制政府是非常类似的。穆勒先生指出,在贵族制政府中,少数人掌控权力,因此他们能够从人民身上攫取他们所欲求之物。同样地,每一代人都相应地可以后代为代价进行攫取,以满足当前这一代人,在后一情形中,时间链条上的优先地位赋予了当前一代人以优势地位,这恰恰就如同前一种情形中的那种优势地位一样。贵族体制将滥用这个优势地位,在穆勒先生看来,这一点是可以进行推理论证的。难道我们不也能够同样地确定,人民也会做同样的事情吗?假如人民掌控权力,他们也会在人类身上极尽浪费之能,并将这种浪费传递到已经穷困和荒凉的后代身上,难道不是吗?

在穆勒先生所倡议的民主体制中,富人都将像在土耳其帕夏体制下那样遭受无情劫掠,任何坚持穆勒先生教义的人又怎么会怀疑这一点呢?应当将财产奉为神圣,这毫无疑问是为着后代考虑,也是为着当前一代人的长远利益考虑。也正是为着下一位帕夏的利益,甚至是为着当前这位帕夏的长远利益考虑——假如他统治很长时间的话,帕夏体制中的居民应当为积聚财富而受到鼓励,这同样也是毫无疑问的。任何君主在统治期间大肆劫掠臣民,一般来说,都会在统治末期感到悔恨。路易十四在生命即将结束时对自己往日的奢华感到何等的哀叹,这是所有人都知道的。这位大君主要不是把数百万花费在玛尔里和凡尔赛,把数千万花费在他孙子的排场上,他最后也就不至于向那些低贱的放款人卑躬屈膝,在人前自取羞辱,在他志得意满之时,他看都不会看一眼这些人,而这一切甚至不过是为了找到一些钱来供养家庭。同样的例子俯拾皆是。但是,我们确实都见证到专制君主们对臣民的劫掠,尽管历史和经验无不告诉他们这无异于杀鸡取卵。因此,我们有什么理由认为人民会为着遥远的灾难而对当前的欢愉和救济罢手呢,况且,这些灾难恐怕要等到他们孙儿辈的时候才会完全显现出来。

这些结论都是严格依据穆勒先生自己的原则得出来的;并且和穆勒先生本人从这些原则得出的大部分结论都不一样,也就是说,我们所得出的这些结论,就我们所知,同事实并没有抵触。美国的例子可能并不恰当。在合众国,生活必需品很便宜,而且劳动工资也很高,一个人即便只有四肢作为资本,也能够通过勤劳和节俭变得富裕,在这样一个国家,即便为着眼前的利益,穷人也实在没有必要去劫掠富人;若出现这样的情形,则相应的惩罚很快就会到来。但是在那些绝大多数人仅能维持生存,而少数人则积聚了庞大财富的国家,情形就截然不同了。人们在各个季节的即刻需求称得上是贪婪的、危险的,并且很难加以抵抗。在我们这个时代,这样的欲求铸造了人们钢铁般的意志,不畏绞刑架,迎着刺刀前行。假如将刺刀和绞架这些本就很难约束人民的东西置于人民的掌控之中,将会发生什么样的事情呢?此种事态恐怕要超出一个坏政府治下的情形。假如穆勒先生所属学派的教义当中仍然存在一些真理,那么人口的增长势必会在各处造就出这样的情形。好的和廉洁的政府将加速人口的增长。因此,政府越是优良,境遇的不平等也就越大;境遇越是不平等,人民进行劫掠的动机也就越强烈。至于美洲,我们只能期待它在二十世纪的表现。

　　似乎没太大必要去讨论一场普遍劫掠可能造成的结果。一个充斥着滥权的法律和政治体系,同财产权制度联结在一起,无可拆解,若情况确实如此,那么一场大震荡会改进一个民族,在这场大震荡中,穷富双方将一起灭亡。代价是恐怖的。但是,在震荡结束之时,如果新的秩序得以崛起,财产在其中得到保证,那么个人的勤劳将迅速修复这场灾难。因此,我们并不怀疑革命在总体上是法兰西的一剂良药。不过,假如法兰西从 1793 年起就一直接受那个民主的国民议会的统治,它会得到改进吗?如果穆勒先生的原则是合理的,那么我们大可以说,到我们这个时代,法兰西的全部资本已经消亡殆尽了。一旦第一场革命开始从人们的记忆中淡出,财富又开始生长,穷人再次开始将他们的陋舍和沙拉同富人的公馆和盛宴形成对比,就会重新燃起对财产的欲望,造就另一场震荡和另一次普遍充公行动,以及另一场恐怖统治。有四到五次这样的震荡彼此相随,每隔十到十二年便重来一次,即便欧洲最繁荣的国度也难逃沦入野蛮境地的厄运。

如今,文明世界已经无需惧怕来自野蛮世界的威胁了。野蛮的洪荒一度席卷而来,在摧毁的同时也在施肥;就当前的人类处境而言,我们享有充分的安全,足以对抗这种灾难。不会再有洪荒回头覆盖大地了。但是,在文明的心脏地带是否会产生出足以摧毁文明的疾病? 是否有可能出现一种制度,在不需要地震、饥荒、瘟疫或者外来刀剑的情况下,摧毁我们历经世代建立起来的智慧和荣耀,并渐次扫除品味、文学、科学、商业和工业,最终只留下动物生活所必需的粗糙技艺呢? 是否有可能在两三百年的时间里,欧洲大城市就将成为废墟,只需要少数瘦高、半裸的渔人,带着猫头鹰和狐狸就可以将其划界分割,而那些巨大港口的残余不过是供这些渔人洗网之用,那些庄严大教堂的柱顶也只是供渔人建造自己的小屋? 假如穆勒先生的原则是正确的,我们也就可以毫不犹豫地说,此种政府形式肯定会造成上述的后果。不过,假如这些原则不正确,如果我们用以反对功利派的推理是公正的,那么上层和中层的人们就应当是人类的天然代表。这些阶层的利益在某种方面可能是同更贫穷的同时代人相抵触的;但是,这些阶层的利益同人类千秋万代的后世利益是一致的。

穆勒先生在这篇文章的结尾,回应了针对他的普选规划通常会出现的反对意见,这种反对意见认为,人民并不理解自身的利益。我们用不着通盘重述他在这个主题上的论证,因为在他证明尊重财产乃是为了人民的利益之前,他只能证明人民理解自身的利益,而这于事无补,只是让事情更糟。不过,我们不能不让读者品尝智慧的美味，穆勒先生把这道美味一直保留到最后。

　　"中间阶层之下的那个阶级，他们的想法以及他们的心灵是由这个充满着理智和德性的中间阶层塑造并引导的，这个阶层同他们有着最为切近的接触，而且也保持着稳定和密切的交往习惯，下层阶级在其所遭遇的众多困难中，都会急切地向这个阶层寻求建议和帮助，他们在这个阶层身上感受到一种亲密和日常的依托感，无论是健康还是疾病，也无论各个年龄阶段，孩子们视之为效仿的榜样，他们日日听取并重复这个阶层的见解，并以采纳这个阶层的见解为荣耀。毫无疑问，中间阶层为科学、艺术、立法贡献了他们最杰出的才能，是所有那些提升并精炼人性的事物的首要源泉，在共同体当中，假如代议制的基础能够获得足够的扩张，他们将最终决定其见解。至于社会下层，可以肯定他们中的绝大多数是要接受这个阶层的建议和典范的指引的。"

　　单就这一个段落，就足以颠覆穆勒先生的理论。人民会反自身之利益而行动吗？或者说，中间阶层会反自身之利益而行动吗？再或者，中间阶层的利益同人民的利益是一致的吗？如果人民像穆勒先生保证的那样会按照中间阶层的指引行动，那么上述三个问题中的一个就势必会得到肯定的回答。但是，如果上述三个问题中的任何一个得到肯定的回答，那么穆勒先生的整个体系就会坍塌。如果中间阶层的利益同人民的利益一致，那么为什么政府权力就不能赋予中间阶层呢？如果政府权力赋予中间阶层，很显然就会出现一个财富贵族阶层；"构造一个财富贵族阶层，尽管人数众多，但是"，在穆勒先生看来，"会将共同体置于失去保护的境地，会受到无约束权力的全部威胁"。诱使中间阶层滥用某种权力的因素难道就不会同样诱使他们滥用其他权力吗？如果他们的利益同人民的利益一致，他们就会把人民统治得很好，如果同人民的利益不一致，他们就会向人民提供邪恶的建议。因此，在穆勒先生看来，普选制度就成了可以达成效果的惟一的迂回机制，这种效果尽管代议制可以直接达成，但是需要对代议制提出相当高的要求。

这篇著名文章就此结尾。这可谓一种哲学，为这种哲学，需要放弃三千年的经验；讲授这种哲学的教授们，仿佛觉得这种哲学在指引着世界，让世界学会航海知识和字母书写的知识一般；仿佛在这种哲学破晓之前，欧洲人都生活在洞穴当中，并且过着人吃人的生活一般！似乎我们如同以色列子民那般，已经厌倦了那种古老而正统的崇拜。我们渴望新的偶像。我们理智宝库中所有贵重的东西和所有的装饰品都必须付之一炬，那头金牛犊即刻由此诞生！

我们的读者一般不会误解我写这篇评论文章的目标所在。他们不会怀疑我们会私藏坏心，试图为绝对君主制倡言，我们也不是为任何狭隘的寡头制辩护，同样不是为了夸大民治政府的邪恶。这篇评论文章的目标并不是攻击或者捍卫任何类型的政体，而是为了揭示一种推理方式的邪恶，这种推理方式完全不适合进行道德和政治讨论；这种推理方式是如此易于为虚假服务，所以不应当为其留下任何空间，即便它偶尔也会服务于真理。

我们对穆勒先生这篇文章的反驳是从基础方面着手的。我们相信，要从人性原则出发推导出政府科学，这是完全不可能的事情。

关于人性的论题，究竟哪些可称得上是绝对和普遍真实的东西呢？我们所知道的只有一条，这一条不仅是真实的，而且还是循环证明的：人类行动的动机总是利己（self-interest）。功利派在宣扬这一真理之时表现出极度的骄傲,仿佛这是他们的崭新发现一般,而他们所展示出的热情仿佛这条真理是多么重要。但是在事实上,一旦对之进行解释,也不过意味着人在其能力范围之内,总是会做自己所选择之事。如果我们看到人的行动,就可以肯定地知道,此人对自身利益的看法。但是,一方面是我们所认定的此人的利益观,另一方面则是他的行动,我们不可能从一方面到另一方面进行肯定的推导。有人会把一个先令掰成两半用,有人为了吃喝玩乐不惜大肆举债。有人杀害父亲不过是为了攫取父亲身上的旧衣服,有人却不惜自己的生命去拯救一个敌人。有人即便在绝望之境也毅然前行,有人却胆小如鼠,一通战鼓之声便足以使之成为逃兵。毫无疑问,这些人的行动动机皆出自利己。但是,知道这一点对我们来说,称不上半点收获,除非我们觉得肆意繁衍无用辞藻也是一种快乐。事实上,如果说这一人性原则称得上是高深或者重要的话,那么意思也不过是说这东西就是这东西。如果一个哲学家总是以下面方式陈述事实:"下雨了,雨就是雨;因此,下雨了",这种推理当然是完全正确的,但是我们担心这是不是真的能够从实质上扩大人类的知识范围。因此,上述有关自利的论题一旦加以解释,其意思也不过是说:一个人所做之事就是这个人所做之事,赋予这样一个论题以任何的重要性,都是毫无意义的。

如果并不是在上述意义上奠定人类行动的利己原则,也就是说,如果利己这个词的含义仅局限于任何可能对人类产生影响的动机之外的意义上,那么这个命题也就能够摆脱循环证明的泥潭,但是,与此同时这一命题也就不再为真了。

我们对"利己"这个词所作的评论也都适用于那些传达同一意向的同义词或者婉转之词,比如:痛苦和快乐、幸福和悲惨、欲望之物,等等。

穆勒先生这篇文章的全部技巧其实就是一种简单的戏法。也就是说,是对诸如此类的词汇的操控,这类词汇我们已经就其本义和转义进行了描述。人如有可能就会攫取自己的欲望之物。这当然是毫无疑问的,但是这个命题是循环论证的,因为所谓的欲望之物的意思,恰恰就是人如有可能就会进行攫取的东西。从此类原理当中,我们推导不出任何东西。当我们看到一个人攫取了某件东西,我们知道这是此人的欲望之物。但是,直到这个时刻,我们也没有办法肯定地判断出此人的欲望何在或者此人想要攫取之物是什么。然而,这种一般性的命题一直以来就获得了人们的认可,穆勒先生据此继续推理,似乎人类除了通过劫掠和压迫而进行攫取之外,便没有其他的欲望。由此,就很容易从上述原始原理中推演出有着重大分量的教义。惟一的不幸在于,用这种办法限制欲望这个词的涵义,最终导致了原始原理本身也变成虚假的了,所有以此原理为基础的教义也都同样变得虚假了。

这些原理由于语词上的自洽性而无法给予否认,但也因此无法让我们在实际知识上取得任何进展,一旦我们越过这些原理,就不难发现根本不可能就有可能影响到人类行动的动机给出单一且普遍的原则。通过联合或者比较,任何东西都可能成为人类欲望之物或者厌恶之物。对死亡的恐惧被普遍认为是我们情感中最强烈的元素之一。立法者们一直以来都将之设置为最强悍的处罚。然而,培根所观察到的东西也同样为众人所知:人类当中的任何情感都常常能够克服对死亡的恐惧。生理上的痛苦是一种恶,这一点没有争议;但是人们常常能够忍受这种痛苦,有时候甚至欢迎这种痛苦。无数殉道者在痛苦折磨中获得极乐,而旁观者则为之颤抖;或者举一个更为平易的例子,这世上没有哪个妻子不盼望着当妈妈的。

对赞同之爱是不是较之财富之爱更为强大的动机呢?即便就我们非常熟悉的人而言,也不可能对这个问题进行一般性的论断。确实,我们经常说某人爱名声胜于金钱,或者爱金钱胜于名声。但是我们都是在一种随意和日常的意义上做此论说的;如果只是承受几声讪笑而能获取大笔财富,那么处身贫困当中的人们大概都会这么做;另一方面,如果人出身富庶,就很少会因为一桩琐事而置身于公众的仇恨和蔑视当中。因此,即便问题是就某个单独的人给予定论,我们也必须了解需要在多大程度上牺牲名声,以及能在多大程度上获得财富,还需要了解面对诱惑之人在时代当中的处境究竟如何。但是,当问题扩展到整个人类之时,问题本身之无法回答也就更加清楚了。人与人不同;代与代不同;国与国不同。教育、地位、性别、偶然的联合,这一切都会造就无穷无尽的差异性区分。

有可能从人性原则当中推导出一种政府理论的惟一模式,在我们看来是这样的。就一种特定的政府形式而言,我们必须找出究竟有哪些动机会驱使统治者从事恶政,又有哪些动机会驱使统治者致力于良政。接下来,我们就有必要将两组动机的效果进行比较;由此,就可根据其强弱对比程度,来探讨此种政府形式的好与坏。

不妨假设一下,在贵族制和君主制国家,对财富的欲望或者诸如此类的欲望势必倾向于造就恶政,对赞同的爱以及诸如此类的情感势必造就良政。那么也就正如我们已经说明的那样,如果不可能一般性地断言两组动机中何者更有影响力,也就不可能先验地确定君主制或者贵族制政府究竟是好还是坏。

穆勒先生回避了这种进行比较的困难,而是非常冷酷地将所有的砝码放在天平的一端,在他的推理当中,仿佛不会有人对他人的情感产生同感,不会有人会对他人的谢意感到满足,也不会有人会对他人的谴责感到害怕。

我们提出的这种情形对穆勒先生构成了决定性的反驳;不过我们在陈述这种情形时所用的方式无疑对穆勒先生过于宽大了。事实上,根本不可能立下一种普遍规则,认为统治者的财富之爱势必造就恶政,或者对赞同的爱会造就良政。比如说,一个耐心且有远见的统治者,他更愿意保证宽松且日益增加的收入,而不是积聚当前的财富,因此,他就会取消贸易管制并为财产提供完善的保护,由此鼓励积累,并从国外吸收资本。普鲁士的商业政策可能是世界上最卓越的,很可能也会让大西洋对岸我们那些共和制下的同胞们因其商业政策中的荒谬而感到羞耻,但是这种商业政策却是源自一个绝对君主自我富裕的欲望。另一方面,一旦大众对德性和邪恶的判断发生错误,——这种事情太常见了——那么对赞赏的热爱会导致统治者将财富消耗在毫无意义的排场上面,要么就是去从事那些无常且毁灭性的战争。因此,如果我们不能就两组动机的强弱进行对比,也不能确定各种动机将导何种行动,那么我们将何以从人性当中推演出一种政府理论呢?

那么,在事关人类幸福的这个重大论题上,我们何以达成公正结论呢?可以肯定,实验科学当中所运用的那种方法,已经大幅度扩展了人类的力量和知识,新一代的哲学家们已经用这种方法取代了中世纪野蛮时代的诡辩家们的胡言乱语,这种方法就是归纳法;这种方法要求观察世界的当前状态,勤勉地研究过去的历史,萃取事实证据,对那些真实的证据进行仔细地归类和比较,凭借判断力和谦卑的态度将这些事实提升为理论,并用新的事实来不断地检验我们已经构建起来的理论,若新的事实证明理论的偏颇或者完全错误,我们也随之对理论进行修正或者完全放弃那一理论。经由此种方法,耐心地、勤奋地、坦率地,我们就有希望构建起一种政府理论,同我们刚才所考察的理论体系相比,这种理论看起来可能远没有那样的工整肃穆,但和功利派理论相比,其实际效用无疑要大得多,如同一名伟大外科医生的药方,随同疾病的变化以及病人的体质构造而一起变化,这当然要比四处招摇的江湖庸医的药丸强得多,正是这些江湖医生宣称要治疗全人类,无论何种气候,也无论何种疾病。

这就是我们心目中高贵的政治科学,这样的科学远离了功利派诡辩家们的贫瘠理论,也同样地远离了那些琐碎的手法,那些在阴谋、手腕和办公室细节中培养起来的狭隘心灵总是将这种琐碎的手法错误地认同为政治家身份。就各民族的福利而言,我们的政治科学是所有科学中最重要的,在所有科学中也最能够扩展人的心灵,并增强其活力,这门科学从全部的哲学和文学当中汲取养分和美感,又将这种养分和美感传布到全部的哲学和文学当中。看到那些心怀善良意愿并且能力卓越的人如此放弃这种健康和宽怀的研究,转而一头扎入类似功利派的那种玄想当中,这实在令人感到遗憾和吃惊。如果我们的评论能够引导这些人从事真实效用的研究,并为此发挥他们的天分和勤勉,而不再将此等天分和勤勉浪费在那种至为可怜的辞藻诡辩之上,我们会衷心地感到高兴。

至于这个学派中的绝大多数人,我们觉得他们研究什么或者接受谁的指导,这都无关紧要。可以肯定,如果他们重新拾起古老的共和话语,为布鲁图斯和泰门的事业呐喊,或者重新拾起弑君的责任并接受为自由而死的幸福,那么他们的事情可能更为有趣,也更有声誉。但是总体而言,他们可能作出了更糟糕的选择。他们能够同样好地扮演功利派和欺世盗名的花花公子。尽管有关利己、动机、欲望之物以及最大多数人的最大幸福的遁词骗不了一个成年人,但这一切的确会伤害到人类的健康,也许其程度比不上酗酒,同样也会伤害到人类的命数,也许其程度比不上上瘾的赌博;和颅相学相比,它也许不那么令人感到可笑,但是和斗鸡相比,却是无可比拟地更有人情味。

回复麦考莱[①]

——节选自《片论迈金托什》

（1835 年）

詹姆斯·穆勒

在评论《论政府》一文时，詹姆斯·迈金托什爵士（Sir James Mackintosh）如此展示他的智慧：

> 比如说，穆勒先生就是从一个单一事实进而得出了全部的政府理论，这项事实就是：每个人都是追求自己所了解到的自我利益；穆勒认为这是自明的实践原则，假如这个术语本身并不矛盾的话。一个人会追寻他人的利益或者追寻自然当中的任何目标，这实际上同一个人应当追寻自己的利益一样，两者都不难想到，但是这个命题却从未进入这位敏锐作家的脑海。然而，真理才是最为确定之事，利益这个术语是否在普遍福祉这个恰当意义上得到运用了呢，毕竟只有在这个意义上理解利益，才能有助于穆勒先生的论证。如果这个术语确实用于指对某种主导欲望的满足，穆勒先生的命题无疑就是自明的，但是却完全无助于他

---

① James Mill，*A Fragment on Mackintosh*，London：Printed for Baldwin and Cradock，1835，pp. 275 - 294.

的论证目的;因为无论是个体还是群体,他们所欲之物常常是同普遍福祉有抵触的,这一点很清楚。一个国家,也正如同个人一般,不仅会误解自身的利益,而且,即便在清晰地感受到这种利益时,也会选择满足一种强烈的激情而非这种利益,有时候,国家的这种做法会比个人更甚。仅此一项观察就足以颠覆穆勒先生全部的政治推理结构。穆勒先生不是尝试去解释政治事实的巨大多样性,相反,他借助利益竞争这一单一原则,将人类激情、习惯、观念以及偏见上的多样性再次化简为利益上的竞争,而那种多样性则是人们只能通过经验才能获得的。

詹姆斯爵士在一则注脚中说道,"穆勒先生《论政府》一文的最近一位批评者实际上也采纳了同样的推理模式,见《爱丁堡评论》,1829年3月,No. 97。"这样就方便多了,因为对詹姆斯爵士的回复同时也就回复了《爱丁堡评论》上的那篇批评文章。①

事情就是这样,所有对穆勒先生的反驳可归结为:人们并非总是采取同其真正利益保持一致的行动,人们有时候误解自己的利益,有时候为激情所驱使而不顾自己的利益。詹姆斯爵士说,光这一点"就颠覆了穆勒先生全部的政治推理结构",詹姆斯爵士认为这也是"最近一位批评文章的作者"说过的话。事实绝非如此,穆勒先生的"政治推理"也绝非如此。我们都已经非常熟悉詹姆斯爵士了,因为毫不吃惊爵士会犯下如此琐碎的错误。但是,至于穆勒先生,他的辩护则是完整的,除非有谁能成功地反驳我刚刚作出的断言。

---

① 穆勒在这里指的就是麦考莱发表在《爱丁堡评论》上的"穆勒论政府"一文。——译注

然而，詹姆斯爵士的措辞令人称奇。他说，人们的行动有时候并非是对自身利益的直接关切，这一事实不难想象，但穆勒先生却从未想到过这一点。爵士在作此断言时，能指望谁去相信他呢？

不妨更贴近一些这个论题；穆勒先生何曾有过任何一个命题可以表明他忽略了这一事实呢？或者，穆勒先生可曾有任何一个结论是由于没能注意到这个事实而遭到削弱的呢？

对穆勒先生来说，正如他论述的那样，政府的原则意味着对人们进行统治的原则，对人们进行统治的原则意味着决定人们所采取行动的原则，因此，穆勒先生必然会而且也有必要自问：就一个人而言，究竟什么因素在决定他的行动时拥有主要的影响力？穆勒先生的答案是，"人对自身利益的看法"。詹姆斯爵士是不是期待穆勒先生会给出不同的答案呢？爵士对此避而不谈，而是大声谴责穆勒先生实际给出的回答。

关于"利益"这个词的含义，我根本不想同詹姆斯爵士发生争吵。任何人只要读过穆勒先生的这篇文章，就会很清楚穆勒是在何种意义上使用这个词的。穆勒先生对这个词的使用，既不是在一个人的最好利益这个高雅的意义上——此处所谓一个人的最好利益就是在总体上最能促进一个人的幸福；也不是指一个人所欲求的任何东西，尽管这个意思是人们很能够理解的。穆勒先生是在日常的意义上使用这个词的，意思是指人类欲望的主要对象：财富、权力、尊严、舒适；也包括对相反境况的回避，比如贫困、无力、堕落、操劳。

就人们的一般情况而言，他们的大部分行动都是由这些方面的考虑决定的，我认为没有人，或者没有哪个现在还活着的人，会对此产生争议。而且我认为下面一点也同样是少有争议的：在考虑统治社会当中的人们的最好方法时，哲学家和立法者的职责就是参照更为普遍的法则,而非参照例外,詹姆斯爵士有何理由去干预哲学家和立法者的工作呢? 詹姆斯爵士所说这些话的言外之意就是希望人们将注意力主要放在例外情况之上,这就是爵士发表此番宏论的弦外之音。

詹姆斯爵士尽管没有自己的想法可以对穆勒先生进行修正,但是他很可能记得很清楚——据说他的记忆力很好(例如记词汇和日期,但可能不足以扩展至记想法)——即便穆勒先生在这个问题上是错误的,但是穆勒也有杰出的同伴。

贝克莱主教(Bishop Berkeley)曾说,"自爱是所有其他事情的一项原则,是最普遍的原则,也最为深刻地烙印在我们的心灵当中,因此,我们在考虑事情时,会很自然地依据它们是否增加或者损害了我们的幸福这一标准;我们也相应地以此来指称善或者恶。"①这是一项非常具有总体性的看法;善和恶这样的语词本身乃是从自利原则当中获得意义的。

下面的引述来自大卫·休谟,分量也更重;因为它讲述了对同一普遍法则的同样的使用问题,穆勒先生将此一法则推进到细节方面,并因此而遭受到责难,即认为穆勒先生对人性当中最为显著的事实置若罔闻,而且认为穆勒先生对恰当的哲学思考方式也一无所知。

> 政治作家们已经确立了这样一项公理:在设置任何的政府体制并确立宪政的多重制衡、控制之时,应当将每一个人都设想成恶棍,在所有的行动中,每个人的目的都在于自利。我们必须

---

① Berkeley's Works,ii,p. 7. Ed. 4to.

经由这种利益施行统治,尽管他有着无尽的贪婪和野心,也必须通过利益手段使之同公共利益产生协作。政治作家们指出,若做不到这一点,则对任何宪政体制之优点的吹嘘都将是徒劳的,最终也将使我们的自由和财产失去保障,除了统治者的善意之外,一无所剩;这实际上等于是失去了一切保障。

因此,设想每个人都是恶棍,此乃一项公正的政治公理;尽管在同时,一个在政治上作为真理的格训,在事实上却是虚假的。不过,我们应当想一想,人们一般来说在私人事务上要比在公共事务上更为诚实,人们服务一个党派要比只考虑自己利益时,要经历更多的回环曲折。荣誉是加之于人身的一项巨大约束;但是一旦有一大批人共同行动,这项约束也就随之瓦解了;既然一个人若能推进公共利益而获得本党派的赞赏,那么他很快就能学会蔑视敌对党派的鼓噪。对此,我们还应当补充一点,所有的法庭或者议会都是依据多数原则进行决策的;因此,自利原则只需要对多数施加影响(这一点总是能够做到),整个议会就会遵从特殊的利益,在决策之时仿佛没有一个人会考虑到公共利益和自由。

因此,若权力分散在多重的法庭和阶层当中,我们在考察政府的任何规划时,就应当考虑各个法庭和各个阶层的特别利益;如果我们在考察中得以发现,这些利益由于精巧的权力划分而必然在操作过程中同公共利益产生协作,我们就可以宣布这个政府是明智和幸福的。相反,如果特别利益得不到约束,也没有指向公共利益,我们就应当在这样的政府里面寻找派系、混乱和暴政,而不是别的什么东西。经验证明了我的这种看法,全部哲学家和政治学者的权威,无论是古代的还是现代的,也都证明了我的看法。①

詹姆斯爵士是否也会将这段论述看作是笛卡尔式错误的一个示例呢？爵士是否会对休谟先生施以谴责，认为休谟也同样是"从每个人都只是追求自己所了解到的自我利益这一单一事实推导出全部的政府理论；并认为这是自明的实践原则，即便利益这个术语本身并不矛盾"。

一位旧日的戏剧作家充分表达了人类的共同经验：

有一句真正的谚语，被万人传扬：
人人都指望着自己比别人过得好。

【古罗马】特伦斯：《安德里亚》（Andria），第二幕，第五场

接下来引述的这段话，我确定是非常有分量的；作者享有极高的声望，人们都知道这是一个讲求实际的人，这是一方面，另一方面则是作者梳理并运用事实的鲜明方式，鉴于此，我们有必要引述这个作者来反驳詹姆斯爵士的曲解。

鉴于造物主不仅拥有无限的权能和智慧，也拥有无限的善意，因此，他必乐于设计出人性的结构和架构，由此，我们就不需要强求另外的推动者去考察并追寻关于正当的规则，而只需求诸我们的自爱，这是人类行动的普遍原则。造物主如此密切且无可拆分地将永恒正义之法同个人幸福联结、交织在一起，以致

---

① 大卫·休谟：《论议会之独立》（Essay on the Independency of Parliament）。

于不遵从前者就无从获取后者；如果前者得到严格的遵从，势必也就催生出后者。正义同人类幸福的这种相互联结，作为其结果，造物主并没有用一大堆抽象出来的规则和格训干扰自然法则，而只是参考到事情本身是否合适，这是一些人已经郑重感受到的；造物主如此宽怀，将服从的规则化简为这样一条传统格言，'每个人都应当追求自己的幸福'。这就是我们所谓伦理学或者自然法的根基。本书分了数篇文章来论述这一格言，实际上都是为了证明那些行动倾向于人的真实幸福，我们最终非常公正地得出结论，认为这些行动乃是自然法的要求；同时我们也例证了那些将会损害人之真实幸福的行动，并由此得出公正结论，指出这些都是自然法所禁止的。自然法，和人类同时起源，上帝亲自规定，其义务分量当然重于其他一切。自然法之约束力遍及全球、所有国家和一切时代。任何的人法若违背自然法，都将丧失效用；能够产生效力的人法，它们所有的力量和权威，都直接或者间接地得自这个源头。①

在布莱克斯通看来，自爱不仅是行动的普遍原则，而且由此就产生必然的结论，自爱也是道德义务的惟一原则。假如政府理论不建基于行动的普遍法则，那我倒想知道詹姆斯爵士将建基于何处呢？

尽管詹姆斯爵士有他自己的反驳之词，穆勒先生还是继续沿着这条十分稳固的推理道路走下去，他推论指出，如果统治集团的利益经由某种巧妙设计，进而同被统治者的利益产生了协作，那么我们就会享有人性所能获得的最佳安全保障，而且统治者也会稳定地追求

---

① 布莱克斯通：《英国法释义》，导论，第二节

共同体的利益;这是因为我们有着统治者自身的利益作为保障。统治集团人数众多,上述说法对其中的某些人可能是真的,也就是说,这些人并不总是习惯性地受自己利益主宰,但是事情本身也确实就像休谟先生评论的那样,利益原则会毫无动摇地指导人们,这对所有人来说都是可以肯定的。

人们若考察什么是最好的政府形式,就要处在某种必然性的支配之下,并将政府理论建基于这种必然性之上,正是这种必然性构成了穆勒先生这篇论文的主旨。这中间的真理是不言自明的。但是,既然詹姆斯爵士对这样的真理施以嘲讽,那就有必要恰如其分地揭示一下詹姆斯爵士的无知和傲慢,为此,应当提一提那些有机会明确教诲这些真理的人们。

柏拉图的《理想国》在总体上就是对穆勒先生所应用原则的一个发展,而且其中很多部分都称得上是一项杰出的发展;这就是说,只有统治者和被统治者之间的利益认同才有可能为好政府提供保障。柏拉图在对城邦的统治者(也就是城邦的护卫者)所需要的品质进行了一项长篇且漂亮的演绎之后,在接下来的第三卷展示了这项演绎的结果,且用到了多个鲜明的表达方式,意思则是指,这些选定的城邦护卫者应当具备三项总体品质:不负人们信任的智慧、不负人们信任的能力,以及最重要的,对共同体利益的关心;不过,若要一个人关心自身之外的利益,最佳的保障就是自身利益和公共利益由同一潮流推动;因为任何人只要意识到,给他人增添任何一份幸福都意味着自身幸福也相应增添了一份,就会以追求自身幸福的那种恒心来追求他人幸福。

这就是詹姆斯爵士所谓的"政治推理的构造",詹姆斯爵士用他自以为是的评论试图摧毁的就是这样一个构造,他说,"一个国家,如同个人一样,不仅会误解自身的利益,而且即便在清晰感受到这种利益时,也会选择满足某种强烈的激情,而非自身的利益,在这个问题上,国家有时候会比个人更甚。"

依据詹姆斯爵士的逻辑理路,是否可以说因为一个民族时常误解自身的真正利益,因此好政府的最佳保障也就不在于统治者的利益和国家利益之间实施某种认同机制呢?

伯克先生说:"除了所有人的共同利益之外,任何东西都不足以成为对个人的任何保障。"[①]

柏拉图则指出,若统治者利益无法同被统治者利益产生认同,统治者就不会成为牧群的护卫者,而是相反地成为狼群和掠食者……

【穆勒在这里引用了柏拉图《理想国》第 3 卷 416a 与第 5 卷 462a—462e 中的两长段希腊语原文,引文略】

我无意尝试这两段话的翻译,但是我会尝试性地揭示其意思。"在一个如此规模的共同体当中,最大的恶就是失去团结,进而分裂;最大的善莫过于使其同一,而非分裂。达成这种同一的手段,就是对各个组成部分施以规制,使得那些对一个人或者少数人来说是快乐或者痛苦之原因的东西,也应当成为所有人的快乐或痛苦之源,至少要尽可能扩大人数。相反,一旦利益产生分化,从同一政治潮流中,共同体的一部分会得益,另一部分只是得到痛苦,此种事态势必导致国家解体。"

一个人要是发现自己不得不为世代以来传承下来的智慧进行辩护,这实在是一件很糟糕的事情,某个人的可怜反驳就足以造成这种状况,这人不过是在文章的某个角落发现了一个为他所不喜欢的说

---

① "致布里斯托治安官的信",《伯克作品集》,Ed. In 4to. Vol. ii. P. 112。

法：认同共同体的利益乃是统治者行为的最好保障；于是这人便给出
了与此事毫不相关的命题，并叫嚷说，"看呐！我已经摧毁了你所谓
的最佳保障：人们时常误解他们的真正利益，因此，统治者利益和共
同体利益之间的认同对于共同体利益来说，就不再构成最佳保
障了。"

推理得真不错！但是若如此，那就应该还有一个更好的相关结
论：个人时常误解自己的真正利益，因此，个人就不应当管理自己的
事务，而是掌控其他人的事务。

柏拉图清楚看到了护卫者和被统治者利益之间产生认同的必要
性，为此，这个敏锐的心灵倾尽其全部力量寻求实现这种认同的办
法；但是，和所有古代作家一样，柏拉图对代议制的神圣原则一无所
知，因此不得不诉诸超常的手段。他首当其冲地规约了一种针对护
卫者阶层的人为教育体系；这个教育体系充斥着何等的警惕感，开启
得如此仓促，持续得如此之久，实际上等于是要在有朽的生灵当中生
造出一个全然不同的族类，简短地说，是要把受教育者制造成为哲学
家，因此柏拉图指出要么哲学家成为统治者，要么统治者成为哲学
家，否则城邦便无幸福可言，并且柏拉图将此命题视为普遍真理。接
下来，柏拉图关心的就是如何防止护卫者内心当中形成私人利益并
向公共利益开战，在这个问题上，柏拉图认为必须做到下面一点，那
就是让护卫者们没有什么东西是属于自己个人的，甚至包括妻子和
孩子，柏拉图只字未提除了护卫者之外的人民，这是古人通常都会犯
的错误。为了达成护卫者利益和被统治者利益之间的认同而制造的
这一手段体系，一直以来就成为了无知嘲讽的重大主题，尽管良好的
护卫者身份正是依托于此；不过，假如柏拉图无从知晓的代议制原则
遭到排除，那也就很难找到别的手段体系来达成目的；无论如何，有

一点是可以肯定的,这一目标本身意义重大,使得人们在无路可走的时候都倾向于为达成这一目标而寻求超常手段。而且,对柏拉图来说,尚且存在一个同他所寻求的手段同样非同一般的示例,这就是斯巴达。而对现代欧洲的人们来说,整套的修道院体制则是更为非同一般的示例;最为非同一般的示例当然就是耶稣会(Jesuits)。

亚里士多德在以最为综合的方式处理目的(τελη)问题时确立了同样的教义;只不过是在更为抽象的层面上,当然,这是亚里士多德的风格。

色诺芬的作品中,有很多地方也都在阐述这个问题,非常详尽而且充满美感。他的两部最为精美、也最富教益的作品都关乎这个大主题,《居鲁士的教育》和《家政》;《回忆苏格拉底》中的一些对话也以极重的笔墨处理了这个主题。

我们必须看到,穆勒先生一直将他的探究限制在政府的一个部门。他所着意的就是一件事情,即,要证明什么样的手段能够保证良好的立法;穆勒先生没有恰当考虑诸如詹姆斯爵士这类人的理智深度,而是肯定地认为,为了达成上面的目的,就必须在共同体利益和那些负有立法权的人们的利益之间建立认同。

穆勒先生接下来发现同样的手段正可以造就真正的代译制;这样的代表团体乃是人民的真正选择,而非冒称的人民的选择;这一体制能够造就最为幸福也最为完美的利益认同,而好的立法正是依托于此。这一代表体系若有欠缺,就会造成相应的效果欠缺,两者呈精确的正比关系。毫不奇怪,那个获得允许在不具备利益认同的情况进行统治的阶层,换言之,那个恶政阶层,在听到这个理论时当然会非常恼怒;而那些寻求统治阶层荫蔽的人们则都急切地想通过咒骂这一理论及其作者来求得自我显现。

在过去的半个世纪,贵族制观念的表达机器以及贵族制利益的倡导机器一直畅行无阻,如今该是对之进行考察的时候了;人们不难发现,利益认同的必要性在这架机器面前遭受着何等顽固的拒斥。也不难发现,那些捍卫这架机器之分量的人遭受着人们何等的愤怒。人们不会在公共人物身上寄托信心。民怨沸腾。不再对公共人物寄以信心,这实际上意味着人民在要求统治者在自身的利益和被统治者的利益之间铸造认同。此种情境之下,所谓信任不过是意味着施行恶政的自由空间。《胡迪布拉斯》(Hudibras)的作者说得好,恶棍们所需要的一切都需要得到人们的信托,此后,恶棍们的事业便可自行运作了。詹姆斯爵士在这类人中可谓翘楚,他们呼吁人们信任公共人物,并对那些寻求利益认同之人极尽诋毁之词。

詹姆斯爵士用于展示其智慧的辞藻,也许会促成读者的思考。但是这些辞藻越来越有堆砌之感;我们只是提及其中的一两项表达,其中可能包含了新的指控素材。

詹姆斯爵士向我们表达了他对两类事情的看法;爵士认为一类事情若是正确的,另一类事情就是错误的;爵士认为穆勒先生应当为错误的事情负责。但是,穆勒先生对这两类事情都扯不上关系。詹姆斯爵士所谓的错误要么是错误的,要么是正确的,爵士所谓的正确要么是正确的,要么是错误的;但是无论何种情况,穆勒先生的推理都不会受此影响。

詹姆斯爵士指出,单单凭借利益竞争这一元素来解释范拥有巨大多样性的政治事实,此举是错误的。

情形若是如此,那就让爵士暗自高兴去吧;但是穆勒先生根本未曾尝试过去就政治事实的巨大多样性进行解释。穆勒先生所做的一切,就是表明一个共同体如何为良好立法获得最佳保障;穆勒先生指出的办法就是在立法者利益和共同体利益之间确立起最大可能的利益认同。

詹姆斯爵士会质疑这样的观点吗?

由此我们也就不难看清楚詹姆斯爵士所谓的坏事。爵士所谓的好事,就是认为政治事实的巨大多样性(当然,这涵涉了所有的历史事实)关涉人类激情、习惯、看法和偏见的巨大多样性,并且这样的多样性只有凭经验才能发觉。詹姆斯爵士一路列举下来,并自认远远超越了穆勒先生的心智范围,但是,爵士所列举的这份多样性清单绝不能称得上完整。比如说,爵士并未将理性包含在人性的原则当中,而理性正是用来对历史事实形成解释的。我则相反地认为而且也毫不怀疑地认为穆勒先生也持同样的看法:要解释历史事实的"巨大多样性",就必须考虑人性的全部要素。

不过,一个论题认为在解释历史事实的巨大多样性时,必须考虑全部的人性,另一个论题认为统治者和被统治者之间的利益认同乃是良好立法的最佳保障,詹姆斯爵士是不是感觉到了这两项论题之间的矛盾了呢?

近来的欧洲公众一直都在大量讨论物理科学在英格兰的衰落这一事实及其原因。但是道德科学的堕落状态实际上更为可悲。关于我们在这方面的可悲处境,詹姆斯爵士的作品可作为纪念碑了。这样一部作品,根本不配在英格兰文学中享有地位,却获得容许僭取头等荣耀,并且这事情发生在最为高级的科学门类中,这在历史上倒是新鲜事。

这是詹姆斯爵士提供的第一项例证,试图证明功利派是在进行错误的推理,但是这第一项的例证倒是成为了正确推理的一个示例……

图书在版编目（CIP）数据

麦考莱与英印帝国/（英）托马斯·麦考莱著；郑凡，
林国荣编译. 一上海：上海三联书店，2024.12
（海国图志/林国基主编）
ISBN 978 - 7 - 5426 - 6695 - 6

Ⅰ.①麦… Ⅱ.①托…②郑…③林… Ⅲ.①英国—
历史—通俗读物 Ⅳ.①K561.09

中国版本图书馆 CIP 数据核字(2019)第 101985 号

麦考莱与英印帝国

著　　者 / ［英］托马斯·麦考莱
编　　译 / 郑　凡　林国荣

责任编辑 / 徐建新
装帧设计 / 一本好书
监　　制 / 姚　军
责任校对 / 王凌霄　张　瑞

出版发行 / 上海三联书店
　　　　　　(200041)中国上海市静安区威海路 755 号 30 楼
邮　　箱 / sdxsanlian@sina.com
联系电话 / 编辑部：021 - 22895517
　　　　　　发行部：021 - 22895559
印　　刷 / 上海惠敦印务科技有限公司

版　　次 / 2024 年 12 月第 1 版
印　　次 / 2024 年 12 月第 1 次印刷
开　　本 / 890 mm × 1240 mm　1/32
字　　数 / 290 千字
印　　张 / 12.5
书　　号 / ISBN 978 - 7 - 5426 - 6695 - 6/K·532
定　　价 / 88.00 元

敬启读者,如发现本书有印装质量问题,请与印刷厂联系 13917066329